KB188863

"아담은 실존인물인가?" 이 책이 던지는 중심 질문이다. 이 문제는 한국 교회에서는 금기시되는 질문이며, 한국의 신학자들도 쉽사리 의견 개진을 꺼리는 주제다. 그러나 최근 이 문제는 미국 복음주의 학계에서 뜨겁게 토론되어왔다. 이 책에서는 네 가지 다른 복음주의적 관점이 서로 대화하는 가운데 각자의 입장을 설득력 있게 개진하고 있다. 아울러 이 책은 아담의 역사성이 우리의 신앙에 미치는 영향에 대해서 사려 깊게 다루고 있다. 한 번이라도 아담에 대해 비슷한 질문을 던져보았다면, 이 책을 정독할 것을 추천한다.　**김구원** 개신대학원대학교 구약신학 교수

성경과 과학의 관계성은 최근에 미국 복음주의 서클 안에서 뜨거운 논쟁의 주제가 되고 있습니다. 특별히 인류 기원과 지구 창조론이 과학계와 성서학계 모두에게 피할 수 없는 빅 이슈로 떠오르면서, 창세기의 첫 장들은 치밀한 연구 대상이 되었습니다. 이 책은 인류의 기원에 대한 성서 기록의 "문학적 장르"를 놓고 치열하게 논쟁하는 네 학자의 관점을 가지런히 보여주면서 독자들의 신중한 이해와 판단을 요구합니다. 책을 읽으면서 마치 사지선다형의 질문지를 독자들에게 나눠주는 시험장에 들어온 기분입니다. 나는 독자들이 이 책을 다 읽고 난 후에는 어느 견해를 선호하든 상관없이 좀 더 성숙한 신앙의 단계로 들어가리라 믿습니다. 목회자와 신학생 그리고 사고하는 그리스도인에게 적극 추천합니다.

　　　　　　　　　　　　　류호준 백석대학교 신학대학원 구약학 교수

아담의 역사성에 관한 논쟁은 근본적으로는 원죄 문제를 포함한 신학적 논쟁이지만 더불어 현대 과학과도 밀접히 연관된다. 이 책은 지구 연대와 생물 진화를 수용하는 폭이 다른 네 가지 관점, 즉 진화적 창조론, 원형적 창조론, 오랜 지구 창조론, 젊은 지구 창조론의 시각에서 창세기를 해석하고 신학적 사색을 통해 아담의 역사성에 관한 다양한 견해를 제공한다. 과학과 신학 공부에 필독서가 될 뿐 아니라, 하나님의 창조에 관한 지식에 목말라하는 그리스도인에게 좋은 만찬이 될 책이다.

우종학 서울대학교 물리천문학부 교수

그리스도인으로서 과학을 공부하며 "아담은 오스트랄로피테쿠스였는가? 아니면 호모 사피엔스인가?" 이런 질문을 한 번이라도 해본 사람이라면 이 책을 꼭 읽어보기를 권한다. 성경은 인간이 하나님의 형상이라고 선언하며, 과학은 자연을 통해 인간의 기원을 탐구해왔다. 이러한 선언과 탐구를 어떻게 함께 다루어야 하는지에 대해 이 책은 독자들의 사고를 더 넓고 깊게, 그리고 더 탄탄하게 만들어줄 것이다. 신학과 세계관을 논하는 것이 폐쇄적인 자기 독백이 아니라 복음을 위해 세상과 나누는 대화라는 사실을 이 책은 더할 나위 없이 잘 보여준다. 단순히 냉철한 논리만이 아니라, 신학과 과학이라는 영역에 헌신하며 걸어온 자신의 실존적인 신앙 여정을 나누는 몇몇 필자의 이야기는 길이는 짧지만 긴 여운을 남긴다. 지적 성실성을 통해 다져진 확신과 참된 영성이 맺은 겸손이 결합된 신학 논쟁은 대단히 매력적이다. 책임감 있는 논쟁이 무엇인지를 제대로 보여주는 이 책은, 일방적인 선언과 맹목적인 추종이 망쳐버린 한국 교회의 지성을 새롭게 할 계기가 될 것이다. 글을 기고한 필자들 모두 창조주 하나님을 찬양하고 그분의 피조물인 사람과 세상을 사랑하는 학자들이지만, 그 중 어떤 관점이 가장 설득력이 있는지, 독자들의 판단이 기대된다.

전성민 밴쿠버기독교세계관대학원(VIEW) 세계관 및 구약학 교수 아담은 역사적으로 실존한 인물인가? 이는 과학 시대에 성서를 어떻게 읽어야 할지 고민해 본 신앙인이라면 누구나 한 번쯤 해봤을 법한 질문이다. 사실 이 문제에 대해 성서학자와 일반 성도 사이엔 엄청난 괴리가 있다. 그 간격을 좁히는 데 일조할, 좋은 참고서가 나왔다. 우리는 이 책에서 훌륭한 네 학자의 진솔한 대화를 엿들을 수 있다. 물론 이 책을 통해 우리의 의문을 완전히 해결할 수는 없을 것이다. 문제가 워낙 복잡하고 견해차가 너무 크기 때문이다. 또한 이 책이 다루는 네 학자의 대화는 주로 미국 복음주의권에서 통용되는 내용으로 채워져 있어서 주류 신학계의 논의와 사뭇 괴리가 있는 것도 사실이다. 그럼에도 지금까지 국내에 이런 종류의 개론서가 많지 않았다는 점에서, 이 문제에 관심이 있던 독자에게 단비 같은 저술이 될 것이다. 이 책이 완벽한 해답을 제공해주지는 않더라도 더 깊은 논의를 향한 좋은 출발점이 되리라 믿는다.

홍국평 연세대학교 신과대학 구약학 교수

Four Views on
The Historical Adam

Denis O. Lamoureux / John H. Walton
C. John Collins / William D. Barrick
Gregory A. Boyd / Philip G. Ryken

edited by
Matthew Barrett / Ardel B. Caneday

아담의 역사성 논쟁

아담의 역사성에 대한 네 가지 관점과 목회적 적용

데니스 O. 라무뤼 / 존 H. 월튼

C. 존 콜린스 / 윌리엄 D. 배릭

그레고리 A. 보이드 / 필립 G. 라이켄 지음

매튜 배릿 / 아델 B. 케인데이 편집

김광남 옮김

Holy
WavePlus

► 차례 ◄

약어

ANE	Ancient Near East
AYBS	Anchor Yale Bible Series
BTCB	Brazos Theological Commentary on the Bible
CAD	*The Assyrian Dictionary of the Oriental Institute of the University of Chicago*. Edited by E. Reiner et al. Chicago: University of Chicago Press, 1956-2011.
CANE	Civilizations of the Ancient Near East
CBQMS	Catholic Biblical Quarterly Monograph Series
COS	*The Context of Scripture*. Edited by W. W. Hallo and K. L. Younger. 3 vols. Leiden: Brill, 1997.
GTJ	*Grace Theological Journal*
HCSB	Holman Christian Standard Bible
ICC	International Critical Commentary
ITC	International Theological Commentary
JANES	*Journal of the Ancient Near Eastern Society*
JSOT	*Journal for the Study of the Old Testament*
JSOTSup	Journal for the Study of the Old Testament Supplement Series
JTS	*Journal of Theological Studies*
LBI	Library of Biblical Interpretation
NAC	New American Commentary
NCBC	New Cambridge Bible Commentary
NET	New English Translation of the Bible
NICOT	New International Commentary on the Old Testament

NIVAC   NIV Application Commentary

NLT   New Living Translation of the Bible

NRSV   New Revised Standard Version of the Bible

OED   *Oxford English Dictionary*

SBJT   *Southern Baptist Journal of Theology*

SPCK   Society for Promoting Christian Knowledge

Sup   Supplement / Supplement Series

TDOT   *Theological Dictionary of the Old Testament*. Edited by G. T. Botterweck, H. Ringgren, and H.-J. Fabry. 15 vols. English ed. Grand Rapids: Eerdmans, 1974–2006.

THOTC   Two Horizons Old Testament Commentary

VT   *Vetus Testamentum*

VTSup   Vetus Testamentum Supplement Series

WBC   Word Biblical Commentary

WTJ   *Westminster Theological Journal*

ZIBBC   Zondervan Illustrated Bible Backgrounds Commentary

▶ 아담, 있는가 없는가?
▶ 매튜 배럿 & 아델 B. 케인데이

『아담의 역사성 논쟁: 네 가지 관점』(*Four Views on the Historical Adam*)이라는 이 책의 제목은 기독교인들 가운데 갈등이 있음을 암시한다. 누가 불화를 좋아하겠는가? 그런 것을 즐길 사람은 아무도 없다. 그럼에도 이 시대에 이견은 불가피하지 않은가? 우리가 어떤 논쟁에 개입할 때 유의해야 할 한 가지 핵심은 해야 할 말을 할 때 적절한 태도를 보이는 것과 자신이 동의하지 않는 이들에게 적절하게 대응하는 것이다. 어떤 이가 증오 언설 (hate speech, 특정한 대상에 대한 편견이나 폭력을 부추길 목적으로 이루어지는 의도적인 폄하, 위협, 선동 등 – 역자 주)을 통해 다른 이에게 공개석상에서 분명하게 반대를 표명하는 공공 담화에 대한 관념이 오늘날에만 존재하는 것은 아니다. 논쟁에 익숙했던 사도 바울조차 그것이 어떻게 인간 관계를 해치는지 알고 있었다. 그는 갈라디아 교인들을 향해 이렇게 묻는다. "내가 너희에게 참된 말을 하므로 원수가 되었느냐?"(갈 4:16).

그러므로 먼저 교회 안에서의 논쟁에 관한 J. 그레샴 메이첸(J. Grasham Machen)의 의견을 살펴보는 것이 좋겠다.

우리는 설교가 긍정적이어야 하며 부정적이면 안 된다는 말을 듣는다. 또한 진리를 제시해야 하지만 잘못을 지적해서는 안 되며, 논쟁을 피하고 언제나 평화를 추구해야 한다는 말을 듣는다.…

만약 우리가 그런 종류의 가치에 집착한다면, 아마도 신약성서를 덮는 편이 나을 것이다. 왜냐하면 신약성서는 처음부터 끝까지 거의 논쟁적인 책이기 때문이다. 물론 이것은 바울 서신에도 해당된다. 어쨌거나 바울 서신은 논증과 논쟁으로 가득 차 있다. 이에 대해 의문의 여지가 없음은 명백하다. 고린도 전서 13장에 나오는 기독교적 사랑에 대한 찬가조차 바울이 영적 은사를 잘못 사용하는 문제를 다루는 매우 논쟁적인 구절 중 핵심 부분이다. 만약 바울이 논쟁을 싫어했다면, 그리고 어떤 값을 치르고서라도 평화를 얻고자 했다면, 아마도 그렇게 멋진 찬가는 결코 나오지 못했을 것이다.[1]

메이첸은 논쟁과 더불어 나타나는 소외의 문제에 친숙했다.[2] 하지만 그는 성서 저자들과 마찬가지로 비록 평화와 일치가 중요하기는 하지만, 참된 평화와 일치는 진리를 희생해서 얻을 수 없다는 사실도 알고 있었다.

신약성서가 기록된 대부분(특히 서신들)의 원인이 논쟁이었다는 사실과 관련하여 메이첸이 한 말은 교회의 신조로까지 확대될 수 있다. 교회사 속에서 심각한 신학적 불일치가 나타났을 때, 교회는 기독교 신앙을 잘못된 믿음들과 구별해주는 신조를 분명하게 밝혀야만 했다. 갈등은 아

1_ J. Gresham Machen, *Machen's Note on Galatians*, ed. John H. Skilton (Philadelphia: P&R Publishing, 1973), 6.

2_ D. G. Hart, *Defending the Faith: J. Gresham Machen and the Crisis of Conservative Protestantism in Modern America* (Phillipsburg, NJ: P&R Publishing, 2003).

주 고통스러운 것이었기에 교회는―사도 시대에 열린 예루살렘 공의회를 필두로―공의회를 소집해 서로 경쟁하는 믿음의 내용들을 살피고 공통 신앙을 공적으로 표명하는 작업을 할 수밖에 없었다. 우리로서는 우리보다 앞선 기독교인들이 면밀하고 주의 깊게 진리를 탐구하여 기독교인들이 보편적으로 고백하는 위대한 신조들을 만들어 낸 것에 마땅히 감사해야 한다.

그러므로 기독교인들 사이에서 갈등이 나타날 때, 진리를 추구하는 우리는 그런 갈등이 우리를 불편하게 만들더라도 그것을 피하지 말고 직면해야 한다. 우리는 독자들이 이 점에 유념하면서 이 책에 실린 각 기고자들의 글을 읽기 바란다. 각 기고자는 현재 복음주의 안에서 쟁점이 되고 있는 아담의 역사성에 관한 네 가지 관점 중 하나를 대표한다. 이 네 명의 학자들은 비록 다른 중요한 사항들을 공유하고 있지만, 몇 가지 중요한 점에서 서로 대립한다. 우리는 네 명의 학자들 간에 진행되는 고상한 대화를 통해 서로 다른 네 가지 견해를 제시할 뿐 아니라, 이 문제에 대해 상이한 반응을 보여주는 두 목회자의 글 역시 수록해놓았다. 이 책을 통해 우리는 이해를 추구하는 믿음, 따라서 진리를 말하는 믿음이 아담의 역사성 문제에 관한 신중한 대화를 이끌기 원한다.

몇 가지 역사적 고찰

한 세기 훨씬 이전에 이미 기독교인들은 진화(evolution)에 관한 다양한 이론들을 살피고 있었다. 하지만 1859년에 출간된 찰스 다윈(Charles Darwin)의 『종의 기원』(On the Origin of the Species)으로 인해 몇몇 복음주의자들은 진화론에 더욱 큰 주의를 기울이게 되었다. 결과적으로 프로테스탄트 교회와 기관에 속한 많은 이들이 진화론을 점차 포용하기 시작했다.

진화론과 경쟁하는 기독교의 창조론은 단일하지 않았다. 그럼에도 기독교인들 사이에서는 하나님이 그리스도가 오시기 약 4천여 년 전에 우주를 창조하셨다는 믿음이 널리 퍼져 있었다. 그런 믿음은 아일랜드 아르마(Armagh) 지역의 대주교였던 제임스 어셔(James Ussher, 1581-1656)가 창조의 출발점을 밝히기 위해 기록한 『세계 연대기』(The Annals of the World)를 출간하기 전부터 있었다.[3] 예컨대 종교개혁자 마르틴 루터(Martin Luther)와 장 칼뱅(Jean Calvin)은, 창조의 시기가 아직 6천 년이 채 되지 않았으며 하나님은 하루 24시간으로 구성된 6일에 걸쳐 만물을 창조하셨다고 믿었다.[4] 칼뱅은 여러 면에서 철저하게 아우구스티누스(Augustine)의 견해에 친숙했지만, 이상하게도 하나님이 만물을 한순간에 창조하셨다는 그의 믿음만큼은 거부했다.[5]

한편 1876년에 토머스 H. 헉슬리(Thomas H. Huxley)는 다윈의 진화론이 코페르니쿠스(Copernicus)의 지동설만큼이나 과학적으로 확실하게 입증 가능하다고 선언했다.[6] 대다수 과학자들은 진화론을 받아들였고, 점점 더 많은 수의 기독교 지도자들—예컨대 프린스턴 대학의 학장이었던 제임스 맥코쉬(James McCosh, 재임기간 1868-88) 같은 이들—역시 이를 수용

3_ James Ussher, *The Annals of the World* (London: E. Tyler for F. Crook and G. Bedell, 1658).

4_ Martin Luther, *Luther's Works: Lectures on Genesis*, ed. and trans. Jaroslav Pelikan (St. Louis: Concordia Publishing House, 1958), 3, 5-6을 보라. 또한 John Calvin, *Institutes of the Christian Religion*, trans. F. L. Battles (Philadelphia: Westminster, 1960), 1.14.1을 보라.

5_ 하나님이 만물을 한순간에 창조하셨다는 Augustine의 가르침은 Calvin, *Institutes*, 1.14.2을 보라.

6_ Ronald Numbers, *Darwinism Comes to America* (Cambridge, MA: Harvard University Press, 1999), 44.

했다.[7] 1880년에 발행된 어느 기독교 주간지의 편집자는 주요 복음주의 교단에 속한 목회자 중에서 1/4 혹은 심지어 절반가량이 아담의 역사성에 대한 믿음을 포기했다고 추정했다.[8]

그럼에도 다른 이들은 인간의 고대성(antiquity)을 비신학적인 문제로 간주하면서도, 아담과 하와의 역사성에 대한 주장을 고수하는 방식으로 그런 흐름에 맞섰다. 점점 더 많은 복음주의자들이 창조의 본질과 6일의 길이에 관한 종교개혁자들의 견해에 동의하지 않게 되었다. 하지만 동시에 그들은 하나님의 창조 행위가 최근에 일어난 일이라고 믿든지 아니면 아주 오래된 것이라고 믿든지 상관없이 창세기 1-2장에 있는 창조 기사를 아담과 하와의 역사성을 지지하는 권위 있는 설명으로 여겼다.[9] 예를 들면 젊은 시절에 다윈의 진화론을 수용했으나 훗날 그것을 거부했던[10] 벤자민 워필드(B. B. Warfield)는 이렇게 말한다.

인간의 고대성이라는 문제 자체는 신학적으로 중요하지 않다. 신학은 인간이 지구에 얼마나 오랫동안 존재해왔는가에 대해 전적으로 무관심하다. 신학이 이 주제에 관심을 갖게 된 것은, 마치 성서 내러티브가 인간의 역사를 매우 짧은 기간으로 설정하는 것처럼 보이는 것과는 대조적으로 과학적 추론을 제기하는 특정 학파들이 지구에서 살아온 인류의 삶을 엄청나게 긴 기간으로

7_ Fred G. Zaspel, "B. B. Warfield on Creation and Evolution," *Themelios* 35.2 (2010): 202을 보라. 또한 idem, "Princeton and Evolution," *The Confessional Presbyterian* 8 (2012): 93을 보라.

8_ Ronald Numbers, *The Creationists: The Evolution of Scientific Creationism* (Berkeley: University of California Press, 1992), 3을 보라.

9_ B. B. Warfield, "Calvin's Doctrine of the Creation," *Princeton Theological Review* (1915): 190-255을 보라.

10_ Warfield와 McCosh의 관계에 대해서는 Zaspel, "Princeton and Evolution," 95을 보라. 참조. Zaspel, "B. B. Warfield on Creation and Evolution," 198-211.

할당하기 때문이다.[11]

워필드는, 20세기 중반에 "젊은 지구 창조론"(six-day-young-earth creationism)이 다시 나타난 이래로 하나님이 만물을 창조하신 시기의 신학적 의미를 찾고 있는 오늘날의 많은 기독교인과 다르다고 볼 수 있다. 워필드는 비록 인간의 고대성 문제에는 특별한 신학적 의미를 부여하지 않으나, 아담의 기원과 역사성 문제는 다르게 접근한다. 그는 이렇게 말한다.

> 인류의 단일성에 관한 문제는, 그것이 분명한 신학적 중요성을 갖는다는 점에서 인간의 고대성 문제와는 다르다. 우리가 지금까지 보여주려 했듯이, 단순히 성서가 인류의 단일성을 분명하게 가르치지만 인간의 고대성에 대해서는 아무런 언급도 하지 않기 때문만은 아니다. 인류의 단일성은 죄와 구속에 관한 교리 등을 포함하는 성서의 모든 가르침을 위한 선결 조건이다. 우리가 구원 교리로 알고 있는 모든 것을 포함하는 성서의 가르침이 갖는 구조 전체가 인류의 단일성에 의지하고 있고 또한 그것과 연관되어 있다.[12]

모두가 그런 것은 아니지만, 프로테스탄트 신자 중 많은 이들(특히 복음주의자들)은 인간의 기원에 관한 진화론자들의 주장이 성서의 권위와 신뢰성 및 심지어 기독교의 복음 자체를 위협한다고 보았다. 바로 이것이 지난 세기 초에 기독교 지도자들로 하여금 (그들이 보기에) 기독교 신

11_ B. B. Warfield, "On the Antiquity and the Unity of the Human Race," *Princeton Theological Review*, 9.1 (1911): 1-2; idem, "On the Antiquity and the Unity of the Human Race," *Studies in Theology* (1932; Grand Rapids: Baker, 1981), 235-36.

12_ Ibid., *Princeton Theological Review*, 18-19; *Studies in Theology*, 252.

앙을 전복시키고 있는 다양한 움직임들에 맞서기 위한 조치를 하도록 추동(推動)했던 몇 가지 개념 중 하나였다.

A. C. 딕슨(A. C. Dixon)과 R. A. 토리(R. A. Torrey)가 1910년부터 1915년 사이에 편집 출판한 12권짜리 책『근본적인 것들: 진리에 대한 증언』(The Fundamentals: A Testimony to the Truth)은 고등비평(higher criticism), 자유주의(liberalism), 사회주의(socialism), 모더니즘(modernism), 자연주의적 다윈설(naturalistic Darwinism) 등에 맞서 복음주의 신앙을 확언하는 90편의 글로 이루어져 있다. 그 책에 진화와 관련해 글을 기고했던 이들은 두 부류였다. 어떤 이들은 진화가 성서와 부합하지 않는다고 믿었다. 반면에 다른 이들은 "창조 때 하나님이 제한된 형태의 진화를 사용하셨을 수도 있다"[13]는 결론을 내렸다. 예컨대 다이슨 헤이그(Dyson Hague)는 "창세기 처음 장들의 교리적 가치"(The Doctrinal Value of the First Chapters of Genesis)라는 제목이 붙은 기고문을 통해 이렇게 주장한다. "인간은 진화된 것이 아니라 창조되었다. 다시 말해 인간은 원형질의 진흙 덩어리나 심해에 서식하는 배시비우스(bathybius, 헉슬리에 의해 생명이 발원된 원시 물질의 일종으로 간주되었으나 후에 화학작용의 부산물로 판명됨-편집자 주)에서 나오지도 않았고, 물고기나 개구리 혹은 말이나 원숭이의 후손도 아니다. 하나님은 인간을 즉시, 직접, 온전한 상태로 만드셨다."[14] 아담과 하와의 역사성에 대한 의문과 관련해 헤이그는 다음과 같이 확언한다.

아담은 신화도 아니고, 어느 한 민족의 이름도 아니다. 그는 하나님에 의해 지

13_ George M. Marsden, *Fundamentalism and American Culture*, 2nd ed. (Oxford: Oxford University Press, 2006), 122.

14_ Dyson Hague, "The Doctrine Value of the First Chapters of Genesis," in *The Fundamentals*, vol. 1. edited by R. A. Torrey and A. C. Dixon (reprint, Grand Rapids: Baker, 2003), 280.

음 받은 진정한 인간이었다. 그는 상상속의 레무리아[Lemuria, 인도양에 있었던 것으로 추정되는 고대의 땅—역자 주] 대륙에서 살았던 털북숭이 유인원이 진화를 통해 발전한 존재가 아니었다. 성서는 오직 한 종류의 인간, 즉 단 한 쌍의 원시 부부만을 알고 있다. 주 예수 그리스도께서 마태복음 19:4에서 이 사실을 확증하신다. 또한 바울도 사도행전 17:26…로마서 5:12과 고린도전서 15:21, 47, 49에서 이 사실을 다시 확언한다. 성서에서 아담이라는 말이 집합적 의미로 사용된다고 가정할 만한 근거는 전혀 없다. 그러므로 수많은 인간 부부로부터 진화가 이루어졌음을 상정할 여지는 존재하지 않는다.…바울은 아담의 타락과 그리스도의 죽음을 아주 긴밀하게 연결시킨다. 그러므로 아담의 타락이 없었다면, 신학은 속죄라는 가장 두드러진 특징을 잃게 된다. 만약 첫 번째 아담이 생령으로 지음 받지 않았거나 타락하지 않았다면, 두 번째 인간으로 하늘에서 오신 주님의 사역이 존재할 이유가 사라진다. 창세기의 이야기를 신화로 치부하며 거부하는 태도는 결국 구원의 복음에 대한 거부로 이어질 수밖에 없다. 만약 아담과 하와의 역사적 실재성을 포기한다면, 기독교 교리의 중요한 초석 가운데 하나를 제거하는 셈이다. 왜냐하면 타락은 계속해서 특별 계시를 위한 출발점, 즉 은혜를 통한 구원과 개인 중생의 씨앗을 위한 출발점으로 남아 있을 것이기 때문이다. 사도적 복음 전체의 근원이 바로 아담의 역사성 안에 들어 있다.[15]

그러나 조지 마스덴(George Marsden)의 말처럼, 제임스 오르(James Orr)나 조지 프레데릭 라이트(George Frederick Wright) 같은 다른 기고자들은 창조의 날들이 "모종의 진화적 발전의 가능성을 허용할 만큼 아주

15_ Hague, "The Doctrinal Value of the First Chapters of Genesis," in vol. 1 of *The Fundamentals*, 282-283, 285.

길었을 수도 있다"[16]고 인정했다. 그럼에도 그들은 "진화가 생명의 기원이나 인간의 독특성을 설명할 수 있다는 다윈설의 주장에 강력하게 맞섰다."[17] 오르가 말하듯이, 그는 "다윈설에 대한 반역"이라고 할 수 있는 "후기 진화론"(later evolutionary theory)에 대해서만 열려 있었을 뿐이었다. 그는 이렇게 결론짓는다. "만약 다윈의 이론이 승기를 잡아서 우리 인간이 짐승의 상태에서 천천히 점진적으로 발전해 현재 상태에 이르렀다고 생각해야 한다면, 거기에는 모순이 존재할 것이다. 그러나 내가 확신하건대…참된 과학은 그런 학설을 가르치지 않는다."[18] 마스덴은 그 시대에는 "모든 종류의 진화론에 맞서는 전선이 아직 확고하게 구분되어 있지 않았기 때문에" 오르의 견해와 같은 "중도 노선"이 일반적이었다고 지적한다.[19]

게다가 진화론을 거부하는 모든 이들이 "젊은 지구" 창조론을 주장했던 것도 아니었다. 어떤 이들은 창세기 1-2장에 대한 자신들의 이해를 그 이전에 인정되었던 것보다 훨씬 더 "오래된 지구"라는 개념과 조화시키려 했다. 예컨대 1917년판 『스코필드 관주 성서』(Scofield Reference Bible)는 약 1백여 년 전에 토머스 찰머스(Thomas Chalmers)가 발전시켰던 "간격 이론"(the Gap Theory, 문자적인 6일 창조를 주장하지만 창세기 1장 1절과 2절 사이에는 아주 오랜 간격이 있다는 이론—역자 주)을 지지했다. 당시 그것은 "날-시대 이론"(the Day-Age theory, 창조의 하루를 24시간이 아닌 아주 장구한 시대로 여기는 이론—역자 주)의 변종들과 함께 인기를 얻고 있었다.

비록 진화론을 반대하는 이들이 법적인 승리를 거두긴 했지만, 복음주의자들을 당혹스럽게 만들었던 1925년의 스콥스 재판(Scopes Trial)은 스

16_ Marsden, *Fundamentalism and American Culture*, 280.

17_ Ibid.

18_ James Orr, "The Early Narratives of Genesis," in *The Fundamentals*, vol. 1, 239. 또한 James Orr, "Science and Christian Faith," in *The Fundamentals*, vol. 1, 345-47을 보라.

19_ Marsden, *Fundamentalism and American Culture*, 122.

스로를 "근본주의자"라고 부르는 교회 지도자들을 포함해 많은 복음주의
자들이 오늘날 흔히 "오래된 지구 창조론"(Old Earth Creation view)이라고
불리는 견해를 지지하고 있었음을 알려 주었다.[20] 이것은 재판 기간에 원
고 측에 섰던 윌리엄 제닝스 브라이언(William Jennings Bryan)과 브라이언
에게 테네시 주 데이튼에서 열렸던 재판 기간에 세계기독교근본주의자협
회(WCFA)를 위한 공동 변호사로 활동해 줄 것을 요청했던 WCFA의 창설
자 윌리엄 라일리(William B. Riley)에게도 해당되었다.[21] 실제로 브라이언
과 라일리 모두 이런저런 형태의 "날-시대 이론"을 지지했다.[22]

　　복음주의자들과 근본주의자들이 오래된 지구를 수용하는 견해를 받
아들였던 반면, 다른 이들(이를테면 안식일교회[Seventh-Day Adventists] 같은
교단들)은 지질학 데이터를 창세기 6장에 나오는 홍수와 관련해 해석하면
서 지구가 "젊다"고 주장했다. 복음주의자들과 근본주의자들 대부분이 다
시 젊은 지구 창조론을 수용하기 시작한 것은 존 위트콤(John Whitcomb)
과 헨리 모리스(Henry Morris)가 『창세기의 홍수 이야기』(The Genesis Flood)
를 출판한 1961년 이후부터였다.[23] 흥미롭게도 보수 복음주의 계열의 무
디 출판사(Moody Press)는 『창세기의 홍수 이야기』의 출판을 거절했는데,
그것은 "문자적 6일에 대한 확고한 주장이 독자들의 기분을 상하게 할 수

20_ 그 재판의 상세한 내용은 Edward J. Larson, *Summer for the Gods: The Scopes Trial
　　and America's Continuing Debate over Science and Religion* (New York: Basic
　　Books, 1997)을 보라.
21_ William Vance Trollinger Jr. *God's Empire: William Bell Riley and Midwestern
　　Fundamentalism* (Madison: University of Wisconsin Press, 1990), 33.
22_ 많은 이들이 이렇게 주장하고 있다. "1차 세계대전 후에 반(anti) 진화론 운동의 지도자로
　　자주 오해되었던 William Jennings Bryan은 단지 모세가 말했던 '날'(days)을 지질학적
　　'시대'(ages)로 읽었을 뿐 아니라, 아담과 하와의 초자연적 기원에 악영향을 주지 않는
　　한에서 유기적 진화의 가능성을 고려했다"(*The Creationists*, 13).
23_ Zaspel, "Princeton and Evolution," 92.

도 있다"는 우려 때문이었다.[24] 이런 결정은 20세기 중엽에 "젊은 지구 창조론"이 얼마나 혁명적인 것이었는지를 암시한다.[25]

　1959년 추수감사절에 시카고에서 열린 다윈 탄생 100주년 기념식에서 토머스 헉슬리의 손자인 줄리안 헉슬리 경(Sir Julian Huxley)이 "진화론적 비전"(The Evolutionary Vision)이라는 제목의 연설을 했다. 그는 연설을 통해 종교 자체가 진화의 법칙에 종속되어 있으며 결국 진화를 통해 소멸할 것이라고 선언했다. 하지만 종교, 특히 기독교라는 "공룡"에 대한 그의 부고는 성급한 것으로 밝혀졌다. 그런 선언 직후에 나온 『창세기의 홍수 이야기』는 복음주의자들 사이에서 "젊은 지구 창조론"에 대한 믿음이 부활하도록 자극했는데, 그것은 무신론자들과 반종교주의자들뿐 아니라 수많은 동료 복음주의자들까지 불쾌하고 당혹스럽게 만들었다.

논쟁 배후의 논쟁

20세기 중반부터 복음주의자들은 우주의 나이와 기원에 관한 논쟁을 계속해 오고 있다. 그들은 하나님이 존재하시며 그분이 우주의 창조주시라는 것을 굳게 믿고 있다. 하지만 그분이 우주를 어떻게 창조하셨으며 얼마나 많은 시간을 사용하셨는지에 대해서는 여전히 의견이 분분하다. 제럴드 라우(Gerald Rau)는 최근에 나온 그의 저서 『기원 논쟁의 지형 그리기』(Mapping the Origins Debate)에서 이 문제와 관련된 현대의 6가지 모델을

24_ 대신에 그 책은 1961년에 다른 기독교 출판사에 의해 출판되었다. John C. Whitcomb Jr. and Henry M. Morris, *The Genesis Flood: The Biblical Record and Its Scientific Implications* (Philadelphia: Presbyterian & Reformed Publishing, 1961). 2011년에 그 출판사는 이 책의 출간 50주년 기념판을 내놓았다.

25_ Zaspel, "Princeton and Evolution," 92.

소개한다.[26]

첫째는 **자연주의적 진화**(Naturalistic Evolution)다. 이 관점은 철학적 자연주의에 크게 의존한다. 이 관점은 창조주에 대한 믿음을 배제하므로 복음주의 바깥에 있다고 할 수 있다. 창조주 대신 자연적 원인이 모든 것을 설명한다. 진화는 인간이 어떻게 존재하게 되었는지를 포함하여 우주의 기원을 설명하는 **유일한** 방법이다. 이런 견해를 고수하는 리처드 도킨스(Richard Dawkins), 대니얼 데닛(Daniel Dennett), 불가지론자이기는 하나 스티븐 제이 굴드(Stephen Jay Gould), 에드워드 O. 윌슨(Edward O. Wilson), 어니스트 메이어(Ernst Mayr), 그리고 유지니 스캇(Eugenie Scott) 같은 이들을 지배하는 세계관은 무신론이다. 헉슬리가 19세기에 활동한 "다윈의 충견(bulldog)"이었다면, 20세기와 21세기에는 그 역할이 도킨스와 데닛 같은 이들에게로 넘어갔다. 그들은 과학적 현실(이때 그들이 의미하는 현실은 "진화"다)을 무시하는 종교는 사회의 해악이라고 믿고 있다.

둘째는 **무목적적 진화**(Nonteleological Evolution)다. 이 관점에 의하면, 비록 초자연적인 것이 존재하기는 하나, 그것은 우주가 존재하기 시작한 이후로는 우주에 개입하지 않는다. 앞선 시대에 이것은 "이신론"(deism)으로 알려져 있었다. 하지만 오늘날 이 견해를 지지하는 이들은 그 명칭을 그다지 달가워하지 않는다. 자유주의 개신교, 과정신학, 불교, 힌두교, 그리고 뉴에이지 신학 등은 모두 각자 나름의 방식으로 이런 관점을 갖고 있다. 이 관점을 지지하는 이들 중 가장 유명한 이들로는 크리스티앙 드 뒤브(Christian de Duve), 이안 바버(Ian Barbour), 그리고 존 호트(John Haught) 등이 있다. 이 관점은 진화를 인정할 뿐 아니라 자연주의적 진화론과 여러 유사점을 공유하는데, 그것은 이 관점을 가진 학자들이 비록

26_ Gerald Rau, *Mapping the Origins Debate: Six Models of the Beginning of Everything* (Downers Grove, IL: InterVarsity Press, 2012), 특히 31-56을 보라.

어떤 초자연적 존재가 우주를 시작했을 수는 있을지라도 우주가 어떤 의도된 목적(telos)에서 발원했거나 혹은 발전했다고 여기지 않기 때문이다. 그러므로 모든 것을 자연적 원인에 따라 설명하려는 모든 시도가 그러하듯, 여기서도 철학적 자연주의의 특징을 이루는 무작위성(randomness)이 유지된다. 다시 말해 이 관점은 기독교적 견해에만 국한되지 않는 유신 진화(theistic evolution)의 한 형태로서 가장 잘 설명된다.

셋째는 **계획된 진화**(Planned Evolution)다. 명칭이 암시하듯 이 관점은 어떤 목적을 인정한다는 점에서 앞의 견해와 구별된다. 하나님은 처음부터 어떤 목적을 염두에 두고 계셨다. 그러므로 비록 이 관점도 진화를 긍정하기는 하지만, 이때의 진화는 본질상 목적론적이다. 이 관점을 지지하는 이들은 주로 유일신론자(monotheists)로서 유대교인이나 이슬람교도들도 있으나 대개는 기독교인들이다. 이 관점을 지지하는 이들은 창세기를 진화와 화해시키려 한다. 그 중 어떤 이들은 창세기를 고대의 원시 우주론을 갖고 있던 저자가(혹은 저자들이) 쓴 "고대 드라마"로 여긴다. 이들은 다양한 방식으로 아담과 하와를 해석하는데, 이때 이 부부는 온 인류의 조상인 한 쌍의 부부가 아니라 인류 전체를 가리키는 데 사용되는 한 무리의 사람들이나 혹은 이름들(상징들)로 간주된다. 라우는 이 관점의 지지자 중 몇 사람을 지목하는데, 그 중에는 하워드 밴틸(Howard Van Till)과 케네스 밀러(Kenneth Miller), 그리고 바이오로고스 재단(BioLogos Foundation)의 설립자인 프랜시스 콜린스(Francis Collins) 등이 포함된다. 앞의 관점과 마찬가지로 이것은 유신 진화의 또 다른 형태다. 비록 목적이 포함되어 있기는 하나, 대체로 하나님은 진화의 과정에 개입하시지 않는다. 그보다는 오히려 자연적 원인이 그 과정을 적절하게 설명해 준다.

넷째는 **지도된 진화**(Directed Evolution)다. 이 관점은 계획된 진화와 조금 다르다. 우리의 목적에 비추어 말한다면, 그 둘의 중요한 차이는 지도된 진화가 아담과 하와를 역사적 인물로, 심지어 모든 인류의 조상으로 여기는 경향이 더 많다는 것이다. 더 나아가 하나님은 창조주이실 뿐 아니라, 어떤 일관성 있는 원칙에 따라 우주에 개입하시거나 (혹은 더 특별하게) 우주를 "지도하신다." 그러나 다시 말하지만 여기서도 우주를 생성한 방법과 수단은 역시 진화다. 라우는 이 관점을 지지하는 자들로 헨리 쉐퍼(Henry Schaefer), 데보라 하스마(Deborah Haarsma), 로렌 하스마(Loren Haarsma), 그리고 마이클 비히(Michael Behe) 등을 꼽는다.

라우는 앞에서 언급된 계획된 진화와 지도된 진화를 모두 "비일치주의"(non-concordist)로 규정하는데, 이것은 그 둘이 성서와 현대 과학을 일치시키려 하지 않는다는 점을 의미한다. 마찬가지로 창세기에서 날들(days)은 "연속적이지 않으며 오히려 우리에게 하나님과 세상의 관계에 관한 무언가를 말해주는 것으로 간주된다."[27] 창조의 "날들"에 대한 해석에는 다음과 같은 다양한 견해들이 있다.

1. **틀**(Framework) **이론.** "태초에 땅이 혼돈하고 공허했다. 그래서 하나님이 형태를 부여하고 그 공허를 채우셨다. 틀은 우리에게 무슨 일이 일어났는지 말해주지만 창조 활동의 기간이나 순서에 관해서는 아무것도 언급하지 않는다."
2. **유비적 날**(Analogical Day) **이론.** "하나님은 6일 동안 창조하시고 하루를 쉬셨다. 이것은 우리가 6일 동안 일하고 하루를 쉬는 것과 유사하다."
3. **우주적 성전**(Cosmic Temple) **이론.** "하나님은 온 세상을 자신의 성전으로 세우시고 일곱째 날에 그곳에 자신의 거처를 마련하신다. 이

27_ Ibid., 206.

것은 다른 고대 문학에 등장하는 성전 건립에 관한 이야기들과 유사하다. 그러므로 그분은 창조 시에 단순히 어떤 형태를 만드시는 것이 아니라 자신의 피조물에게 어떤 역할을 부여하신다."[28]

그와는 반대로, 라우는 다음의 마지막 두 관점(오래된 지구 창조론과 젊은 지구 창조론)을 "일치주의"(concordist)로 분류하는데, 이들은 각각 연속적인 6일간의 창조를 인정한다.

다섯째는 오래된 지구 창조론(Old-Earth Creationism, 이하 OEC)이다. 이 관점과 함께 우리는 "진화에 기초를 둔 모델들"에서 "창조에 기초를 둔 모델들"로 이동한다. 이 두 가지 창조 모델(오래된 지구 창조론과 젊은 지구 창조론)을 지지하는 이들은 하나님이 세상을 진화 과정을 통해서가 아니라 직접 창조하셨다고 믿는다. 특히 오래된 지구 창조론은 지구의 나이를 설명하는 방식으로 인해 두드러진다. 이 모델은 진화를 거부하면서도 여전히 지구가 아주 오래 되었다고(수십억 년) 여긴다. 그러나 그렇게 오래된 지구의 나이는 창세기 1장의 6일과—비록 그 "날"이 아주 긴 시대로 해석되기는 하지만—조화를 이룰 수 있다. 이 관점의 지지자들은 창세기 1장을 적절하게 해석한다면 이를 과학적 발견과 양립할 수 있다고 믿는다. 라우는 이렇게 말한다. "오래된 지구 창조론은 때때로 성서를 과학적 증거에 비추어 해석한다. 하지만 또 다른 경우에는 과학을 성서에 비추어 해석하기도 한다." 예컨대 그것은 다음과 같다.

(오래된 지구 창조론은) 창세기 1장의 "날"이라는 용어가 불특정한 기간을 의미한다고 여김으로써 지구의 나이가 수십억 년이라는 표준 지질학 연표를 받

28_ Ibid., 206-7.

아들인다. 다른 한편으로, 하나님이 특정한 시기(날들)에 만물을 창조하셨다는 개념에 집착하는 것은 화석 기록에서 여러 종들이 급속하게 출현한 것을 창조 사건으로 해석하도록 유도한다.[29]

오래된 지구 창조론을 지지하는 이들은 아주 많으나 그 중 몇 사람이 특히 두드러진다. 그 중에는 리즌투빌리브(Reason to Believe, 현대 과학이 성서의 주장과 모순되지 않음을 알림으로써 복음을 옹호하는 사역단체―역자 주)의 설립자인 휴 로스(Hugh Ross), 과학과 문화를 위한 디스커버리 연구소(Discovery Institute Center for Science and Culture, 자연이 지적 설계[Intelligent Design]에 대한 강력한 증거를 제공해 준다고 믿는 과학자와 교육자들의 연구 모임―역자 주)의 설립자인 스티븐 메이어(Stephen Meyer) 등이 있다.

여섯째는 **젊은 지구 창조론**(Young-Earth Creationism, 이하 YEC)이다. 이것은 때때로 "과학적 창조" 혹은 "창조론"으로 불린다. 이 관점을 지지하는 이들은 언제나 과학보다 성서를 우선시한다. 따라서 과학이 창세기 1-2장과 일치하지 않는 결론을 내릴 경우, 그것은 거부된다. 이 관점은 다음과 같은 몇 가지 측면에서 다른 것들과 구별된다. 첫째, 젊은 지구 창조론은 진화(특히 자연주의적 진화)를 성서(특히 창세기 1-2장)와 어긋나는 것으로 여겨 거부한다. 또한 이 관점은 비록 창세기 1-2장이 연속적인 6일에 대해 말한다는 오래된 지구 창조론의 주장에 동의하기는 하지만, 해당 본문이 장구한 기간을 의미할 여지가 있다는 주장에 대해서는 동의하지 않는다. 오히려 창세기 1-2장이 말하는 "날"은 오늘 우리가 하루로 알고 있는 "24시간"을 의미한다. 또한 지구는 젊으며, 아마도 6천 년도 채 되지 않았을 것이다. 이 관점은 아담과 하와를 역사적 인물들로 간주할 뿐 아

29_ Ibid., 49.

니라 첫 번째 사람들로 간주하여 모든 인류가 그들에게서 나온 것으로 여긴다. 이 관점의 지지자 중 영향력 있는 인물로는 앤서즈인제너시스(Answers in Genesis, 성서 중 특히 창세기에 관한 질문들에 대한 답을 통해 복음을 전파하는 것을 목표로 하는 사역단체—역자 주)의 설립자인 켄 햄(Ken Ham), 국제 창조론 사역(Creation Ministries International)의 연구원이자 동명 잡지의 편집고문인 조나단 사르파티(Jonathan Sarfati), 창조론 연구소(Institute for Creation Research) 소장인 존 D. 모리스(John D. Morris), 과학적 창조 연구소(Center for Scientific Creation)의 월트 브라운(Walt Brown), 디스커버리 연구소(Discovery Institute)의 폴 넬슨(Paul Nelson)과 존 마크 레이놀즈(John Mark Reynolds), 그리고 스티븐 오스틴(Steven Austin), 제리 버그먼(Jerry Bergman), D. 러셀 험프리즈(D. Russell Humphreys), 마이클 오드(Michael Oard), 존 샌포드(John Sanford), 커트 와이즈(Kurt Wise) 같은 인물들이 있다.

앞서 언급했듯이 오래된/젊은 지구 창조론은 모두 6일간의 연속적인 창조를 인정한다. 그러나 그 6일과 관련해서는 다양한 해석이 존재한다. 라우는 그 중 넷을 열거한다.

1. **간격(Gap) 이론**: 오래된 지구 창조론자들이 주장한다. "창세기 1:1의 원(original)창조와 그것이 1:2에서 혼돈하고 공허하게 된 후에 일어난 6일간의 세계 재창조(recreation) 사이에는 간격이 있다. 화석들은 원창조의 일부다"(오늘날에는 드문 주장이다).
2. **간헐적인 날(Intermittent Day) 이론**: 오래된 지구 창조론자들이 주장한다. "창조의 각 날은 24시간이다. 하지만 그 날들은 그 어떤 창조 작업도 없었던 긴 기간에 의해 단절되었다"(오늘날에는 드문 주장이다).
3. **점진적인 날 혹은 날-시대(Progressive or Day-Age) 이론**: 오래된 지

구 창조론자들이 주장한다. "각 날은 오랜 기간이었다. 광명들은 첫 날에 창조되었으나 넷째 날에 가시화되었다. 아마도 이것은 대기권을 깨끗이 하느라 그랬을 것이다."

4. **24시간-날**(Twenty-Four-Hour Day) **이론**: 젊은 지구 창조론자들이 주장한다. "현대의 젊은 지구 창조론에서 이 견해는 대개 홍수 지질학(flood geology, 세계적인 홍수로 인해 지층 자료를 간직한 화석들이 나타났다는 주장) 및 성숙한 창조(mature creation, 겉보기 나이)와 관련된다.[30]

이런 범주들과 명칭들은 비록 완전하지는 않지만, 대부분의 관점들을 포착하고 있다. 하지만 이들 중 어느 한 범주에도 산뜻하게 들어맞지 않는 한 가지 움직임이 있다. 그것은 흔히 찰스 택스턴(Charles Thaxton), 월터 브래들리(Walter Bradley), 그리고 로저 올슨(Roger Olsen) 같은 이들과(이들은 모두 오래된 지구 창조론자들이었다) 이들이 펴낸 책『생명 기원의 신비』(The Mystery of Life's Origin)에 의해 시작된 것으로 알려진 **지적 설계**(Intelligent Design, 이하 ID) 이론이다. 하지만 그 책보다 훨씬 더 널리 알려진 것은 필립 존슨(Phillip Johnson)의 1991년도 작품인『심판대의 다윈』(Darwin on Trial, 까치글방 역간)이다. 그 책에서 존슨은 다윈주의자들과 신(新)다윈주의자들이 그들의 결론에 도달한 것은 진화에 대한 증거 때문이 아니라, 그들이 오로지 자연적 원인들만이 인간의 기원을 설명할 수 있다고 가정하는 자연주의의 철학적 세계관을 받아들였기 때문이라고 주장했다.[31] 그 후 과학, 철학, 법률, 수학, 그리고 신학 분야를 포함해 다양한 배경을 지닌 많은 학자들이 지적 설계 운동에 가담했다.[32]

30_ Ibid., 207-8.

31_ Phillip E. Johnson, *Darwin on Trial* (Downers Grove, IL: InterVarsity Press, 1991).

32_ 흥미롭게도 몇몇 비기독교인들까지도 설계 논증을 사용해 진화에 반대하고 있다. 호주의

오늘날 지적 설계 운동은 그 본거지를 과학과 문화를 위한 디스커버리 연구소에 마련했고, 1996년에 『다윈의 블랙박스: 진화에 대한 생화학적 도전』(Darwin's Black Box: The Biochemical Challenge to Evolution, 풀빛 역간)을 써서 일약 스타덤에 오른 마이클 비히(Michael Behe) 같은 학자들에 의해 지지받고 있다. 그 책에서 비히는 "환원 불가능한 복잡성"(irreducible complexity)이라는 개념, 즉 우주는 복잡한 체계들로 구성되어 있으며, 그 체계는 각각 전체 시스템의 작동에 앞서 제 위치에 있어야 하는 어떤 활동적인 부분들—만약 어떤 창조자가 미리 설계와 구조와 형태(이를테면 DNA, 즉 편모[flagellum])를 부여한 것이 아니라면 설명이 되지 않는 그 무엇—을 포함하는 구조를 갖고 있다는 믿음을 옹호한다.[33] 지적 설계 운동에 가담한 다른 유명한 학자들로는 스티븐 C. 메이어(Stephen C. Meyer), 윌리엄 A. 뎀스키(William A. Dembski), 폴 넬슨(Paul Nelson), 조나단 웰즈(Jonathan Wells), 그리고 C. 존 콜린스(C. John Collins) 같은 이들이 있다.[34]

메이어의 말처럼, 지적 설계는 "진화에 대한 물질주의적 관점에 강력하게 도전하면서 생명의 기원을 다루는 증거에 기초한 과학 이론"[35]을 발전시키고자 한다는 측면에서 독특하다. 다시 말해 그것은 자연 안에 있는 설계를 실증적으로 주장하면서 그로 인해 설계자(창조주)를 비종교적으로 옹호하려 한다. 하지만 라우의 설명처럼 이런 점이 필연적으로 진화 과정

분자생물학자인 Michael Denton과 그의 책 *Evolution: A Theory in Crisis* (Chevy Chase, MD: Adler & Adler, 1986)를 살펴보라.

33_ Michael J. Behe, *Darwin's Black Box: The Biochemical Challenge to Evolution* (New York: Free Press, 1996).

34_ 또한 Paul Chien, Guillermo Gonzalez, Dean Kenyon, Charles Thaxton, David Berlinkski, David DeWolf, 그리고 Thomas Woodward 등도 고려하라.

35_ Stephen C. Meyer, *Signature in the Cell: DNA and the Evidence for Intelligent Design* (New York: Harper One, 2009).

에 대한 총체적 거부를 의미하지는 않는다.[36] 지적 설계의 지지자들은 지도된 진화론자들로부터 오래된 지구 창조론자와 젊은 지구 창조론자들까지 포괄한다(물론 이들이 모두 지적 설계를 지지하는 것은 아니다).

기원에 관해 이처럼 다양한 관점들을 개괄하는 일에 이토록 많은 지면을 할애하는 이유가 무엇일까? 사실은 그것이 **논쟁 배후에 있는 논쟁**이기 때문이다.[37] 다시 말해 이 책은 "아담의 역사성"에 초점을 맞추고 있지만, 의심할 바 없이 독자들은 이 책의 각 기고자가 또한 "기원 논쟁"에 대해 말하고 있음을 알게 될 것이다. 어째서일까? 그것은 우리가 창세기, 진화론, 그리고 심지어 지구의 나이 같은 것을 이해하는 방식이 어느 정도는 우리가 아담과 하와에 관해 믿는 것에 이런저런 방식으로 영향을 미치기 때문이다. 비록 위에서 개괄했던 모든 관점이 이 책에서 제시되지는 않으나, 이 책의 기고자들은 그 중에서도 특히 중요한 몇 가지 관점을 대표한다. 또한 아담에 관한 이 논쟁에서 창세기 1-2장에 대한 그들의 해석은 (그들이 믿는 바) 우리가 아담을 이해하는 데 중요하며 때로는 핵심 요소이기도 하다.

아담, 있는가 없는가?

그 자신이 의도했든 하지 않았든, 프랜시스 콜린스가 바이오로고스 재단을 설립한 것은 복음주의자들 사이에서 인간의 기원에 관한 논의를 새롭

36_ Rau, *Mapping the Origins Debate*, 53.
37_ 기원 논쟁의 한 예는 J. P. Moreland and John Mark Reynolds, eds., *Three Views on Creation and Evolution* (Grand Rapids: Zondervan, 1999)을 보라. 이 논쟁에서 YEC는 Paul Nelson과 Reynolds에 의해, 그리고 OEC는 Robert C. Newman에 의해, 그리고 유신진화론은 Howard J. Van Till에 의해 각각 대표된다.

게 촉발했다. 그가 오랫동안 인간 게놈 계획(Human Genome Project, 인간 염색체 내의 모든 염기서열[유전정보]를 밝혀내기 위한 연구 계획—편집자 주)의 책임자로 일하면서 쌓은 두드러진 경력은, 그가 신앙고백적인 복음주의자로서 바이오로고스 재단을 설립하고 다음과 같은 "사명"을 표방했을 때 그에게 굉장한 힘을 실어 주었다. (진화를 수용하는 것을 포함해 과학에 대한 견해를 바탕으로) "현대 교회에 신앙과 과학의 조화를 제공하는 일을 돕는다."[38] 이에 대해 콜린스는 다음과 같이 말한다.

> 나는 유신 진화론 혹은 바이오로고스가 지금까지의 여러 대안 중 과학적으로 가장 일관성 있으며 영적으로 만족할만하다고 여긴다. 이 관점은 과학이 앞으로 발견하는 것들에 의해 유행에 뒤진 것이 되거나 무효가 되지 않을 것이다. 그것은 지적으로 엄밀하며, 이 견해를 수용하지 않았다면 당혹스러웠을 여러 가지 질문에 답하고, 과학과 믿음이라는 두 개의 흔들리지 않는 기둥이 진리라는 건물을 굳건히 유지할 수 있도록 서로를 강화하게 한다.[39]

콜린스와 다른 유신 진화론자들(그들 중 어떤 이들은 "진화적 창조론자"[evolutionary creationist]라는 명칭을 선호한다)은 창세기 이야기가 아담의 역사성에 대한 믿음을 요구한다는 개념에 의문을 제기한다. 콜린스는 그의 책 『신의 언어』(The Language of God, 김영사 역간)에서 이렇게 묻는다.

> 하지만 에덴동산은 어떠한가? 아담이 흙에서 창조되었으며, 뒤이어 창세기 2장이 그토록 강력하게 하와의 창조에 대해 묘사하면서 그녀가 아담의 갈비

38_ http://biologos.org에 수록된 사명 선언문을 보라.

39_ Francis Collins, *The Language of God: A Scientist Presents Evidence for Belief* (New York: Free Press, 2006), 209-10.

뼈에서 창조되었다고 설명하는 것은, 인간의 영혼이 이전에는 영혼이 없었던 동물의 왕국 안으로 들어가는 상황에 대한 상징적 알레고리인가, 아니면 문자적 역사로 읽히도록 의도된 것인가?[40]

콜린스는 칼 기버슨(Karl Giberson, 『다윈 구하기: 기독교인이면서 진화를 믿는 방법』[Saving Darwin: How to Be a Christian and Believe in Evolution]의 저자)과 함께 저술한 그의 최신작 『과학과 신앙의 언어들』(The Languages of Science and Faith)에서 하나님이 우리(특히 아담과 하와)를 창조하신 방법과 관련해 "과학이나 성서는 그 문제에 답하지 못한다"라고 말한다. 콜린스와 기버슨은 이렇게 결론을 내린다.

오늘날 우리가 과학과 고대 히브리인들의 세계에 대해 아는 모든 것에 기초해 살펴볼 때, [창세기에 실린] 간략한 언급들을 인간 기원을 다루는 생물학적으로 정확한 서술로 간주하는 것은 전혀 합리적이지 않다. 분명한 것은 창세기 이야기가 우리에게 하나님이 만물을 창조하신 방법에 대해 말해 주지 않는다는 점이다. 창조 기사는 우리에게 하나님이 참으로 만물을 창조하셨고 인간은 하나님의 계획 중 일부이며 우연히 발생하지 않았다는 사실만을 알려줄 뿐이다.[41]

우리는 여기서 역사적 아담에 집착하지 않는 또 다른 유명한 유신 진화론자인 피터 엔즈(Peter Enns)에 대해 언급하지 않을 수 없다. 이스턴 대학교의 성서학 교수이자 과거에 「바이오로고스」의 기고자였던 엔즈는 『아담

40_ Ibid., 206-7.
41_ Karl W. Giberson and Francis S. Collins, *The Language of Science and Faith* (Downers Grove, IL: InterVarsity Press, 2011), 206.

의 진화』(*The Evolution of Adam*, CLC 역간)의 저자다. 이 책에서 그는 역사적 아담이 기독교의 전통적인 견해였음을 인정하면서도 다음과 같은 결론을 내린다. "진화의 도전을 저지하기 위한 방법으로 이 오래된 합의에 호소하는 것은 오늘날 독자들이 취할 만한 적절한 방안이 아니다."[42] 그 대신 엔즈는 "첫 번째 아담이 특별하게 창조되었다는 성서의 묘사가 문자 그대로 역사적인 것은 아니다"라고 주장한다.[43] 그동안 엔즈는 아담에 관한 토론의 최전방에 섰는데, 부분적으로 그것은 단지 사도 바울이 오늘날의 고고학 및 과학 지식에 접근할 수 없었으므로 바울 역시 아담의 역사성을 믿는 오류를 범했던 1세기 인물로 간주해야 한다는 그의 주장 때문이었다.

역사적 아담을 인정하는 이들의 반박뿐 아니라, 엔즈와 콜린스의 주장도 아담의 역사성에 관한 공적 담화의 기틀을 세우는 데 크게 기여했다. 데니스 O. 라무뤼(Denis O. Lamoureux)가 제시하는 이 책의 첫 번째 관점은, 비록 라무뤼의 견해가 그들 중 어느 하나와도 같지는 않지만, 아담의 역사성을 인정하지 않는다는 점에서 엔즈와 콜린스의 주장과 맥을 같이 한다. 이 책을 통해 제시된 다른 세 가지 관점들은 이런저런 방식으로 역사적 아담을 인정한다. 기고자들은 각각 나름의 독특한 견해를 제시하는데, 그들의 견해는 창조 기사를 진화론에 기반을 둔 과학에 비추어 바라보는 방식뿐 아니라 특히 각자가 아담을 바라보는 방식과 관련해서도 서로 다르다. 그럼에도 그들은 모두 아담의 역사성 문제를 적절하게 해결하는 것이 중요하다는 사실에 동의한다.

이제 그 핵심적인 문제를 살펴보자.

42_ Peter Enns, *The Evolution of Adam: What the Bible Does and Doesn't Say about Human Origins* (Grand Rapids: Brazos Press, 2012), xvi..
43_ Ibid.

역사적 아담에 관한 4가지 관점 미리보기

우리는 역사적 아담에 관한 논쟁에 가담한 각각의 기고자에게 자신의 견해를 입증하는 논거를 제시하되, 성서 본문만이 아니라 그 주제와 관련된 성서의 외적 자료들도(예컨대 고대 근동 문헌이나 진화론 같은) 다루도록 요청했다. 우리는 그들에게 자신의 견해를 옹호하는 과정에서 다음의 핵심적인 세 가지 질문에 답할 것을 요구했다.

1. **당신의 관점을 뒷받침해주는 성서의 근거는 무엇이며, 당신은 그 근거를 그것과 상충하는 것처럼 보이는 구절들이나 그 구절들에 대한 잠재적 해석들과 어떻게 조화시키는가?** 우리는 각 기고자에게 이 질문에 답하면서 자신의 포괄적인 해석학은 물론이고 특히 그들이 창세기의 처음 장들과 그것들에 대한 신약성서의 언급들을 해석할 때 사용하는 해석학에 관해 설명하도록 요청했다. 그렇게 할 때, 각 기고자는 진화가 창세기 1-2장과 특별히 아담의 역사성에 대한 자신의 해석학적 접근방식에 어떤 영향을 미치는지(혹은 미치지 않는지) 설명해야 했다.

2. **당신의 관점은 어느 면에서 다른 관점들보다 신학적으로 더 일관성이 있는가?** 우리는 각 기고자에게 아담에 관한 그들의 견해를 계시(일반 계시와 특별 계시), 성서(특히 성서의 무오성 교리), 창조, 그리스도를 통한 구속, 그리고 관련된 다른 신학 문제들과 결부시켜 설명하도록 요청했다. 그러므로 기고자 중 대부분은 기원 논쟁을 둘러싼 상세한 내용을 다루면서도 동시에 여러 곳에서 그 논쟁과 관련된 신학 문제들에 대한 그들의 견해를 설명한다.

3. **당신의 관점이 교회와 개별 신자들의 영적 삶과 공적 증언에 대해**

갖는 의미는 무엇이며, 또한 당신의 관점이 어떻게 그 두 가지 모두를 위한 더욱 건강한 대안이 될 수 있는가? 이 마지막 질문을 통해 우리는 이 논쟁의 핵심 목표에 도달한다. 각 기고자는 자신의 관점이 성서의 개인적 이해, 신앙과 과학의 통합, 예수 그리스도의 복음, 그리고 공공 영역에서 그리스도의 증인인 교회와 같은 주제들을 풀어나가는 특별한 "문제들"에 다소간 관심을 쏟는다.

이 책에서 네 명의 학자들은 당면한 주제에 골몰하면서 또한 이런 질문들에도 답해 나간다. 이 책이 역사적 아담에 관한 모든 관점을 제시하기는 불가능하다. 하지만 우리는 이 네 명의 학자들이 오늘날 복음주의자들이 반드시 고려해야 할 네 가지 중요한 관점을 대표하고 있다고 확신한다. 아래는 그 네 가지 관점을 소개하기 위해 상세한 논증 없이 요약한 것이다.

1. **역사적 아담은 없다: 진화적 창조론**(Evolutionary Creation). 데니스 O. 라무뤼(Denis O. Lamoureux)는 앨버타 대학교 세인트조세프 칼리지의 과학과 종교학 교수이며 『진화적 창조: 진화에 대한 기독교적 접근』(*Evolutionary Creation: A Christian Approach to Evolution*)의 저자다.[44]
   라무뤼는 과거에 기독교인들이 역사적 아담을 인정했을지라도, 오늘날 제기되는 진화의 증거들은 그런 믿음을 갖는 것을 불가능하게 한다고 주장한다. 오히려 하나님은 우주를 진화라는 자연 과정을 통해 창조하셨고, 인간의 존재 역시 진화를 통해 이뤄진 발전의 결과다. 진화 유전학과 화석을 통해 얻은 자료들은 인간이 "약 6백만 년 전에 존재했던 마지막 공통 조상을 침팬지와 공유"하고 있음을

44_ Denis O. Lamoureux, *Evolutionary Creation: A Christian Approach to Evolution* (Eugene, OR: Wipf & Stock, 2008).

제시할 뿐만 아니라, 우리가 유일한 한 쌍의 부부(아담과 하와)로부터 나온 것이 아니라 약 1만여 명의 인간으로 이루어진 어떤 집단에서 유래했음을 알려준다. 라무뤼는 그동안 몇몇 학자들이―예를 들면 브루스 월키(Bruce Waltke), 대럴 포크(Darrel Falk), 데니스 알렉산더(Denis Alexander)―역사적 아담을 진화론과 조화시키려 해왔음을 언급하면서 그런 시도는 잘못된 것이라고 주장한다. 왜냐하면 그것은 현대 과학을 하나님이 무오한 영적 진리를 전하기 위해 부수적인 수단으로 택하신 고대 과학과 조화시키려 하기 때문이다.

특히 라무뤼는 과학적 일치주의(scientific concordism), 즉 하나님이 특정한 과학적 사실들을 성서를 통해 계시하기로 하셨으므로, 현대 과학은 적절하게 이해될 경우 성서와 일치될 수 있다는 개념을 거부한다. 그에 따르면, 오히려 성서 저자들은 고대인의 방식으로 세계를 이해했는데, 이러한 사실은 그들이 우주가 3층으로 구성되어 있다고 믿었다는 점과 "궁창"이 존재한다고 생각했던 점, 그 밖의 다른 점 등을 통해서 볼 때 분명하다. 인간의 생물학적 기원과 관련해서도 성서 저자들은 고대인들의 사고방식을 따랐다. 그들은 "신규 창조"(de novo creation), 즉 하나님이 인간과 만물을 직접, 즉각적으로, 그리고 완전하게, 즉 완전히 성숙한 상태로 창조하셨다는 믿음을 고수했다.

라무뤼는, 아담은 존재하지 않았으나 그것이 기독교 신앙의 핵심과 본질적 믿음을 해치지 않는다고 주장한다. 비록 성서 저자들이 세계와 인간의 생물학적 기원에 관한 고대의 관점을 인정할지라도(예. 롬 5:12-19에 등장하는 아담에 대한 바울의 견해), 그것은 어떤 경우에도 성서에 대한 우리의 확신을 약화하지 않는다. 아담은 역사적 인물이 아니라 성서가 무오한 영적 진리를 전달하기 위해 사용했던 부수적인 도구의 또 다른 한 예다. 아담은 역사적 인물이 아니지만, 두 번째 아담인 그리스도 예수는 우리의 죄를 위해 죽으신 역사적 인물이다.

2. **역사적 아담은 있다: 원형적 창조론**(Archetypal Creation). 존 월튼 (John Walton)은 휘튼 칼리지의 구약학 교수다. 그는 『창세기 1장 의 잃어버린 세계: 고대 우주론과 기원에 관한 논쟁』(*The Lost World of Genesis One: Ancient Cosmology and the Origins Debate*, 그리심 역간)을 포함 해 여러 권의 책을 썼다.[45]

월튼은 아담이 역사적 인물이었다고 믿는 점에서 라무뤠와 다르 다. 하지만 월튼에 따르면, 성서가 강조하는 것은 아담의 역사성이 아니다. 오히려 성서의 일차적 관심은 인류의 원형적 대표자인 아담 과 하와에 대해 이야기하는 데 있다. 월튼은 신구약 성서의 구절들 이 자신의 관점을 지지할 뿐 아니라, 고대 근동의 문헌들 역시 자신 의 견해를 강력하게 뒷받침한다고 주장한다.

창세기 2장보다 이런 원형적 관점이 더 분명하게 강조되는 곳은 없다. 창세기 저자의 관심은 아담과 하와가 생물학적 존재로서 물질 적으로 형성되었다는 점에 있는 것이 **아니라** 인간의 역할에 있다. 그러므로 창세기 2장은 우리의 생물학적 기원이나 아담과 하와의 생물학적 기원을 다루려는 의도로 기록되지 **않았다.** 그러므로 성서 가 인류의 기원 문제에 대해서 과학과는 전혀 다른 주장을 제시한다 는 복음주의자들의 주장은 잘못된 것이다.

그러므로 월튼은 비록 아담과 하와가 역사적 인물이지만 그들이 지구에 존재했던 첫 번째 인간이거나 모든 인류의 조상은 아닐 수도 있음을 인정한다.

45_ John H. Walton, *The Lost World of Genesis: Ancient Cosmology and the Origins Debate* (Downers Crove, IL: IVP Academic, 2009).

월튼은 진화라는 개념이 오용(예를 들면 이 세계가 무목적적이면서도 신과는 관계없이 형성되었음을 주장하기 위해)될 수도 있음을 인정하지만, 동시에 그는 "무한히 강력하신 통치자 하나님에 의해 의도적으로 인도되는" 진화에는 본질적으로 문제가 될 만한 것이 전혀 없다고 믿는다. 월튼은 진화에 대해 (그것을 거부하거나 수용하거나 하는 식으로) 어떤 견해를 밝히지는 않으나, 그의 모델은 진화를 수용하는 것을 허용한다.

게다가 성서가 아담에게 의지해 제시하는 신학 요점들(죄, 죽음, 두 번째 아담 등)은 아담과 하와가 역사상 최초의 인간이자 유일한 인간이었다거나 혹은 인류의 조상이었다는 믿음과는 상관이 없다. 그들이 인류의 조상이라는 사실은 생물학적 측면이 아니라 원형적 측면에서 고려되어야 한다. 월튼은 성서의 무오성이 텍스트가 제기하는 분명한 주장이나 확언에만 적용된다고 강조한다. 성서는 우리의 물질적 기원에 관해 과학적 주장을 제시하지 않으므로, 인류의 기원에 관한 다양한 견해 자체가 성서의 무오성을 의문시하지 않는다. 월튼은 성서 텍스트가 제기하지 않는 주장에 대해 무오성을 적용하는 것은 불가능하다고 주장한다.

3. **역사적 아담은 있다: 오래된 지구 창조론**(OEC). C. 존 콜린스(C. John Collins)는 커버넌트 신학교의 구약학 교수다. 콜린스는 『아담과 하와는 실제로 존재했는가? 그들은 누구이며 우리는 왜 그들에게 관심을 가져야 하는가?』(*Did Adam and Eve Really Exist? Who They Were and Why You Should Care*)와 『과학과 신앙: 친구인가 적인가?』(*Science and Faith: Friends or Foes?*)의 저자다.[46]

46_ C. John Collins, *Did Adam and Eve Really Exist? Who They Were and Why You Should* Care (Wheaton, IL: Crossway, 2011); idem, *Science and Faith: Friends or*

콜린스는 아담과 하와가 실제로 존재한 역사 속 인물이라고 주장한다. 역사적 아담과 하와는 성서의 스토리라인을 구성할 뿐 아니라, 두 번째 아담인 예수 그리스도를 통해 구속될 필요가 있는 죄인이며 아담의 후손인 우리의 경험을 가장 잘 이해할 수 있게 해준다.

콜린스는 창세기 2장이 역사적 인물들, 즉 하나님이 자신의 형상을 따라 지으신 이들을 묘사한다고 간주한다. 그는 창세기 2장이 성서의 전체 스토리라인과 세계관을 위한 무대를 설정하고 있으며 성서 저자들이 그것을 인식하고 있었다고 여긴다. 성서 저자들은 구원사, 특히 하나님의 "창조와 구속이라는 큰일"에 관해 이야기했을 뿐, 단순히 어떤 영구적인 진리 목록을 제시하지 않았다. 죄는 아담을 통해 세상 속으로 들어왔다. 그리고 구약성서 전체는 하나님이 죄로 말미암아 소외된 그분의 백성과 언약 관계를 맺으시는 이야기다. 하나님은 죄인들을 구원하기 위한 활동을 수행하시며, 두 번째 아담인 예수 그리스도의 죽음과 부활을 통해 궁극적으로 그 일을 이루신다.

또한 콜린스는 신약성서 저자들이 아담에게서 시작되는 역사적·성서적 스토리라인을 확언한다고 믿는다. 콜린스의 말을 따르면, 그리스도 자신이 아담의 역사성을 믿으셨고, 바울도 아담 안에서 우리의 죽음과 그리스도 안에서 우리의 삶을 비교하고 대조했다. 이런 사실에 기초하여 콜린스는 성서의 스토리라인이 다음과 같은 점들을 보여준다고 결론짓는다. (1) 인류는 한 쌍의 조상(아담과 하와)에게서 유래한 한 가족이다. (2) 하나님은 아담과 하와를 초자연적 방식으로 창조하셨다. (3) 인류의 근원인 아담과 하와는 세상 속으로 죄를 들여왔다. 성서의 스토리라인은 한 쌍의 부부가 역사적으로

Foes? (Wheaton, IL: Crossway, 2003).

실존했음을 그 특징으로 하는 이런 성서 내러티브와 분리될 경우 별다른 의미를 갖지 못하며, 구속을 필요로 하는 아담의 후손이자 죄인인 우리 인간의 경험 역시 마찬가지다.

지구의 나이가 오래되었다는 콜린스의 주장은 역사적 아담에 대한 그의 믿음을 윌리엄 배릭(William Barrick)의 젊은 지구 창조론과 분리시킨다. 콜린스는 창세기 1-2장을 해석하면서 성서가 말하는 창조의 날들 안에 존재하는 진화 과정이나 혹은 창조의 날들이 긴 시간 간격을 나타낸다는 견해를 배제하지 않는다. 더 나아가 콜린스는 아담과 하와가 이후에 등장하는 모든 인간의 시초이기는 하지만 태초에 있었던 유일한 인간 부부가 아니었을 수도 있다고 간주한다. 그러므로 아담은 역사적 인물이지만 유일한 사람은 아니었을 수도 있으며, 어쩌면 그가 속한 부족의 족장이었을 가능성도 있다. 그럼에도 콜린스는 한편으로는 오래된 지구를 기꺼이 인정하면서도, 적어도 오래된 지구를 인정하는 가장 강력한 형태인 유신 진화론에 대해서는 비판적 태도를 보인다. 그가 보기에 유신 진화론은 하나님의 형상대로 창조된 인간의 독특성, 즉 단순한 자연적 진화 과정을 초월하여 인간 안에 존재하는 어떤 것을 제대로 설명하지 못하기 때문이다.

콜린스는 성서의 무오성을 지지하지만, 성서에 대한 신중하고 정확한 읽기가 반드시 문자적 읽기(예를 들면 창 1장의 "날"이 문자 그대로 하루 24시간으로 구성된 것으로 간주하는 것)를 요구하는 것은 아니라고 주장한다.

4. **역사적 아담은 있다: 젊은 지구 창조론**(YEC). 윌리엄 D. 배릭(William D. Barrick)은 마스터즈 신학교의 구약학 교수다. 배릭은 『창세기와 씨름하기: 성서의 권위와 지구의 나이』(*Coming to Grips with Genesis: Biblical Authority and the Age of the Earth*)의 기고자였고, 복음주의적 주

해를 위한 주석(Evangelical Exegetical Commentary) 시리즈의 구약 편집자이며, 그 시리즈 내에서 곧 출간될 창세기 주석의 저자다.[47]

배릭은 성서의 기록을 따라 아담을 역사적 인물이자 인류의 기원이 되는 최초의 인간이라고 주장한다. 아담은 본질적으로 어떤 원형(월튼)이거나 생물학적 진화의 산물(라무뤼)이 아니다. 오히려 그는 하나님이 초자연적으로 창조하신 최초의 인간이며 모든 인류의 조상이다. 배릭은 창세기 1-2장뿐만 아니라 신약성서 전체, 특히 바울 서신이 자신의 관점을 명백하게 지지한다고 주장한다.

배릭은 콜린스와 마찬가지로 수많은 성서 교리들이 역사적 아담으로부터 유래하거나 그에게 의존한다고 믿는다. 아마도 가장 중요한 것은 복음 자체일 것이다. 배릭은 여러 본문 중에서도 특히 로마서 5:12-19에 있는 바울의 논증에 호소하면서, 만약 아담의 역사성이 거짓이고 그가 실제로 타락하여 죄를 짓지 않았다면, 우리는 아담의 죄와 그로 인해 그의 후손들에게 발생한 결과를 해결하기 위해 두 번째 아담으로 오신 그리스도 예수가 필요하지 않았을 것이라고 강조한다. 배릭은 아담의 역사성에 맞서는 오늘날의 주장들은 과거에 자유주의 신학자들이 그리스도의 역사적 부활에 맞서서 제기했던 주장들과 유사하다고 말한다.

배릭은 아담의 역사성을 인정하는 것이 하나님의 창조 활동, 인간의 역사, 하나님의 형상으로 창조된 인간의 본성, 죄(원죄)의 기원과 성격, 죽음의 존재와 그 특성, 죄에서 구원받음의 실재성, 창세기에 기록된 사건들의 역사성, 그리고 성서의 권위와 영감 및 무오성 등을 포함하는 수많은 교리의 기초가 된다고 주장한다.

47_ Terry Mortenson and Thane H. Ury, eds., *Coming to Grips with Genesis: Biblical Authority and the Age of the Earth* (Green Forest, AR: New Leaf Publishing, 2008).

배릭은 젊은 지구 창조론의 관점에서 역사적 아담을 긍정하는데, 그는 이것이야말로 성서가 강력하게 지지하는 관점이라고 믿는다. 다시 말해 창조의 날들은 각각 24시간으로 이루어져 있다. 그러므로 배릭은 유신 진화론(라무뤼)뿐만 아니라 오래된 지구 창조론(콜린스)도 거부한다. 그는 역사적 아담과 젊은 지구 창조론은 서로에게 필수적이라고 결론짓는다.

배릭은 신앙과 과학의 관계와 관련하여 성서가 하나님의 영감에 의해 기록되었으므로 무오하며, 창세기의 저자(모세)는 성령의 인도를 받아 창조의 날들에 관한 정확하고 역사적인 이야기를 기록했다고 주장한다. 그러므로 모세와 예수와 바울은 우주에 대해 잘못된 견해를 갖고 있지 않았을 뿐 아니라, 성서에 기록된 그들의 확증과 가정은 (우리가 그것을 적절하게 해석하고 이해한다면) 정확하며 잘못이 없다. 더 나아가 배릭은 창세기의 저자는 세계의 물질적 창조에 대해 기록하려 했던 것이지 인류의 기원에 관한 원형적 설명을 하려했던 것이 아니며, 따라서 창세기는 언제나 고대 근동의 이야기들보다 우선시되어야 한다고 주장한다. 같은 원리가 과학에도 적용된다. 현대 과학의 주장과 이론(진화론)이 성서가 말하는 내용과 상충할 경우, 우리는 마땅히 성서의 편에 서야 한다. 오직 성서만이 하나님의 영감으로 기록되었으므로 무오하며 권위를 갖기 때문이다.

이상의 간략한 요약은 각각의 관점이 갖는 중요한 측면들을 집중적으로 조명해주지만, 논의해야 할 사항들은 아직도 많다. 독자들은 기고자들이 자기 견해와 관련된 증거를 제시하면서 자신의 주장을 전개해 나가는 방식에 대해 신중하게 주목할 필요가 있다. 하지만 가장 중요한 한 가지 질문이 먼저 제기되어야 한다.

이 논쟁은 기독교 신앙에 어떤 영향을 주는가?

우리는 이런 성격의 논쟁에서 다음 단계로 나아가는 데 너무 자주 실패한다. 우리는 지적 논쟁의 가장 높은 수준에 혹시 도달하더라도 아주 중요한 것을 쉽게 간과하곤 하는데, 이 경우에 그것은 아담의 역사성에 관한 논쟁을 그리스도인의 삶에 적용하는 것이다. 물론 그 적용은 쉽지 않다. 그럼에도 우리는 그런 노력을 통해 어떤 관점이 계속 적용 가능하며, 또 어떤 관점이 그리스도인의 삶에 긍정적·부정적 영향을 미치는지 살필 수 있다. 그래서 우리는 이 책의 뒷부분에 두 명의 목회자가 쓴 글들을 수록하였다. 그레고리 보이드(Gregory Boyd)와 필립 라이켄(Philip Ryken)은 교회 내에서 많은 경험을 쌓았으며 아담의 역사성에 관한 논쟁 및 이 논쟁이 기독교 신앙에 미치는 영향을 다루는 상반된 두 가지 견해를 각각 대변한다.

베델 대학교에서 16년간 가르쳤던 그레고리 보이드는 현재 미네소타 주 세인트폴에 있는 우드랜드힐즈교회의 담임목사다. 그의 기고문 제목이 암시하듯, 보이드는 우리의 신앙은 역사적 아담의 존재 여부와 상관없이 안전하다고 주장한다. 반대편에는 필립 라이켄이 있다. 그는 1995년부터 필라델피아에 있는 제10장로교회의 담임목사로 사역하다가 2010년에 휘튼 칼리지의 총장으로 임명되었다. 보이드와 달리 라이켄은 만약 아담이 역사적으로 실제로 존재하지 않았다면, 우리는 세상에 대해, 혹은 우리의 기독교 신앙에 관해 올바르게 이해할 수 없다고 주장한다.

보이드와 라이켄 두 사람은 모두 이 책의 기고자들이 쓴 글과 그들이 서로에게 제기한 논평을 읽은 후에 글을 썼다. 그들이 글을 쓴 목적은 이 책에서 이미 논의된 것들을 재론하는 것이 아니라, 목회자 겸 신학자의 관점에서 더욱 큰 그림을 바라보면서 이 문제가 기독교 신앙과 교회를 어떻게 변화시키는지 (혹은 변화시키지 않는지) 살피는 것이다. 그 과정에서 그들은 다음과 같은 몇 가지 질문을 다룬다.

- 아담의 역사성은 기독교인들이 오랫동안 역사적으로 확증해온 다른 교리들과 기독교 신앙에 영향을 미치는가?
- 아담의 역사성은 기독교 세계관, 특히 창조, 타락, 그리고 구속으로부터 새로운 창조에 이르는 성서의 스토리라인을 형성하는가?
- 아담의 역사성은 복음에, 혹은 특별히 교회 안에서 복음이 선포되고 적용되는 방식에 영향을 미치는가?
- 아담의 역사성은 우리가 그리스도인으로 살아가는 방식과 그리스도의 몸인 "교회를 구성하는 방식"에 영향을 미치는가?
- 아담의 역사성은 우리를 지켜보는 세상에 복음을 증언하는 일에 어떤 차이를 만드는가?
- 오늘날 교회에 속한 복음주의자들에게 이 논쟁은 어떤 중요성을 갖고 있는가?

이 논쟁은 복음주의를 위해 얼마나 중요할까?

리처드 오슬링(Richard Ostling)은 역사적 아담에 관한 논쟁을 시기별로 정리하면서 다음과 같은 날카로운 질문을 던진다. "아담과 하와의 역사성 문제는 과학과 성서의 획기적인 분쟁, 즉 지구가 태양 주위를 돈다는 충격적인 증거가 예전에 초래했던 분쟁의 21세기판이 될 것인가?" 이 질문에 대해 오슬링은 다음과 같이 답한다.

그럴 가능성은 분명히 있다. 과학의 부상은 창세기가 인간의 창조에 관해 언급하는 내용뿐 아니라, "하나님의 형상"을 지닌 존재로서 인간이 지닌 특별한 위상, 원죄와 타락에 관한 교리, 누가복음에 나오는 예수의 족보, 그리고 아마도 가장 현저하게는 역사적 아담을 그리스도의 구속과 연관시키는 바울의 사상(롬 5:12-19; 고전 15:20-23, 42-49; 행 17장에 나오는 그의 연설 등)에 대해 도전하는 것처럼 보일 수 있다.[48]

전통적인 견해에 따르면, 성서에 기록된 역사 자체를 이해하는 방식뿐 아니라 원죄, 하나님의 형상, 그리스도 안에서의 구속, 그리고 성서의 신뢰성과 무오성의 문제까지도 인간의 조상이자 대표자인 아담의 존재와 연관되어 있다. 그러므로 아담을 재해석하는 것은 심각한 결과를 초래할 수밖에 없다.[49]

그러나 다수의 유신 진화론자들에 따르면, 창세기 1-3장을 계속해서 최초의 인간 부부였던 아담과 하와의 실제 역사로 읽는 것은 심각한 잘못이다. 그것은 마치 우리가 모래에 머리를 박은 채 인간의 생물학적 진화에 관한 과학적 증거를 외면하는 것이나 다름없기 때문이다. 그러므로 유신 진화론자들은 아담 논쟁에서 우리 신앙의 성실성이 위기에 처한다고 결론짓는다. 진화를 거부하는 것은 과학과 지적 정직성을 거부하는 것이나 다름없다.

그렇다면 누가 옳은 것인가? 아담은 역사적 인물인가, 아닌가? 그리고

48_ Richard N. Ostling, "The Search for the Historical Adam," *Christianity Today* 55, no. 6 (June 2011): 24.

49_ 예컨대 D. A. Carson, "Adam in the Epistles of Paul," in *In the Beginning: A Symposium on the Bible and Creation*, ed. N. M. de S. Cameron (Glasgow: The Biblical Creation Society, 1980), 41; R. Albert Mohler Jr., "False Start? The Controversy over Adam and Eve Heats Up" (August 22, 2011), http://www.albertmohler.com/2011/08/22/false-start-the-controversy-over-adam-and-eve-heats-up/을 보라.

이 논쟁에 걸려 있는 문제는 무엇인가? 우리는 독자들이 다음에 이어지는 장들에서 이러한 질문에 관한 답을 찾아보기를 권한다.

1

역사적 아담은 없다

진화적 창조론

_데니스 O. 라무뤄

역사를 통해 기독교인들은 아담이 실제 인물임을 확고하게 믿었다. 그러나 오늘날 일부 기독교인들은 진화론에 비추어 그의 존재 여부에 의문을 제기한다. 라무뤼는 진화적 창조(evolutionary creation), 즉 성부와 성자와 성령께서 자연 과정을 지정하시고 유지하시며 그 안에 지적 설계를 반영하셔서 이를 통해 인간을 포함하는 온 우주와 생명을 창조하셨다는 믿음을 받아들인다. 주님이 우리를 어머니의 태에서 각각 지으실 때 발생학적(embryological) 체제를 사용하셨던 것처럼, 또한 그분은 인류를 창조하시기 위해 진화의 과정들을 사용하셨다. 라무뤼는 현대 과학이 과학적 사실들을 발견하기 수천 년 전에 이미 하나님이 성서를 통해 그것들을 계시하셨다는 가정을 거부한다. 오히려 성서는 고대인의 사고방식으로 물질세계를 이해하는 특징을 보여준다(예를 들면 우주를 편평한 땅을 가진 3층 구조로 이해한다). 또한 하나님의 말씀은 생물의 기원에 대한 고대적 개념화라는 특징을 보이는데, 이를 통해 성서는 생명체들이 신속하고 완전하며 온전히 성숙한 형태로 창조되었다고 주장한다. 아담에 대한 사도 바울의 언급은 이러한 고대 생물학에 근거를 둔다. 라무뤼는 성서 인물인 아담이 무오한 영적 진리, 즉 오직 인간만이 하나님의 형상대로 지음을 받았으며, 오직 인간만이 타락해 죄를 지었고, 우리의 창조주께서는 우리의 죄로 인해 우리를 심판하신다는 진리를 전하기 위해 고대에 사용된, 중요하지만 **부수적인**(incidental) 도구였다고 결론짓는다.

서론

나는 2008년에 쓴 『진화적 창조: 진화에 대한 기독교적 접근』(*Evolutionary Creation: A Christian Approach to Evolution*)의 마지막 장에서 상당히 도발적인 주장을 한 바 있다. "내 책의 핵심 결론은 분명하다. 아담은 전혀 존재하지 않았으며, 이런 사실은 기독교의 기초를 이루는 믿음에 아무런 영향도 주지 않는다."[1] 두말할 것도 없이 복음주의는 인간의 기원에 관해 그런 식으로는 거의 말하지 않는다. 만약 당신이 아담에 대한 내 견해 때문에 기분이 상한다면, 당신에게 유감을 표한다. 하지만 내 의도는 그리스도 안에 있는 형제자매들을 혼란에 빠뜨리려는 것이 아니다. 오히려 나는 우리가 인간의 기원과 관련해서 하나님 말씀 안에 있는 아담과 관련된 구절들을 읽는 방법과 관련된 허심탄회한 대화를 나누기를 소망하며 기도한다. 어떤 이들은 내 목표가 사람들에게 내 관점을 주입하는 것이 아니라는 사실을 알면 놀랄지도 모르겠다.[2] 하지만 나는 복음주의자들이 주 예수를 사랑하지만 "아담"이라고 불리는 최초 인간의 존재는 믿지 않는 거듭난 기독교인들도 있음을 인식하게 되기를 바랄 뿐이다.

기독교인으로서 내 소명은 마음 깊은 곳에 있는 어떤 꺼지지 않는 불길에 의해 동력을 얻고 있다. 어떤 의미에서 그것은 목회적 관심사이기도 하다. 공립대학에 입학해 공부하는 복음주의 학생 중 놀랄 만큼 많은 이

1_ Denis O. Lamoureux, *Evolutionary Creation: A Christian Approach to Evolution* (Eugene, OR: Wipf and Stock, 2008), 267. 이하 *EC*로 인용한다. 나의 결론에는 "기독교의 기초를 이루는 믿음"을 구성하는 것에 관한 문제 제기가 내포되어 있다. 많은 이들은 아담의 역사성이 그런 기초를 이룬다고 말한다. 하지만 나는 그런 견해에 도전한다.

2_ 나는 구성주의 교육학(constructivist pedagogy)이 기원 문제를 가르치는 데 효과적이라고 생각한다. 과학과 종교에 관한 내 온라인 강의의 기말시험 문제들을 보라. www.ualberta.ca/~dlamoure/final.pdf.

들이 교회를 떠나고 있다.[3] 당신 역시 그런 사람 중 몇몇을 알고 있을 것이고, 어쩌면 당신의 가족 중에도 그런 사람이 있을 것이다. 이런 이탈을 초래한 이유 중 하나는 과학, 특히 생물학적 진화론이다.[4] 그러므로 나는 기원 논쟁에서 진화를 받아들이고 우리 믿음이 아담의 존재에 의존하지 않는다는 사실을 인정하는 기독교적 관점이 존재한다는 사실을 젊은 그리스도인들이 깨닫기를 바라며 이 글을 썼다. 인간이 진화했음을 확신한다 해도 그리스도인인 우리 삶에는 아무런 문제가 없다. 우리 신앙의 기초가 아담의 역사성에 있는 것이 아니라 예수 그리스도에게 있으며, 십자가 위에서 돌아가신 그분의 희생과 죽음에서 육체적으로 부활하신 사건에 있기 때문이다.

이쯤에서 내가 아담의 역사성에 의문을 제기하는 유일한 복음주의자가 **아님**을 지적해 둘 필요가 있을 것 같다. 「크리스채너티 투데이」(Christianity Today)는 2011년 6월호에서 네안데르탈인처럼 보이는 한 남성을 표지 모델로 삼아 "역사적 아담에 대한 탐구"(The Search for the Historical Adam)라는 제목의 특집을 게재했다. 그 표지에는 이런 글이 실려 있었다. "어떤 학자들은 게놈 과학[즉 유전학]이 최초의 남자와 여자의

3_ 한 여론조사는 대학에 입학한 복음주의 기독교인 중에서 거의 절반이 졸업과 동시에 교회를 떠난다는 사실을 알려준다. Steve Henderson, "A Question of Price *versus* Cost," *Christianity Today* (March 2006), 86.

4_ 여론조사 기관인 Barna Group은 "Six Reasons Young Christians Leave Church"라는 자료에서 이렇게 지적한다. "청년들이 교회로부터 혹은 가정으로부터 단절되어 있다고 느끼는 이유 중 하나는 그들이 기독교와 과학 사이에서 느끼는 긴장이다.…1/4이 '기독교는 반과학적'이라는 인식을 받아들이고 있다(25%). 거의 동등한 비율(23%)의 사람들이 '창조 대 진화 논쟁으로 인해 마음을 돌이켰다고 말한다'"(작자 미상, 28 Sept, 2011, http://www.barna.org/teens-next-gen-articles/528-six-reasons-young-christaians-leave-church 참조). 또한 Karl W. Giberson, "Creationists Drive Young People Out of the Church," (19 Nov. 2011)을 보라(http://www.huffingtonpost.com/karl-giberson-phd/creationists-and-young-christians_b_1096839.html).

존재에 의문을 던진다고 믿는다. 다른 학자들은 참된 신앙이 그것을 요구한다고 말한다." 특히 그 특집 기사는 우주가 오래되었을 뿐 아니라 생물학적 진화가 사실임을 전제했다. 논쟁의 핵심은 아담이라는 성서 인물에 해당하는 개인이 실제로 있었느냐는 것이었다. 이 특집 기사는 아담의 역사성 논란이 여전히 진행 중이라는 사실을 잘 보여준다. 그리고 나 같은 사람이 유력한 복음주의 출판사인 존더반(Zondervan)이 펴내는 이 책의 필진으로 포함되어 있다는 사실이야말로 이 논쟁이 여전히 진행 중임을 보여주는 더욱 확실한 증거라 할 수 있다.

나의 신앙과 나의 과학

몇 해 전, 나는 어느 복음주의 신학교로부터 인간의 기원에 대해 강연해 달라는 부탁을 받은 적이 있다. 그런데 막 강당 안으로 들어가려던 순간 우연히 어떤 이의 불평을 듣게 되었다. "거참, 어떻게 라무뤼가 기독교인일 수 있지? 그는 아담을 믿지 않아. 그러니 그런 자가 예수와 성서를 믿을 리 없어." 바로 그때 그 자리에서, 나는 설득하기 몹시 어려운 청중과 마주하게 될 것을 직감했다! 그런 경험 때문에 나는 이 부분에서 나 자신에 관한 개인적인 간증을 나누고 생물학적 진화에 관해 내가 이해하는 바를 조금이라도 설명해둘 필요가 있다고 생각한다.

무엇보다도 나는 철저히 헌신된 사람이며, 박사학위 과정까지 마친 당당한 복음주의 신학자다. 그리고 나는 중생한 기독교인이다. 나는 하나님의 은혜로, 그리고 내 어머니의 기도에 대한 응답으로, 1980년에 키프로스섬에서 UN 평화유지군으로 일하는 동안 예수 그리스도를 내 주님이자 구주로 영접했다. 요한복음을 정독하는 과정에서 성령께서 내 죄와 악한 삶의 방식에 대해 일깨워주시는 것을 경험했다. 만약 내 회심일을 꼽아야만 한다면, 아마도 그날은 하나님께서 나에게 인간에 대한 그분의 헤아릴 수 없는 사랑을 보여주셨던 그해의 성금요일이 될 것이다. 하나님은 자신의 아들 예수 그리스도를 보내어 우리를 대신해 십자가에서 죽게 하셨다. 그것에 대해 생각해 보라. 세상의 창조주가 우리를 너무나 사랑하셔서 기꺼이 우리를 위해 죽으셨다. 그렇게 나는 평화유지군의 신분으로 키프로스에 갔다가 바로 그곳에서 평화의 왕을 만났다! 또한 나는 성서가 성령에 의해 영감을 받은 하나님의 말씀임을 믿는다. 나는 매일 아침 경건 시간에 성서를 통해 영적 양분을 한껏 들이마신다. 이 문단을 쓰고 있는 오늘 아침에도 나는 히브리서라는 놀라운 책의 첫 여섯 장을 읽었다. 게다가 나는 기적을 믿을 뿐 아니라 그동안 실제로 수많은 표적과 기사를 경험하기도 했다. 나는 지적 설계(ID) 역시 받아들이는데, 그것은 지적 설계야말로 성서가 우주의 설계자이신 하나님에 관해 가르치는 내용과 일치한다고 믿기 때문이다.[5] 자연을 바라볼 때 나는 그 아름다움과 복잡성과 기능이 "하나님의 영광을 선포"(시 19:1)하고 있음을 느낀다. 그리고 지난 32년 동안 나는 침례교회, 오순절교회, 그리고 연합교회 등에서 여러 성도와 교제를 나눠왔다.

다음으로 나는 박사학위 과정까지 훈련받은, 철저하게 헌신된 당당한 진화생물학자다. 나는 진화의 증거가 **압도적**임을 알고 있다. 기원을 다루는 모든 과학은 서로 긴밀하게 연결되어 오직 하나의 결론에 이른다. 그 결론이란, 우주와 생명이 진화했다는 것이다. 그동안 나는 진화론의 풍성

5_ 유감스럽게도 지적 설계 이론가들은 "설계"(design)라는 성서의 개념을 "틈새의 신"(god-of-the-gaps, 과학 이론으로 설명 불가능한 영역은 신의 존재를 나타낸다는 개념—편집자 주) 개념과 융합(혼합)시켜서 설계와 진화 사이에 그릇된 이분법을 낳음으로써 이를 왜곡했다. *EC*, 53-104; *Darwinism Defeated?* (Regent College Publishing, 1999)에 있는 나와 Phillip Johnson과의 논쟁 및 www.ualberta.ca/~dlamoure/p_behe.pdf에 있는 Michael Behe에 대한 내 비판을 보라.

한 결실과 예측 가능성을 경험해 왔다. 새로운 화석이 발견될 때마다, 그 것은 언제나 그것이 들어맞아야 할 곳에 정확하게 들어맞았다. 물론 아직 도 나는 생물학적 진화의 그릇됨을 증명하는 증거들을 살펴야만 한다. 사 실 진화는 아주 쉽게 반박할 수 있는 이론이다. 만약 지질학 기록의 밑바 닥 부근에서 인간의 치아 하나라도 발견한다면, 당신은 진화론을 순식간 에 파괴할 수 있다. 이것은 과장이 아니다. 하지만 나는 그런 일이 일어나 리라고 기대하지 않는다. 진화론은 많은 것을 설명할 수 있는 능력을 갖 추고 있다. 많은 이들이 말했듯이, 생물학은 진화에 비추어 볼 때 이치에 맞는다. 비록 내 경력이 과학과 종교의 관계에 집중되어 있기는 하지만, 앨버타 대학교에서 나는 세계에서 가장 우수한 고생물학 연구단체 중 하 나와 공동 연구를 진행하는 특권을 누리고 있다.

내 인생의 상당한 기간에 걸쳐서 기독교와 진화의 관계를 연구했다는 점을 덧붙여 말해두는 것이 좋을 듯하다. 1972년에 대학 신입생이었던 나 는 진화 생물학 개론 수업으로 인해 소년 시절에 가졌던 신앙을 잃어버렸 다. 그리고 4학년 때에 이르러 무신론자가 되었다. 내 경우를 보면, 기독 교인들이 진화론이 신앙에 끼치는 파괴적인 영향력에 대해 근심하는 것 은 전적으로 타당하다!

키프로스에서 돌아온 직후, 나는 어느 복음주의 교회에 출석하기 시 작했고 그곳에서 몇 사람의 젊은 지구 창조론자들과 교제했다. 그들은 나에게 진화는 대학생들의 신앙을 공격하기 위한 사탄의 핵심 무기임 을 깨닫게 해주었다. 이 반진화론자들은 나에게 소위 유신 진화(theistic evolution)도 소개해 주었다. 그들은 유신 진화를 자유주의 기독교인들이 나 주장하는 기원에 관한 견해로 치부하면서, 자유주의자들이 그런 견해 를 갖는 것은 그들이 예수께 실제로 헌신하지 않고, 성서를 믿지 않거나 혹은 성서가 가르치는 대로 하나님을 믿지 않기 때문이라고 주장했다. 당시 나에게 **참된** 기독교인들은 젊은 지구 창조론자들이었다. 그 무렵 나는 젊은 지구 창조론을 철저히 믿었다. 1983년에는 대학에 있는 진화론자들에게 전쟁을 선포하기 위해 창조과학자가 되려는 의도를 갖고 의과대학 1학년 과정을 접었다. 그때는 그것이야말로 내가 젊은 지구 창조론에 헌신하는 유일한 길이라고 여겼다.[6]

그 싸움에 대비하기 위해 나는 연속해서 13년간이나 대학원에서 공부했다. 신학 공부를 시작하면서 이전 신학도들이 경험했던 것을 알게 되었다. 그것은 성서 해석이 우리가 주일학교에서 배운 것보다 훨씬 더 복잡하다는 사실이었다. 공부하면 할수록 성령께서 성서 저자들에게 영감을 불어넣으셨을 때 그분이 그들에게 자연에 대한 고대 개념들, 즉 고대 과학 중 일부를 사용하도록 허락하셨음을 분명히 알 수 있었다. 다시 말해 하나님은 무오하고 삶을 변화시키는 영적 진리를 전달하기 위해 계시 과정 안에서 자신을 고대인들의 수준에 **맞추셨고**(accommodated) 또한 그 수준으로까지 내려오셨다.

내가 절대로 잊지 못할 교수는 가장 탁월한 복음주의 신학교 중 하나인 리전트 칼리지(Regent College)의 로렌 윌킨슨(Loren Wilkinson) 박사다. 과학과 종교 수업 시간에 나는 그에게 젊은 지구 창조론에 대한 의견을 물었다. 그가 간결하게 답했다. "그것은 오류일세." 나는 그때 그 "오류"라는 단어가 내 영혼을 얼마나 크게 뒤흔들었는지를 지금까지도 생생하게 기억한다. 그 수업을 끝내면서 윌킨슨 박사가 내게 물었다. "데니스, 나는 심히 걱정되네. 만약 자네가 젊은 지구 창조론에 대한 믿음을 포기해야 한다면, 자네는 그리스도에 대한 믿음까지도 포기할 텐가?" "어이쿠!"

그것은 윌킨슨 박사의 말이 아니었다. 성령께서 그의 입을 통해 나에

6_ 내가 젊은 지구 창조론자의 관점에서 쓴 글은 www.ualberta.ca/~dlamoure/p_yec.jgp를 보라.

게 말씀하셨고 기독교에 관한 내 이해에 새로운 빛을 던지셨다. 나는 아무런 답도 하지 못한 채 우물쭈물했다. 분명히 나는 예수와의 관계가 기원에 관한 내 견해보다 더 중요하다는 것을 알고 있었다. 그리고 만약 내가 바울처럼 자랑하려 했다면(고후 11:21-28), 아마도 나는 리전트 칼리지에서 최고의 복음주의자에게 돌아가는 상을 받았을 것이다. 그 누구도 내가 복음주의 기독교인임을 의심하지 않았기 때문이다.

7년간 신학을 공부하고 난 후 어느 날, 아침 묵상을 하던 중에 성령께서 나에게 도전하셨다. "나는 너에게 기원 논쟁을 연구하라고 했다. 한데 도대체 너는 진화생물학에 관해 얼마나 알고 있느냐?" 다시 "어이쿠!"였다. 때때로 주님은 우리가 듣고 싶어 하지 않는 것을 우리에게 말씀하신다. 사실 그때까지 나는 진화론과 관련해서 대학 1학년 때 겨우 한 과목을 들었을 뿐이었다. 더 분명하게 말하자면, 그 날 성령께서는 내게 이렇게 권고하셨다. "만약 지금 네가 진화론을 비판한다면, 너는 아는 게 너무 없어서 틀림없이 거짓 증언을 하게 될 것이다."[7] 세 번째 "어이쿠!"였다.

결국 나는 1991년에 이빨과 턱의 진화에 관한 박사학위 프로그램에 들어갔다. 당시 나는 여전히 열렬한 반진화론자였다. 내 계획은 "은밀하게" 진화론의 오류를 입증할 만한 과학 증거를 수집한 후 졸업과 동시에 진화론을 반박하는 책을 펴내는 것이었다. 그러나 날마다 화석상의 증거들을 다루며 공부하는 동안 차츰 나는 진화의 유형에 눈을 뜨기 시작했다. 꼬박 3년간 과학 데이터를 반진화론에 끼워 맞추기 위해 애썼지만, 마침내 나는 그런 노력을 포기하고 생물학적 진화를 받아들였다.

7_ 복음주의를 표방하는 기독교인이 확신에 찬 음성으로 "진화론은 거짓이다. 우리는 침팬지나 원숭이들로부터 진화하지 않았다!"라고 말하는 소리를 듣는 것은 언제나 고통스럽다. 안타깝게도 우리의 전통은 진화론의 가장 기본적인 내용조차 제대로 이해하지 못하고 있다. 오늘날 진화론을 주장하는 어떤 생물학자도 우리가 침팬지나 원숭이에서 진화했다고 믿지 않는다.

그 즉시 나는 앞으로 내가 복음주의 공동체에서 주변부로 밀려나리라는 것을 직감했다. 그리고 실제로도 그랬다. 나는 내가 소속된 교단의 대학과 신학교에서 가르칠 자격을 얻지 못했다. 복음주의 출판사들은 내가 제시한 출판 기획안을 거절했다. 그럼에도 나는 성서와 과학의 증거가 우리를 어디로 이끌든 상관없이 그것을 따라가야 한다고 믿는다.

여기까지가 간략한 내 이야기다.[8] 현재 내가 성서와 과학의 유서 깊은 상호 보충 관계―하나님의 두 가지 책 모델(the Two Divine Books Model)―를 받아들이고 있음을 강조하면서 내 이야기를 마무리하고자 한다. **하나님의 말씀 책**(the Book of God's Words, 성서―역자 주)과 **하나님의 행위 책**(the Book of God's Works, 과학―역자 주)은 서로 합력해 우리에게 성부와 성자와 성령의 계시를 제공한다. 그동안 나는 그리스도인으로 살아오는 과정에서 이 두 권의 책에 대한 매우 다양한 해석을 접해왔다. 하지만 그 모든 것에도 불구하고 내 신앙은 언제나 절대 변하지 않는 바위이신 우리 주 예수 그리스도 위에 견고하게 터를 잡고 있다. 히브리서 13:8의 말씀처럼 "예수 그리스도는 어제나 오늘이나 영원토록 동일하시다." 당신이 이 말씀에 담대하게 "아멘!"을 외치기 바란다.

용어와 정의

진화적 창조론은 성부와 성자와 성령께서 결정하신, 지속적이며 지적인 설계를 반영하는 자연의 과정을 통해 인간을 포함하는 온 우주와 생명을 창조하셨다고 주장한다. 세계는 우연히 나타나지 않았고, 우리는 요행이

8_ 내 이야기 전체는 온라인에서 찾아 볼 수 있다. www.ualberta.ca/~dlamoure/wl_story. html.

나 실수로 나타나지 않았다. 주님의 일차 계획은 태초에 남자와 여자들을 창조하심으로써 그들의 후손인 우리가 그분과 사랑스러운 인격적 관계를 즐기게 하는 것이었다. 진화를 이렇게 기독교적 방식으로 접근하는 것은 악명 높은 리처드 도킨스(Richard Dawkins)가 설파하는 진화에 관한 무신론적인 해석을 거부한다.[9]

진화적 창조론자들은 창조주가 목적론적 진화(teleological evolution, 그리스어 텔로스[telos]는 "계획된, 목적을 가진"을 의미한다)의 체제를 포함해 자연 법칙들을 정하셨고 지금도 그것들을 유지하고 계시다고 믿는다. 다시 말해 생명의 진화는 **목적이 이끄는 자연 과정**[10]이다. 진화적 창조론은 인간이 인류 이전의 조상들(pre-human ancestors)로부터 유래했고, 그 과정에서 하나님의 형상과 인간의 죄가 드러난 것은 신비라고 주장한다. 이러한 주장을 통해 기독교 진화론자들은 그들의 삶 속에서 성부 하나님의 사랑과 임재를 경험한다. 성령의 능력을 통해 그들은 성서를 살아 있는 하나님의 말씀으로 읽는다. 진화적 창조론자들은 또한 자신들에게 은혜롭게 복을 내리시고 자신들의 기도에 응답하시는 예수와 인격적 관계를 누린다.

"진화적 창조론"(evolutionary creation)이라는 용어는 모순처럼 보일 수 있다. 하지만 이 표현에서 가장 중요한 단어는 "창조"(creation)라는 명사다. 진화적 창조론자들은 무엇보다도 **창조론자**들이다. 그들은 창조주를 믿으며 또한 세계가 그분의 피조물임을 믿는다. 그 표현을 수식하는

9_ Dawkins는 기독교인들을 모욕하는 것이 생산적인 전략이라고 믿는 것 같다. 그는 나를 가리켜 "지적인 겁쟁이"요 "절망적인 인간"이라고 주장한다. www.ualberta.ca/~dlamoure/ dawkins.html을 보라. "Darwin은 지적으로 충실한 무신론자였을 가능성이 높다"는 Dawkins의 유명한 선언에 대한 내 비판은 www.ualberta.ca/~dlamoure/p_darwin _1.pdf와 www.ualberta.ca/~dlamoure/p_darwin_2.pdf에 실린 내 논문 "Darwinian Theological Insights: Toward an Intellectually Fulfilled Christian Theism"을 보라.

10_ 이 표현(purpose-driven natural process)은 Rick Warren의 책 *The Purpose Driven Life* (Grand Rapids: Zondervan, 2002)에서 영감을 받았다.

용어는 "진화적"(evolutionary)이라는 형용사로서, 그것은 단지 주님이 우주와 생명을 창조하기 위해 사용하신 방법을 가리킬 뿐이다. 기원에 관한 이 관점은 종종 "유신 진화론"(theistic evolution)이라고 불린다. 하지만 그런 식의 단어 배열은 진화라는 과정을 중심 용어로 간주하여 창조주를 부차적이며 한정적인 형용사로 만든다. 나는 우선순위가 그렇게 바뀌는 것을 절대 용납할 수 없다.

우리가 진화적 창조론이라는 범주(용어)를 사용하는 또 다른 이유는, 그것이 예수를 사랑하면서도 진화를 받아들이는 복음주의자들의 관점을 이신론자들(비인격적이며 현존하지 않는 철학자들의 신을 믿는 사람들)과 자유주의 기독교인들(예수가 죽음에서 육체적으로 부활한 적이 결코 없으며 단지 계몽된 인간이었을 뿐이라고 믿는 사람들)의 관점과 구별해주기 때문이다.

나는 복음주의 형제자매들에게 진화적 창조론을 소개할 때 어머니의 태 안에서 이루어지는 우리의 창조와 모든 생명체의 진화를 비교하는 것이 유용함을 알게 되었다. 그럼에도 여전히 나는 인간이 어머니의 자궁 안에 있는 동안 주님이 오셔서 발달 과정에 있는 우리의 몸에 문자 그대로 팔과 다리를 붙여주신다고 믿는 기독교인들을 상대해야 한다. 그럼에도 우리는 모두 하나님이 임신 기간에 섭리를 통해 지속하시는 자연 과정이 발생학적 성장임을 믿는다. 시편 139:13-14은 이렇게 선포한다. "주께서 내 내장을 지으시며 나의 모태에서 나를 만드셨나이다. 내가 주께 감사하옴은 나를 지으심이 심히 기묘하심이라."

자궁 안에서 이루어지는 우리의 창조는 창조주께서 생명을 창조하기 위해 물리적 메커니즘을 사용하신다는 사실에 대한 증거다. 진화적 창조론자들은 생물학적 진화 역시 하나님이 정하신 자연 과정이며, 그분이 그 과정을 아주 오랜 세월 동안 지속하셨음을 믿는다. 모든 생명체를 만드는 것은 주님의 "뜨개질"(knitting) 과정이다. 그리고 모든 생명체는 자기들이

"심히 기묘하게" 창조되었다고 외친다. 과학 분야에서의 내 경험에 비추어 보면, 발생학적 성장과 생물학적 진화는 지적 설계를 반영하며 "그[하나님]의 손으로 하신 일을 나타낸다"(시 19:1).

물론 모든 복음주의 기독교인들이 제기할 수밖에 없는 핵심 질문은 이것이다. "그렇다면 라무뢰는 기원의 문제를 다루는 성서 구절들을 어떻게 해석하는가?" 나는 이 장에서 그 질문에 대한 답을 제시할 것이다. 하지만 이 지점에서 간략하게나마 성서가 전하는 역사적 사건들에 관한 나의 견해를 밝혀 두는 것이 필요할 것 같다. **나는 성서에서 실제 역사는 대개 아브라함 이야기가 등장하는 창세기 12장부터 시작된다고 생각한다.** 다른 많은 복음주의 신학자들처럼 나 역시 창세기 1-11장을 성서의 나머지 부분과 구별되는 독특한 형식의 문학(문학 장르)으로 여긴다. 그렇다면 내 관점에서 볼 때 아브라함은 실존 인물인가? 물론이다. 다윗 왕은 주전 10세기의 인물인가? 물론이다. 유대인들은 주전 6세기에 바빌로니아로 잡혀갔는가? 물론이다. 주후 1세기에 예수라고 불리는 남자가 정말로 존재했는가? 물론이다. 복음서는 주님의 가르침과 기적들 그리고 특히 그분이 죽음에서 육체적으로 부활하셨다는 사실을 포함해 실제로 발생한 역사적 사건들에 대한 목격자들의 증언을 담고 있는 것일까? 물론 그렇다! 나는 아담이 역사적 인물이라고 믿지는 않으나, 예수의 역사성과 그분의 삶에 대한 성서의 증언은 철저하게 믿는다.[11]

우리가 정의해야 할 또 다른 용어는 "과학적 일치주의"(scientific concordism)다.[12] 복음주의 기독교인들은 대개 이 표현에 익숙하지 않지

11_ 요일 1:1-3; 벧후 1:16-18; 눅 1:1-4; 행 1:1-19을 보라. 또한 Richard Bauckham, *Jesus and the Eyewitnesses* (Grand Rapids: Eerdmans, 2006)를 보라.

12_ 대개 이 용어는 "일치주의"(concordism)라는 간략한 형태로 쓰인다. Paul Seely, *Inerrant Wisdom* (Portland, OR: Evangelical Reformed, 1989); Stanley Jaki, *Genesis 1 through the Ages* (London: Thomas Moore Press, 1992)를 보라.

만, 사실상 그들 대부분은 과학과 성서의 관계와 관련하여 이런 관점을 이미 받아들이고 있다. 과학적 일치주의는 과학적 사실들이 성서의 기록과 합치한다는 **가정**이다. 다시 말해 그것은 현대 과학자들이 과학적 사실들을 발견하기 수천 년 전에 하나님이 이미 성서 기자들에게 그것들을 계시하셨다는 가정이다. 2004년에 시행된 한 여론조사는 미국 복음주의 세계 안에 이런 가정이 얼마나 널리 퍼져 있는지를 보여 준다. 이 여론조사는 응답자들을 대상으로 6일간의 세계 창조(창세기 1장)와 노아의 홍수(창세기 6-9장)에 관해 질문했다. "당신은 이 사건이 문자 그대로 사실이며, 성서의 어구 그대로 발생했다고 생각하는가, 아니면 문자적으로 일어난 사건이 아니라 일종의 교훈이라고 생각하는가?"[13] 놀랄 것도 없이, 미국의 복음주의자들 중 87%가 온 세상이 실제로 6일 동안 창조되었으며 전 지구적인 홍수가 실제로 있었다고 응답했다.

복음주의는 과학적 일치주의를 표방하는 기독교 전통이다. 그리고 거의 모든 복음주의자들이 창세기 1장과 6-9장을 문자적으로 읽고 있으므로, 아담이 흙으로 창조되었다는 창세기 2장의 묘사 역시 "문자적 사실로 받아들인다. 즉 아담의 창조가 성서의 어구 그대로 일어났다"는 사실을 추호도 의심하지 않는 것이다.

이제 나는 과학적 일치주의가 합리적인 가정이라는 점을 강조하고자 한다. 결국 하나님은 세상을 창조하셨고 그분이 성서에 영감을 불어넣으셨다. 따라서 주님의 두 책(성서와 과학을 의미함—역자 주) 사이의 일치를 가정하는 것은 논리적으로 그럴듯하다. 그러나 이 때 우리가 물어야 할 두 가지 질문이 존재한다. (1) 과학적 일치주의는 사실인가? (2) 그것은 하나님

13_ 이 여론조사는 2004년 2월 6일~10일에 International Communications Research (Media, PA)에 의해 실시되었다. www.icrsurvey.com/studies/947a1%20Views%20of%20the%20Bible.pdf를 참조하라(해당 링크는 현재 만료됨—편집자 주).

의 말씀이 갖는 무오한 특성인가? 물론 성서 저자들에게 21세기의 과학적 사실을 계시하는 것은 성령의 권능에 속한 문제다.[14] 그러나 과연 그것이 주님이 계시 과정에서 **실제로** 하신 일인가? 내 생각에는, 바로 그것이 기원 논쟁의 **핵심 쟁점**이다. 우리가 기원, 특히 인간의 창조에 관한 성서의 이야기를 해석하는 방법에 비한다면, 진화가 틀렸다고 단정하는 것은 오히려 부차적인 문제에 불과하다. 그러므로 과학적 일치주의의 신뢰성에 관한 이런 질문에 답하기 위해 먼저 우리의 관심을 성서로 돌려보자.

내 방법론은 다음과 같다. 하나님의 말씀이 우리의 생각을 판단하고 마음을 새롭게 하시는 것과 동일한 방식으로(히 4:12; 롬 12:1-2), 나는 **성서 자체의 내적 증거**를 통해 과학적 일치주의를 표방하는 우리 복음주의 전통을 평가할 것이다. 이를 통해 성령이 성서 저자들을 통해 계시하셨던 방식에 관한 우리의 관점이 새로워질 것이라고 기대한다.

과학적 일치주의는 참인가?

우리는 성서가 현대의 과학적 사실들을 포함하고 있는지 확인하기 위한 가장 좋은 방법의 하나로 하늘과 관련된 구절들을 살펴볼 수 있다. 예컨대 대부분의 기독교인은 성서가 매일 하늘을 가로지르는 태양의 움직임에 대해 언급하고 있음을 안다. 전도서 1:5은 이렇게 말씀한다. "해는 뜨고 해는 지되 그 떴던 곳으로 빨리 돌아가고." 시편 19:6은 이렇게 노래한다. "[해는] 하늘 이 끝에서 나와서 하늘 저 끝까지 운행함이여."

물론 복음주의자들은 그런 구절들이 현상학적 언어(phenomenological

14_ 또 다른 질문은 "그것이 어째서 우리의 21세기 과학이 되어야 하는가?"이다.

language, 그리스어 파이노메논[*phainōmenon*]은 "겉모습"을 의미한다)를 사용하고 있다고 황급히 설명한다. 태양이 뜨고 지는 것은 실제로는 지구가 자전축을 중심으로 회전하기 때문에 발생하는 가시 효과에 불과하지만, 우리는 그 모습에서 해가 "움직이는" 듯한 인상을 받는다는 것이다. 그러나 과연 영감을 받은 성서 기자들이 오늘날 우리와 같은 방식으로 현상학적 언어들을 사용했을까? 그 해답은 역사가 알고 있다. 지구가 매일 회전하여 일출과 일몰이라는 가시 현상을 일으킨다는 개념은 성서가 그 현상을 기록한 후 수천 년의 세월이 흐른 1600년대에 와서야 겨우 받아들여졌다.[15]

성서는 자연계를 묘사하기 위해 현상학적 언어를 사용한다. 그러나 성서 저자들이 자연에서 보고 사실이라고 "믿었던 것"과 오늘날 우리가 보고 과학적 사실이라고 "알고 있는 것" 사이에는 한 가지 미묘하고도 중요한 차이가 있다. 고대인들은 자연계를 관찰할 때 아무런 도움도 받지 못한 채, 예를 들면 육안과 같이 오직 그들의 육체적 감각에 의존해야 했다. 오늘날에는 망원경 같은 과학 도구들이 우주에 대한 우리의 시야를 무한히 넓혀주고 있다. 그러므로 자연에 대한 성서 진술이 **고대 현상학적 관점**(ancient phenomenological perspective)에서 온 것임을 이해하는 것이 중요하다. 성서 저자들은 그들의 눈으로 본 것을 그대로 믿었다. 즉 그들은 해가 실제로 뜨고 진다고 여겼던 것이다.

15_ 유사한 반응을 보이는 이들은 "일출"과 "일몰"이라는 용어가 시적 혹은 비유적 언어라고 주장한다. 나는 종종 다음과 같은 도전을 받는다. "어느 신문이든 들고서 읽어보시오. 그러면 당신은 거기서 일몰과 일출 시간이라는 표현을 찾아낼 수 있을 거요. 하지만 오늘날 우리 중 아무도 그것을 실제로 태양이 뜨거나 지는 것을 의미한다고 여기지 않소." 다시 말하지만 그런 용어들은 1600년대까지는 시적이거나 비유적인 것으로 간주되지 않았다.

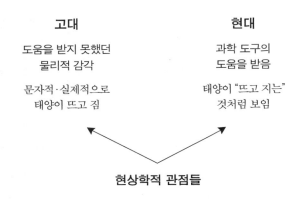

그림 1. 고대/현대 현상학적 관점

대조적으로 오늘날 우리는 **현대 현상학적 관점**(modern phenomeno-logical perspective)을 통해 세계를 바라본다. 태양이 뜨고 지는 것을 볼 때, 우리는 그것이 지구의 자전으로 인해 야기된 겉모습 혹은 가시 효과에 불과하다는 것을 안다. 그림 1은 고대와 현대 현상학적 관점들을 구별해준다.

성서를 읽을 때, 자연에 대한 이상의 두 가지 현상학적 관점들을 혼동하거나 융합(혼합)하지 않는 것이 중요하다. 사실 그것은 대부분의 기독교인이 태양의 움직임과 관련된 성서 구절을 설명하려 할 때 흔하게 저지르는 잘못이다. 그들은 성서를 **그들이 가진** 현대 현상학적 관점을 통해 읽음으로 **그들의** 현대 과학 개념들을 성서 **안으로** 들이민다. 이런 일반적인 잘못은 흔히 "자의적 해석"(eisegesis, 그리스어 에이스[eis]는 "안, 안으로"를 의미하며, 에게오마이[ēgeomai]는 "안내하다"를 의미한다)이라는 용어로 알려져 있다. 그러나 우리는 모두 성서를 읽는 목표가 "주해"(exegesis, 그리스어 에크[ek]는 "밖, 밖으로"를 의미한다)를 통해 성서 저자가 의도했던 바를 이끌어내는 것이라는 데 동의한다. 그러므로 우리는 하나님의 말씀을 존중하며 그

것을 고대인의 눈과 사고방식을 통해 읽어야 한다.[16]

빌립보서 2:6-11은 성서에서 가장 사랑받는 단락 중 하나다. 우리는 종종 교회에서 찬양과 경배를 드릴 때 이 송영을 부른다. 이 텍스트는 하나님이 자기를 비우고 이 땅에 내려와 예수를 통해 사람이 되신 위대한 신비를 보여 준다. 9-11절에서 사도 바울은 다음과 같은 말로 이 송영의 결론을 맺는다.

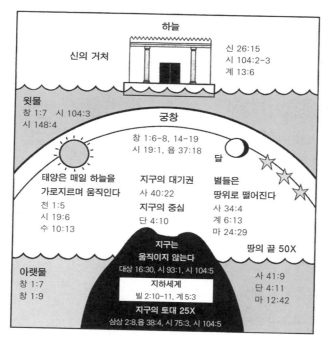

그림 2. 3층 구조의 우주. 고대 근동 사람들은 지리학의 지역적 한계 및 지평선의 존재로 인해 지구가 한 바다로 둘러싸여 있다고 믿었다. 그들이 어느 방향으로 나아가더라도 바다가 등장한다. 서쪽에는 지중해, 북쪽에는 흑해와 카스피해, 동쪽에는 페르시아만, 그리고 남쪽에는 아라비아해와 홍해가 있다.

16_ John Walton이 쓴 *Ancient New Eastern Thought and the Old Testament: Introducing the Conceptual World of the Hebrew Bible* (Grand Rapids: Baker Academic, 2006)은 성서를 고대인의 사고방식을 통해 읽기 위한 훌륭한 입문서다.

이러므로 하나님이 그를 지극히 높여

　　　모든 이름 위에 뛰어난 이름을 주사

하늘에 있는 자들과 땅에 있는 자들과 땅 아래에 있는 자들로

　　　모든 무릎을 예수의 이름에 꿇게 하시고

모든 입으로 예수 그리스도를 주라 시인하여

　　　하나님 아버지께 영광을 돌리게 하셨느니라

　　우리는 이 찬송을 부를 때 "땅 아래에"라는 문구에 대해 거의 생각하지 않는다. 이 문구의 그리스어 원문을 살펴본다면, 우리는 그것이 그리스어 "카타크토니온"(katachthoniōn)의 번역임을 알게 될 것이다. 이 단어는 "아래"를 의미하는 전치사 "카타"(kata)와 "지하세계"를 가리키는 명사 "크토니오스"(chthonios)로 이루어져 있다.[17] 그러므로 10절은 "[1] 하늘에 있는 자들과 [2] 땅에 있는 자들과 [3] **지하세계에 있는 자들**로 모든 무릎을 예수의 이름에 꿇게 하시고"로 번역해야 한다. 다시 말해 이 구절에서 바울은 그림 2에 묘사된 것처럼 "3층 구조의 우주"(3-Tier universe)에 대한 고대인의 이해를 보여 주고 있는 셈이다.[18]

　　그렇다면 우리는 빌립보서 2:10을 어떻게 해석해야 하는가? 이 구절이 성서가 참으로 하나님의 말씀이라는 우리의 확신을 약화시킨다고 여

17_ 유감스럽게도 복음주의 성서들은 지하세계를 가리키는 구절들을 제대로 번역하지 않고 있다. 복음주의자들이 대부분 이 표현을 의식하지 않는 것은 바로 그런 이유 때문이다. 구약 성서에서 히브리어 셰올(sheʾōl)은 "음부"(무덤)로 번역되며 난외주에 음역을 남겨두는데, 이것은 대부분의 독자들에게 별 도움이 되지 않는다(민 16:30; 잠 5:5; 사 14:15). 신약성서는 비슷한 방식으로 그리스어 하데스(hādes)를 "깊음" 혹은 "지옥"으로 번역하거나 그 음역만을 제공한다(마 16:18; 눅 10:15; 계 20:14, 한글 개역개정 성서에서는 모두 "음부"로 번역하고 있다─역자 주).

18_ 바울이 지구중심설(geocentricism, 지구가 둥글며 문자적으로 온 우주의 중심이라는 믿음)을 받아들였을 가능성이 있다. 바울이 이를 수용했는지와 상관없이, 지구중심설은 물리적 현실과 부합하지 않는다.

겨야 할까? 아니면, 어떤 이들이 자주 그렇게 하듯이, 불퉁거리면서 "하나님이 성서에서 거짓말을 하셨는가?"라고 물어야 할까? 그 질문에 답하기에 앞서, 첫째, 한 가지 사항을 분명하게 하고 넘어가자. 하나님은 **절대로** 거짓말을 하시지 않는다! 성서는 "하나님은 거짓말을 하실 수 없다"고 말한다(히 6:18).

둘째, 초점을 놓치지 말자. 빌립보서 2:6-11의 목적이 우주의 구조에 대한 과학 지식을 알려주는 것인가? 이 질문에 대해 대부분의 기독교인은 "아니요"라고 답할 것이다. 이 찬송은 우리 주 예수 그리스도에 대한 계시다. 이것은 우리 신앙의 토대를 이루는 영적 진리들―예수의 성육신의 신비, 십자가에서 희생제물로 죽으심, 부활과 승천, 그리고 모든 피조물의 주인 되심―을 전해 준다. 이런 무오한 진리를 받아들이는 모든 사람은 거듭난 사람일 것이다.

셋째, 나는 빌립보서 2:10에 의지하여 우리가 **하나님의 말씀, 즉 성서에 있는 말씀을 그대로 따라야 한다**고 주장한다. 이를테면 우리가 그 말씀을 좋아하지 않거나 온전히 이해하지 못할지라도, 혹은 그 말씀이 과학적 일치주의야말로 성서가 가진 무오한 특성이라는 복음주의의 전통적인 주장에 대해 도전한다 할지라도 말이다. 10절의 그리스어 카타크토니온은 지하세계를 가리키며, 이것은 분명히 바울이 우주를 3층 구조로 인식했음을 알려준다.[19]

19_ 어떤 이들은 3층 구조의 우주에 대한 이 언급이 바울의 송영에 등장한다는 사실 때문에 그것을 "시적 표현"으로 간주하려 한다. 하지만 그런 주장은 시가 단지 비유 언어(figurative language)를 다룰 뿐이라는 일반적 인식에 근거한 것이다. 시에 대한 정당한 정의는 분명히 구조화된 글쓰기(structured writing)를 가리킨다. 시는 그것이 물리적 실재를 가리킬 수도 있기에 비유 언어에만 국한되지 않는다. 예컨대 시편은 시적으로 구조화되어 있다. 시 148:3은 "해와 달아 그를 찬양하며 밝은 별들아 다 그를 찬양할지어다"라고 노래하지만, 그것이 시의 형태로 제시되었으므로 이 구절에서 해와 달과 별들의 존재를 비유적인 것으로 치부하는 사람은 아무도 없다. 더 나아가 시적인 구절에도 실제 사람들과 실제 역사적

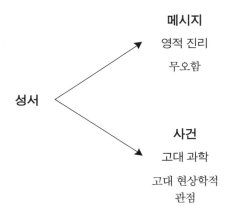

메시지

영적 진리

무오함

성서

사건

고대 과학

고대 현상학적
관점

그림 3. 메시지-사건 원리

여기서 나는 우리가 자연계를 다루는 빌립보서 2:10 같은 성서 구절들을 해석하는 데 활용할 수 있는 개념을 한 가지 제안하려 한다. 그것은 그림 3이 보여주는 **메시지-사건 원리**(the Message-Incident Principle)다.

사실 기독교인들은 대부분 얼마간 암묵적인 방식으로 이 개념을 이미 받아들이고 있다. 우리는 무오하며 우리 삶을 변화시키는 영적 진리를 계시하는 것이 성서의 주된 목적임을 믿는다. 성령은 계시 과정에서 자연에 대해 언급할 때 "부수적인"(incidental) 고대 과학을 사용하신다. 하나님은 현대 과학 개념으로 성서 저자들과 그들의 독자들을 혼란스럽게 하시지 않고 오히려 자신의 수준을 그들에게 **맞추셨다**. 이것(빌 2:10에 등장하는 우주론-역자 주)은 고대 현상학적 관점으로 인식할 수 있었던 당대 최고의

사건들이 등장할 수 있다. 시 106편은 모세(16, 23, 32절)가 홍해를 건넌 사건(7, 9, 22절)을 언급한다. 기독교인들은 이 구절들을 단지 "시적인 것"으로 간주하거나 혹은 역사적 실재와 상응하지 않는 것으로 여기지 않는다. 마지막으로 가장 중요한 것은, 만약 우리가 우주의 3층 구조에 대한 빌 2장의 언급이 찬송시에 등장한다는 이유만으로 "시적인 것"으로 치부한다면, 우리는 또한 이 시에 등장하는 예수의 역사성까지 시적인 것으로 치부해야 할 것이다. 하지만 나는 어떤 기독교인도 그렇게 하기를 원치 않을 거라고 믿는다.

과학이었다.

고대 과학을 "부수적인" 것으로 규정하는 것은 그것이 중요하지 않다는 의미가 결코 아니다. 성서에서 과학은 영적 진리를 전달하는 데 필수적이다. 그것은 우리의 메마른 심령에 "생수"(요 4:10)를 운반하는 컵 같은 역할을 한다. "부수적인"이라는 단어는 "더욱 중요한 어떤 것과의 관계 속에서 일어나는"이라는 의미가 있다. 빌립보서 2:10-11의 경우, **신앙의 메시지**는 모든 피조물에 대한 예수의 주되심을 드러내며, **고대 과학은 부수적으로** 3층 구조의 우주론을 보여준다. 반복해서 말하지만 성령은 성서에서 거짓말을 하지 않으셨다. 하나님은 바울의 수준에 맞추셔서 바울이 고대인의 관점으로 이해하고 있는 세계의 구조를 언급할 수 있도록 허락하셨다. 이 장의 후반부에서 다루겠지만, 아담의 역사성에 대한 바울의 견해를 이해하려면 고대 과학에 대한 바울의 믿음을 살펴보는 것이 중요하다.

과학적 일치주의의 신뢰성을 검토하는 데 가장 적합한 두 개의 성서 구절이 창세기 1장에 실려 있는데, 그것들은 모두 하늘의 창조를 다루고 있다. 창조 둘째 날을 살펴보자.[20]

하나님이 이르시되 물 가운데에 **궁창**이 있어 물과 물로 나뉘라 하시고, 하나님이 **궁창**을 만드사 궁창 아래의 물과 **궁창** 위의 물로 나뉘게 하시니 그대로 되니라. 하나님이 **궁창**을 하늘이라 부르시니라. 저녁이 되고 아침이 되니 이는 둘째 날이니라(창 1:6-8).

20_ 이 구절과 다음 구절에서 나는 TNIV 역을 사용하며 "궁창"에 해당하는 영어 단어 *vault* 를 더 정확한 번역인 *firmament*(KJV)로 대체한다. 또한 "하늘"에 해당하는 영어 단어 *sky*를 *heaven*(역시 KJV)으로 대체한다. 내 결정이 정당하다는 것은 다음 문단에서 드러날 것이다(우리말 성서에서는 이런 단어들의 차이가 구별되지 않는다—역자 주).

창조 넷째 날을 살펴보자.

하나님이 이르시되 하늘의 **궁창**에 광명체들이 있어 낮과 밤을 나뉘게 하고,
그것들로 징조와 계절과 날과 해를 이루게 하라. 또 광명체들이 하늘의 **궁창**
에 있어 땅을 비추라 하시니 그대로 되니라. 하나님이 두 큰 광명체를 만드사,
큰 광명체로 낮을 주관하게 하시고 작은 광명체로 밤을 주관하게 하시며, 또
별들을 만드시고 하나님이 그것들을 하늘의 **궁창**에 두어 땅을 비추게 하시며
(창 1:14-17)

나는 초신자 시절에 이 구절들을 처음 읽고 나서 성서 여백에 의문부
호를 달아놓았다. 당시의 나로서는 이것들이 무엇을 의미하는지 헤아릴
만한 어떠한 단서도 갖고 있지 않았기 때문이다. "궁창"이라고? "궁창 위
의 물"은 또 뭔가? 물론 그때 문제는 성서를 내가 가진 현대 과학적 사고
방식으로 읽었다는 것이었다(eisegesis). 만약 내가 성서를 **존중하고** 성서
가 묘사하는 자연을 고대인들의 눈과 그들의 사고방식을 통해 읽고자 했
다면(exegesis), 아마도 나는 창조의 둘째 날과 넷째 날의 이야기를 완전하
게 이해했을 것이다. 예컨대 신적 영감을 받은 창세기 1장의 저자가 하늘
을 올려다보았을 때, 그의 눈에는 무엇이 보였을까? 거대하고 푸른 돔이
었다. 그때 그가 어떤 견고한 구조물이 하늘에 있는 푸른 바닷물을 떠받
치고 있다고 생각하는 것은 전적으로 타당한 일이었다. 해와 달과 별들이
하늘의 바다 앞에 위치한 궁창에 달려 있다고 믿는 것 역시 고대 현상학
적 관점에서 본다면 아주 그럴듯한 것이었다. 사실 이것은 그림 4와 5에
서 보듯, 당시 고대 근동의 과학이었다.[21]

21_ 이 그림들은 Othmar Keel, *The Symbolism of the Biblical World* (New York: Seabury
Press, 1978), 36, 174에서 빌려온 것이다.

그림 4. 이집트인의 우주. 궁창(그늘진 부분)과 별들은 하늘의 여신 누트(Nut)다. 태양신 레(Re, 매 머리의 형상을 함)는 배를 타고 하늘의 바다를 가로질러 지하세계(그림의 오른쪽 아랫부분) 입구에서 내세의 신 오시리스(Osiris)에게 영접받는다. 태양은 지하세계를 지나 동쪽에서 다시 떠오른다. 땅의 신 게브(Geb)는 누워 있고, 게브 위에는 대기의 신 슈(Shu)가 있다.

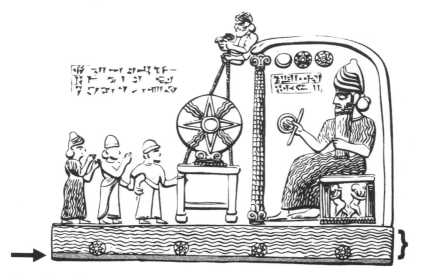

그림 5. 메소포타미아인의 하늘. 궁창(맨 밑의 그늘진 부분, 화살표)이 하늘의 바다(중괄호로 표시된 그 윗부분)와 별들을 떠받치고 있다. 태양신 샤마쉬(Shamash)는 의자에 앉아 있다. 하늘의 구조는 시편 104:2-3이 묘사하는 내용과 유사하다. "하늘을 휘장 같이 치시며 물에 자기 누각의 들보를 얹으시며."

어떤 복음주의 기독교인들은 궁창이 대기권 혹은 대기권 밖의 공간을 가리키며, 궁창 위의 물은 구름, 수증기, 혹은 노아 홍수 이전에 있었던 물로 된 닫집(pre-flood water canopy)을 가리킨다고 주장한다.[22] 그러나 하나님의 말씀에 등장하는 실제 히브리어 단어들을 살펴보고 그것들을 있는 그대로 받아들여 보자. 창세기 1:6-8에서 네 번, 창세기 1:14-17에서 세 번에 걸쳐 "궁창"으로 번역되는 히브리어 명사는 라키아(rāqîa‘)다. 이 단어의 어근은 동사 라카(rāqa‘)인데, 그것은 "평평하게 하다" 혹은 "두드려 펴다"를 의미한다. 즉 이 단어는 무언가 단단한 것을 평평하게 한다는 뜻을 갖고 있다. 예를 들어 출애굽기 39:3과 이사야 40:19은 금속을 두드려서 얇게 펴는 것을 묘사하기 위해 라카(rāqa‘)라는 단어를 사용한다. 민수기 16:38은 유사한 문맥에서 그것과 상관있는 명사 리쿠아(riqqûa‘, "철판")라는 단어를 사용한다. 동사 라카는 금속처럼 견고한 표면으로 간주되는 하늘의 창조와 관련된 구절에서도 나타난다. 욥기 37:18은 이렇게 묻는다. "그대는 그를 도와 구름장들을 두들겨 넓게 만들어 녹여 부어 만든 거울 같이 단단하게 할 수 있겠느냐?"

창세기 1:6-7에서 다섯 차례 "물[들]"로 번역되는 명사는 마임(māyîm)이다. 만약 신적 영감을 받은 창세기 1장의 저자가 구름이나 수증기를 언급하려 했다면, 아마도 그는 이를 의미하는 세 개의 히브리어 단어('ed, 'ānān, nāsî)[23] 중 하나를 선택했을 것이다. 하지만 그는 그렇게 하지 않았다. 궁창 위의 물이 노아의 홍수 때 쏟아졌다고 주장하는 기독교인들은 궁창과 하늘의 바다가 다윗 왕 시절에도 여전히 온전했다는 성서의 진술

22_ Hugh Ross, *The Genesis Question* (Colorado Springs: NavPress, 1998); John C. Whitcomb and Henry Morris, *The Genesis Flood* (Phillipsburg, NJ: P&R Publishing, 1961).

23_ 이것들은 각각 창 2:6; 9:13; 렘 10:13에 나온다.

74 아담의 역사성 논쟁

을 인식하지 못한 것이다. 시편 19:1은 이렇게 노래한다. "하늘이 하나님의 영광을 선포하고 궁창[rāqîa']이 그의 손으로 하신 일을 나타내는도다." 또한 시편 148:3-4은 이렇게 선언한다. "해와 달아 그를 찬양하며 밝은 별들아 다 그를 찬양할지어다. 하늘의 하늘도 그를 찬양하며 하늘 위에 있는 물들[māyîm]도 그를 찬양할지어다."

그렇다면 우리는 하늘의 창조에 관한 창세기 1장의 구절들을 어떻게 보아야 하는가? "메시지-사건 원리"는 성령께서 고대 히브리인들의 수준에 자신을 맞추시고 그들 시대의 과학을 사용하셨다는 점을 우리가 이해할 수 있게 해준다. 성령은 하나님이 고대 히브리인들의 머리 위에 해, 달, 별들이 "박혀 있으며" 그들의 눈에 거의 푸르게 보이는 "구조물"을 창조하셨다는 무오한 영적 진리를 전달하기 위해 그렇게 하셨다. 이 원리를 통해 "창조주께서 푸른 하늘과 하늘에 속한 모든 것의 가시 현상을 만드셨다"는 신앙의 메시지가 오늘날 우리에게도 여전히 확고하게 남아 있는 것이다.

창세기 1장에는 또 다른 중요한 신적 계시가 들어 있다. 우리는 그림 4와 5에서 고대 이집트인들과 메소포타미아인들이 천문학적인 구조를 신적 존재들로 여겼음을 알 수 있다. 그러나 성령의 영감을 받은 창세기 1장의 저자는 한 가지 과격한 메시지를 전한다. 그것은 하늘과 하늘에 속한 것들은 히브리인들이 믿는 하나님의 피조물에 지나지 않는다는 것이었다. 그뿐 아니라 해와 달과 별들은 "징조와 계절과 날과 해를 이루게 하라"(창 1:14)는 명령을 받았다. 인간이 하늘에 속한 것들에 절을 해야 하는 것이 아니라, 하늘에 속한 것들이 인간을 섬기기 위해 하나님에 의해 창조되었다. 참으로 이것은 하늘 숭배에 예속된 고대인들을 해방하는 메시지였다.

그런데 하늘에 관한 이런 성서 구절들이 제시하는 고대 과학에는 중요한 문제가 있다. 첫째, 성서가 묘사하는 우주의 구조는 오늘날 우리가 현대과학을 통해 알고 있는 물리적 실재와 일치하지 않는다. 오늘날 우리는 태양이 실제로는 매일 하늘을 가로질러 움직이지 않는다는 것을 알고 있다. 우리는 3층 구조의 우주에서 살고 있지도 않다. 하늘 위에 바다도 없으며 해와 달과 별들이 박혀 있는 견고한 궁창이 바다를 떠받치고 있지도 않다.

둘째, 사실 이것은 성서를 문자 그대로 믿는 우리 기독교인들에게 훨씬 더 도발적이겠지만, 창세기 1장에서 하늘을 지으시기 위해 하나님께서 행하신 창조 행위는 과학적 사실과 다르다. 창조의 둘째 날은 이렇게 시작된다. "하나님이 이르시되 물 가운데에 궁창이 있어 물과 물로 나뉘라 하시고"(6절). 그리고 넷째 날에 하나님은 "하늘의 궁창에 광명체들이 있어 낮과 밤을 나뉘게 하라"(14절)고 말씀하신다. 문제점이 보이는가? 하나님의 말씀 책에 등장하는 **하나님 자신의 말씀**("…있으라")이 하나님의 행위 책에 있는 물리적 실재와 일치하지 않는다. 이 문제를 더욱 날카롭게 지적하면 다음과 같다. **성서는 실제로는 절대로 일어나지 않았던 방식으로 하나님이 하늘을 지으셨다고 말하고 있다.** 다시 한 번 묻자. "하나님이 성서에서 거짓말을 하셨는가?" 나는 다시 한 번 "그렇지 않다. 오히려 주님은 성서를 통해 자신을 인간에게 맞추셨다"라고 대답한다.

어떤 기독교인들은 "맞추심"(accommodation)이라는 개념이 성서의 진리를 희석한다고 여기지만, 그것은 결코 사실이 아니다. 하나님이 자신을 인간에게 맞추시는 몇 가지 이유를 꼽아보자. 첫째, 그것은 신적 계시의 필연적 귀결이다. 즉 하나님이 우리에게 계시하시는 믿음 속에는 이미 무한하고 거룩한 창조주께서 사람들과 소통하기 위해 유한하고 악한 피조물의 수준으로 내려오신다는 사실이 전제되어 있다. 맞추심이라는 개념은 신적 계시의 궁극적 행위라 할 수 있는 성육신에 그 기반을 두고 있다. 빌립보서 2:7-8이 말씀하듯, 하나님은 예수의 위격(person)을 통해 인간이 되기 위해 "자기를 낮추시고" 또한 "자기를 비우셨다."

주님 자신도 가르치시기 위해 비유를 사용하심으로써 자신을 우리의 수준에 맞추셨다. 그분은 하늘의 무오한 메시지를 전하기 위해 세상의 이야기들(고대 개념들)을 사용하셨다. 기독교인인 우리는 기도 생활에서 개인적으로 하나님의 맞추심을 경험한다. 주님은 당신이 기도할 때 당신의 영적·지적 수준에 맞춰서 말씀하시기 위해 내려오시지 않는가? 5살 먹은 아이가 아기가 어디에서 오느냐고 물을 때, 부모는 그 아이의 수준으로 내려가 자신들을 아이에게 맞춰서 이야기한다. 그들은 성에 관한 상세한 설명을 덧붙이지 않고, 아기는 하나님에게서 오는 선물이라는 핵심 교훈을 전한다. **하나님은 영적 진리를 물리적 사실을 사용하시지 않고 계시하실 수 있다.**

결론적으로 우리는 이 단락의 제목을 통해 제기된 질문, 즉 "과학적 일치주의는 참인가?"라는 질문으로 돌아갈 수 있다. 나의 답은 "아니요"다. 성서에 나타난 우주의 구조와 기원은 과학적 사실들과 일치하지 않는다. 하지만 이런 사실은 성서를 하나님의 말씀으로 여기는 우리의 믿음을 약화시키지 않는다. 단지 성령께서 자신이 영감을 베푸신 성서 저자들의 수준까지 자비롭게 내려오셨을 뿐만 아니라 사람들에게 무오한 신앙의 메시지를 계시하기 위한 부수적인 도구로서 동시대 사람들의 과학을 사용하셨다는 사실을 알려줄 뿐이다. 성서에는 고대 과학에 관한 수많은 다른 예들이 존재한다. 만약 당신이 그중에서 얼마를 살펴보고 싶다면, 내가 온라인(www.ualberta.ca/~dlamoure/ancient_science.html)에 올려놓은 글을 참고하기 바란다.

창세기 1장과 생명의 창조

만약 창세기 1장의 천문학이 고대에 속한다면, 또한 창세기 1장의 생물학도 그렇지 않을까? 많은 이들이 이를 궁금해 할 것이다. 하나님의 창조 행위에 관한 질문은 훨씬 더 도발적이다. 우리가 살폈듯이, 성서의 첫 장은 하나님이 하늘의 바다를 떠받치는 궁창과 그것에 박혀 있는 해와 달과 별들을 포함하는 온 우주를 창조하시는 광경을 묘사한다. 그러나 실제 하늘은 그런 식의 구조를 갖고 있지 않다. 따라서 창조주는 실제로는 창조의 둘째 날과 넷째 날에 묘사된 방식으로 천문학적 세계를 만들지 않았다. 창세기 1장이 묘사하는 생명체들의 창조 역시 그것이 생물학적 기원에 관한 "고대 관점"이라는 점에서 유사하지 않을까? 이것은 하나님이 실제로는 셋째 날(식물)과 다섯째 날(새들, 바다 생물들) 그리고 여섯째 날(육지 동물들, 인간)에 묘사된 것과 같은 방식으로 생명을 창조하지 않으셨다는 뜻이지 않을까?

그 가능성을 살피려면 우리는 고대 현상학적 관점에서 생명체에 관해 생각해 볼 필요가 있다. 고대인들은 다른 피조물을 살피면서 무엇을 보았을까? 그들은 식물을 관찰하면서 밀이 씨를 낳고, 그 씨가 심어지면 오직 밀이 싹트는 것을 보았을 것이다. 과일 씨는 자라나서 언제나 같은 과일만 맺는 나무가 되었을 것이다. 그들은 동물을 관찰하면서 닭이 늘 알을 낳고 그 알은 병아리가 되며, 암양은 늘 어린 양을 낳고, 여자는 늘 인간 유아의 어머니가 되는 것을 보았을 것이다. 고대인들의 눈에 생명체는 **변화하지 않는**(immutable) 존재였다. 다시 말해 생명체는 정적이었고 절대 변하지 않았다. 생물학적 진화는 고려되지 않았다. 왜냐하면 그때는 아직 화석 기록을 분석하는 방법이나 진화 유전학이 발달하지 않았기 때문이다.

생명체의 불변성이라는 개념은 창세기 1장에서 분명하게 드러난다. 창세기 1장은 식물과 동물들이 "그 종류대로" 후손을 낳는다는 표현을 열 차례나 반복한다. 기독교 반진화론자들은 이 표현이 생물학적 진화를 부정하는 성서의 증거라고 여긴다.[24] 하지만 그들은 그 어구가 생명체에 대한 고대 현상학적 관점을 반영하는 것임을 인식하는 데 실패한다. "그 종류대로"라는 표현은 고대 생물학적 범주다. 더 구체적으로 말하자면, 그것은 고대 분류법(taxonomy)을 반영한다.

고대인들이 생명체가 불변하다고 믿었음을 전제한다면, 도대체 그들은 생명의 기원을 어떤 방식으로 개념화했을까? 여기서 다시 우리는 그들과 같이 생각할 필요가 있다. 예컨대 그들은 염소가 염소를 낳고, 그 염소가 다른 염소를 낳고, 그 다른 염소가 또 다른 염소를 낳는 것을 보았을 것이다. 염소의 기원에 관해 생각하다가 그들은 이런 염소들의 출산에 관한 자료를 역으로 살펴보기 시작했을 것이다. 그들은 그렇게 시간을 거슬러 올라가다가 틀림없이 하나님이 창조하신 최초의 염소 혹은 한 쌍의 염소가 있을 것이라는 아주 논리적인 결론에 도달했을 것이다. 이런 사고방식은 흔히 "역투사"(retrojection, 라틴어 *retro*는 "뒤로"를 뜻하며, *jacere*는 "던지다"를 뜻한다)로 알려져 있다. 이것은 오늘날 범죄 현장 조사에서 사용되는 것과 같은 형태의 사고다. 범죄 현장에서 발견된 현재의 증거들은 과거 사건들을 재구성하는 데 사용된다.

비슷한 방식으로 고대인들은 하나님이 생명체를 창조하셨던 기간을 재구성하는 과정에서 아주 합리적으로 피조물이 각기 즉각적으로 완전한 형태로 태어났다는 결론에 이르렀다. 기원에 관한 이런 관점은 흔히 "신규 창조"(*de novo* creation, 라틴어 *de*는 "~로부터", *novus*는 "새로운"을 의미한다)라고 불린다. 이 개념은 대부분의 고대 창조 이야기에 등장하며, 생명체와 천문학적 구조들을 온전하게 형성하기 위해 기적을 통해 활동했던 신이라는 존재를 상정한다. 신규 창조는 기원에 관한 고대인들의 과학이었으며,

---

24_ Todd Wood and Paul Garner, eds., *Genesis Kinds: Creationism and the Origin of Species* (Eugene, OR: Wipf and Stock, 2009)를 보라.

성령의 영감을 받은 창세기 1장의 저자 역시 같은 과학관을 갖고 있었다.

창세기 1장에 등장하는 고대 생물학은 그 의미가 심원하다. 정확히 말하면 생명의 창조는 고대 분류학적 범주에 맞춰 설명된다. 창세기 1장이 고대 천문학을 통해 하늘의 기원과 관련된 하나님의 창조 행위를 설명하듯이, 창조주는 고대 생물학적 개념들―피조물은 신규 창조되었으며 변화하지 않는다는 개념―에 따라 생명체를 창조한다. 창세기 1장에 등장하는 고대 생물학의 의미를 더욱 분명하게 표현하면, 성서는 **하나님이 실제로는 절대 일어나지 않았던 방식으로 생명체를 창조하셨다고 말씀하고 있다.**

그러므로 다시 한 번 다음과 같이 질문해보자. "하나님이 성서에서 거짓말을 하셨는가?" 나는 다시 한 번 "그렇지 않다. 오히려 주님은 성서를 통해 자신을 우리에게 맞추셨다"라고 분명히 대답한다. 성령께서는 창세기 1장에 등장하는 무오한 영적 진리를 전하기 위해 당대의 생물학을 부수적인 도구로 사용하셨다. 특히 하나님은 생명의 창조주시다. 모든 생명체는 매우 선하며, 인간은 하나님의 형상대로 지음 받았다. 그러므로 창세기 1장은 하나님이 식물과 동물 및 인간을 창조하신 실제 방법을 알려주지 않는다.

창세기 2장과 아담의 신규 창조

역사적으로 볼 때 기독교인들은 아담이 흙에서 창조되었다는 창세기 2:7의 설명이 실제 일어난 역사적 사건을 가리킨다고 굳게 믿었다. 그들은 또한 모든 인간은 아담으로부터 유래했으며 성서에 등장하는 족보들(창 5:3; 대상 1:1; 눅 3:38)은 이런 믿음을 확증한다는 생각을 굳건히 유지했다.

그러나 우리가 최초 인간의 창조에 관한 성서 이야기가 인간의 기원에 관한 고대의 이해를 반영한다고 볼 수는 없는 것인가? 성서의 족보에 실려 있는 "낳고…낳고" 목록이 염소가 염소를 낳는 것을 관찰한 자료와 유사하다고 볼 수는 없는 것인가? 그리고 만약 이 유사성이 사실이라면, 창세기 2장에 등장하는 아담의 창조는 사람이 사람을 낳고 그 사람이 또 다른 사람을 낳는 인간 공통의 경험을 최초 인간의 신규 창조 때까지 시간을 거슬러 투사한 결과일 수 있다.

이런 질문들에 답하기 위해 고대 근동의 창조 이야기 중에서 인간의 기원에 관한 몇 가지 설명을 살펴보자. 고대 근동의 창조 이야기들에는 기본적인 두 가지 창조 메커니즘이 등장한다. 하나는 인간이 땅에서 식물처럼 자연스럽게 발아하는 것이다.[25] 다른 하나는 솜씨 있는 장인이 흙이나 다른 재료를 사용해 사람을 만드는 것이다. 전자와 관련해 「에엔구라를 위한 찬송시」(Hymn to E'engura)는 이렇게 말한다. "인간이 식물처럼 지표를 뚫고 나왔다."[26] 수메르 텍스트 *KAR 4*에서 신들은 인간의 씨를 땅에 뿌렸고 그러자 사람들이 "보리처럼 땅에서 솟아나왔다."[27] 또한 「괭이의 노래」(Hymn to the Pickax)는 한 신이 괭이 모양의 도끼로 땅을 내리치자 "들판에서 씨가 싹터서 사람들이 그 씨에서 자라났다"고 묘사한다.[28] (흥미

25_ 고대인들이 전성설(前成說, preformationism, 하나의 씨와 관련된 발생학으로서 난자나 정자 속에 충분히 형성된 성체가 작은 형태로 들어있다는 학설—역자 주)을 믿었다는 점을 기억할 필요가 있다. 고대인들은 농장에서의 경험을 통해 오직 남자만이 인간이 될 수 있는 "씨"를 갖고 있다고 생각했다. 그들에게 이 "씨"는 그 안에 온전한 인간이 아주 작은 형태로 들어있는 것이었다. *EC*, 138-42.

26_ Richard J. Clifford, *Creation Accounts in the Ancient Near East and in the Bible*, CBQMS26 (Washington: Catholic Biblical Association, 1994), 30.

27_ Ibid.(*KAR 4*는 E. Ebeling, *Keilschrifttexte aus Assur Religiösen Inhalts* [Leipzig: Hinrichs, 1915-23]에 수록된 문헌 중 4번째 문헌을 가리킨다—편집자 주).

28_ Walter Beyerlin, ed. *Near Eastern Religious Texts Relating to the Old Testament* (Philadelphia: Westminster Press, 1978), 75.

롭게도 이런 싹틈의 메커니즘은 창 1:24에서 사용된 창조 과정과 흡사해 보인다. 거기서 하나님은 이렇게 명하신다. "땅은 생물을 그 종류대로 내되 가축과 기는 것과 땅의 짐승을 종류대로 내라." 여기서 "내다"로 번역된 히브리어 동사는 야차[yāṣā']인데, 그것은 창 1:12에서 사용된 것과 같은 동사다. "땅이 풀과 각기 종류대로 씨 맺는 채소와 각기 종류대로 씨 가진 열매 맺는 나무를 내니.")

장인이 인간을 만들어낸다는 메커니즘은 「아트라하시스」(Atrahasis)에서 나타난다. 그 이야기에서는 한 여신이 학살당한 신의 피와 진흙을 섞어 남자 7명과 여자 7명을 만들어낸다.[29] 「엔키와 닌마」(Enki and Ninmah)에서는 술에 취한 어떤 신이 흙을 사용해 불완전한 인간들을 만들어낸다.[30] 「길가메쉬」(Gilgamesh)에서는 인간을 만들기 위해 흙이 한 줌 사용된다.[31] 분명히 인간의 신규 창조에 관한 이 마지막 세 가지 예들은 창세기 2:7과 유사하다. 창세기 2:7에서 주님은 장인처럼 행동하셔서 흙으로 아담을 지으신다.

그렇다면 지금 나는 아담에 관해 정확하게 무엇을 말하려는 것인가? 아담의 존재는 궁극적으로 인간의 기원에 관한 고대인의 개념, 즉 신규 창조라는 개념에 근거한다. 전문 용어로 말하자면, **아담은 고대 분류학의 역투사적 결론이다.** 그리고 고대 과학은 물리적 실재와 일치하지 않는다. **그러므로 아담은 절대로 존재하지 않았다.**[32]

나는 이런 생각이 거의 모든 복음주의 기독교인에게 아주 큰 충격을 줄 것을 잘 안다. 혼란스럽게 만든 것에 대해 유감을 표한다. 하지만 만약

29_ Clifford, *Creation Accounts*, 74.

30_ Ibid., 75.

31_ Ibid., 48-49.

32_ 분명히 이런 결론은 원죄에 관한 전통적 교리에 도전한다. 하지만 그것은 놀랄 만한 일이 아니다. 왜냐하면 원죄에 관한 교리는 교부 Augustine(364-430)처럼 반진화론자들과 과학적 일치주의자들에 의해 형성된 것이기 때문이다.

성서가 묘사하는 하늘의 창조가 고대 천문학을 반영하고 있다면, 성령께서 성서 저자들이 인간의 기원에 대해 설명하기 위해 당대의 생물학을 이용하도록 허락하셨다는 사실에 놀라지 않는 것이 자연스럽다.

우리는 또한 신적 영감을 받은 성서 저자들이 인간의 족보를 아담에게까지 소급하는 것에도 놀랄 필요가 없다. 기원에 관한 고대의 이야기들은 우주와 생명의 창조뿐 아니라 공동체의 기원도 언급한다. 고대 히브리인들은 자기 부족의 성장을 목격했을 것이고, 또한 자기의 족보와 과거의 중요한 인물들을 기억했을 것이다. 우리는 창세기에 등장하는 초기 히브리인 공동체가 구전 공동체(oral community)였다는 사실에 주목할 필요가 있다. 사실 히브리인들이 글을 썼다는 기록은 출애굽기에 가서야 비로소 등장한다.[33] 그렇다면 인간의 기억력의 한계로 인해 족보에 기록된 인물의 수는 아마도 제한적이었을 것이다. 이는 성서의 초기 족보들(창 4, 5, 11장)의 단순성을 통해 잘 드러난다. 그렇다면 도대체 이런 족보들은 무엇을 의미하는가? 성서에 등장하는 고대 과학과 마찬가지로, 이 족보들은 고대 히브리인들이 그들의 현상학적 관점을 통해 자기 공동체의 기원을 인식하는 방식을 나타낸다.

하지만 창세기 2장은 더욱 중요하고 근본적인 영적 진리를 드러낸다. 히브리인들을 둘러싼 민족들의 경우, 그들의 기원에 관한 이야기들 속에 등장하는 신들은 자기들이 일에서 해방되기 위해 인간을 창조한다. 그 이야기들은 인간이 신들의 종이라는 기본 메시지를 전한다. 창세기 2장은 그들의 이야기와 날카롭게 대조되어 주님이 인간들을 돌보신다는 신앙의 메시지를 전한다. 주님은 인간에게 음식을 주실 뿐 아니라 그들과 교제하심으로써 그들의 육체적·심리적 필요를 충족시켜 주신다. 이러한 방식으

33_ 출 17:14; 24:4; 34:27-28.

로 성서 계시의 초기 단계부터 우리를 사랑하시는 하나님이 계시된다.

신약성서와 아담의 역사성

내가 했던 거의 모든 공개강좌에서 기독교인들은 즉각 예수와 사도 바울이 아담을 역사적 인물로 언급하지 않았느냐는 질문으로 나를 몰아세웠다. 마태복음 19:4-6에서 주님은 창세기 1:27과 2:24에 호소하면서 이렇게 훈계하신다. "사람을 지으신 이가 본래 그들을 남자와 여자로 지으시고 말씀하시기를 '그러므로 사람이 그 부모를 떠나서 아내에게 합하여 그둘이 한 몸이 될지니라' 하신 것을 읽지 못하였느냐 그런즉 이제 둘이 아니요 한 몸이니 그러므로 하나님이 짝지어 주신 것을 사람이 나누지 못할지니라."

바울은 아담의 죄와 죽음을 하나님이 예수를 통해 베푸신 선물, 즉 구원과 죽음에서의 부활과 비교함으로써 이 문제를 더욱 난해하게 한다. 로마서 5:12, 15에서 그는 이렇게 말한다. "그러므로 한 사람으로 말미암아 죄가 세상에 들어오고 죄로 말미암아 사망이 들어왔나니 이와 같이 모든 사람이 죄를 지었으므로 사망이 모든 사람에게 이르렀느니라.…그러나 이 은사는 그 범죄와 같지 아니하니 곧 한 사람의 범죄를 인하여 많은 사람이 죽었은즉 더욱 하나님의 은혜와 또한 한 사람 예수 그리스도의 은혜로 말미암은 선물은 많은 사람에게 넘쳤느니라." 또한 그는 고린도전서 15:21-22에서 이렇게 주장한다. "사망이 한 사람으로 말미암았으니 죽은 자의 부활도 한 사람으로 말미암는도다. 아담 안에서 모든 사람이 죽은 것 같이 그리스도 안에서 모든 사람이 삶을 얻으리라." 그러면 우리는 아담이 역사적 인물이었다고 분명하게 주장하는 것처럼 보이는 이 구절들을 어떻게 해석해야 할까?

우선 마태복음 19:4-6에 나오는 예수의 훈계부터 살펴보자. 이 구절의 문맥은 아담의 역사성에 관한 논쟁이 아니다. 오히려 주님은 이혼에 관한 질문에 답하고 있다. 바리새인들이 주님께 물었다. "사람이 어떤 이유가 있으면 그 아내를 버리는 것이 옳으니이까?"(3절) 예수는 이 질문에 대해 창세기 1:27과 2:24을 사용하여 모형론적인(typological) 대답을 제시한다. 아담과 하와의 관계는 하나님이 결혼과 관련해 의도하신 관계의 원형(archetype, 이상적 모델)이다(참으로 이것은 우리 세대가 듣고 순종할 필요가 있는 무오한 신앙의 메시지다). 그렇다면 예수께서 이때 하신 일은 무엇인가? 그분은 아담이 실제 인물이었다는 당대 유대인들의 믿음에 자신을 맞추셨다. 주님이 자신의 말씀을 듣는 자들의 수준으로 내려가 당대의 과학을 사용하시는 예는 이외에도 아주 많다.

예컨대 겨자씨 비유에서 예수는 하나님 나라에 관한 메시지를 전하기 위해 겨자씨가 "땅 위의 모든 씨보다 작은 것"(막 4:31)이라는 고대인들의 생각을 끌어오신다. 물론 대부분의 기독교인들은 난초씨가 겨자씨보다 더 작다는 것을 알고 있다. 그들은 예수가 단지 식물에 관한 과학적 사실들을 알려주시기 위해 이 세상에 오신 것은 아니라는 사실 역시 알고 있다! 오히려 이 비유는 예언적이다. 하나님의 나라는 소수의 제자들과 함께 시작되었지만 범세계적인 신앙으로 성장했다.

마찬가지로 주님은 자신의 죽음과 부활에 대해 예언하면서 이렇게 말씀하신다. "인자가 영광을 얻을 때가 왔도다. 내가 진실로 진실로 너희에게 이르노니 한 알의 밀이 땅에 떨어져 죽지 아니하면 한 알 그대로 있고 죽으면 많은 열매를 맺느니라"(요 12:23-24). 씨는 발아하기 전에 죽는가? 아니다. 만약 죽는다면, 그것은 결코 발아하지 못할 것이다. 하지만 겉으로 볼 때 씨는 발아하기 전에 썩는 것처럼 보인다. 고대 현상학적 관점에서 보면 마치 그것이 죽은 것처럼 보이지 않았겠는가?

자신의 재림에 관해 말씀하시면서 예수는 이렇게 선포하신다. "인자의 임함도 그러하리라.…별들이 하늘에서 떨어지며 하늘의 권능들이 흔들리리라"(마 24:27, 29). 만약 한 사람이 지구를 완전히 파괴한다면 모든 별들이 어떻게 땅으로 떨어질 수 있는가? 하지만 고대 현상학적 관점으로 보면 이 구절은 분명히 의미가 통한다. 별들은 작은 점들처럼 보이며, 줄지어 떨어지는 운석은 마치 별들이 땅에 떨어지는 것처럼 보이게 한다. 그리고 궁창이 흔들리는 것은 별들이 제자리에서 이탈할 것처럼 보이게 할 것이다.

요약하면, 주님은 고대 과학을 사용하여 가르치심으로써 자신을 인간의 수준에 맞추셨다. 그러므로 또한 그분이 인간의 기원에 관한 고대인의 이해 방식, 즉 최초 인간인 아담의 신규 창조를 부수적인 도구로 사용하여 무오한 영적 진리를 전달하신 것은 일관된 방식이라 할 수 있다.

이제 사도 바울에게로 돌아가 보자. 그는 아담이 실제 인물이라고 믿었는가? **틀림없이** 그렇다. 바울은 1세기의 유대인이었고, 당시의 다른 모든 유대인처럼 아담의 역사성을 받아들였다.[34] 많은 기독교인들이 나에게 사도 바울이 역사적 아담을 믿었으니 창세기 2장과 3장에 실려 있는 아담 이야기는 역사적인 것이 틀림없다고 지적해준다. 즉 그들은 아담에 대한 바울의 믿음이 아담에게 역사적 실재를 부여한다고 주장하면서 일종의 "권위에 호소하는 논증"(conferment argument)을 사용하고 있는 셈이다. 이런 기독교인들은 또한 일관성에 호소한다. 그들은 바울이 로마서 5장과 고린도전서 15장에서 예수를 역사적 인물로 언급하고 있으므로 아담에 대한 그의 언급 역시 역사적 인물에 대한 것으로 여겨야 일관성이 있

34_ C. John Collins는 유대 공동체 내에 있던 이런 믿음에 대한 견고한 증거를 제시한다. *Did Adam and Eve Really Exist?* (Wheaton, IL: Crossway, 2011), 72-76.

다고 주장한다.

마지막으로 나를 비판하는 이들은 신약성서의 이런 구절들 속에 복음이 등장하고 있음을 강조한다. 사실 복음은 고린도전서 15:1-7에서 분명하게 진술되고 있으며, "내가 너희에게 전한 복음을…"(1절)과 "그[복음]로 말미암아 구원을 받으리라"(2절)와 같은 구절들에 의해 소개되고 있다. 그러므로 나를 비판하는 이들은 내가 복음은 받아들이고 아담의 존재는 거부하는 식으로 성서 구절을 멋대로 취사선택한다고 비난한다. 표면적으로 이런 세 가지 비판은 매우 합리적인 것처럼 보인다. 30여 년 전, 그러니까 나 자신이 젊은 지구 창조론자였을 때, 나 역시 세 가지 비판 방식을 모두 사용했다.

이제 세 가지 비판에 답하려 한다. 첫째는 "권위에 호소하는 논증"에 관한 것이다. 많은 기독교인은 바울이 역사적 아담을 수용했으니 아담은 실제 인간이었음이 틀림없다고 주장한다. 만약 그렇다면 바울이 믿었던 다른 것들은 어떻게 되는가? 우리가 빌립보서 2:10에서 살펴보았듯이 바울은 우주가 3층으로 구성되었다고 생각했다. 그의 믿음이 우주의 구조를 3층으로 이해하는 것에 사실성을 부여하는가? 그리고 우리 역시 그것을 믿어야 하는가?

둘째, 일관성을 근거로 내 견해를 논박하는 이들은 바울이 로마서 5장과 고린도전서 15장에서 예수를 역사적 인물로 언급하고 있으므로 해당 텍스트에 등장하는 아담 역시 창세기 2-3장이 묘사하는 방식을 따르는 역사적 인물이어야 한다고 주장한다. 하지만 그런 식의 논증은 빌립보서 2:6-11과 예수가 실존했다는 역사적 사실에 근거하여 우주가 실제로 3층의 구조를 가진다고 주장하면서 동시에 이러한 고대의 천문학을 확대해석하여 창세기 1장으로 되가져와서 하나님이 실제로 3층 구조를 지닌 세상을 창조하셨다고 주장하는 것이나 다름없다. 이런 식으로 일관성에 기대어 논증하려는 것은 실제 역사(예수의 존재)를 인간의 기원에 관한 고대의 이해(아담의 신규 창조)와 구별하는 데 실패한다. 다시 말해 이 논증 방식은 일관적이지 않다. 그것은 주후 1세기에 실제로 일어난 역사적 사건을 인간의 기원에 관한 고대 생물학과 융합(혼합)하는 것이다.

셋째, 내가 성서 구절을 멋대로 취사선택한다는 비난은 중상모략이다. 하지만 다시 한 번 빌립보서 2:10-11에 대해 생각해 보자. 무오한 신앙의 메시지는 예수가 모든 피조물의 주님이시라고 선언한다. 내가 이 무오한 영적 진리는 받아들이고 3층 구조의 우주에 대한 언급은 수용하지 않는 것이 성서 구절에 대한 취사선택인가? 그렇다. 나는 성서 구절을 취사선택했다. 하지만 나를 비난하는 이들이 이 구절에 들어있는 고대 천문학에 대해 생각해 본다면, 분명히 그들 역시 나처럼 할 것이다. 나는 오늘날 세계가 실제로 그렇게 3층 구조로 되어 있다고 믿을 사람은 아무도 없다고 생각한다.

성서에 들어 있는 고대 과학을 인정함으로써 우리는 죽음의 기원에 관한 바울의 이해를 새로운 관점에서 바라볼 수 있다. 그는 죽음이 아담과 함께 세상 속으로 들어왔음을 분명히 믿었다. 그것은 단순히 영적인 죽음이 아니었다. 왜냐하면 하나님은 아담을 심판하시면서 이렇게 말씀하셨기 때문이다. "너는 흙이니 흙으로 돌아갈 것이니라"(창 3:19). 분명히 그것은 육체적 죽음을 가리키는 말씀이다. 또한 바울은 자연계가 아담에 대한 하나님의 심판으로 인해 변화되었다고 믿었다(흔히 이것은 "우주적 타락"[Cosmic Fall]이라고 불린다). 그는 이렇게 단언한다. "피조물이 허무한 데 굴복하는 것은 자기 뜻이 아니요 오직 굴복하게 하시는 이로 말미암음이라. 그 바라는 것은 피조물도 썩어짐의 종노릇 한 데서 해방되어 하나님의 자녀들의 영광의 자유에 이르는 것이니라. 피조물이 다 이제까지 함께 탄식하며 함께 고통을 겪고 있는 것을 우리가 아느니라"(롬 8:20-22).

참으로 이런 구절들은 해석하기 쉽지 않다. 하지만 바울이 생명의 기원에 관한 고대 생물학을 받아들였으므로 그가 죽음과 고통과 부패의 기원에 관한 고대의 이해 역시 받아들였다고 간주하는 것이 논리적이다. 따라서 성서는 하나님이 실제로 생명을 창조하신 방법을 계시하지 않는 것과 마찬가지로 생물학적 죽음의 기원도 계시하지 않는다.

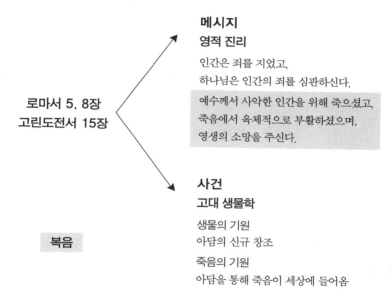

그림 6. 메시지-사건 원리

만약 우리가 로마서 5장과 8장, 고린도전서 15장에 있는 기원에 관한 고대 생물학을 인식하고 존중한다면, 우리는 그 구절들을 그림 6에 제시된 것처럼 "메시지-사건 원리"로 이해할 수 있다. 여기서 드러나는 무오한 영적 진리는 이렇다. 우리는 죄인이며 하나님은 우리의 죄로 인해 우리를 심판하신다. 그러나 복음은 예수가 우리 죄를 위해 돌아가셨으며 죽음에서 육체로 부활하셨다는 사실을 통해 우리에게 영생이 주어졌다는 소망을 전하는 기쁜 소식이다. 삶을 변화시키는 신앙의 메시지를 전하기 위해 성령께서 자신을 우리 수준에 맞추셨고 또한 바울에게 당대의 생물학을 부수적인 도구로 사용하게 하셨다.

분명히 이것은 성서를 읽는 매우 반직관적인(counterintuitive) 방법이다. 교회사의 대부분 기간에 기독교인들은 로마서 5장과 8장, 고린도전서 15장의 영적 진리를 기원에 관한 고대 생물학과 융합하면서 아담을 실제 인물로 가정하고 그가 역사적으로 존재했던 것은 무오한 진리라고 주장해 왔다. 하지만 그리스도인들이 창세기 1장의 고대 천문학을 인식한다면, 도대체 어떻게 그들이 성서의 무오성을 창세기 1장이 말하는 하나님이 하늘을 창조하신 방법에까지 확대할 수 있을지 의문이다. 또한 만약 복음주의자들이 빌립보서 2:10에 있는 바울의 3층 구조 우주론을 인식한다면, 그들이 고대 천문학을 무오한 진리로 여기지는 않을 것이다. 그리고 나는 우리가 미래에는 성서의 무오성을 다루는 교리를 성서에 등장하는 최초의 사람 아담을 만들어 낸 고대 생물학에서 해방시킬 수 있기를 기대한다.

인간의 진화와 하나님의 두 권의 책

내 글 첫머리에서 나는 과학과 성서("하나님의 두 권의 책" 모델)의 유서 깊은 상호 보충적 관계를 수용하고 있음을 밝힌 바 있다. 이제 나는 내 견해를 마무리하려 한다. 대부분의 복음주의 기독교인과는 대조적으로, 나는 이 두 권의 책이 **비과학적 일치주의**(nonscientific concordist) 관계에 있다고 생각한다. 하나님의 행위 책(The Book of God's Work)은 그분이 우리를 창조하신 **방법**을 계시해 준다. 그리고 하나님의 말씀 책(The Book of God's Word)은 하나님이 우리를 그분의 형상대로 창조하셨다는 **사실**과 우리 모두가 죄인이라는 사실을 알려준다. 이 문제를 좀 더 상세히 살펴보자.

하나님의 행위 책은 인간의 진화에 관한 압도적인 증거를 제시한다. 화석 기록과 진화 유전학은 현대 인간과 침팬지가 약 6백만 년 전에 살았던 한 부류의 공통 조상(common ancestor)을 끝으로 서로 갈라졌음을 보여준다.[35] 인간으로 이어지는 진화의 갈래 중에 대략 6천여 개의 과도기 화석(transitional fossils)이 존재한다.[36] 과학자들은 또한 결함이 있는 유전자(즉 유사유전자[pseudogenes])를 포함하여 인간 유전자 DNA 배열의 약 99%가 침팬지의 그것과 유사함을 발견했다.[37] 이것은 마치 우리가 친척들과 좋은 것과 나쁜 것을 포함하는 유전학적 유사성을 공유하는 것과 비슷하다. 게다가 고고학의 기록은 약 5만 년 전에 우리처럼 행동하는(예술을 창조하고, 복잡한 도구를 사용하며, 특정한 목적을 갖고 시신을 매장한) 인간이 출현했음을 알려준다. 사후세계에 필요한 것으로 추정되는 품목들과 함께 죽은 자를 매장하는 풍습은 그들이 가졌던 종교적 믿음을 보여 준다. 마지막으로, 과학은 오늘날 사람들 사이에 존재하는 유전적 다양성이 아주 적다는 사실을 발견해 왔는데, 이것은 우리가 약 1만여 명의 개인들로 이루어진 집단에서 유래했음을 알려준다.[38]

하나님의 말씀 책은 인간이 하나님의 형상을 지닌 **유일한** 피조물이며, **오직** 인간만이 죄를 지었음을 알려준다. 나는 이런 영적 현실에 대한 표현이 현대의 우리와 비슷하게 행동했던 인간이 약 5만 년 전에 비로소

35_ 더 정확하게 말하자면, 우리는 약 6백만 년 전에 한 부류의 공통 조상 군집(common ancestral population)을 침팬지와 공유한 이후로 서로 갈라졌다고 할 수 있다.

36_ Richard Potts and Christopher Sloan, *What Does It Mean to Be Human?* (Washington: National Geographic, 2010), 11.

37_ Daniel Fairbanks, *Relics of Eden: The Powerful Evidence of Evolution in Human DNA* (Amherst, NY: Prometheus Books, 2010), 96.

38_ Francis Collins, *The Language of God: A Scientist Presents Evidence for Belief* (New York, NY: Free Press, 2006), 126.

출현했다는 사실과 일치하는 게 아닌가 추정하고 있다. 또한 나는 우리가 실제로는 우리가 개별적으로 정확하게 언제부터 하나님의 형상을 담지하거나 최초의 죄를 짓기 시작했는지에 대해 알지 못하는 것과 마찬가지로, 현대적 의미의 인간이 최초로 출현한 사건 역시 **신학적 신비에 속한 문제**라고 믿는다.

아담을 진화의 맨 마지막 단계에 두려는 일부 기독교인의 시도는 주목할 만하지만,[39] 그러한 시도는 범주적으로 적절하지 않다. 그것은 진화라는 현대 과학을 아담의 신규 창조라는 고대 과학과 뒤섞는 것이다. 이것은 우주론적 진화론과 빅뱅 이론에 3층 구조의 우주론을 첨가하는 것과 유사하다. 확실히 과학적 일치주의의 유혹은 강렬하다. 하지만 나는 하나님의 형상과 인간의 죄가 **어떻게** 처음으로 나타났는지 아는 것은 (개인으로서 개별적으로든 혹은 인간이라는 종[species]으로서 집단적으로든) 우리가 그런 영적 현실을 갖고 있다는 **사실을** 아는 것과 비교한다면 별로 중요하지 않다는 것에 대해 기독교인이라면 모두 동의하리라 생각한다.

결론적으로 나는 역사적 아담의 존재를 믿지 않는다. 하지만 그는 성서에서 중요한 역할을 담당한다. 아담은 모든 남자와 여자의 원형으로서 그 기능을 감당한다. 창세기 2장과 3장에서 그는 여러 가지 무오한 영적 진리를 전달하는 부수적인 고대의 도구다. 아담 이야기는 창조주가 인간의 자유에 한계를 정하셨음을 알려준다. 우리는 하나님 앞에서 책임을 갖고 있으며, 그분의 명령에 순종하지 않는 것은 하나님의 심판을 낳는다.

아담 이야기는 우리 이야기다. 우리 중에 성부 하나님의 말씀에 거역하려는 유혹을 받아보지 않은 이가 있는가?(창 2:17; 3:6) 당신은 자신이 지

39_ Bruce Waltke, *An Old Testament Theology* (Grand Rapids: Zondervan, 2007); Darrel Falk, *Coming to Peace with Science* (Downers Grove, IL: InterVarsity Press, 2004); Denis Alexander, *Creation or Evolution* (Oxford, UK: Monarch Books, 2008)을 보라.

은 죄가 부끄러워 주님에게서 숨고 싶었던 적이 없는가?(3:8) 성령 앞에서 자신의 죄를 합리화하려고 애써본 적이 없는가?(3:13) 당신은 자신이 지은 죄에 대해 다른 이를—심지어 하나님을—비난해본 적이 없는가?(3:12) 우리가 참으로 누구인가를 이해하려면, 우리는 자신을 에덴동산 한가운데에 세워야 한다. **비역사적인** 첫 번째 아담은 당신과 나다. 그러나 **역사적인** 두 번째 아담이 우리의 죄를 위해 죽으셨고 우리를 죄와 죽음의 사슬에서 해방시키셨다는 사실이 바로 복음이다. 아멘.

이 책을 위한 내 몫의 원고를 준비하면서 나는 짐 루악(Jim Ruark)과 매디슨 트러멜(Madison Trammel)에게서 여러 가지 유익한 조언을 받았다. 그들에게 감사한다. 원고를 편집하는 데 도움을 준 내 조교 애나 리사 V. 톨레미(Anna-Lisa V. Ptolemy)에게도 감사를 전한다. 그 외에도 낸시 로젠츠베이그(Nancy Rosenzweig), 그레이스 바를로우(Grace Barlow), 랜디 아이작(Randy Isaac), 데니스 베네머(Dennis Venema), 피터 엔즈(Peter Enns), 돈 페이지(Don Page), 키이스 코왈스키(Keith Kowalsky), 샤론 영(Sharon Young), 낸시 할리데이(Nancy Halliday), 돈 로빈슨(Don Robinson), 토르 럼스랜드(Thor Ramsland), 힐러리 데이비스(Hilary Davis), 팻 맥가핀건(Pat McGaffingan), 샤오 청(Shiao Chong), 크리스 배리거(Chris Barrigar), 잭 오웬스(Jack Owens) 등에게 감사를 전한다. 그리고 무엇보다도 내 어머니의 신실한 기도에 특별히 감사드린다.

논평
원형적 창조론
존 H. 월튼

나는 데니스 라무뤼가 목회적 사명에 집중하면서 교회의 건전성에 관심을 보이는 데 박수를 보낸다. 나도 같은 정서를 공유하고 있으며, 그것이야말로 우리가 이처럼 논쟁적인 문제를 다룰 때 취해야 할 적절한 태도라고 생각한다. 나는 인간의 기원과 관련하여 진화론적 모델을 택한 이들도 복음주의 신앙 안에 머무를 수 있다는 그의 주장에 동의한다. 만약 그들이 성서 본문이 요구하는 정통 신학을 견지하기만 한다면 말이다. 그리고 바로 거기에 잠재적인 문제가 있다. 정통 신앙의 핵심 주장은 무엇인가?

나는 라무뤼가 주장하는 내용 중 상당 부분에 동의한다. 나는 우리가 창세기를 고대인의 눈으로 읽어야 할 필요가 있으며 일치주의는 해석학적으로 문제가 있다는 그의 주장에 동의한다. 성서의 **주장**은 권위를 지닌다. 만약 성서가 무언가를 주장하지 않는다면, 그것은 권위를 갖지 못한다. 만약 우리가 성서 본문 안으로 그 본문이 주장하지 않는 무언가를 집어넣어 읽는다면, 우리는 그 본문의 권위에서 벗어나는 셈이다. 라무뤼가 지적하듯, 이것은 우리가 성서를 대할 때 그 권위에 걸맞은 태도를 보이는가 하는 문제다. 일치주의는 말씀과 세계를 융합하여 그중에서 공통의 진리로 인정할 수 있는 것을 찾으려 한다. 이를 추구하는 것은 나름대로 정당성을 갖고 있다. 하지만 이 논의에서 우리에게 더 중요한 것은 무엇이 성서 본문의 권위 있는 주장인지 확인하는 것이다.

하나님이 인간 청중의 수준에 자기를 맞추셨다는 것은 논쟁의 여지가 없는 사실이다. 사실 모든 종류의 소통 행위는 얼마간 맞춤을 요구한다. 특히 이것은 하나님의 소통에 정확하게 해당한다. 그분은 자신을 특정한 언어와 문화 속에서 살아가는 인간들에게 알맞게 계시하셨다.

그러므로 성서 본문이 확언하는 내용에서 "부수적인 것"(맞추심에 해당되는 부분)과 "핵심적인 것"을 구별하는 것은 적절한 태도다. 누구나 성서를 읽을 때마다 그런 구별을 한다. 예컨대 우리는 성서가 "느부갓네살"의 철자법에 대해 권위를 주장하지 않는다는 것을 알고 있다. 성서는 그런 문제에 대해 권위를 주장하지 않는다.

하지만 나는 라무뤼가 창세기 1-11장이 "실제 역사"가 아니라 "특별한 형태의 문학"이라고 항변하면서 자기의 주장을 제기하는 방식에 불편함을 느낀다. 나는 창세기 1-11장이 특별한 형태의 문학이라는 주장에는 동의한다. 고대 세계에 혹은 성서 본문의 나머지조차 그것과 간접적으로라도 유사한 것은 존재하지 않는다. 이 점에서 나는 창세기 1-11장을 "독특한 문학 양식"(sui generis)으로 여긴다. 우리는 하나의 문학 장르는 형태와 내용의 측면에서 공통점을 지닌 많은 작품을 갖고 있을 때만 식별될 수 있음을 늘 기억해야 한다. 어떤 장르를 식별하기 위해서는 예가 하나 이상 존재해야 한다. 이것이 창세기 1-11장과 관련된 문제다. 창세기 1-11장은 유사 본문이 없다.

그럼에도 나는 라무뤼가 그러므로 창세기 1-11장이 "실제(real) 역사"가 아니라고 말하는 것에는 불편함을 느낀다. "역사"라는 단어는 장르("역사 기술"[historiography])와 관련될 수 있으나, "실제"라는 단어는 그럴 수 없다. 결국 고대인들은 자신들의 신화가 중요한 실재들(realities)을 대표한다고 여겼다. 하지만 그런 신화들은 분명히 그들의 역사 기술과 같은 문학 장르는 아니었다. 나는 창세기 1-11장이 실재와 깊이 관련된 이야기들을 전하고 있다고 믿는다. 하지만 그것들은 다른 역사 기술 작품들이 갖고 있는 형태를 띠고 있지는 않다. 나는 창세기 1-11장이 실재를 결여하고 있다는 인상을 주는 것을 원치 않는다. 그럼에도 그것은 다른 차원에서의 실재다.

이상의 모든 문제는 해석학적 문제들 및 일반적인 문학적 쟁점들과 관련되어 있다. 나는 성서 해석상의 논쟁적인 문제들과 관련하여 라무뤼의 주장 중 일부를 전적으로 수용한다. 예컨대 나는 "각기 종류대로"라는 구절과 관련된 그의 주장에 동의한다. 이스라엘 사람들은 오늘날 우리 모두가 인식하는 것을 인식했다. 즉 밀은 밀에서 나올 뿐 백합에서 나오지 않는다. 얼룩말은 얼룩말에서 나올 뿐 침팬지에서 나오지 않는다. 그리고 물론 어떠한 진화론자도 이와 다른 주장을 하지 않는다. 한 종은 다른 종을 낳지 않는다. 변화는 아주 작아서 눈길을 끌지 못할 정도다.

나는 라무뤼의 주해 중에서 다른 것들에 대해서는 동의하지 않으나 그것들은 사실 그다지 중요하지 않다. 예를 들면 나 역시 한때는 라키아(*rāqîa*´)가 견고한 돔을 가리킨다는 결론을 내렸던 적이 있다. 하지만 더욱 최근에 나는 달리 믿게 되었다. 그가 동사 라카(*rāqa*´)의 의미 영역으로부터 명사 라키아(*rāqîa*´)의 의미 영역으로 이동하기 위해 사용하는 절차는 방법론적으로 그럴듯하지 않다. 어원학적으로 관계된 명사와 동사들이 반드시 같은 의미 영역에서 작용하는 것은 아니다. 그러나 나는 견고한 하늘을 가리키는 다른 히브리어가 있다고 믿게 되었고, 그로 인해 명사 라키아가 물과 물을 분리하는 공간을 가리킨다는 더 중요한 결론에 도달했다. 그럼에도 이것은 여전히 고대 근동의 사고방식을 대표하며, 따라서 그의 주장은 타당하다.

그러나 지금부터는 내가 라무뤼와 동의하지 않는 점에 초점을 맞춰서 그 이유를 설명하려 한다. 첫째, 특히 라무뤼는 변명의 여지가 없는 몇 가지 논리적 비약을 하고 있다. 나는 그런 경우에라도 그가 주장하는 내용 자체에는 대체로 동의할 수 있지만 그가 그 과정에서 행하는 비약은 불필요하거나 여러 가지 선택사항 중 하나에 불과하다고 여긴다.

예 1) 그는 82쪽에서 아담이 단지 고대 과학의 "역투사"에 불과하다고 주장한 후에 이렇게 말한다. "고대 과학은 물리적 실재와 일치하지 않는다. 그러므로 **아담은 절대로 존재하지 않았다.**" 나는 그의 결론이 그의 관찰에서 나온 필연적 결과라고 생각하지 않는다. 아담이 절대로 존재하지 않았다는 것은 자연스러운 결론이 **아니다.** 창세기에 수록된 형성에 관한 이야기는 단지 특별한 한 개인의 형성에 관해 언급하지 않을 뿐이다. 나는 여기서 라무뤼가 필요 이상의 비약을 했다고 믿는다. 그러므로 나는 라무뤼의 "역투사" 모델을 납득할 수 없다.

예 2) 다시 82-83쪽에서 그는 이렇게 주장한다. "하지만 만약 성서가 묘사하는 하늘의 창조가 고대 천문학을 반영하고 있다면, 성령께서 성서 저자들이 인간의 기원에 대해 설명하기 위해 당대의 생물학을 이용하도록 허락하셨다는 사실에 놀라지 않는 것이 자연스럽다." 아마도 우리는 성령께서 인간의 기원에 관한 당대의 개념들에 자신을 맞추셨다는 사실에 놀라지 않을 것이다. 하지만 그렇다고 해서 성령께서 완전히 자신을 맞추셨다는 것이 당연한 귀결인 것은 아니다. 일관성의 원리는 그렇게 많은 것을 성취하지 못한다. 특별히 고대 근동 문서에는 하나님이 지으신 단 한 쌍의 인간 부부에 관한 전승 같은 것이 존재하지 않는다. 고대 근동에도 인간의 신규 창조에 관한 전승이 존재하지만, 거기에는 우리가 주의해야 할 만큼의 큰 차이도 존재한다. 비록 아담의 "형성"에 관한 이야기가 고대 근동에서 몇 가지 병행하는 이야기를 갖고 있을지라도, 그것들은 아담이 실제로 과거에 존재했던 인간이 아니었다는 증거가 될 수는 없다. 기껏해야 그것은 인간의 형성 이야기가 일종의 맞추심이라는―아담의 역할이 맞추심이라는 뜻은 아니다―사실을 지적해줄 뿐이다. 어쨌거나 고대 근동 문헌에는 아담의 역할에 상응하는 인물이 존재하지 않는다.

둘째, 내가 보기에 라무뤼가 신약성서 자료들을 다루는 방식은 부적절하다.

예 1) 예수는 단지 아담이 실제 인간이었다는 유대인들의 믿음에 자신을 맞추셨던 것일까? 핵심 질문은 이것이다. "예수는 과학적 주장을 하고 계신가, 아니면 신학적 주장을 하고 계신가?" 만약 전자라면 그것은 쉽게 맞추심이라고 말할 수 있을 것이다. 그러나 만약 후자라면 그것은 결코 맞추심이 될 수 없다. 예수께서 겨자씨, 밀 씨앗의 죽음, 하늘에서 떨어지는 별 같은 것들에 대해 말씀하시는 것은 맞추심에 관한 좋은 예들이므로, 우리는 예수께서 종종 고대인들의 사고방식에 자신을 맞추셨다고 인정할 수도 있다. 하지만 나는 이러한 예시들은 예수께서 아담의 문제를 다루시는 방식과 같은 범주로 취급할 것들은 아니라고 생각한다. 예수께서는 전술한 예들에 신학적 의미를 부여하신 것이 아니다. 그것들은 단지 예화일 뿐이다. 내가 보기에 예수는 아담의 문제와 관련해 신학적 의미를 **부여하고 있다.** 라무뤼의 결론을 떼어내 살펴보자. "요약하면 주님은 고대 과학을 사용하여 가르치심으로써 자신을 인간의 수준에 맞추셨다. 그러므로 그분이 또한 인간의 기원에 관한 고대인의 이해 방식, 즉 최초 인간인 아담의 신규 창조를 부수적인 도구로 사용하여 무오한 영적 진리를 전달하신 것은 일관적인 방식이라 할 수 있다." 라무뤼는 이것들이 참으로 같은 범주에 속한 것임을 입증할 필요가 있었을 것이다. 아마도 그는 충분히 그렇게 할 수 있었을 것이다. 하지만 그는 그렇게 하지 않았다.

예 2) 라무뤼는 다음과 같이 주장한다. "바울이 생명의 기원에 관한 고대의 생물학을 받아들였으므로 그가 죽음과 고통과 부패의 기원에 관한 고대의 이해 역시 받아들였다고 간주하는 것이 논리적이다. 따라서 성서는 하나님이 실제로 생명을 창조하신 방법을 계시하지 않는 것과 마찬가지로 생물학적 죽음의 기원도 계시하지 않는다." 다시 말하면 문제는 그가 "부수적"이라고 부르는 것들이 신학적 주장들과 구별될 수 있느냐 하는 것이다. 나는 라무뤼가 "일관성"이라는 단어를 사용하는 것이 검증 작업을 실제로 견뎌낼 수 있을지 의문이다. 문제는 바울이 아담이 실제 인물임을 **믿었느냐**가 아니다. 물질계와 관련하여 바울이 믿었던 지식은 (우리가 알기에는) 많은 부분에서 사실이 아니었다. 문제는 바울이 그의 믿음에 신학적 의미를 부여했느냐다.

내가 라무뤼와 일치하지 않는 세 번째 분야는 그가 성서의 족보들을 다루는 방식이다. 사실 우리는 고대인들이 족보를 우리와 같은 방식으로 사용했을 거라고 기대하거나 혹은 그것을 우리와 같은 방식으로 생각했을 거라고 주장해서는 안 된다. 오히려 우리는 고대 세계로부터 얻은 증거에 우리의 견해를 제한해야 한다. 성서의 족보와 관련하여 고대인들이 실제로 존재한다고 믿지 않았던 개인들을 족보에 포함했다는 증거는 존재하지 않는다. 라무뤼는 고대 세계의 전승이 갖는 구전적 특성에 호소하면서 이러한 전승은 신뢰할 수 없음을 암시한다. 그와는 반대로 우리는 구전 문화 안에서 기억력이 오히려 강화되고 감퇴하지 않는다는 것을 자주 발견한다.

마지막으로 라무뤼는 이렇게 주장한다. "아담을 진화의 맨 마지막 단계에 두려는 일부 기독교인들의 시도는 주목할 만하지만, 그러한 시도는 범주적으로 적절하지 않다. 그것은 진화라는 현대 과학을 아담의 신규 창조라는 고대 과학과 뒤섞는 것이다"(92쪽). 만약 어떤 이가 인간의 기원에 관한 진화론적 모델을 수용하면서 아담의 역사성을 받아들인다면, 그때의 아담은 우리 중 누구와도 마찬가지로 진화의 산물일 것이다. 내가 보기에 라무뤼는 이 지점에서 과학적인 것(신규 창조)과 역사적인 것(실제 과거에 살았던 실제 인간인 아담)을 불필요하게 뒤섞는 것 같다. 신규 창조는 사실 고대 세계에 차고 넘쳤던 개념일 수 있다. 그러나 성서의 아담은 고대세계에서 유사한 인물을 찾을 수 없을 만큼 독특하다.

결론적으로 나는 라무뤼가 제기하는 더 극단적인 주장들이 불필요하다고 생각한다. 그는 성서가 인간(혹은 다른 생명체들)의 기원에 관한 정보를 제공하지 않는다고 주장하고 있다. 이 과정에서 그는 성서 본문이 단지 고대의 문학과 인식론적 환경을 수용할 뿐이라고 간주하는 일련의 논리를 펴나간다. 비록 나는 성서가 여러 가지 방식으로 고대 세계를 수용했음을 믿지만, 결국 우리는 단지 그 원리에만 의존할 수는 없다. 라무뤼는 "성서는 실제로는 절대로 일어나지 않았던 방식으로 하나님이 하늘을 지으셨다고 말하고 있다"(76쪽)라고 주장했지만, 나는 과연 성서가 하나님이 생명체를 창조하신 방법 자체에 관해 진술하고 있는지 궁금하다. 내가 볼 때 창세기 텍스트 자체는 창조의 방법에 대해 아무런 말도 하지 않고 있다고 간주할 만한 근거가 있다. 이러한 의미에서 라무뤼는, 우리가 성서가 말하는 창조의 방법을 무시해도 큰 문제가 없다고 주장하지만, 나는 성서가 그런 주장을 전혀 하지 않고 있다고 주장한다.

라무뤼는 아담의 창조가 고대 근동에서 발견되는 신규 창조 유형을 따른다고 주장한다. 내 경우는, 신규 창조 유형 안에서 고대 근동뿐 아니라 성서 텍스트 자체에서도 발견되는 원형적 요소를 살펴 보기 위해 거기에서 한 걸음 더 나아간다. 그와 나는 성서가 아담과 하와를 원형으로 사용하고 있다고 주장하는 점에서 일치하지만, 논지를 펼치는 방식에는 차이가 있다. 그는 신학적 상론(specifics)들을 포기하지 않음과 동시에(그는 신학적 일반론만을 유지한다) 아담과 하와가 실제 인간이었다는 개념을 포기하지 않으면서도 자신의 학문적 목적(성서는 인간의 물질적 기원에 관해 아무런 주장도 하지 않는다)을 이룰 수 있었을지도 모르겠다.

라무뤼는 그의 글 앞부분에서 "하나님의 형상과 인간의 죄가 드러난 것은 신비"(60쪽)라고 말한다. 이 진술의 내용을 어떻게 해석하는지와 상관없이, 우리가 이 진술 자체에 동의하지 않기는 어려울 것이다. 하지만 이를 인정한다고 해도 우리가 활용 가능한 지식은—비록 그것이 아무리 작더라도—여전히 존재한다. 우리의 책임은 그것을 가려내는 것이다. 그리고 그것이 아주 복잡한 작업을 요청한다는 것은 이미 잘 알려져 있다. 나는 라무뤼가 이에 대한 증거와 자신의 신실한 신앙을 적절히 보여주는 이해방식에 도달하기 위해 학문적으로 오랫동안 애써온 것에 대해 감사한다. 우리의 상호교류는 시간이 흐를수록 모두의 이해를 깊게 하는 데 도움을 줄 것이다.

오래된 지구 창조론
C. 존 콜린스

나는 라무뤼가 그의 글을 자신이 과학과 신앙이라는 두 분야 모두에서 쌓은 경험에 대한 개인적인 이야기로 시작한 것을 높이 평가한다. 나는 기꺼이 그를 그리스도 안에 있는 형제로 받아들인다.

하지만 모든 기독교인의 상호관계, 지적 존중, 특별히 라무뤼에 대한 내 개인적인 애정에도 불구하고, 나는 이 글을 통해 그의 기고문을 평가하는 일에 집중해야 한다. 기본적으로 나는 그의 특정한 결론들뿐 아니라 더욱 중요하게는 그가 성서와 과학을 해석하기 위해 적용하는 방법론과 가정들에도 동의하지 않는다. 나는 이 두 가지 해석 분야 모두에서 라무뤼가 과도하게 단순화된 추론 방식을 따랐다고 주장할 것이다. 구체적으로는 그가 주로 오직 두 가지의 선택 사항을 놓고 "이것이냐 혹은 저것이냐" 식의 질문을 제기한다는 점에서 그렇다. 그는 다른 대안들이 있을 수 있음을 전혀 고려하지 않는다. 지면의 제한 때문에 여기서 나는 그가 내린 특정한 결론들에 대해서 다루기보다는 이런 더 큰 문제들에 초점을 맞출 것이다.

라무뤼는 성서를 문자적으로 읽고 그것을 역사성과 동일시하는 성서 해석 방식과 관련하여 "역사성"과 "문자주의"의 긴밀한 관계를 예증하지만, 나는 그것에 동의하지 않는다. 예컨대 그는 성서 저자들이 현상학적 언어를 사용했던 것에 대해 이렇게 말한다. "성서 저자들은 그들의 눈으로 본 것을 그대로 믿었다. 즉 그들은 해가 실제로 뜨고 진다고 여겼던 것이다"(65쪽).[40] 그는 (우리가 그를 통해 듣는 것처럼) 성서 저자들과 일반적인 고대인들이 실제라고 여겼던 "3층 구조 우주"에 관한 표준적인 그림 중에서 하나를 제시한다. 그에 따르면 "부수적인 고대 과학"은 시간을 초월하는 원리가 되는 "신앙의 메시지"를 전한다.

내가 이런 해석 방법을 만족스럽게 여기지 않는 이유를 설명하기 위해 C. S. 루이스(C. S. Lewis)가 쓴 "종교의 언어"(The Language of Religion)[41]라는 에세이를 살펴보자. 루이스는 기존의 모든 언어(이를테면 영어, 프랑스어, 그리스어, 히브리어 등) 안에는 세 가지 차원의 서로 다른 어법이 존재한다고 지적한다. 하나는 우리가 매일 대화에서 사용하는 "일상"(ordinary) 언어다. 그 외에도 두 가지의 특화된 언어가 존재하는데, 그는 그것들을 각각 "시"(poetic) 언어와 "과학"(scientific) 언어라고 부른다.

루이스가 제시하는 예는 이런 세 가지 언어 사이의 차이를 분명하게 보여 준다. 다음의 문장들을 비교해 보라. (1) "날이 매우 추웠다." (2) "영하 13도였다." (3) "아, 살을 에는 듯 춥다! 올빼미는 깃털이 있음에도 떨고 있다. 산토끼가 얼어붙은 풀들 사이로 절뚝거리며 지나가고, 우리 안에 있는 양 떼는 숨을 죽인다. 구빈원 수용자의 손가락은 감각을 잃었다."[42]

문장 (1)은 겨울밤을 묘사하는 "일상" 언어다. 문장의 내용상 직접적인

40_ 이에 대한 히브리어 표현이 영어 번역에 반영된 관습적 표현들보다 더 "문자적으로" 태양의 뜨고 짐을 가리키는지에 대해서는 논외로 하겠다. 그렇게 하더라도 이 글의 요지는 영향을 받지 않는다.

41_ C. S. Lewis, "The Language of Religion," in C. S. Lewis, *Christian Reflections*; ed. Walter Hooper (Grand Rapids: Eerdmans, 1967), 129-41. 나는 언젠가 이 문제를 좀 더 발전시키고 그것의 언어적 측면을 보완할 수 있기를 원한다.

42_ 이것은 John Keats(1795-1821)의 시 "The Eve of St. Agnes"의 도입부다.

소통에 적합하지만, 그것이 묘사하는 실제 상황에 대해 어떤 강력한 주장을 거의 하지 않기 때문에 면밀한 해석을 요구하지 않는다.

문장 (2)는 "과학" 언어다. "어떤 도구를 사용하여 그날 밤의 추위를 측정할 수 있는 정확히 계량된 수치를 제공한다는 점"에서 우월하다. 이 언어는 추위가 동식물의 삶에 미치는 다양한 영향들을 예측하고, 우리가 논의 중인 문제와 관련해 이런저런 일들을 할 수 있게 해준다는 장점이 있다. 이 언어는 어떤 상황의 내적 작용을 설명하는 과정에서 가능한 한 어떤 모호함도 없을 정도까지 정확한 내용을 전달하는 것을 목표로 한다.

문장 (3)은 "시" 언어다. 이 언어는 추운 밤을 경험하는 것에 대한 묘사 그 이상을 전달한다. 때때로 시 언어가 전달하는 내용의 수준은 일상 언어의 경우보다 높으며, 이 언어의 문학적·언어적 특성들은 시가 갖는 소통의 목적―청중으로 하여금 경축하고, 슬퍼하며, 향유함으로써 상황을 달리 볼 수 있게 하려는 목적―을 성취한다.

말해야 할 것은 이 외에도 많다. 하지만 이 부분에서는 성서가 대부분 "일상" 언어와 "시" 언어로 이루어져 있음을 인식하는 것이 중요하다. 나는 다음 장에 실린 내 글을 통해 내가 이것을 실제 인물과 사건들(창조 기사라는 거대한 이야기가 다루는 주제)을 성공적으로 가리키는 것을 방해하는 장애물로 여기지 않는 이유를 제시할 것이다. 사실 성서 저자들은 우리가 관련된 문제의 내적 상황이라고 부를 수 있는 것에 그다지 관심을 기울이지 않는다.

예컨대 창세기 1장에 나오는 "각기 종류대로" 출현하는 동식물에 관한 진술을 살펴보자. 라무뤼는 우리에게 이것이 "고대 생물학"이라고 말하는데, 그것에 따르면 "생명체"는 "불변"하다(79쪽). 하지만 사실 이것은 우리가 창세기에서 발견할 수 **없는** 내용이다. 왜냐하면 창세기 1장은 과학 텍스트가 아니기 때문이다. 창세기 1장을 실제 고대 과학 작품인 아리스토텔레스(Aristotle)의 논문 "동물의 발생에 관하여"(On the Generation of Animals)와 비교해 보면 이 점이 분명하게 드러난다. 창세기에서 우리는 식물들이 "각기 종류대로"(창 1:11-12) 씨를 내고, 동물들이 "종류대로"(창 1:21, 24-25) 나타났음을 발견하는데, 이 구절에 대한 70인역(LXX)의 표현은 "카타 게노스"(kata genos)다.[43] 아리스토텔레스도 동일한 현상을 지적한다. 그가 보기에 동물들은 "그들 자신의 종류에 따라서"(kata tēn sungenneian) 생성되었다(이것은 70인역에 나오는 표현과 매우 흡사한 그리스어 구절이다). 더 나아가 아리스토텔레스는 그 종류들이 언제나 존재해왔다고 설명한다. 왜냐하면 "만약 출산된 것들이 그들의 부모들과 닮지 않았으나 서로 교미가 가능하다면, 우리는 그들로부터 부모와는 다른 형태의 생명체를 얻게 될 것이고, 그들의 후손에서 또 다른 형태의 생명체를 얻게 될 것이며, 이런 방식으로 그것은 무한히(ad infinitum) 계속될 것이기 때문이다. 하지만 자연은 그런 무한한 것을 피한다."[44] 창세기 1장이 (내가 앞서 지적했듯이) 단지 농부가 관찰한 정도에 머물고 있다면, 아리스토텔레스는 그 과정을 상세하게 묘사하려 한다.

다른 책에서 나는 창세기 1장의 특징들—일반적인 묘사(식물과 동물에 대한 간결한 분류법을 포함해), 전반적으로 단순한 어휘들로 이루어진 문맥 속에 등장하여 하늘에 관해 수사학적으로 강렬한 느낌을 주는 단어("궁창"[expanse, 콜린스는 KJV이 택한 firmament보다 NIV/NASB이 택한 expanse를 선호한다—역자 주), 고도의 도식화(각 날을 위한 후렴구와 같은)—을 통해, 창세기 1장의 스타일에 대한 가장 적절한 명칭은 "고양된 산문 내러티브"(exalted prose narrative)이며, 그것은 "유사-예전적"(quasi-liturgical)인 목적을 갖고 독자들에게 하나님의 창조 작업을 웅장한 성취로 축하하게

43_ 11-12절의 그리스어는 "그리고 각자의 모양을 따라서"라는 부연 설명을 덧붙인다.
44_ Loeb Classical Library을 사용했으며 필요할 때마다 영어 번역을 적절히 바꿔서 인용했다.

하기 위한 문학의 한 형태라고 결론지은 적이 있다.[45] 그런 본문을 "과학적"이라고 부르는 것은 일종의 혼동이다.

우리는 빌립보서 2장에 나오는 송영과 관련해서도 비슷한 결론에 이를 수 있을 것이다. 이 송영을 세계에 대한 "과학" 서술, 혹은 자신의 세계상(world picture)에 대한 저자의 묘사로 간주하는 것은 언어 차원의 오해로 인해 그것의 핵심을 놓치는 것이다.[46]

라무뢰는 창세기 본문의 이런 특징들에 대한 문자적 읽기(literalistic reading)가 저자의 기본적인 세계상을 드러낸다고 단언한다. 그리고 그가 제시하는 도식은 이를 지지하는 다수의 성서 본문들을 포함한다. 하지만 내가 위에서 말한 내용은 이런 문자적 읽기가 어떤 식으로든 이런 본문들에 대한 "좋은" 읽기가 될 가능성을 없애 버린다. 그런 본문 중 어느 것도 과학 논쟁에서는 등장하지 않는다.[47]

실제로 우리는 단순히 성서에서 사용된 말들만으로는 성서 저자들이 그들의 세계에 대해 "믿었던" 내용을 어떤 식으로도 정확하게 추론할 수 없다. 대부분의 경우 그것은 거론조차 되지 않는다. 성서 저자들은 자기들이 묘사하는 것들을—그 과정에 관해 그 어떤 강력한 주장도 하지 않

45_ Collins, *Genesis 1-4: A Linguistic, Literary, and Theological Commentary* (Phillipsburg, NJ: P&R Publishing, 2006), 43-44, 78-79은 Moshe Weinfeld, "Sabbath, Temple, and the Enthronement of the Lord—the Problem of the Sitz im Leben of Genesis 1:1-2:3," in A. Caquot and M. Delcor, eds., *Mélanges Bibliques et Orientaux en l'Honneur de M. Henri Cazelles* (AOAT 212; Neukirchen-Vluyn: Neukirchener, 1981), 501-12의 도움을 받아서 쓴 것이다. 또한 Walton, *The Lost World of Genesis One: Ancient Cosmology and the Origins Debate* (Downers Grove, IL: InterVarsity Press, 2009), 91; *Genesis 1 as Ancient Cosmology* (Winona Lake, IN: Eisenbrauns, 2011), 191을 보라.

46_ 내 주장에 비춰서, 그리고 Lamoureux의 단언과는 반대로, 이 찬송의 시적 언어는 이 찬송시가 **나타내는** 예수의 역사적 성취를 결코 모호하게 만들지 않는다.

47_ 성서에 나타나는 가정된 "원시적" 세계상에 대한 해설은 *Collins, Science and Faith: Friends or Foes?* (Wheaton, IL: Crossway, 2003), 100-102; *Genesis 1-4*, 263-65을 보라.

으면서—**성공적으로 지칭하며** 또한 우리가 그것들을 명시하게 한다. 내가 아는 한, 지구의 나이나 모양은 성서에 등장하는 의사소통에서 아무런 역할도 하지 않는다. 그러므로 이 문제에 대한 그럴싸한 설명은—그런 화제들이 저자들의 목적과는 아무 상관이 없다는 분명한 사실을 제외하고는—루이스가 중세 시대의 평범한 사람들에 대해 말했던 내용이 될 것이다. "도랑 파는 인부들이나 맥주집 여주인들은…지구가 둥글다는 사실을 알지 못했다. 지구가 평평하다고 생각했기 때문이 아니라 그 문제 자체를 생각해 본 적이 없었기 때문이었다."[48] 우리는 인접한 문화들에서 나온 작품들에 관해서도 같은 말을 할 수 있다.[49]

나는 어떤 고대인들이 그런 잘못을 했다는 것을 인정한다. 예컨대 요세푸스(Josephus)는 "궁창"을 "수정 같은" 혹은 "얼음 같은" 표면에 해당하는 그리스어로 묘사했다(Antiquities 1.30[1.1.1]). 이것은 소크라테스 이전 철학자인 엠페도클레스(Empedocles)가 하늘을 묘사했던 방법에 상응하는 것처럼 보인다.[50] 하지만 그것은 일반적인 해석학상의 실수였는데, 루이스는 이러한 실수를 중세의 작가들에게서도 발견했다. 그는 세비야의 이시도루스(Isidore, 7세기 기독교 작가)에 대해 이렇게 말한다. "욥기의 고도로 서정적인 구절들[39:19-25]이 자연 역사에 대한 명제로 바뀌고 있다."[51] 말하자면 그것은 **잘못된** 읽기다.

영어권에서 나타나는 몇 가지 예를 고찰해 보자. 영화 "스타워즈"(Star

48_ C. S. Lewis, *The Discarded Image: An Introduction to Medieval and Renaissance Literature* (Cambridge: Cambridge University Press, 1964), 20.

49_ 참조. Wayne Horowitz, *Mesopotamian Cosmic Geography* (Winona Lake, IN: Eisenbrauns, 1998), xiii-xiv. 다른 문화에서 유래된 그림들과 인용문들은 아무것도 입증해주지 않는다. 따라서 우리는 여전히 그것들을 주해해야(exegete) 한다.

50_ Eusebius, *Preparation for the Gospel*, 15.42 [845b]에 인용된 Plutarch의 글을 보라. 또한 Diogenes Laertius, 8.77을 보라.

51_ Lewis, *Discarded Image*, 148.

Wars) 시리즈의 첫 작품인 "에피소드 4: 새로운 희망"(*Episode 4: A New Hope*)에서 루크는 포스(Force, "스타워즈" 시리즈에 등장하는 가공할 에너지―역자 주)에 대해 배우는 중이다. 그는 리모트 드로이드(remote droid, 공 모양으로 생긴 로봇으로 공중을 떠다니면서 레이저 빔을 쏘아댄다―역자 주)의 공격을 막아내지 못한다. 그때 오비완이 그에게 눈가리개가 달린 헬멧을 씌워주며 말한다. "네 눈이 너를 속일 수 있어. 눈을 믿지 마." 비슷하게 "두 개의 탑"(*The Two Towers*, 영화 "반지의 제왕"[*The Lord of the Rings*] 시리즈의 일부)에서 간달프는 로한의 왕 세오덴의 건강을 회복시키면서 이렇게 말한다. "만약 당신의 손가락이 칼자루를 잡는다면, 그것들은 오래 전의 힘을 더 잘 기억할 것입니다."

이쯤에서 오늘날의 신경과학자들이 이의를 제기할 수 있다. **눈**은 속이지 않고, **손가락**은 기억하지 않는다. 오히려 그것들은 **두뇌**에서 일어나는 신호들을 포착한다. 그렇다면 오비완과 간달프는 단지 이상한 과학 지식을 드러내는 것인가?

이 경우 신경과학자들은 사실상 소통을 방해하고 있다. 우리는 오비완과 간달프가 말하는 경험을 쉽게 확인할 수 있다. 그들의 말은 단지 우리가 느끼는 감각을 묘사할 뿐이며, 이는 우리가 신경과학자들의 설명을 받아들일 때조차도 그렇다. 사실 우리로서는 이런 활동들을 묘사하는 일반적인 방식을 설명하기가 훨씬 더 쉽다. 왜냐하면 우리가 바로 그런 방식으로 느끼기 때문이다.

그와 동시에 지시물(the referent)은 "예술적 허용"(artistic license)에 한계를 부과한다. "스타워즈" 시리즈의 세 번째 작품인 "에피소드 6: 제다이의 귀환"(*Episode 6: Return of the Jedi*)에서 루크는 다스 베이더가 실제로 자신의 아버지라는 사실을 알게 된다. 그는 베이더가 그의 아버지를 **죽였다**고 말하는 오비완의 유령을 꾸짖는다. 그러자 오비완이 이렇게 설명한다.

"네 아버지는 포스의 어두운 측면에 현혹되었어. 그는 아나킨 스카이워커가 되기를 중단하고 다스 베이더가 되었어. 그 일이 벌어졌을 때, 네 아버지였던 착한 남자는 파멸하고 말았지. **그러니 내가 네게 말한 것은 어떤 면에서는 사실이야.**" 루크가 의심하는 듯한 표정으로 답한다. "어떤 면에서는 사실이라고?" 오비완 역할을 했던 배우 알렉 기네스(Alec Guinness)조차 확신에 찬 표정을 유지할 수는 없었다! 나는 그가 루크의 의심에 동의했으리라고 생각한다. 확실히 그랬을 것이다.

바로 이것이 라무뤼 자신이 일치주의의 문제라고 간주하는 것과 씨름하는 정황이다. 다시 말하면 그의 논의는 전부 아니면 전무의 방식으로 모든 것을 과도하게 단순화시킨다. 비록 라무뤼가 주장하는 것과 같은 이유 때문은 아니지만, 나는 성서가 과학이 발견하는 것과 일치하리라고 기대하는 것은 잘못이라는 그의 주장에 동의한다. 그러나 나는 그의 글을 읽으면서 그가 오직 한 종류의 일치주의, 즉 문자적 일치주의(literal concordism)만 존재하며, 그것은 나쁜 것이므로 어떠한 일치주의도 불가능하다고 주장하는 듯한 인상을 받는다. 하지만 라무뤼는 성서가 실제 사건들을 가리킬 수 있으며 우리가 그런 본문들을 역사적 연구를 통해 설명하는 것이 정당하다는 점에 동의한다. 다시 말해 우리가 **역사적 일치주의**(historical concordism)라고 부르는 것이 존재하며, 성서 저자들의 문학적 관습을 고려하는 한 그것은 매우 적절하다는 것이다. 그런 점에서 노아의 홍수에 관한 여론 조사용 질문, 즉 "당신은 이 사건이 문자 그대로 사실이며, 성서의 어구 그대로 발생했다고 생각하는가, 아니면 문자적으로 일어난 사건이 아니라 일종의 교훈이라고 생각하는가?"(63쪽)라는 질문은 변명의 여지가 없을 만큼 조악한 문장이라고 할 수 있다. 그러므로 우리는 **정당한** 일치주의와 **부당한** 일치주의를 적절하게 구별해야 한다. 부당한 일치주의를 남용하는 것이 정당한 일치주의를 적절하게 사용하는 것까지

무효로 만들 수는 없다.[52]

그러므로 우리가 성서에서 발견하는 "맞추심"이라는 개념이 (오늘날에는 거부되는) 고대 과학을 사용해 영원한 진리를 가르치는 방식이라고 가정할 이유는 없다. 아마도 그것은 맞추심에 대한 전통적 개념을 다소 확장하는 것이 될 것이다. 아기들이 어디에서 오느냐는 어린아이의 질문에 답할 때 우리는 그 아이의 수준에 우리 자신을 맞추는 두 가지 방식을 비교해 볼 수 있을 것이다. 하나의 방법은 다리 밑에서 주워왔다고 말하는 것이다. 더 좋은 방법은 아이에게 그저 이렇게 말해주는 것이다(내 아내가 이 방법을 사용했다). "하나님이 엄마와 아빠에게서 아주 작은 조각을 떼어내 한데 섞으신 후에 그것이 엄마 뱃속에서 자라나 아기가 되게 해주신단다." 이 두 번째 방법은 신뢰할 만한 맞춤이고 전통적인 개념과도 일치한다. 어린 아이들은 상세한 내용에 대해서는 거의 질문하지 않는다.

라무뤼는 우리에게 "성서에서 실제 역사는 대개 아브라함 이야기가 등장하는 창세기 12장부터 시작된다"라는 그의 단언을 입증해줄 만한 어떤 실제 근거도 제시하지 않는다. 그가 제시하는 유일한 근거는 단지 창세기 1-11장의 문학 장르뿐이다. 하지만 나는 이 문제를 이미 다뤘다. 그러므로 여기에서는 창세기의 첫 11장이 창세기 전체와 너무나 잘 어우러져 있으므로 라무뤼의 주장은 결정적 영향력을 전혀 미칠 수 없음을 언급하는 것으로도 충분할 것이다.

대체로 나는 라무뤼가 성서 저자가 **말하는 것**과 자신이 **성서 저자가 말하고 있다고 간주하는 것**을 구별하지 않고 있음을 발견한다. 종종 이것은 그의 주해가 충분한 지지를 얻을 만한 논증이 없다는 것을 의미한다. 예를 들어 그는 "또한 바울은 자연계가 아담에 대한 하나님의 심판으로

52_ 이 문제에 관한 더 깊은 고찰을 위해 Collins, *Did Adam and Eve Really Exist? Who They Were and Why You Should Care* (Wheaton, IL: Crossway, 2011), 106-11을 보라.

인해 변화되었다고 믿었다"(88쪽)고 말하는데, 그럴 경우 그는 자신이 왜 바울을 그런 식으로 읽었는지에 대한 이유를 우리에게 제시해야 한다. 나는 사실상 그것이 **잘못된** 읽기임을 확신한다.[53]

라무뢰는 과학 문제와 관련해서도 지나치게 경직된 대안을 제공하는 것 같다. 그는 과학자들이 진화를 지지하는 충분한 증거가 있다고 믿기 때문에 우리 기독교인들 역시 진화를 "목적이 이끄는 자연 과정"으로 받아들여야 한다고 주장하는 듯하다. 내 글에서 지적했듯이, 나는 우리가 "자연" 과정이—심지어 하나님이 주도하시는 자연 과정까지도—특별한 능력을 지닌 인간을 낳기에 적절한지 논쟁을 벌일 충분한 이유가 있다고 생각한다.[54]

만약 우리가 이미 그 과정을 알고 있는 것이 아니라면, 그것이 시종일관 자연적이라고 **미리** 주장하는 것은 합리적이지 못하다. 하지만 우리는 아직 그 과정을 알지 못하며, 기독교 신앙은 우리가 비판적 사고를 할 때 터무니없는 실수를 피할 수 있도록 돕는다. 기독교 철학자 폴 헬름(Paul Helm)은 이렇게 말한다.

> 하나님이 물질적 창조와 관련해 무엇을 하실 것이고 무엇을 하지 않으실 것인지 선험적으로(*a priori*) 주장하는 것은 적절하지 않다. 그러나 모든 불확실한 문제가 그러하듯, 하나님이 행하신 일을 탐구하는 것은 필요하다.[55]

53_ 이 문제에 관한 논의는 Collins, *Science and Faith*, ch. 10; *Genesis 1-4*, 182-84을 보라.

54_ Lamoureux는 지적 설계(ID) 이론가들이 설계와 진화 사이에서 잘못된 이분법을 낳았다고 주장하는데, 내가 보기에 그것은 전적으로 지금 우리가 이야기하고 있는 "진화"의 종류가 무엇이냐에 달려 있다(내 글을 참조하라). 더 나아가 일부의 ID 지지자들은(모두는 아니다) "틈새의 신"(God-of-the-Gaps)에 관한 문제에서 헤어나지 못할 수도 있다. 이에 관한 문헌들 중에서 Collins, "Miracles, Intelligent Design, and God-of-the Gaps," *Perspectives on Science and Christian Faith* 55:1 (2003); 22-29을 보라.

55_ Paul Helm, *The Providence of God* (Downers Grove, IL: InterVarsity Press, 1994), 76.

더욱이 "자궁 안에서 이루어지는 우리의 창조는 창조주께서 생명을 창조하기 위해 물리적 메커니즘을 사용하신다는 사실에 대한 증거다"라는 라무뤼의 주장은 잘못된 것이다. 하나님이 물리적 메커니즘을 사용하신다는 사실에 누가 토를 달겠는가? 그러나 우리의 질문은 그것이 아니다. 질문은 바로 이것이다. 생명은 어디에서 유래하는가? 그리고 물리적 메커니즘은 그 모든 일을 이루기에 적합한가?

생물학적 증거가 **어떤 형태의** "진화" 이론에 들어맞는다고 잠시 가정해보자. 하지만 진화라는 단어는 몇 가지 의미가 있으므로(나는 내 글에서 그것들을 제시했다), 우리는 여전히 그 증거에 의해 어떤 종류의 진화가 정당화될 수 있는지 판단할 필요가 있다. 다시 루이스에게로 돌아가 보자. 나는 진화에 대한 그의 정의가 "과학 이론"인 진화를 어떤 이들이 그것에서 유도하려 할 수도 있는 "철학적 추정"에서 분리하는 데 도움이 된다고 생각한다.

> 다시 말하지만, 과학자들에게 진화는 순전히 생물학 법칙(theorem)이다. 진화는 이 지구 위에 존재하는 생물을 지속적인 관심사로 삼아 그 분야에서 일어나는 변화들을 설명하려 한다. 그것은 어떠한 우주적 진술도, 형이상학적 진술도, 종말론적 진술도 하지 않는다.…진화는 생물의 기원과 변종의 기원을 설명하지 않으며, 이성의 기원과 타당성에 대해서도 논하지 않는다. 진화는 이성을 작용하게 하는 뇌가 어떻게 발생했는지에 대해 잘 알려줄 수도 있지만, 그것은 다른 문제다. 그리고 여전히 진화는 당신에게 우주 전체가 어떻게 발행했는지, 혹은 그것이 무엇인지, 혹은 그것이 어떤 방향으로 흘러가고 있는지에 대해 거의 말하지 않는다.[56]

56_ C. S. Lewis, "The Funeral of a Great Myth," in *Christian Reflections*, 82-93, at 86. 나는 "법칙"이라는 용어를 취해 당시에 집단유전학자들이 사용하고 있었던 수학적 공식이나 혹은

내가 다른 곳에서 주장했듯이, 이것은 몇몇 과학교사들이 결성한 단체들이 지지하는 접근법과 상통할 뿐 아니라 논리적이기도 하다.[57] 루이스는 내 글에서 지지하는 과학에 대한 비전과 유사한 비전을 제시한다. 과학자라 하더라도 과학을 더 큰 이야기 속에 통합하는 과정에서 어떤 특권적인 지위를 갖지 못한다. 그런 사실을 알지 못하는 일부 과학자들은 어리석게도 공공 정책 분야에 개입하면서, 마치 자기들이 인간의 무책임성에 관한 물질주의적 견해에 기초한 정의 제도를 개혁하고 있는 양 떠벌려 왔다.[58]

마지막으로 이번에도 간략하게 말할 수밖에 없지만, 라무뤼는 우리에게 성서 안에 있는 "삶을 변화시키는 영적 진리들"을 강조하는 "메시지-사건 원리"를 제공했다. 하지만 나는 이런 "진리들"이 성서에 등장하는 모든 것을 포괄하는 내러티브 요소들을 적절히 공정하게 다루고 있다고 생각하지 않는다. 오히려 나는 창세기 1-11장이 이 세상에서 이스라엘이 갖는 소명에 대한 내러티브적인 설명을 제공한다는 점에서 성서 전체와 연결되어 있다고 주장한다.[59] 이 이야기는 핵심 이야기로서 대중적으로 접근 가능한 사건들에 호소한다. 그리고 이 핵심 사건들이 갖는 대중적 특성은 모든 곳에 있는 모든 사람에게 하나님의 창조 안에 있는 온갖 주제들을 전해야 한다고 요청하는 성서의 권리에 대한 근거를 이룬다. 단지

"증명 가능한 명제"를 가리키는 데 사용한다(*Oxford English Dictionary*를 보라).

57_ Collins, "A Peculiar Clarity: How C. S. Lewis Can Help Us Think about Faith and Science," in John G. West, ed., *The Magician's Twin: C. S. Lewis on Science, Scientism, and Society* (Seattle: Discovery Institute Press, 2012), 69-106, at 92-94.

58_ "A Peculiar Clarity," 94-96에 실려 있는 그 문제에 관한 내 주장을 보라.

59_ George Orwell의 소설 『1984』는 이야기와 그 전개 방식이 세계관을 형성하는 데 얼마나 중요한지 잘 보여 준다. 당의 슬로건은 이러하다. "과거를 지배하는 자가 미래를 지배한다. 현재를 지배하는 자가 과거를 지배한다." 주인공인 윈스턴이 하는 일은 앞서 일어난 사건들로부터 새로운 이야기들을 지어내는 것이었다.

창세기만이 아니라 성서 전체가 죄, 즉 역사의 어느 시점에 하나님이 창
조하신 선한 세상 안으로 틈을 내어 침입했으나 이 세상에 속한 것이 아
니라 언젠가는 제거될 무언가를 묘사한다. 더 나아가 우리는 창조 이야기
에서 보편적으로 적용되도록 의도된 결혼 제도의 원형을 발견한다. 그것
이 보편적으로 적용될 수 있는 것은 우리가 지음 받은 방식을 보여주기
때문이다.[60]

60_ 결혼이 어떻게 (자연적) 창조에 기반을 둔 건전한 성적 태도와 관련된 성서의 견해를 위한
올바른 배경을 제공하는지에 관한 몇 가지 견해는 Collins, "Echoes of Aristotle in Romans
2:14-15," *Journal of Markets and Morality* 13.1 (2010): 123-73, at 146 (with 164 n. 88),
165 n. 98을 보라.

젊은 지구 창조론

윌리엄 D. 배릭

라무뤼는 아담이 "비역사적이며…부수적인 고대의 도구"였다고 선언함으로써 나를 비롯해 아담의 역사성을 인정하는 다른 많은 이들이 소중히 여기는 전통적 관점을 내던졌다. 하지만 분명히 해두자. 어떤 사람은 아담의 역사성이 인간의 구원과 관련해 아무것도 언급하지 않는다고 주장할 수도 있다. 어쩌면 어떤 거듭난 신자는 아담의 역사적 실존을 부인하면서도 그리스도와 자신의 관계 및 죄에 대한 영원한 용서를 잃어버리지 않을 수도 있다. 하지만 아담의 역사성이 구원과 관련된 문제는 아니라 하더라도, 그것은 여전히 복음과 관련된 문제다. 왜냐하면 그것은 (보편적 죄로 인해) 우리에게 구원이 필요하다는 것과 ("두 번째 아담"으로서) 인류의 대표자이자 구주이시며 타락한 창조세계의 회복자로서 활동하시는 예수 그리스도의 능력과 관련된 문제들을 다루기 때문이다. 첫 번째 아담의 정체성을 훼손하는 것은 두 번째 아담에 대한 우리의 견해에 결정적인 악영향을 미칠 수 있다. 성서 한 부분의 정확성을 의심하는 태도는 항상 성서 전체에 대한 의심으로 이어진다.

라무뤼는 자기를 전통적 관점으로부터 돌려세운 요인은 진화에 대한 **"압도적"**인(55쪽, 강조는 그의 것임) 증거들을 포함한다고 분명하게 밝힌다.

바로 그것이 그로 하여금 성서의 증거들에 대한 대안적 해석을 모색하게 한 원동력이었다. 나는 그가 겪었던 어려움뿐 아니라 진화를 주장하는 과학자들이 젊은 기독교인들의 신앙에 끼칠 수 있는 파괴적인 영향에 대한 그의 우려에 깊이 공감한다. 또한 그는 성서의 증거에 대한 해석이 기원 논쟁의 핵심 쟁점을 이룬다는 것을 분명하게 이해하고 있다. 다시 말해 이 문제에서 과학적 방법론이나 혹은 과학자들의 의견에 관한 논쟁은 만족할 만한 답으로 이어지지 않을 것이다. 오히려 아담의 역사성에 관한 논쟁에서 우리가 주로 관심을 쏟아야 할 대상은 성서의 증거여야 한다.

라무뤼는 다른 복음주의 신자들에게 진화적 창조론을 소개하기 위해 그것을 지금도 계속되고 있는 생식 과정(임신과 출산)에 비교한다. 그가 보기에 태아의 점진적인 발달은 창조주가 창세기 1장이 묘사하는 창조―특히 생명의 창조―때에 사용하신 물리적 메커니즘에 대한 유비를 제공한다. 하지만 그런 생식 과정은 창조에 상당하는 유사성을 갖고 있지 않다. 성서에 따르면 하나님은 아담을 선재하는 어머니의 태에서 조성하지 않으셨다. 창세기는 하나님이 흙으로 한 사람 아담을 즉시 특별한 방식으로 창조하셨다고 묘사한다. 하나님은 하와 역시 동일하게 즉시 특별한 방식으로 창조하셨다.

나는 아담 이야기가 오랫동안 잠들었다 깨어 보니 시간이 흘러 세상이 변한 것을 알게 된 립 반 윙클(Rip van Winkle, 미국의 소설가 워싱턴 어빙 [Washington Irving]이 쓴 동명 단편 소설의 주인공―역자 주) 이야기와 유사하다고 여기지 않는다. 하와가 아담으로부터 진화하려면 수많은 세월이 필요했을 것이다. 그리고 아담은 하나님이 여자를 지으시는 데 걸린 장구한 세월 동안 잠들어 있을 수 없었을 것이다. 아담이 그의 아내가 진화하기를 기다리는 동안 그를 늙지 않게 해줄 수많은 기적 역시 필요했을 것이다.

라무뤼는 창세기 12장에서야 비로소 "실제 역사"가 시작된다고 주장함으로써(62쪽) 그의 해석학이 갖는 성격을 드러낸다. 그는 창세기 1-11장을 다룰 때 해석 원리를 바꾸는데, 이것은 그가 창세기 1-11장을 독특한 범주의 문학으로 생각하기 때문이다. 따라서 그는 고대 근동 지역 사람들이 우주와 지구와 인간의 창조에 관해 말하고 썼던 방식에 더욱 잘 부합하는 해석의 표준을 추구한다.

진화적 창조론은 성서에 등장하는 현상학적 언어의 사용을 강조한다. 라무뤼는 고대인들이 자연 현상들을 문자적으로 해석했다고 믿는다. 다시 말해 그들은 태양이 실제로 뜨고 진다고 믿었다는 것이다. 이것은 오늘날 우리의 현상학적 관점, 즉 태양은 단지 뜨고 지는 것처럼 **보일 뿐**이라는 우리의 관점과는 다르다. 3층 구조의 우주 역시 고대인들의 관점에는 들어맞지만, 우리 현대인의 관점에는 맞지 않는다.

라무뤼는 빌립보서 2장에 나오는 3층 구조 우주에 대한 바울의 믿음과 예수의 역사성에 대한 그의 확고한 견해는 모순된다고 생각할 필연성이 없다고 주장한다. 라무뤼가 빌립보서 2장에서 운문이 사용된다고 해서 그 장이 묘사하는 인물의 역사적 신뢰성을 부정하는 것은 아니라고 주장한 것은 유효하다. 하지만 라무뤼는 창세기 1장이 지닌 "독특한" 문학적 특성으로 인해 그 내용을 역사적으로 신뢰할 만하다고 생각하지 않는다. 내가 보기에, 이것은 일관성이 부족하다.

라무뤼는 창세기의 창조 이야기에 나타난 현상학적 언어의 한 예로서 히브리어 라키아(*rāqîaʿ*)에 해당하는 "궁창"(firmament)의 의미를 언급하는데, 나는 그것이 부정확하고 잘못된 번역이라고 믿는다. 그보다는 "망치로 두드리다/뻗다/펼치다"라는 핵심 의미를 담고 있는 "창공"(expanse)이 훨씬 더 좋은 번역이다. "궁창"(어떤 견고한 물리적 실체를 가리킨다)이라는 단어에 대한 라무뤼의 호소에 포함된 사전학상의(lexicographic) 오류는 "나비"(butterfly) 혹은 "백서"(white paper, 정부가 발행하는 보고서를 의미한다)를 의미하는 영어 단어에 철저히 문자적인 의미를 부여하려는 행위와 유사하다. "궁창"은 어원에 주로 의존하여 한 단어의 의미를 결정하는 전통적인 의미론적 오류를 보여주는 한 예다.

창세기의 창조 기사가 말하는 6일은 진화론과 더 잘 어울리는 확장된 시간을 가리키기 위해 하나님이 행하신 일종의 "맞추심"이었을까? 장 칼뱅(Jean Calvin)은 창세기 1:5에 대한 그의 주석에서 이렇게 말한다.

> 여기서 세상이 한순간에 만들어졌다고 주장하는 이들의 잘못이 분명하게 논박된다. 모세가 단지 교훈을 전하려는 목적 때문에 하나님이 즉시 완성하신 일을 6일간의 일로 분산시켰다고 주장하는 것은 지나치게 과격한 억지다. 오히려 우리는 하나님 자신이 자신의 사역을 인간의 능력에 맞추시려는 목적으로 6일의 시간을 사용하셨다고 결론짓도록 하자.[61]

칼뱅은 하나님의 맞추심과 관련해 하나님이 자신을 인간이 이해할 수 있는 수준에 맞추기 위한 수단으로 6일을 사용하셨다고 선언한다. 하나님은 세상을 6일에 걸쳐 창조하셨고, 그 후 인간의 안식일 준수(출 20:11)에 대한 모형을 제공하기 위해 7일째 되는 날 그분의 창조사역에서 물러나 쉬셨다는 것이다. 칼뱅 역시 맞추심이라는 논의를 사용하기는 했으나 그것으로 오래된 우주나 혹은 오래된 지구를 옹호하지는 않았다. 오히려 칼뱅은 제임스 어셔(James Ussher)가 그의 연대기를 펴내기 1세기 이전에 "지금 종말을 향해 가고 있는 세상의 존속 기간은 아직 6천 년도 채 되지 않았다"라고 말했다.[62]

61_ John Calvin, *Commentaries on the First Book of Moses Called Genesis*, 2 vols., trans. John King (Grand Rapids: Eerdmans, 1948), 1:78.
62_ John Calvin, *Institutes of the Christian Religion*, trans. F. L. Battles (Philadelphia:

또 다른 고전적 전통주의자인 마르틴 루터(Martin Luther) 역시 다음과 같은 확신을 갖고 있었다. "모세는 알레고리적으로 혹은 비유적으로 말한 것이 아니라 문자적으로 말했다. 세상은 다른 모든 피조물과 함께 문자 그대로 6일 동안 창조되었다."[63] 또한 루터는 창세기 1:27에 대해 설명하면서 자신의 주장을 반복한다. "6일은 참으로 정상적인 6일이었다. 왜냐하면 여기서 모세는 아담과 하와가 여섯째 날에 창조되었다고 말하고 있기 때문이다."[64] 마찬가지로 그는 창세기 2장이 어떻게 인간이 여섯째 날에 창조되었는지에 관한 정보를 제공한다고 주장했다.[65] 그러므로 "날-시대 이론"을 채택하거나 지구의 나이가 수십억 년이라는 주장을 받아들이는 현대 복음주의자들은 칼뱅과 루터처럼 오랫동안 신뢰를 받아 온 주석가들이나 신학자들과는 극명하게 반대되는 길을 따르고 있는 셈이다.

복음주의 기독교인들의 신앙이 파괴된 것에 대한 책임이 단지 진화론에만 있는 것은 아니다. 분명히 얼마간 그 책임은 "성서는 실제로는 절대로 일어나지 않았던 방식으로 하나님이 하늘을 지으셨다고 말하고 있다"(76쪽)라는 식으로 주장하는 라무뤼 같은 학자들에게도 있다. 그의 주장은 하나님의 말씀에 대한 신뢰성뿐 아니라 성서의 명확성과 관련해 긴장을 유발한다. 이런 식의 주장은 단순히 맞추심이나 현상학적 언어에 대한 주장을 넘어서는 것이며 성서의 위상과 신뢰성에 대한 공격이다!

예수께서 군중과 제자들을 가르치며 사용하셨던 비유들은 실제로 삶을 살아가는 이들과 그들의 경험에 대한 예수 자신의 관찰의 결과일 수 있다. 라무뤼는 그것들이 지어낸 것들이거나 고대로부터 전해 내려온 늙

Westminster Press, 1960), 1.14.1.

63_ Martin Luther, in *Luther's Works: Vol. 1, Lectures on Genesis Chapter 1-5*, ed. and trans. Jaroslav Pelikan (St. Louis: Concordia Publishing House, 1958), 5.

64_ Ibid., 69.

65_ Ibid., 73.

은 아낙네들의 이야기와 같은 것이라고 가정한다. 이것은 마치 예수가 스스로 관찰하거나 생각할 능력이 없어서 오래된 이야기나 격언들을 앵무새처럼 되풀이했을 뿐이라고 주장하는 것이나 마찬가지다. 다시 말해 예수가 신학적 사고의 기준을 높이기는커녕 오히려 주변 이방 세계의 저급한 기준에 자신을 맞추셨다는 것이다.

라무뤼는 과학 영역과 관련하여 과거의 과정들을 오늘날의 과정들에 비추어 해석함으로써 동일과정설(uniformitarian thought, 과거의 자연환경에 작용했던 방식이 오늘날에도 같다고 생각하는 가설―역자 주)에 호소한다. 예수께서 가나의 혼인 잔치에서 포도주를 만드셨던 기적에 대한 신약성서의 이야기를 생각해 보자(요 2:1-11). 일반적으로 포도주의 생산이 시간과 발효를 요구하는 자연 과정에서 나온다는 점에 유의하라. 예수께서는 자연 과정을 사용하지 않은 채 즉시 물을 오래된 최상급 포도주로 바꾸셨다.[66] 일관성을 유지하려면, 라무뤼는 그가 창세기 1장에 나오는 즉각적인 창조를 부정하는 것과 같은 이유로 가나에서 일어난 기적 역시 부정해야 할 것이다. 결국 현대의 진화론은 그 두 가지 이야기 모두와 대립한다. 하지만 그것이 참으로 우리가 성서를 읽고 해석할 때 현대적 사고를 적용하는 방식인가? 아담의 역사성에 대한 전통적인 젊은 지구 창조론은 창세기에 등장하는 창조 기사나 혹은 예수께서 가나에서 포도주를 만드신 이적이 갖는 초자연적이고 기적적인 특성을 의문시하거나 혹은 부인하는 그 어

66_ D. A. Carson, *The Gospel of John*, Pillar NT Commentary (Grand Rapids: Eerdmans, 1991), 168에 따르면, 요한은 제7일에 가나에서 발생한 기적으로 인해 정점에 이르는 한 주일의 일을 기록함으로써(요 1:19-21) 창세기의 창조 기사를 다시 언급하는 것일 수도 있다(참조. 요 1:1-18). 우리는 이 문제에 대해 교조적이 되면 안 된다. 왜냐하면 그것은 요한의 독자들이 히브리어 성서에 익숙하며 그것을 신중하게 여러 차례 읽었을 것을 가정하고 있기 때문이다. 하지만 위에서 언급된 단순한 읽기와 Carson이 말하는 더욱 섬세한 읽기는 모두 문자적이고 역사적인 창조 이야기가 예수와 그분의 사역 및 사도들의 저작들에 대해 갖는 중요성을 지적해 준다.

떤 태도도 피함으로써 자신을 다른 관점들과 구별한다. 우리가 보기에 후자는 받아들이면서 전자를 부인하는 것은 일관성이 없다.

라무뤼는 그의 글 말미에서 자신이 원죄 교리를 거부할 수도 있음을 암시한다. 이는 라무뤼 자신이 지적하듯 역사적 아담이 절대로 존재하지 않았다는 견해와 상통하는 것처럼 보인다. 결국, 만약 아담과 하와가 인류의 실제 조상이 아니라면, 온 인류가 예외 없이 죄를 지었다는 주장을 뒷받침할 만한 아무런 토대도 남지 않게 된다. 그럴 경우 어떤 이들은 "본질상"(엡 2:3) 진노의 자식이 아닐 수도 있다. 그리고 만약 그것이 사실이라면, 그들은 자신들의 구원을 위한 그리스도의 희생적 죽음마저 필요로 하지 않을 것이다. 아울러 그런 견해는 창세기에 있는 창조 이야기뿐 아니라 성서의 신뢰성마저 부인하게 한다.

부차적인 것이기는 하나 여전히 창조에 관한 성서 기록의 진실성 및 진정성과 관련된 문제가 있다. 라무뤼는 창세기 안에는 글쓰기에 관한 아무런 언급도 나오지 않음을 지적한다. 이것은 누구에게도 증거의 부재가 곧 부재에 대한 증거가 아님을 지적하기 위한 더없이 좋은 기회다. 그것은 성서를 해석하는 사람이 성서 본문이 그것에 대해 언급하지 않는다는 이유로 무언가가 존재하지 않는다고 주장할 때 내세울 수 있는 위험한 선례다.

마지막으로 라무뤼는 고린도전서 15장 및 로마서 5장과 8장에 대한 자신의 이해가 "성서를 읽는 매우 반직관적인 방법"임을 인정한다(90쪽). 이것은 진화적 창조론이 갖고 있는 심각한 약점이다. 그것은 성서의 기록을 그것이 실제로 말하고 있는 것처럼 보이는 대로 해석하지 않기 위해 그것을 읽는 반직관적인 방식을 강요한다. 요약하면, 진화적 창조론은 그것의 결론을 세속의 진화론에 대한 온전하고 의심 없는 믿음에 의존할 뿐 아니라, 성서의 기록과 관련해서는 맞추심이라는 개념에 의지하고 있다.

이런 방식으로 인해 창세기 1-11장의 역사성, 즉시 특별한 방식으로 이뤄진 하나님의 창조 행위, 하나님의 계시, 그리고 일관성 있는 해석학 등이 희생된다.

성서 해석학의 영역에서 그렇게 희생된 것들은 신자들—특히 젊은 신자들—사이에서 나타날 더욱 심각한 희생자들을 위한 무대를 마련한다. 이 관점의 대가는 너무 커서 수용하기 어렵다. 진화적 창조론자는 여전히 죄를 용서받은 거듭난 신자일 수 있다. 하지만 그는 하나님과 그분의 말씀, 그리고 심지어 구세주에 대한 온전한 관점을 얼마나 많이 잃어버린 자일까?

논평에 대한 응답

데니스 O. 라무뤼

나는 월튼, 콜린스, 배릭과 함께 의견을 교환하게 된 것을 기쁘게 생각한다. 우리에게 이처럼 서로의 견해를 나눌 수 있는 기회를 제공해 준 존더반 출판사에 감사한다. 이 책은 독자들에게 아담의 역사성에 관한 자신들의 견해를 발전시키는 데 도움이 될 만한 훌륭한 자료를 제공할 것이다.

아담에 대한 내 접근법은 성서가 과학책이 아니라는 개념에 근거한다. 나와는 대조적으로 세 명의 동료들은 다양한 형태로 과학적 일치주의를 수용하고 있다. 나는 아담이 "궁창"에 대한 고대 과학의 개념과 유사한 방식으로 인간의 기원에 대한 고대인의 이해를 반영한다고 주장한다. 오늘날 자신의 머리 위에 어떤 견고한 돔이 존재한다고 믿는 이는 아무도 없다. 그리고 일관성의 측면에서 우리는 신규 창조와 아담의 존재 역시 믿을 수 없다.

히브리어 라키아(궁창)에 대한 내 이해와 관련하여, 단어들의 어원을 고려할 때 주의해야 한다고 말한 월튼과 배릭의 주장은 옳다(96, 118-19쪽). 하지만 내 견해가 단지 라키아의 어원에만 의존하는 것은 아니다. 내가 인용한 여러 성서 구절들의 맥락은 내 견해를 지지한다. 그림 2(67쪽)에 제시된 42개의 구절을 **모두 고려하면**, 그 구절들은 분명히 궁창을 지닌 3층 구조의 우주 안에서만 의미가 있다. 또한 내 견해는 고대 근동에서 수용된 천문학과도 일치한다(그림 4와 5, 73쪽). 마지막으로 17세기 이전까지 기독교 전통은 라키아가 견고한 궁창을 가리킨다고 믿었다(예. 루터, KJV 성서).

독자들은 내 동료 중에서 아무도 빌립보서 2:10에 나오는 "카타크토니온"(katachthoniōn, 지하세계)이라는 단어에 대해 언급하지 않았음을 알아차렸을 것이다. 나는 복음주의 성서 해석 방식이 하나님의 말씀 안에 있는 모든 단어를—단지 우리의 전통적인 가정들에 편리하게 들어맞는 단어들만이 아니라—다룰 것을 요구한다고 알고 있다.

월튼은 내가 종종 일관성에 호소한다고 진술하면서 이에 대한 반증 자료로 3가지 예를 제시한다. 놀랍게도 그는 이렇게 단언한다. "일관성의 원리는 그렇게 많은 것을 성취하지 못한다"(97쪽). 나는 일관성이라는 개념이 수용할 만한 가치가 있는 것인지 아닌지를 독자들의 판단에 맡길 것이다.

월튼은 우리의 중대한 차이점에 대해 말하면서 아담의 역사성은 "신학적 의미"를 가진다고 선언한다(98쪽). 하지만 그는 "예수께서 겨자씨, 밀씨앗의 죽음, 하늘에서 떨어지는 별 같은 것들에 대해 말씀하시는 것은 맞추심에 관한 좋은 예들"(98쪽)이라고 말함으로써 내 견해에 동의한다. 그렇다면 어째서 예수께서 마태복음 19:4-6에서 아담의 신규 창조에 대해 말씀하시는 것은 역시 맞추심이 될 수 없는 것인가? 내가 보기에 월튼의 견해는 일관성이 없다.

사실 성서에 나오는 족보에 대한 내 관점은 마땅히 그래야 했던 것만큼 분명하지 않았다. 그리고 월튼은 아주 적절하게 그 문제와 관련해 나에게 이의를 제기한다. 나는 창세기 1-11장에 실려 있는 족보들 이후에야 실제 인물들이 등장하며, 그런 개개인들의 이름을 수록한 명단이 아담의 새로운 창조와 관련된다고 믿는다. 성서의 족보들에 대한 내 견해를 좀 더 상세히 알고자 한다면 www.ualberta.ca/~dlamoure/genealogies. html을 보라.

콜린스는 내가 제안한 "메시지-사건 원리"가 "성서에 등장하는 모든 것을 포괄하는 내러티브 요소들을 적절히 공정하게 다루고" 있지 않다 (113쪽)고 불평한다. 그는 내가 "고대 과학"이라는 용어를 사용하는 것을 마뜩치 않게 여기는데, 그것은 그가 "일상 언어"(103쪽)라는 범주를 선호하기 때문이다. 나는 그의 용어 사용에 아무런 불만이 없다.

하지만 콜린스는 실제로는 "세계상"(world picture)과 "세계관"(world-view)을 구별함으로써 내 해석 원리를 수용하고 있다. 콜린스는 『창세기 1-4장』(Genesis 1-4)에서 "세계관"을 "세계에 대한 우리의 기본적인 종교적 태도"로 정의하면서, 자신은 "정지된 지구와 그 궤도를 도는 태양을 포함하는 세계상을 가졌던 고대인들의 세계관을 공유할 수 있다"고 덧붙인다.[67] 그러므로 콜린스는 아담의 신규 창조가 "일상 언어"이며 성서 작가들이 견지했던 인간의 기원에 관한 고대의 "세계상"이라고 말함으로써 내 의견에 동의하는 듯하다.

배릭은 "첫 번째 아담의 정체성을 훼손하는 것은 두 번째 아담에 대한 우리의 견해에 결정적인 악영향을 미칠 수 있다"(116쪽)고 주장하는데, 그의 주장은 전혀 사실이 아니다. 나는 『진화적 창조: 진화에 대한 기독교적 접근』(Evolutionary Creation: A Christian Approach to Evolution)에서 다음과 같이 밝힌 바 있다. "내가 젊은 지구 창조론자로서 알고 사랑했던 예수는 오늘날 내가 진화적 창조론자로서 알고 사랑하는 바로 그 예수다."[68]

배릭은 창세기에 대한 내 해석 방법의 "원동력"이 진화론이라고 주장

67_ C. John Collins, *Genesis 1-4: A Linguistic, Literary, and Theological Commentary* (Phillipsburg, NJ: P&R Publishing, 2006), 261-2.

68_ *EC*, 367.

한다(117쪽). 이것 역시 사실이 아니다. 만약 그가 내 글을 꼼꼼하게 읽었더라면, 그는 내가 신학 분야에서 받은 박사학위가 생물학 분야에서 받은 박사 학위보다 **앞선다**는 것을 알아차렸을 것이다(54-59쪽). 나는 신학교 시절에 젊은 지구 창조론을 거부했으나 여전히 확고한 반진화론자였다. "내가 젊은 지구 창조론이 비성서적이라고 결론을 내렸던 것"[69]은 그때였다.

배릭이 아담에 대한 내 관점을 완전히 오해하고 있다는 증거는 다음과 같은 그의 단언을 통해 드러난다. "하와가 아담으로부터 진화하려면 수많은 세월이 필요했을 것이다. 그리고 아담은 하나님이 여자를 지으시는 데 걸린 장구한 세월 동안 잠들어 있을 수 없었을 것이다"(117쪽). 내 글 어디에 그런 내용이 있는가? 아무 데도 없다. 이 인용문은 배릭의 마음 속에 있는 과학적 일치주의라는 참호를 드러낼 뿐이다.

배릭은 자신의 관점을 옹호하기 위해 "칼뱅과 루터처럼 오랫동안 신뢰를 받아 온 주석가들이나 신학자들"에게 호소한다(120쪽). 나중에 밝히겠지만(356-58쪽) 루터는 궁창과 하늘 바다의 존재를 믿었던 지구중심설주의자(geocentrist)였다. 칼뱅은 이렇게 말한다.

> 참으로 우리는 무지하지 않다. 하늘의 경로는 유한하고, 지구는 작은 공처럼 중앙에 위치해 있다[지구중심설].…제10천[primum mobile, 별이 존재하는 우주의 마지막 공간—고중세 천문학에서 별은 주로 제8천에 존재하며, 제10천은 마지막 하늘, 혹은 우주의 원동력을 나타낸다. 하나님은 제10천 너머에 거하시는 것으로 생각되었다—편집자 주]은 함께 있는 다른 모든 천상의 영역들을 주기적으로 운행한다.[70]

69_ *EC*, 351.

70_ John Calvin, *Commentary on Genesis*, Vol. 1 (1554; Grand Rapids: Christian Classics Ethereal Library, 2007), 24-25, 114.

중력이 무엇인지 몰랐던 천문학자들은 행성들이 움직이는 하늘 공간들 안에 박혀 있다고 믿었다. 우리가 하늘과 땅의 구조와 관련해 칼뱅과 루터를 믿어야 할까? 아니다. 그렇다면 왜 우리가 16세기에 살았던 이들이 인간의 기원에 대해 이해했던 바를 믿어야 하는가?

배릭이 내 구원에 관해 넌지시 의문을 표명한 것은 매우 유감이다. 이를테면 그는 이렇게 말한다. "**어쩌면** 어떤 거듭난 신자는 아담의 역사적 실존을 부인하면서도 그리스도와 자신의 관계 및 죄에 대한 영원한 용서를 잃어버리지 않을 수도 있다"(116쪽, 강조는 내 것이다). 나는 그런 말에 대응하면서까지 그의 언급을 존중할 마음이 없다.

하지만 나는 이 글을 긍정적인 어조로 마무리하려 한다. 복음주의에 입각한 내 기독교 신앙을 용납해준 월튼과 콜린스의 관대한 마음에 깊이 감사한다는 점을 말해두고 싶다. 아멘.

2

역사적 아담은 있다

원형적 창조론

_존 H. 월튼

아담과 하와는 역사적 인물이며 실제 과거에 살았던 실제 인물들이다. 그럼에도 나는 성서 텍스트가 그들이 모든 인간을 대표하는 원형적 인물들(archetypal figures)이라는 점에 더 많은 관심을 둔다고 확신한다. 이러한 견해는 특별히 창세기 2장이 그들의 형성(formation)을 다룬다는 점을 잘 설명해준다. 나는 이 형성이야기를 생물학적 표본들(specimens)인 아담과 하와가 물질적으로 형성되었음을 보여주는 이야기로 보지 않고, 모든 인류의 형성 문제를 다루는 이야기로 간주한다. 창조 기사는 우리가 모두 흙으로 지음 받았으며, 남자 혹은 여자로 만들어졌다고 말한다. 이것이 사실이라면, 창세기 2장은 인류의 생물학적 기원에 관한 주장이 아니다. 따라서 우리는 성서가 인간의 기원 문제와 관련해 과학과 맞서는 주장을 제시하고 있다고 여겨서는 안 된다. 이것이 사실이라면, 아담과 하와는 최초의 인간 혹은 온 인류의 조상일 수도 있고 아닐 수도 있다. 원형에 대한 그와 같은 강조는 신학적으로 가능하며 고대 근동에서는 흔히 나타났던 것이기도 하다.

서론

나는 아담과 하와가 실제 과거에 살았던 실제 인물들임을 믿는다. 그들은 역사 속에 존재했던 개인들이었다. 이런 결론은 구약성서에서 아담이 족보의 일부라는 사실뿐 아니라, 신약성서에서 실제 인간이 등장하는 실제 사건이 죄와 죽음의 틈입을 설명하는 가장 분명한 독법으로 제시된다는 사실에 근거한다. 그렇기는 하지만, 나는 또한 성서 텍스트가 아담과 하와를 인류를 대표하는 원형으로 묘사하는 데 더욱 관심을 두고 있다고 믿는다. 특별히 나는 창세기 2장의 "지음"(making, 이 글에서 월튼은 "창조"[creation]라는 말보다 "형성"[formation]이나 "지음"[making]이라는 표현을 더 자주 사용한다─역자 주)에 관한 이야기들이 원형인 아담과 하와의 역할을 반영하며, 따라서 우리에게 인간의 기원에 관한 어떤 과학적 정보도 제공하지 않는다고 믿는다.

무엇보다도 내가 원형(archetype)이라는 단어를 기본형(prototype)이라는 단어와 다른 의미로 사용하고 있음을 밝혀 두는 것이 중요할 것이다. 기본형은 앞으로의 생산을 위한 일종의 모델로서 일련의 시리즈 중 첫 번째 것을 의미한다. 기본형은 하나의 모형을 제시하지만, 만약 그렇지 않다면 나중에 만들어진 것들과 아무런 상관이 없다. 대조적으로 원형은 그것이 속한 그룹 내의 다른 모든 것들과 내적인 관계를 수립하면서 그것들의 대표자 역할을 한다. 이 특별한 예에서 기본형인 아담은 "원시인"(Primeval Man)을 의미하는 반면, 원형인 아담은 모두를 대표하면서 "모든 사람"(Everyman)을 의미한다.

분명히 해두어야 할 또 다른 핵심은 어떤 사람이 원형의 역할을 한다고 해서 그가 역사적으로 실존했을 가능성을 배제할 수는 없다는 점이다. 비록 모든 원형이 다 그런 것은 아니지만, 어떤 원형은 실제 과거에 존재했던 실제 인물일 수도 있다. 나는 아담과 하와가 실제 과거의 시간과 공간 안에서 존재했던 실제 인물들이었다고 믿는다. 하지만 또한 나는 창세기와 신약성서는 모두 그들의 실존 여부와 상관없이 원형인 그들에게 더 많은 관심을 보인다고 생각한다. 아브라함은 실제 과거에 살았던 실제 인물이었다. 그러나 신약성서는 그가 모든 믿는 자들의 조상이라고 확언하면서 원형인 그에게 관심을 보인다(롬 4:11-12). 예수는 실제 과거에 살았던 실제 인간이셨다. 하지만 성서에서 그분은 두 번째 아담, 즉 하나의 원형으로 묘사된다(롬 5:12-21). 같은 단락에서 최초의 인간으로 불리는 아담은 그와 대조되는 원형으로 사용된다.

나는 어떤 식으로도 아담과 하와가 실제 인간이라는 점이 갖는 중요성을 훼손시킬 의도가 없다. 동시에 만약 내 견해 때문에 우리가 성서의 모든 저자가 원형인 그들에게 더 많은 관심을 기울이고 있다는 사실을 깨닫지 못하게 된다면, 내 글은 잘못된 방향으로 나아가는 것이라 할 수 있다. 성서에서 가장 중요하게 다루어야 할 것은 저자의 의도다. 만약 우리가 창세기 저자들이 아담과 하와의 기원이 아니라 그들이 원형으로서 갖는 역할을 부각하려 했음을 알게 된다면, 그것은 해당 본문이 제기하는 주장을 이해하는 데 큰 영향을 미칠 것이다.

창세기 1장에 등장하는 인간의 원형적 역할

창세기 1장이 인간을 한 쌍의 부부로 언급하든지 혹은 집단인 인류를 가리켜 언급하든지 상관없이, 인간은 원형적 관점에서 묘사된다. 그들은 하나님의 형상을 따라 지음을 받았으며, 남자와 여자로 나타난다. 그러므로 그들은 역사를 통해 그들에게 주어진 역할(정복하고 다스리는 일 등등)을 수행하면서 모든 인간을 묘사하고 대표한다. 고대 근동 문헌들에서 하나님의 형상은 대체로(「메리카레를 위한 교훈」[Instruction for Merikare]에서 잠깐 언급되는 것을 제외하고. 이에 대해서는 잠시 후에 논할 것이다) 모든 인간에게 돌려지지 않는다. 보통 신의 형상이라는 명칭이 왕을 가리키는 것이기는 하지만, 그런 때조차 그것은 왕적 인물(royal personage)과 연결되어 있다는 점에서 원형적이다.[1]

창세기 2장에 등장하는 아담의 원형적 역할

아담. 원형인 아담이 갖는 중요성에 관한 첫 번째 증거는 그가 인간을 뜻하는 히브리어 "아담"으로 불린다는 사실이다.[2] 처음부터 우리는 아담이 누구였고 어떻게 살았으며 어디에서 살았든 상관없이, 그가 히브리어를 사용하지 않았다는 점을 상기할 필요가 있다. 우리가 아는 히브리어는 이스라엘 백성이 이집트에서 벗어나 가나안 땅에 들어간 지 얼마 후에야 비로소 하나의 언어로 발전하기 시작했다. 그러므로 "아담"이라는 히브리어 명칭은 상대적으로 후대에 주어진 문학적 표기인 셈이다. 우리는 이 명칭을 이 역사적 인물의 실제 이름으로 생각해서는 안 된다. 그런 의미에서 "아담"이라는 이름조차 역사적이기보다는 원형적이다.

리처드 헤스(Richard S. Hess)는 창세기 1-5장에서 34차례나 등장하는 "아담"('adam)이라는 단어를 면밀하게 분석한 바 있다.[3] 모든 용례 중에서 "아담"이 정관사와 함께 사용된 경우는 22차례였다(히브리어에서 이 경우는 결코 개인의 이름을 가리키지 않는다). 분명히 개인의 이름을 가리키는 경우는 오직 5차례뿐이었다(이 경우는 모두 정관사 없이 사용된다—4:25; 5:1a, 3, 4, 5. 아

1_ 세부적인 논의는 John H. Walton, *Genesis 1 as Ancient Cosmology* (Winona Lake, IN: Eisenbrauns, 2011), 78-84을 보라.

2_ 페니키아어, 우가리트어, 아람어와 같은 다른 서부 셈어들도 "인간"을 의미하는 히브리어 단어의 어근과 같은 어원의 단어들(cognates, 이하 동계어)을 갖고 있다.

3_ Richard S. Hess, "Splitting the Adam: the usage of *'adam* in Genesis i-v," in *Studies in the Pentateuch*, ed. J. A. Emerton, in VTSup XLI (Leiden: Brill, 1990), 1-15.

울러 문맥상 개인의 이름을 가리키는 것으로 간주되지만 변칙적으로 정관사를 사용하고 있는 4:1에 주목하라). 정관사 없이 사용된 다른 용례들은 일반적으로 인간, 집단인 한 무리(예. 남자와 여자를 포함하는 사람들—1:26; 2:5; 5:1b, 2; 그리고 특이하게도 정관사를 사용하고 있는 1:27)를 가리킨다. 나는 창세기 1:27과 4:1을 제외한 모든 경우에 등장하는 정관사가 원형적 개인을 가리키기 위해 사용되고 있다고 믿는다(2:7-25에 14번이나 등장하는 그러한 표현들, 에덴동산에서 인간이 하나님과 대면하는 장면을 묘사하는 3:8, 9, 12과 그로 인해 일어난 결과를 이야기하는 3:22, 24 등을 보라).[4] 이 용례들을 살펴볼 때, "아담"은 원형적 개인이며 그는 모든 인류나 혹은 모든 남성을 대신하는 대표자로서 모든 행동을 수행한다.

흙으로 지음 받음. 아담에 관해 가장 분명한—그리고 이 토론을 위해 가장 중요한—진술은 하나님이 그를 땅의 흙('apar)으로 지으셨다(yaṣar)는 진술이다. 그렇다면 이것은 최초 인간의 물질적 기원을 의미하는 진술일까? 전통적으로는 이 진술을 어떤 물질적 창조 과정을 묘사하는 것으로 간주하는 경향이 흔했다. 이때 그 과정은 이전에 존재하는 모든 피조물과 전혀 연속성이 없는 특별한 창조를 의미했다. 그러나 우리가 이 개념을 어느 정도나 받아들여야 할지에 대해 몇 가지 고려해야 할 사항이 있다. 대부분은 여기서 인간 형성의 성분으로 언급된 "흙"(창 2:7)이 인간 육체의 화학적 구성요소를 가리킨다고 주장하지는 않을 것이다. 만약 누군가가 그런 주장을 한다 해도, 그것은 마치 피노키오의 탄생과 같은 방식을 떠올리는 것이라고 할 수 있을 것이다. 즉 어떤 조형물이나 형상을

4_ 마소라 사본에서는 이 중 3차례 용례가 쉐바(*shewa*)가 찍힌 전치사 라메드(ל)와 함께 나타나며, 따라서 부정관사로 간주된다. 그러나 과연 그것이 창세기 2장과 3장 전반에서 정관사와 함께 쓰이는 다른 모든 용례와 부합하는지는 분명하지 않다(전치사가 존재할 경우에는 라메드의 모음 변화로만 정관사와 부정관사가 구분되기 때문이다).

만들고(그것이 무엇으로 이루어졌는지는 문제가 되지 않는다), 이어서 그 형상에 생명을 불어넣는 식이다(이제 그것은 애초의 재료인 흙과는 아무런 유사성도 갖지 않게 된다).

이런 식의 사고가 가진 난점 중 하나는, 흙은 특성상 무언가로 주조되는 물질이 아니라는 점이다("흙"으로 번역된 히브리어는 사실은 "티끌"이나 "먼지"에 더 가깝다. 실제로 우리말 현대인의 성서는 이것을 "티끌"로 번역하고 있다—역자 주). 만약 어떤 조형 과정이 사용된다면, 흙(티끌/먼지)보다는 "진흙"(clay)이 사용하기에 훨씬 더 좋은 성분이었을 것이다(참조. 욥 4:19; 10:9; 33:6. 진흙을 나타내는 히브리어는 *homer*다). 다른 난점도 있다. 만약 변화될 물질이 오직 흙뿐이라면, 이는 물질적 변화 과정에 대해 아무것도 의미할 수 없으며 사실상 아무런 역할도 할 수 없다.

하지만 동사 야차르(*yaṣar*)가 꼭 어떤 조형 과정을 암시한다고 생각할 필요는 없다. 그 용례만 살펴봐도 우리는 이 동사가 어떤 물질적 배경을 요구하지 않음을 알 수 있다. 특히 주목할 만한 것은 스가랴 12:1이다. "이스라엘에 관한 여호와의 경고의 말씀이라. 여호와 곧 하늘을 펴시며 땅의 터를 세우시며 사람 안에 심령을 지으신[*yaṣar*] 이가 이르시되…." 여기서 예언자 스가랴는 특별히 창조 기사를 언급한다. 그는 이 "형성"이 육체보다는 영혼과 관련된 것으로 간주하며, 따라서 물질적 기원을 가리키지 않는 것으로 보고 있다.

똑같은 개념이 이집트 부조(relief)에서도 나타나는데, 거기서 장인이면서 창조주인 신 크눔(Khnum)은 토기장이의 물레를 사용해 사람을 만드는 존재로 묘사된다(그리고 이때 사용되는 재료는 흙[티끌]이 아니라 진흙이다). 그러나 이 부조가 묘사하는 상황과 그것에 수반된 본문은 인간의 물질적 형성에 대해 알려주는 것이 아니라 파라오가 될 자의 형성을 분명하게 드러내고 있다. 그는 어떤 역할을 위해 고안되고 있다. 그렇다면 이러한 묘사는 그가 수행해야 할 기능과 관련된 것일 뿐, 그가 물질적 개인으로 창조되는 과정과 관련된 것이 아니다. 즉 그의 "왕의 정신"이 만들어지는 과정이 스가랴 12장과의 유사성을 부각한다고 말할 수 있을 것이다. 이집트인들의 사고에서 이것은 단순히 파라오의 훈련이나 준비 과정을 가리키지 않는다. 오히려 그것은 그에게 왕의 임무를 맡긴 신들이 그를 선택하고 후원하는 것을 가리킨다. 즉 그것은 그의 고귀한 소명과 격상된 지위를 반영한다.

창세기 2장에 언급된 "흙"의 역할 문제로 되돌아가 보자. 이제 우리는 그 단락에서 흙이 물질적 의미보다 원형적 의미를 전한다고 합리적으로 추론할 수 있을 것이다. 창세기 3:19은 그 의미를 다음과 같이 분명하게 설명한다(우리는 창 2:7에서 그 의미를 이해하지 못했을 수도 있다). "너는 흙이니 흙으로 돌아갈 것이니라." 흙은 죽을 수밖에 없는 인간의 운명(mortality)을 가리키며, 모든 이는 흙으로 지어졌다.[5] 시편 103:14은 이 사실을 확증해 준다. 시편 기자는 "그가 우리의 체질을 아시며 우리가 단지 먼지[흙] 뿐임을 기억하심이로다"라고 말한다. 이 구절은 창세기 2:7과 같은 단어를 사용해 인간이 (원형적으로) 흙으로 지어졌음을 지적해준다. 실제로 그렇다면, 우리가 모두 흙으로 지음을 받았다고 말하는 것, 즉 우리는 모두 연약하며 죽을 수밖에 없다고 말하는 것은 사실에 대한 왜곡이 되지 않을 것이다.

이런 식의 추론이 갖는 결론은, 우리가 흙으로 지음을 받았다는 것이

5_ 흙이 죽을 운명과 동일하다는 것에 대한 추가적인 증거는 하나님이 에덴동산 안에 해독제(antidote)―생명나무―를 주셨다는 점이다. 만약 인간이 죽지 않을 운명으로 지어졌다면, 생명나무는 필요하지 않았을 것이다. 인간이 죽을 운명이라는 것은 인간으로서 그가 갖는 본래 한계지만, 하나님은 사람들이 생명을 얻을 수 있는 체제를 제공해주셨다. 그 생명은 생명나무에 있으나, 그것의 원천은 하나님 안에 있다(참조. 신 30:15-19). 또한 고전 15:48에 나오는 바울의 말을 참조하라.

곧 모든 인간의 물질적 기원을 나타내지 않으며, 또한 우리가 자연 과정을 통해 여성에게서 태어났다는 사실을 배제하지도 않는다는 것이다. 다시 말해 창세기 2:7은 본질적으로 물질적 불연속성(material discontinuity)에 관한 진술이 아니다. 오히려 그것은 우리의 본질에 관한 진술이다. 신약성서는 "땅에서"(문자적으로는 "땅의 흙[티끌]에서") 나온 원형인 인간과 "하늘에서" 나신 원형인 예수를 비교하여 이것을 확증해 준다(고전 15:47). 그러므로 나는 인간이 흙으로 형성된 것은 그 문맥에서 어떤 원형의 역할을 한다고 결론짓는다. 아마도 그것은 인간의 물질적 기원 혹은 불연속성에 관해 논쟁의 여지가 있는 추론이 될 것이다. 만약 그 본문이 인간의 물질적 기원을 언급하거나 혹은 물질적 불연속성을 주장하는 것이 아니라면, 인간의 물질적 기원의 역학(mechanics)이나 과정과 관련된 성서의 주장은 존재하지 않는 셈이라 할 수 있다.

이끌어 동산에 두심. 창세기 2:8은 상세한 설명으로 가득 찬 다음 단락(2:9-17)을 소개하는 요약이다. 창세기 2:15은 2:8에 대해 더욱 상세한 설명을 제공하지만, 그 의미는 종종 간과되기 쉽다. 이 구절은 하나님이 그 원형적 인간(정관사가 붙어 있다)을 "이끌어"(take, 히브리어 동사 *lqh*) 동산 안에서 "쉬게 하셨다"(*nwh* 동사의 히필[*hiphil*] 형태)고 말한다. "쉬다"는 분명히 단순히 어느 곳에 정착하거나 거주하는 것 이상을 의미한다. 그러나 "이끌다" 동사의 사용은 훨씬 더 매력적이다. 도대체 하나님은 아담을 어디에서 이끄셨던 것일까? 유사한 문맥에서 사용된 이 동사는 정반대의 문제를 일으킨다. 에녹은 하나님과 동행했고 하나님은 그를 "이끄셨으므로", 우리는 그분이 그를 어디로 데려가셨는지 알지 못한다(창 5:24).

우리는 「길가메쉬 서사시」(Gilgamesh Epic)에 등장하는 흥미로운 병행 어구에서 추가로 통찰을 얻을 수 있다. 11번 토판에서 홍수 때의 영웅 우타-나피쉬티(Uta-napishti)는 방주에서 내린 후 한 무리의 신들과 만나 자기가 어떻게 구원을 얻었는지, 자기가 과연 구원을 얻었어야 했는지, 그리고 이제 신들이 자기를 어떻게 할 것인지에 관해 토론을 벌인다. 203-6번째 줄에서 신들은 평결을 내리고 축복을 선언한다.

"과거에 우타-나피쉬티는 인간 중 하나였다
그러나 이제 우타-나피쉬티와 그의 아내는 우리 신들과 같이 될 것이다!
우타-나피쉬티는 멀리 떨어진 곳, 즉 강들의 입구에서 살 것이다!"
신들은 나를 취해서[6] 멀리 떨어진 곳, 즉 강들의 입구에 정착시켰다.[7]

그 홍수의 영웅이 "이끌려" 간 곳은 ("강들의 입구"에 위치한) 에덴동산과 같은 곳이다. 거기서 그는 "신들처럼" 살게 될 것이다. 그곳은 신들을 위한 거처는 아니지만, 분명히 죽을 운명의 사람들이 사는 영역에서 멀리 떨어져 있다(길가메쉬가 그곳에 이르기 위해 죽음의 강을 건너야 했던 것에 주목하라). 그의 존재가 "이끌려진" 것은 축복을 의미하는 것 같다. 이것은 창세기 5장에 등장하는 에녹 이야기 역시 같은 방식으로 이해할 수 있음을 의미한다.

나는 창세기 5장과 길가메쉬 11번 토판에 기초하여 원형 인간인 아담이 인간 실존의 일상 영역에서 이끌려 복되게도 (강들의 입구에 있는) 특별하게 준비된 장소로 옮겨졌다고 주장하고자 한다.[8] 만약 주변에 다른 이들이 함께 있었다면, 그는 특별한 역할을 하기 위해 그들 중에서 선별된 것이라 할 수 있다. 창세기 4:14, 17에서 우리는 아담의 가족 이외에도 다른 사람들이 있었음을 합리적으로 추론할 수 있다. 사실 그것이야말로 이

6_ 여기서 히브리어 *lqḥ*에 해당하는 아카드어 동계어인 *leqû*가 사용된다.

7_ Andrew George, trans. *The Babylonian Gilgamesh Epic* (Oxford: Oxford University Press, 2003), 1:716-17.

8_ 에덴의 강 중에서 티그리스와 유프라테스의 정체가 이런 관점을 약화시키지는 않을 것이다. 많은 양의 물은 우주 공간의 일부를 의미한다.

런 구절들에 대해 가장 이해하기 쉬운 독법이다. 하지만 다른 사람들이 있었는지의 여부와는 상관없이, 해당 텍스트는 우리에게 그 원형 인간의 형성이 그가 수행하게 될 특별한 역할을 지향하고 있음을 보여준다. 15절의 후반부는 우리에게 이 축복과 선택된 자가 갖는 역할의 본질에 대해 알려준다.

제사장적 역할. 창세기 2:15의 히브리어 본문 마지막 두 단어는 아바드('*abad*, "경작하다")와 샤마르(*šamar*, "지키다")라는 어근으로부터 만들어진 두 개의 부정사를 통해 원형 인간에게 주어진 역할을 정확하게 서술한다. 전자는 "땅을 경작하는 것"을 가리키는 인접 문맥에서 사용되었다(2:5; 3:23). 그리고 창세기 2:15에 등장하는 그 두 개의 단어들은 전통적으로 동산에서의 노동(조경, 가지치기, 수확과 같은 농사일)과 관련된 것으로 묘사된다.

창세기 2:5이 분명하게 보여주듯, 만약 적절한 직접적인 대상이 주어진다면 아바드는 이를 의미할 수 있다. 그러나 두 번째 동사 샤마르는 농사일이라는 범주에 그렇게 쉽게 들어맞지 않는다. 모세오경에서 그것은 통상적으로 성소를 지키는 레위인의 책임을 가리키는 데 사용된다. 이와 함께 우리는 모세 오경 전반에서 아바드라는 동사가 성소에서 섬기는 일을 가리키는 데 사용되고 있다는 점에 주목해야 한다(특히 민 8:15). 민수기 3:8-9에서는 두 개의 동사가 함께 성소를 돌보는 일을 가리키는 데 사용된다.[9]

이러한 결론이 갖는 중요성은 과소평가될 수 없다. 원형 인간의 역할은—만약 그것이 제사장의 역할이라면—대표자로서의 역할이며, 따라서 본문의 원형론적 관심을 확증한다.[10] 이러한 대표성은 그가 인간 가운데

9_ 이에 관한 확장된 논의는 John H. Walton, *Genesis*, NIVAC, vol. 1 (Grand Rapids: Zondervan, 2001), 172-74을 보라.

10_ 원형으로서 갖는 대표성과 제사장으로서 갖는 대표성을 구별할 필요가 있다. 두 가지는 모두 원형의 윤곽을 공유하지만, 모두가 제사장은 아니다. 하지만 제사장은 **참으로** 모두를 대표한다.

서 그들을 대신하며 앞으로 나타날 모든 사람을 위해서 그 역할을 하도록 선택되었다는 점에서 당시에 살았던 모든 사람에게까지(만약 당시에 누군가가 있었다면) 확대된다. 선택(예를 들면 아브라함, 다윗을 선택하심) 및 대표자로서의 제사장직(아론 계열의 제사장들의 경우)이라는 주제는 구약 성서신학에서는 아주 잘 알려진 것들이다.

그러므로 또한 우리는 이집트의 부조들이 파라오가 왕의 역할을 위해 지음 받았음을 보여주듯이(일종의 칭송 신학), 여기에서도 원형적 인간이 제사장의 역할을 위해 지음 받았다는 것을 발견하게 된다(일종의 선택 신학). 그러므로 우리는 창세기 2:7이 말하는 "형성"을 인간의 물질적 기원에 관한 진술이라기보다는 오히려 역할/기능 지향적인 표현으로 이해하는 편이 나을 것이다.

창세기에서 하와의 원형적 역할

깊은 잠. 창세기 2:21-22을 하와의 물질적 기원을 묘사한다고 해석하는 것 역시 흔한 일이었다. 그러나 이 본문에 들어 있는 여러 가지 요소들은 그것과는 다른 결론으로 이어지는 다른 해석들을 기꺼이 인정하는 것처럼 보인다.

그 단락 도입부에서 하나님은 아담을 깊은 잠에 빠지게 하신다. 우리는 아주 쉽게 이것을 모종의 중대한 외과수술을 위해 필요한 마취 정도로 여긴다. 하지만 조금만 더 생각해보면, 우리는 갈비뼈를 제거하는 작업이 고대와 현대 세계를 막론하고 일반적인 수술의 한 형태가 아니라는 것을 알 수 있다. 더구나 고대인들은 마취에 대해서 아무것도 알지 못했다. 이런 관찰들을 넘어서 해석자들은 늘 갈비뼈의 의미에 대해 호기심을 보여왔다.

우선 그런 의문은 누군가가 깊이 잠들어 있을 때 성서 본문 안에서 벌어지고 있는 일을 살펴보도록 우리를 이끈다. 여기서 성서 본문은 타르데마(*tardemâ*)라는 명사(구약성서에서 7차례 나타남)를 사용하는데, 그것은 형태론적·의미론적으로 동사 어근 *rdm*(구약성서에서 7차례 나타남)과 관련되어 있다. 이 깊은 잠은 종종 어떤 이가 세상에서 벌어지고 있는 일을 감지하지 못하는 것을 가리킨다(대개 잠재적 위협이 그 대상이다. 삿 4:21; 삼상 26:12; 욘 1:5-6). 다른 경우에 그것은 어떤 이가 깊은 잠에 빠져 영적 영역에서 벌어지고 있는 무언가를 인식하는 것을 가리킨다(창 15:12; 욥 4:13; 단 8:18; 10:9). 내가 보기에 여기에서는 후자가 더 적합해 보인다. 본문은 어떤 잠재 위협에 대해서도 언급하지 않는다. 본문을 통해 전달되는 것은 어떤 중요한 영적 실재다. 언약에 대한 승인을 다루는 창세기 15:12이 보여주듯, 그런 환상은 아주 중요한 영적 혹은 신학적 주장을 제시하기 위해 사용될 수 있다. 만약 이것이 하나의 환상이라면, 그것은 어떤 물질적 사건을 가리킬 필요가 없다. 하지만 우리는 그러한 결론을 내리기 이전에 또 다른 중요한 해석적 요소에 신중하게 주목할 필요가 있다.

갈비뼈. 여기서 사용된 히브리어 쳴라(*ṣelaʿ*)는 히브리어 성서의 다른 어디에서도 인체의 해부와 관련하여 사용되지 않는다.[11] 대략 40여 차례 나타나는 이 단어는 "면"(side)을 가리키며 대개는 어떤 방향(예. 북쪽이나 남쪽 방면)이나 구조(예. 방주의 옆면 혹은 성전의 옆면)와 관련해 사용된다.[12] 무엇보다 우리가 주목해야 할 것은 그 단어가 일반적으로 오직 두 개의

11_ 아카드어 동계어인 쳴루(*ṣelu*)라는 단어는 해부학과 관련하여, 특히 의료 행위나 점을 치는 것과 관련된 본문에서 사용된다. 비록 그것이 때때로 "갈비뼈[들]"로 번역되기는 할지라도, 대개 그것은 옆구리나 흉곽을 가리킨다. *CAD Ṣ*:124-26. 그렇다 하더라도, 일반적으로 그것은 한 쌍 중에서 어느 한 쪽을 가리키는 데 사용된다. 또한 히브리어에서처럼 이 단어는 일정한 방향이나 구조와 관련해 사용된다.

12_ 출 25:14; 36:31-32; 왕상 6:5; 겔 41:5-9을 보라. 이에 대한 충분한 논의는 *TDOT* 12:401을 보라.

면만 있는 어떤 것의 한 면을 가리킨다는 점이다. 즉 이러한 "면들"은 쌍으로 나타나는 경향이 있다.[13] 이런 분석의 결과는 하나님이 원형적 여자를 만드시기 위해 원형적 남자의 두 가지 면 가운데 한 가지 면을 취하셨음을 암시해 준다.

만약 그렇다면 분명히 이 과정은 하나님이 "그 갈빗대 하나를 취하고 살로 대신 채우셨다"는 사실에도 불구하고, 일반적인 수술과는 다르다. 이러한 해석으로 보면, 하나님은 그 원형적 남자에게 이제 곧 자신이 그에게 소개할 여자의 본성과 정체성에 관해 중요한 무언가를 환상으로 알려주시기 위해 그를 깊은 잠에 빠뜨리신다. 그 남자가 깨어났을 때, 그는 즉시 그녀가 자신의 "뼈 중의 뼈요 살 중의 살"임을 알아차린다. 이 표현에 뼈와 살이 모두 포함되어 있는 것은 그것이 단순히 갈비뼈만을 가리키는 것으로 이해해서는 안 된다는 것을 의미한다. 다음으로, 하나의 마지막 증거로서 본문은 화자의 말을 통해 원형적 의미를 확증해 준다. "이러므로 남자가 부모를 떠나 그의 아내와 합하여 둘이 한 몸을 이룰지로다"(창 2:24). 이것은 모든 남성과 모든 여성에게 해당된다. 그 환상은 그 원형적 여자가 본질적으로 그 원형적 남자와 관련 있음을 보여주었다. 만약 그렇다면, 이 구절들은 최초 여자의 물질적 기원에 관한 이야기로 해석될 필요가 없다. 환상을 통한 소통은 바로 이 점을 강조하고, 아담의 반쪽이 제거된다는 개념은 매우 분명하게 그것을 요구한다. 하나님은 그 남자에게 이제 곧 자신이 제공하실 그의 조력자에 대해 그가 어떻게 생각해야 할지를 알려주시면서 그 여자를 그에게로 데려가신다(아담이 그분에게 이끌려 동산으로 왔던 것처럼).

모든 산 자의 어머니. 하와가 원형적으로 중요하다는 것은 신약성서에서 두 차례 언급된 사실만 봐도 쉽게 확인된다(고후 11:3; 딤전 2:13). 하지만

13_ 그 단어의 다른 전문적인 용법도 있음에 주목할 필요가 있다(참조. 왕상 6:15-16의 상세한 성전 건축 설명과 관련하여 계속되는 논의).

우리는 창세기 3:20에서 그녀에게 주어진 "모든 산 자의 어머니"라는 명칭 역시 원형적 표현이라는 것에 주목할 필요가 있다. 동시에 그것은 어떤 생물학적·유전적 역할을 요구하지 않는다. 우리는 그것을 창세기 4:20-21에 나오는 유사한 진술을 통해 알 수 있는데, 거기에서 야발은 "장막에 거주하며 가축을 치는 자의 조상"이고 유발은 "수금과 통소를 잡는 모든 자의 조상"이다. 이러한 표현들은 원형적 역할을 가리킬 뿐, 생물학적 관계를 가리키지 않는다. 그러므로 여기서 우리는 생물학적 관계에 관한 용어가 원형적 방식으로 사용될 수 있다는 것을 알 수 있다. 물론 하와에게 주어진 명칭이 원형적 표현이라는 점이 모든 인류가 그녀에게서 유래했음을 가리키지 않는다는 사실을 입증하진 않는다. 다만 그것은 근접 문맥을 바탕으로 합리적인 대안을 제시할 뿐이다.

지금까지 나는 하와의 형성 이야기와 그녀의 이름에 관한 이야기를 원형적으로 해석하는 것이 적절함을 보여주는 강력한 증거를 제시했다. 아울러 나는 창세기 4:1에 나오는 자손을 낳는 이야기와 신약성서에 등장하는 정보가 우리에게 그녀를 실제 과거에 존재했던 실제 사람으로 여겨야 한다고 지적해 준다는 점을 주장하고자 한다. 이는 비록 창세기 2-3장에 등장하는 하와 이야기의 일차적인 의미가 원형적인 것이라 할지라도 그러하다. 그 본문이 원형적일 뿐 아니라 생물학적인 것을 가리킬 수도 있다는 것은 사실이다. 하지만 그 중 어느 것도 추정되어서는 안 된다. 둘 다 입증되어야만 한다. 나는 본문의 일차적 관심사가 원형적인 것에 있다고 주장한다. 그동안 우리는 전통적으로 이 단락 안에 있는 증거들을 물질적 기원을 가리키는 것으로 해석해왔지만, 나는 그 증거들이 원형적 기원을 나타내는 것으로 해석하는 것이 신뢰할 만하거나 오히려 바람직하다고 주장한다. 만약 그렇다면 우리는 그 본문이 생물학적 주장들을 그 본문 자체의 권위로 확언한다고 여겨서는 안 될 것이다.

고대 근동의 원형적 인간

지금까지 나는 비록 고대 세계에서 나온 몇 가지 예들을 언급하기는 했으나, 주로 성서 본문에 기초해 내 견해를 도출해 왔다. 이제 우리는 그런 견해들에 유념하면서 이스라엘 민족이 살았던 세계에 존재했던 개념들을 알아보기 위해 인간의 기원에 관한 고대 근동의 본문들을 살펴보기로 하자.

인간의 기원에 관한 이야기나 암시는 수메르어, 아카드어, 이집트어 문헌들에서 발견된다. 그 이야기의 대부분은 간략하고(몇 줄 정도), 길어 봤자 수십 줄에 불과하다(「엔키와 닌마」[Enki and Ninmaḫ]와 「아트라하시스」 [Atraḫasis]).

수메르어 문헌	아카드어 문헌
• 「괭이의 노래」(Song of the Hoe)[14] • 「에엔구라를 위한 찬송시」 (Hymn to E'engura)[16] • 「엔키와 닌마」(Enki and Ninmaḫ)[18] • KAR 4[19]	• 「아트라하시스」(Atraḫasis)[15] • 「에누마 엘리쉬」(Enuma Elish)[17]

14_ COS 1.157. "Praise of the Pickax"로도 불린다. R. J. Clifford, *Creation Accounts in the Ancient Near East and the Bible*, CBQMS 26 (Washington: Catholic Biblical Association, 1994), 31을 보라.

15_ COS 1.130.

16_ Clifford, *Creation Accounts*, 29-30.

17_ COS 1.111.

18_ COS 1.159.

19_ Clifford, *Creation Accounts*, 50-51.

이집트어 문헌[20]
• 피라미드 문서(Pyramid Texts) 445, 522(토기장이의 물레를 돌리는 크눔)
• 장례 문서(Coffin Texts, CT II: 43, spell 80)[21]
• 장례 문서(CT spell 1130)[22]
• 메리카레를 위한 교훈(Instruction for Merikare)[23]

온 인류의 조상으로 창조된 한 쌍의 부부라는 관점을 통해 인간의 기원을 묘사하는 것은 고대 문헌 중 어디에서도 발견되지 않는다. 그러므로 만약 성서 본문이 그런 개념을 포함하고 있다면, 그것은 그 본문을 낳은 고대 근동이라는 환경에 맞춰서 그렇게 하고 있는 것은 아닌 셈이다. 하지만 나는 이러한 불일치가 완전히 이치에 들어맞는다는 것을 서둘러 지적해두고자 한다. 고대 근동에서 인간은 신들을 위한 노예로 창조된다. 그러므로 신들이 단지 두 사람만을 창조하는 것은 비논리적이다. 대조적으로 구약성서는 인간의 역할에 대해 아주 다른 관점을 갖고 있다. 그 상황에서는 인간을 대량으로 만들어야 할 아무런 이유가 없다.

하지만 이런 관찰이 곧 성서가 인간에 대한 이야기를 오직 한 쌍의 부부에 관한 이야기로 시작하는 이유를 설명해주지는 않는다. 만약 실제로 그러하다면, 단지 그것은 이 이야기가 고대 근동의 인지 환경 안에서 매우 특별한 것임을 암시할 뿐이다. 그처럼 중요하고도 적절한 구별에도 불

20_ James P. Allen, *Genesis in Egypt* (New Haven: Yale University Press, 1988); Ewa Wasilewska, *Creation Stories of the Middle East* (London: Jessica Kingsley, 2000); James K. Hoffmeier, "Some Thoughts on Genesis 1 & 2 and Egyptian Cosmology," *JANES* 15 (1983): 39-49.

21_ *COS* 1.8.

22_ *COS* 1.17; 1-9도 보라.

23_ *COS* 1.35.

구하고, 그 이야기들이 인간의 대량 생산을 특징으로 하든 아니면 한 쌍의 부부에게만 초점을 맞추든 상관없이 원형적 설명을 제시하려는 의도로 기록되었다고 볼 수 있다. 앞에서 우리는 성서 본문에 있는 원형적 설명의 지표들에 대해 살펴본 바 있으므로, 이제는 우리의 관심을 고대 근동 이야기들이 가진 원형적 특성에 맞춰보도록 하자.

재료. 고대 세계에는 창조 기사의 재료와 관련된 어떤 합의도 존재하지 않는다. 하지만 언급된 재료들은 하나같이 원형적이다. 두 개의 수메르 이야기, 즉 「괭이의 노래」와 「에엔구라를 위한 찬송시」에서 사람들은 땅을 가르고 솟아오른다. 다른 이야기는 진흙을 언급한다(「엔키와 닌마」). 몇몇 이집트 피라미드 문서들은 토기장이의 물레에 놓여 있는 진흙을 언급하는 반면, 다른 것들은 살아 있는 창조신의 부산물을 사용한다(「장례문서」에서는 눈물, 「메리카레의 교훈」에서는 신의 육체를 사용한다).[24]

아카드어 본문들은 독특하게도 반역을 꾀하다가 살해된 신의 부산물을 언급한다. 「아트라하시스」에서는 살과 피가 함께 사용된다. 반면에 「에누마 엘리쉬」와 *KAR 4*에서는 피만 언급된다. 오직 「아트라하시스」에서만 일반적인 물질과 신적 물질의 혼합이 나타난다.[25] 물질 재료뿐 아니라 어머니 여신이 인간을 낳는 방식(「엔키와 닌마」)이나 혹은 신의 숨결을 불어넣는 행위(「장례 문서」, 「메리카레를 위한 교훈」)를 통해 신적 주입이 암시되기도 한다. 이와 같은 재료의 다양성은 각각의 이야기가 원형적 서술을

24_ 이집트어 문헌에서 눈물에 해당하는 단어(*rmwt*)는 사람에 해당하는 단어(*rmtn*)와 아주 흡사하다. Jacobus van Dijk, "Myth and Mythmaking in Ancient Egypt," *CANE*, 1707. 본문 중에서는 Coffin Text spell 1130 in *COS* 1.17 p.27을 보라.

25_ 「엔키와 닌마」가 두 개의 언어로 기록되었다는 것은 그 이야기 속에 일종의 혼합이 있을 수 있음을 암시한다. W. G. Lambert, "The Relationship of Sumerian and Babylonian Myth as Seen in Accounts of Creation," in *La circulation des biens, des personnes et des ideés dans le Proche-Orient ancien*, ed. D. Charpin and F. Joannès, (RAI 38; Paris: Editions Recherche sur les Civilizations, 1992), 129–35을 보라.

통해 강조하고 설명하고자 하는 차이점들을 반영한다. 우리가 고대 근동의 인지 환경을 통해 알 수 있는 공통점은 인간이 그들의 원형적 역할을 설명해줄 재료에서 창조된 것으로 흔히 묘사된다는 점이다.

원형들

이 모든 것은 인간의 원형적 특성, 특히 연관성, 관계, 그리고 역할들(아마도 틀림없이 실재의 가장 중요한 측면들일 것이다)과 관련된 특성을 규정하는 설명을 제공해 준다. 분명히 고대 근동 문헌들은 인간의 물질성이나 물질적 기원에는 관심을 보이지 않는다. 원형적 사고의 가장 분명한 예 중 하나가 「엔키와 닌마」에서 발견된다. 그 이야기에서 어머니 신 닌마는 장애나 결함이 있는 원형인 인간들을 창조하고, 지혜의 신 엔키는 그들에게 역할을 각각 맡긴다. 비록 그렇게 창조된 이들은 개인들이었으나, 그들은 원형의 역할을 감당하며 본문 안에서 오직 원형으로서만 의미가 있다. 「엔키와 닌마」가 인간의 역할과 기능에 초점을 맞추고 있음은 분명하다. 기능성(functionality)이야말로 신들 간 경쟁의 이유이기 때문이다.

고대 근동의 이야기들에서 우리는 집단인 인간에 관한 기원이 원형적으로 설명되고 있음을 알 수 있을 뿐 아니라, 또한 인간이 어떤 중요한 역할들을 맡기 위해 창조되었음을 보여주는 증거─우리에게 원형적 맥락에서 사고하는 고대 근동의 성향을 보여주는 증거─를 발견하기도 한다. 우리는 신바빌로니아 문헌에서 발췌한 아래의 글에서 집단적인 공통 인류("룰루-인간"[lullu-man])로부터 원형적 왕으로의 전환이 이루어지고 있음을 발견할 수 있다.

"벨레트-일리(Belet-ili), 당신은 위대한 신들의 연인입니다.

당신은 룰루-인간을 창조하셨습니다.

이제부터 그는 왕, 즉 생각하고 결정하는 인간입니다!

그의 모습 전체를 탁월함으로 덮으시고,

그의 이목구비를 조화롭게 하시어 그의 모습 전체를 아름답게 만들어주소서!"

그러자 벨레트-일리가 주요 신들과 함께 그녀 자신의 일을 수행하면서 그에
    게 특별한 속성들을 부여했다.

위대한 신들은 왕에게 승리를 안겨주었고,

아누(Anu)는 그에게 왕관을, 엔릴(Enlil)은 [그에게 옥좌를 주]었다.

네르갈(Nergal)은 그에게 무기를 주었고, 니누르타(Ninurta)는 [그에게 빛나
    는 광채를 주]었으며,

그리고 벨레트-일리는 [그에게 잘생긴 용]모를 주었다.

누스쿠(Nusku)는 교훈을 주었고, [그의 곁에 서서 섬기]면서 그에게 조언
    했다.[26]

이 단편은 파라오가 토기장이의 물레 위에서 왕으로 빚어지는 것을
묘사하는 이집트 성상 예술 작품(iconography)이나 문헌들과 같은 개념을
보여준다. 여기서 창조는 역할 및 기능과 관련된다. 그리고 비록 창조 기
사 안에서 전반적으로 물질성이 명백하게 나타난다고 할지라도, 그것은
그 초점과 관심에 있어서 철저하게 원형적이다.

고대 근동의 문헌 중 원형적 사고를 보여주는 주목할 만한 또 다른 예
로는 「아다파 이야기」(Tale of Adapa)가 있다. 아다파는 인간에게 문명의
기술들을 가져다준 고대의 현자들(apkallu) 중 가장 중요한 인물이다. 우

26_ Clifford, *Creation Accounts*, 70의 번역을 인용함. 원문은 W. Mayer, "Ein Mythos von
    der Erschaffung des Menschen und des Königs," *Orientalia* 56 (1987): 55–68에 있다.

리는 아다파가 "엔키의 사제"로 알려졌으며 어떤 대표자의 역할을 맡았다는 점에 주목해야 한다. 그는 일련의 사건들을 통과해 아누 신 앞으로 인도된다. 그곳에서 그는 무심코 자기에게 불멸을 제공해줄 음식을 거절한다. 어떤 해석자들은 그의 선택으로 인해 인류가 불멸을 얻을 기회를 잃어버렸다고 주장한다.[27] 만약 이것이 정확한 지적이라면, 이 제사장적 인물은 모든 사람, 즉 그의 시대에 속한 사람들과 하나의 종(species)인 인간 모두를 대표한다. 그 본문은 아다파가 아누가 준 음식을 먹는 것이 오직 그에게만 불멸을 주었을지 아니면 모든 인간의 불멸을 위한 것인지 분명하게 알려주지 않는다. 하지만 그는 오직 후자의 상황에서만 창세기에서 원형적 남자가 수행한 것과 비길 만한 원형적 역할을 하게 될 것이다. 아다파에 관한 본문은 이 문제와 관련하여 분명하지 않다. 하지만 온 인류가 아다파의 선택으로 인해 영향을 받게 될 것을 암시하는 한 가지 요소가 있다. 그것은 아다파가 그 음식을 거절한 직후에 아누의 입에서 나온 다음과 같은 외침이다. "아아, 열등한 인류에게는 슬픈 일이로다!"[28]

우리가 이 논의를 통해 점차 깨닫게 되는 것은 고대 근동에서는 인간의 기원을 원형적 방식으로 이해하고 인간의 기능에 초점을 맞추는 양상이 흔했다는 점이다. 물론 이것이 곧 우리가 창세기를 원형적으로 읽어야 할 이유가 되지는 않는다. 하지만 지금껏 우리는 우리의 탐색이 그러한 방향으로 진행되고 있음을 보았으므로, 이제는 그런 방식의 사고가 고대 세계에서 자연스러웠던 것임을 알 수 있을 것이다.

27_ Shlomo Izre'el, *Adapa and the South Wind* (Winona Lake, IN: Eisenbrauns, 2001), 120-23. 120에서 Izre'el은—비록 본문에서 아다파가 "유일한 인간"으로 제시되기는 하지만—아다파는 "분명히 인류, 혹은 그보다는 인간됨의 본질을 상징한다"고 지적한다.

28_ Adapa B 68; Izre'el, *Adapa*, 20-21. 관련된 논의는 Tryggve N. D. Mettinger, *The Eden Narrative* (Winona Lake, IN: Eisenbrauns, 2007), 104-7을 보라.

고대 근동 문헌들과 대조되는 창세기의 원형들이 갖는 메시지

창세기에 나오는 인간의 기원에 관한 이야기를 원형적으로 해석하는 것은 그 이야기의 의미가 갖는 중요성을 박탈하지 않는다. 오히려 우리는 원형적 해석을 통해 그 구절들이 갖는 근본적인 신학적 가르침에 주목하게 된다.

인간은 죽을 운명의 육체를 갖고 창조되었다. 앞서 논의했듯이 본문 안에서(창 3:19), 정경 안에서(시 103:14), 그리고 논리적으로(그렇지 않다면 생명나무는 불필요하다) 흙은 "죽을 운명"과 동일시된다. 아담 안에서 우리는 모두 죽을 운명으로 창조되었다.

인간은 하나님에게서 식량을 공급받았다. 창세기 2:9, 16은 에덴동산이 그 안에 있는 사람들에게 식량을 제공했음을 암시한다. 이것은 하나님이 모든 곳에서 모든 때에 모든 인간에게 식량을 제공하셨다는 뜻이 아니라, 성소에서 자라는 나무 열매들이 곧 하나님이 인간을 위해 제공하시는 식량이었다는 뜻이다. 이것은 인간들이 신들을 부양한다는 고대 근동의 개념과 대조된다. 고대 근동에서 정원들은 성소와 인접해 있었고 신들에게 식량을 제공하는 데 사용되었다. 고대인들은 그 과업을 수행하는 것이야말로 인간이 창조된 목적으로 보았다. 그러나 창세기 2장에 등장하는 중요한 원형적 진술은 인간이 하나님의 필요를 충족시키기 위해서 창조된 것이 아니라, 오히려 하나님이 그들의 필요를 충족시켜주신다고 전한다. 이것이야말로 창세기와 고대 근동 문서들이 원형적 인간상과 관련해 드러내는 중요한 차이다.

인간은 성소에서 섬기는 역할을 맡았다(이것은 인간과 하나님의 관계를 암시한다). 원형적 인간이 이끌림을 받아 제사장적 대표자로서 동산에 위치하게 되었을 때, 다음과 같은 두 가지 원형적 확언이 이루어졌다. 첫째로 가장 중요한 것은 성소에서의 섬김이 거의 전적으로 하나님과 인간의 관계 유지와 관련되어 있다는 점이다. 인간의 원형적 특성은 우리가 신들의 필요를 충족시키기 위한 노예로서 창조된 것이 아니라(고대 근동의 모델), 궁극적으로 우리가 하나님의 현존 안에서(성소에서) 살아갈 때 하나님 자신이 우리와 교제하기를 원하신다는 개념에서 발견된다.

하지만 둘째로 이것은 "이미/아직 아닌"(already/not yet)의 맥락에서 나타난다. 즉 그 원형들은 다른 사람들(그들이 그 원형들과 동시대에 속해 있든지 혹은 미래에 속해 있든지)의 대표자로서 그곳에 위치해 있는데, 이것은 필연적으로 모든 사람이 그곳에 있었던 것은 아님을 암시한다. 그 목적은 (정경 전반을 통해 이루어지는 신학 발달 과정에서 분명하게 드러나듯이) 하나님과의 관계에 속한 이들의 공동체를 확대함으로써 그것을 매우 포괄적인 공동체로 만드는 것이다. 그런 까닭에 우리는 이스라엘 백성이 "제사장 나라"(kingdom of priests, 출 19:6)와 동일시될 뿐 아니라 궁극적으로는 기독교인들이 "거룩한 제사장"(holy priesthood, 벧전 2:5)과 동일시되는 것을 깨닫게 된다. 하나님은 우리 모두가 성소에서 그분과 깊은 관계를 맺으며 살아가기를 원하신다. 그리고 이것은 새로운 창조의 궁극적 결과일 것이다(계 21장).

인간은 동물에게 명령하는 역할을 부여받았다. 하나님은 "사람이 혼자 사는 것이 좋지 아니하니"(창 2:18)라고 말씀하신 후에 그런 상황에 변화를 주기 위한 첫 단계로서 그 원형적 인간 앞으로 모든 동물을 이끄신다. 그 일은 하나님이 그에게 동산에서 제사장 임무를 위임하신(창 2:15) 직후에 일어난다. 하나님이 그를 위해 계획하고 찾으셨던 그의 동반자는 생육을 위한 파트너가 아니라(그렇지 않다면, 일차적인 초점이 동물에게 맞춰지는 것은 무의미하다), 성소를 유지하고 확장하는 과업에 동참할 공동 일꾼(coworker)이었다. 그 과업에서 인간은 하나님에 의해 임명되어 대리 지배자(vice-regency)의 역할을 담당하면서 동물들에게 명령을 내리는 일을 해나간다. 동물들의 이름을 짓는 것 역시 그 위임의 일부로서 수행된다. 이름을 짓는 일을 통해—그것은 창조 과업이며 또한 명령을 내리는 행위다—질서가 잡힌 체계 안에서 동물들의 역할과 그들의 위치가 확인된다. 이것은 지금도 인간이 계속하고 있는 과업이다. 그 과정에서 원형적 인간은 자기를 제외하고 성소 안에서 인간에게 주어진 역할을 적절히 수행할 수 있는 사람을 아무도 발견할 수 없었다(창 2:20).

남자와 여자는 하나님이 그들에게 주신 역할을 이행하기 위해 협력한다. 창세기 2장은 성적(gender) 역할과 관련하여 중대한 반문화적 진술을 하는데, 그 진술은 우리로 하여금 그런 역할들이 그저 이미 존재하고 있던 이스라엘 공동체의 상황에 대한 원인론(etiology) 노릇을 하는 데 불과한 것이 아님을 알게 해준다.[29] 이스라엘 공동체에는 여자 제사장이 존재하지 않았다. 비록 이스라엘 공동체가 이웃 공동체들보다 여자에게 더 높은 지위를 부여하기는 했으나, 의심할 바 없이 이스라엘은 가부장적 사회였다. 하지만 창세기 1-3장은 가부장 제도에 대한 어떤 징표도 보여주지 않는다. 그 원형적 여인은 성소에서 공동 일꾼의 역할을 부여받았고 하나님과의 관계에서도 남자와 동등한 지위를 얻었다.[30]

인간은 남자와 여자로 나뉘었고, 그로 인해 새로운 가족 관계 안에서 재결합을 추구할 것이다. 다수의 개신교 결혼예식문은 창세기 2:24이 결혼제도를 수립하고 있다고 확언한다. 만약 그것이 사실이라면, 분명히 우리는 그 본문을 원형적인 것으로 여길 수 있을 것이다. 하지만 나는 본문

29_ 원인론이 원형적 이야기와 다르다는 점에 주목할 필요가 있다. 원인론은 어떤 상황이 존재하게 된 (그리고 오늘날에도 계속해서 존재하는) 방식에 초점을 맞추지만, 원형은 이상적일 수도 있고 실제적일 수도 있는 어떤 것의 필수 본질을 설명한다.

30_ 이와 관련된 더 충분한 논의는 Walton, *Genesis*, NIVAC에 있는 확장된 견해를 보라.

이 어떤 제도를 수립하는 것에 초점을 맞추고 있다는 것에 동의하지는 않는다. 문맥상 본문은 남자가 가장 가까운 (부모와의) 생물학적 관계를 떠나 (자기 아내와의) 새로운 관계를 형성하는 이유를 설명하고 있다.

이 문제에 대한 답은 앞 절에서 제공되었다. 남편과 아내의 관계는 생물학적 기원보다 훨씬 더 강력하다. 남자는 생물학적으로 그의 부모에게서 유래하지만, 원형적으로(존재론적으로) 그의 아내와 관련되어 있다. 남편과 아내의 결합이 더 근본적이며, 그것은 부모와의 결합을 넘어선다. 남편과 아내는 원형적 모델의 재형성을 통해 다시 한 몸이 된다. 화자의 진술이 가리키는 것은 감정적인 사랑의 결합이 아니라,[31] 우리의 본성 안으로 들어와 자리 잡는 본질적 결합이다.[32]

지금 나는 과거의 해석자들이 이런 요소들을 알아차리지 못했다고 주장하는 것이 아니다. 분명히 "언약적 머리됨"(federal headship)이라 불리는, 오랫동안 지속된 개혁주의 전통은 몇 가지 중요한 방식으로 이 관점과 유사하다. 하지만 때때로 제기된 원형적 의미에 대한 이러한 인식마저도 인간의 기원에 관한 압도적인 관심 때문에 차단되었다. 물질적 기원에 관한 질문들이 우리의 사고를 지배할 때, 우리는 위의 요소들을 원형을 통해 모든 인간과 관계된 것으로 보려 하기보다는 단지 한 개인인 아담과 관계된 것으로 간주하기 쉽다. 물질적 요소와 원형적 요소가 모두 다 본문의 관심사일 수 있음은 사실이지만, 그 둘이 한 데 묶여야 할 필요는 없다. 하지만 해석자들은 종종 그 둘을 하나로 묶어서 생각해야 한다고 주장해왔다. 창세기 본문에 그 두 가지가 모두 들어 있는지 살펴봤을 때, 그

31_ 결혼이 정해져 있는 것이든, 아니면 사랑을 위해 추구하는 것이든 상관없이, 창 2:24이 정확한 진술이라는 점을 상기하라.

32_ 그렇다면 결혼은 양성으로 나뉜 인간의 존재론적 특성을 전제한 것으로 보이며, 또한 원래 상태로의 회귀를 나타낸다. 비록 육체적 관계가 존재론적 관계를 반영하는 것 중 하나이기는 하나(고전 6:16), "한 몸"은 일차적으로 육체적 관계에 대한 언급이 아니다.

것들을 분리해야 할 필요가 있다는 것이 내 주장의 핵심이다.[33]

신약성서에서 아담과 하와의 원형적 역할

신약성서에서 아담과 하와에 대해 언급하는 구절은 얼마 되지 않는다. 여기서 우리는 그것들을 각각 간략하게 다룰 것이다. 우리는 해당되는 구절들이 각각 원형인 아담과 하와에 대해 관심을 두고 있음을 살펴볼 것이다. 신약성서의 저자들은 (나와 마찬가지로) 아담과 하와가 실제 과거에 살았던 실제 인물들이었다고 믿는다. 하지만 그들이 아담과 하와를 신학적으로 사용하는 방식은 원형론적이다.

사도행전 17:26. 바울은 아레오바고 언덕에서 아테네인들에게 그들이 섬기는 "알지 못하는 신"에 관해 말한다. 바울은 그들의 관심을 창조주에게로 돌리면서, 아울러 그들의 관심을 창조주이신 하나님이 아무것에도 의존하지 않는다는 사실에 집중시킨다. 모든 것과 모든 이의 존재가 그분에게 의존하고 있으나, 그분은 자신의 존재를 아무에게도 의존하지 않으신다(행 17:24-25). 26절에서 바울은 자신의 논의를 창조에서 역사로 이동시킨다. 그는 그 논의를 다음과 같은 진술로 시작한다. "그분은 한 사람에게서 모든 민족을 만들어…"[34](현대인의성경).

만약 이때 바울이 아담을 언급하고 있었다면, 우리는 그가 모든 사람을 가리키기 위해 "민족"이 아닌 다른 단어를 사용하기를 기대할 것이다.

33_ 원죄의 전달에 대해 상술하는 일은 신학자들에게 맡겨야 한다. 내 견해가 Pelagius를 반영하지 않는 것은 분명하지만, 개혁주의 전통을 반영하는 것 또한 아니다.

34_ 여기서 바울이 포이에오(*poieō*)라는 동사를 사용하고 있으나, 민족들을 "만들다"(포이에오)라는 표현은 물질적 행위라기보다는 조직적 행위를 나타낸다는 점에 주목하라.

그 문제와 관련해 그가 "민족"(ethnos)이라는 단어를 택한 것은 다소 이상하다. 하지만 사실 여기서 그 단어의 선택은 아주 중요하다. 그것은 구약성서가 세상 민족의 근원이 되는 한 사람에 관해 이야기할 때 언급하는 이가 (아담이 아니라—역자 주) 바로—세 명의 아들을 낳은—노아이기 때문이다. 바울의 말을 창세기 10:32("홍수가 난 뒤에, 이 사람들[노아의 아들들]에게서 여러 민족[70인역: ethnos]이 나와서, 세상으로 퍼져 나갔다"[새번역])과 비교해 보면, 우리는 바울의 진술이 창세기 10장에 진술된 내용을 풀어쓴 것임을 쉽게 알아차릴 수 있다. 만약 그렇다면, 이 구절은 노아에 대한 언급일 가능성이 아주 크다. 그리고 만약 이 구절이 노아에 대해 언급하는 것이라면, 이 구절은 모든 인류의 유전적/생물학적 조상인 아담에 관한 논의에서 제외되어야 한다.[35]

로마서 5:12-14. 여기서 본문은 죄가 한 사람을 통해 세상에 들어왔고 죽음은 죄를 통해 들어왔다고 확언한다.[36] 본문은 인간이 죽을 운명으로 창조되었다고 주장하는 것이 아니라, 단지 지금은 인간이 죄로 인해 죽음에 종속되어 있다고 주장할 뿐이다. 앞에서 나는 인간이 흙으로 지음을 받은 것은 우리가 죽을 운명을 타고났으며 죽음에 종속되어 있음을 가리키는 것이라고 설명한 바 있다. 우리가 생득적인 죽을 운명에서 풀려날 가능성이 한 가지 해독제(antidote), 즉 생명나무를 통해 제공되었다. 인간은 죄 때문에 동산에서 방출되었고 그로 인해 생명나무에 접근할 기회를 상실했다. 그러므로 죄는 우리를 죽음에 이르게 했다. 아무런 해독제

35_ 노아와 관련하더라도 이 구절은 제한된 주장을 제시할 뿐이다. 바울의 요점은 우리의 공통 인간성 안에는 하나님을 향한 열망이 있으며, 따라서 사실 우리는 모두 **다 그분의 자손**이라는 것이다(물론 이것은 생물학적/유전학적 진술이 아니다). 인간으로서 우리가 갖는 공통성은 하나님과의 유전적 관계를 요구하지 않는 것만큼이나 노아와의 유전적 관계도 요구하지 않는다. 더구나 이 구절은 물질적 기원에 관해서는 아무것도 진술하지 않는다.

36_ 바울의 관심이 더욱 넓은 생태계(세포들, 식물들, 벌레들, 혹은 지각을 지닌 피조물들) 안에 존재하는 죽음이 아니라, 사람들이 죽음에 종속된 이유에 있다는 것에 주목하라.

도 갖지 못한 우리는 죽을 운명에―이미 자연스럽게 우리의 것이 된 그것에―굴복하는 것 외에 다른 대안을 찾을 수 없게 되었다.

이 본문은 죄가 어떻게 혹은 언제 모두에게 와서 모두가 죄를 짓게 되었는지 언급하지 않는다. 원죄라는 개념을 표현하고 있으나 그 상세한 내용에 대해서는 언급하지 않는다.[37] 여기서 아담의 원형적 특성은 두 가지 방식으로 분명하게 드러난다. 첫째, 그는 그리스도의 모형으로 간주된다. 둘째, 바울의 논의에서 아담은 모든 인간을 대표한다(그를 통해 모든 사람들이 죄를 지었다). 아담과 그리스도는 원형적 대표자로서 서로 관계를 맺고 있다.

얼핏 보면 이 본문은 어떤 역사적 사건을 논의하는 것 같다. 하지만 바울의 논의는 아담이 최초의 인간이었다거나 우리가 모두 다 생물학적으로나 혹은 유전적으로 아담과 상관이 있다거나 하는 전제들을 전혀 필요로 하지 않는다. 마찬가지로 이런 주장에서는 죄가 생물학적 관계를 통해 전달된다는 암시 역시 나타나지 않는다(이것은 생식 과정을 통한 전달 [seminal transmission]이라는 일반적인 관점과 대조된다). 본문은 물질적 기원에 관한 어떤 주장도 하지 않는다. 그렇다면 성서의 이 중요한 단락은 한 사건을 통해 죄와 죽음의 현실이 인간의 경험 속으로 들어왔음을 확언하고 그로써 역사적 아담을 암시하는 것이다. 하지만 또한 우리는 여기서 생물학적/유전적 관계나 혹은 물질적 불연속성에 대한 과학적 주장이 전혀 제기되지 않음에 주목해야 한다.

37_ 나는 이 논문에서 원죄 교리를 다룰 만한 지면도 부족하고 전문 지식도 없다. 그러나 나는 오늘날에도 계속되고 있는 연구가 Augustine보다는 Irenaeus의 견해에 더 호의적이라는 것을 알고 있다. 대체로 이 방향은 생물학 모델보다는 내가 "방사능 모델"(radiation model)이라고 부르는 것을 지지한다. 방사능 모델은 만약 어떤 이가 봉인된 방사능 원료에 접근하는 문을 열면, 인근의 모든 지역과 사람들이 방사능에 피폭된다는 사실에 근거한다. 하지만 이 모델에 대한 판단은 다른 이들에게 맡겨 두어야 할 것 같다.

고린도전서 15:22. 한 인간을 통해 죽음이 들어왔고, 한 인간을 통해 죽음에 대한 해결책이 들어온다. 즉 아담과 예수는 모두 인간이었다. 우리 모두가 "아담 안에서" 죽은 것처럼 또한 우리 모두가 "그리스도 안에서" 살아났다. 그러므로 우리는 어느 쪽으로든 우리의 상황이 생물학적 유전을 통해서가 아니라 원형인 아담과 그리스도라는 대표를 통해서 결정된다고 여길 수 있다.[38] 그리고 다시 한 번 우리는 이 구절들이 아담과의 유전적 관계에 대해 주장하지 않을 뿐 아니라, 인간의 물질적 기원에 관해 아무 진술도 하지 않는다는 것에 주목할 필요가 있다.

고린도전서 15:45. 여기서 아담은 "첫 사람"으로 불린다. 하지만 이 문맥에서 그는 "마지막 아담"인 그리스도와 대조되고 있다. 따라서 우리는 본문을 아담이 최초의 생물학적 인간이었다는 주장으로 간주하면 안 된다. 그리스도 역시 마지막 생물학적 인간이 아니므로, 오히려 우리는 이 본문이 첫째 원형과 마지막 원형에 관해 말하고 있다고 결론 내려야 한다. 우리는 아담이 그리스도 안에 있는 궁극적 원형에 의해 대체된 최초의 원형이었다고 말할 수 있다. 그리스도가 생물학적으로 아담에게서 유래했다는 이유만으로 생물학을 끌어들이는 것은 불충분하다. 이러한 사실은 이 구절의 나머지 단락에서 확인되는데, 왜냐하면 그 나머지 단락이 자연적인 것과 영적인 것을 대조하고 있기 때문이다. 흙이라는 원형적 요소는 그리스도의 천상적 본성과 대조를 이루면서 특별히 그 원형적 인간을 땅에 속한 존재로 만드는 것이라고 설명될 수 있다. 흙은 인간의 본성을 묘사한다.

38_ 내가 "대표"(representation)라는 단어를 사용하는 것은 개혁주의 전통이 표준으로 여기는 "언약적 머리됨"(federal headship)이라는 견해와 평행을 이룬다. 그러나 나의 관점과 언약적 머리됨이라는 견해는 과연 이 본문이 생물학적 연관성 혹은 생식적(seminal) 연관성이 확언되고 있는지에 대해 내가 의문을 품고 있다는 점에서 다르다.

성서의 요점은 아담과 예수의 관계를 비교하고 대조하여 그 두 존재와 우리의 관계 역시 대조하고 비교하는 것이다. 여기서 바울은 모든 인간이 아담과 맺고 있는 유전적 관계나 혹은 인간의 물질적 기원에 관해 주장하는 것이 아니다. 오직 그는 우리가 아담이라는 원형과 "흙"이라는 본성을 공유하고 있다고 주장할 뿐이다.

고린도후서 11:3. 이 구절은 하와가 역사상 존재했음을 의미한다. 하지만 본문은 그녀를 인간이 얼마나 쉽게 미혹될 수 있는지를 보여주는 일종의 유비로서 원형적으로 언급한다. 여기서는 유전적 관계나 인간의 기원에 관한 어떤 주장도 나타나지 않는다.

디모데전서 2:13-14. 바울은 에베소 교회의 상황을 다루기 위한 예화를 얻기 위해 창세기를 깊이 파헤친다. 그는 아담이 먼저 지음 받았고 하와가 속임수의 대상이 되었다는 창세기 본문의 자료를 정확하게 반영한다. 여기서는 인간이 지음 받은 방법, 유전적 관계, 물질적 기원의 체제나 시기에 관해 아무런 주장도 나타나지 않는다. 앞선 신약성서의 모든 구절과 마찬가지로, 여기서도 아담과 하와는 꼬임에 빠진 여자가 어떻게 남자를 오도할 수 있는지에 관한 예시이며 온 인류에 관한 어떤 요점을 주장하기 위한 원형으로 사용된다.

요약하면 우리는 신약성서가 죄와 죽음이 인간의 영역으로 들어온 역사적 시점이 있었음을 지적하고 있음을 알 수 있다. 더 나아가 아담과 하와가 실제 과거에 일어났던 실제 사건의 주인공들이었음도 분명하다. 비록 신약성서가 아담과 하와를 다루는 방식이 원형적이라고 할지라도, 그들은 실제로 존재했던 개인들로 간주된다. 하지만 그런 사실에 주목하면서도 지금껏 나는 신약성서 안에는 모든 인간이 생물학적으로 아담과 하와의 후손들이며 따라서 유전적으로 그들에게서 유래했다는 주장이 전혀 나타나지 않는다는 점을 설명해왔다.

나는 1세기에 살았던 유대인 대부분은 모든 인간이 아담에게서 유래했다고 믿었으리라는 것을 인정한다. 하지만 그들은 지구가 편평하다는 것도 믿었다. 나는 모든 인간이 아담에게서 유래했다는 권위 있는 주장을 성서에서 전혀 발견하지 못했다. 그리고 아담의 물질적 기원은 바울의 논의에서는 전혀 의미가 없다.

마지막으로 만약 아담과 그리스도라는 두 원형을 적절하게 비교하고 관찰한다면, 우리는 이로부터 교훈을 얻을 수 있다. 예수는 동정녀의 몸에서 탄생하셨지만, 생물학적으로나 유전적으로도 인간이셨다.[39] 하지만 그럼에도 그분은 죄를 물려받지 않으셨다. 이것은 죄가 생물학적이나 유전적으로 전달되는 것이 아님을 암시한다. 더구나 예수가 인간을 위한 원형적 역할을 한다고 해서 그가 각각의 인간과 생물학적 혈통이나 조상을 공유해야 하는 것도 아니다. 만약 아담의 원형적 역할이 예수와 유사하다면, 우리는 그의 역할을 생물학적 혈통이라는 맥락으로 이해할 필요가 없다.[40] 사실 예수는 적어도 그가 우리와 같은 온전한 인간이라는 점에서는 인류의 나머지와 (유전적으로) 물질적 연속성을 가진다. 하지만 영적으로 그는 우리와 불연속 상태에 있다. 이것은 비록 인간이 예수와 물질적 연

39_ 예수가 온전한 DNA를 갖고 계셨음이 틀림없다는 점에 주목하라. 하지만 동정녀 탄생은 그분이 보통은 아버지에게서 오는 DNA를 얻으신 방법을 일종의 신비로 만든다. 그렇게 해서 그분은 온전한 인간이셨음에도 이례적인 방식으로 모종의 생물학적 불연속성을 드러내신다.

40_ 혹자는 그리스도의 경우에 모종의 생물학적 불연속성뿐 아니라 모종의 생물학적 연속성(유전자 형태들?)도 있을 수 있다고 주장할 수 있을 것이다. 이것은 불가능한 주장이 아니지만, 그럴 경우 우리는 그리스도의 동정녀 탄생의 경우에서처럼 성서 본문에서 그런 주장을 뒷받침하는 진술이 필요하게 될 것이다. 이것은 아담과 하와를 계속해서 생물학적·물질적 불연속성을 가진 존재로 생각하는 이들이 갖는 논리적 귀결일 것이다. 하지만 분명히 그것은 유전학에서는 납득하기 어려운 일이다. 또한 어떠한 생물학적 관계나 혹은 유전적 관계가 없을지라도 온 우주가 죄의 영향을 받는다는 것에 주목하라. 이것은 원죄에 관한 "방사능 모델"을 뒷받침해주는 또 다른 요점이 될 것이다(각주 37번을 보라). 나는 Pelagius의 사상을 거부하며 Irenaeus의 견해에 더욱 매력을 느끼고 있다. 하지만 그런 견해를 받아들이려면 더 많은 연구와 설명이 아마도 필요할 것이다.

속성이 있더라도 영적 불연속성 때문에 그와는 구분된다는 점을 암시하는 것일 수 있다.

창세기 1-3장의 문학적 쟁점들과 인간의 기원

창세기 첫 장들에 나타나는 인간의 기원에 관한 성서의 설명을 살필 때 우리가 물어야 할 핵심 질문 중 하나는 과연 그 본문에서 아담과 하와가 세상에 존재하는 유일한 인간으로 묘사되느냐다. 전통적으로 이 질문은 창세기 4장과 관련하여 제기되었다. 가인은 두려워 떨며 "무릇 나를 만나는 자마다 나를 죽이겠나이다"(창 4:14)라고 말한다. 가인은 한 아내와 결혼할 뿐 아니라 도시를 세운다(17절). 이 모든 것은 이미 존재하는 다른 사람들을 전제할 때 더욱 쉽게 설명될 수 있다.

첫 번째 이야기와 두 번째 이야기 사이에서 나타나는 톨레도트 (toledoth)**의 변화.** 이 문제와 관련해 아직 적절하게 연구되지 않은 중요한 요소가 하나 있는데, 그것은 첫 번째 창조 이야기(창 1:1-2:3)와 두 번째 창조 이야기(2:4-3:24)의 관계에 관한 것이다. 비평 학자들은 이 두 이야기가 서로 다른 자료에서 유래되었으며 경쟁하는 관계에 있는 전승들로서, 후대의 편집 과정에서 두 이야기 사이의 긴장이 해결되지 않은 채 부적절하게 나란히 놓인 것으로 오랫동안 해석해왔다. 이에 대해 전통적 해석은 여섯째 날의 상황을 더욱 세밀하게 설명하면서 첫 번째 이야기와 공통 관점을 가진 것으로 두 번째 이야기를 해석했다.

나는 활용 가능한 세 번째 안을 제시하고자 한다. 내 대안은 두 번째 이야기를 첫 번째 이야기의 후속편으로 간주하는 것이다. 이 안은 많은 부분을 설명할 수 있는 장점이 있다. 만약 내 주장이 옳다면, 두 번째 이야기는 여섯째 날을 상세하게 풀어서 설명하는 것이 아니라, 첫 번째 이야기의 후속 시나리오로서 어쩌면, 그리고 아마도 틀림없이, 첫 번째 이야기 이후 오랜 세월이 흐른 시점에 일어난 사건들을 상술하는 것일 수 있다.

그렇다면 아담과 하와를 반드시 첫 번째 인간으로 간주할 필요가 없다. 오히려 그들은 사람들로부터 선발되어 성소에서 특별히 대표의 역할을 하도록 선택된 개인들일 수 있다. 첫 번째 이야기는 창조의 메커니즘이나 그 기간에 대한 상세한 설명 없이 집단적인 종(species)인 인간의 창조를 묘사할 뿐이다. 아울러 이것은 고대 근동의 표준적인 견해와 상통한다. 고대 근동에서 인간의 기원에 관한 문제는 늘 집단의 관점에서 논의된다.

하지만 우리는 단지 고대 근동의 이야기들이 그렇다는 이유로 창세기 1장을 집단적 맥락에서 해석할 수 없다.[41] 대신에 우리는 그런 해석에 공감하거나 반대하는 문헌상의 내적 증거를 찾아야 한다. 이 증거는 창세기에 나타나는 일반적인 이야기 전환 형식에 관한 연구를 통해 발전될 수 있다. 그 형식은 이렇다. "이것은 ~의 내력[혹은 족보]이다"('elleh toledoth). 이 톨레도트 공식은 때때로 역사적으로 같은 관점을 보이는 단락을 소개하는 역할을 한다. 하지만 또한 그 공식은 후속 기간에 대한 도입부의 역할도 한다(표를 보라).

창세기의 장절	형태	관계
5:1	족보 → 족보	공관적(synoptic)
6:9	이야기 → 이야기	후속적(sequel)
10:1	이야기 → 족보	후속적
11:10	이야기 → 족보	공관적

41_ 고대 근동의 이야기에서 인간이 대량으로 생산된 이유는 성서의 견해와는 맞지 않는다. 일차적으로 고대 근동의 신들은 노예들을 창조하며 따라서 많은 수의 인간을 만들려고 한다.

11:27	족보 → 이야기	후속적
25:12	이야기 → 족보	후속적
25:19	족보 → 이야기	공관적
36:1	이야기 → 족보	후속적
36:9	족보 → 족보	공관적
37:2	족보 → 이야기	공관적

창세기의 전환부들은 때로는 두 개의 족보들을 합치기도 하고, 때로는 두 개의 이야기들을 합치기도 하며, 때로는 족보에서 이야기로 옮겨가거나 혹은 이야기에서 족보로 옮겨가기도 한다. 창세기 2:4에서의 전환은 이야기에서 이야기로 이루어지는데, 이러한 전환은 창세기 6:9에서 유일하게 나타난다. 창세기 6:9에서 두 이야기의 관계는 공관적이 아니라 후속적이다. 사실 우리는 창세기에 등장하는 다섯 차례의 공관적 전환의 예시가 모두 형제가 주제가 될 경우에 나타난다는 점에 주목할 필요가 있다 (예. 가인/셋, 이스마엘/이삭, 에서/야곱).

이러한 관찰은 창조의 두 번째 이야기가 첫 번째 이야기 이후의 상황을 반영하고 있으며, 따라서 두 번째 이야기가 여섯째 날에 완료된 일에 대한 논의가 아니라고 해석하는 것이 본문에 대한 가장 자연스러운 해석임을 암시한다. 실제로 그것은 아주 오래된 문제를 해결해 준다. 그동안 해석자들은 두 번째 이야기가 전하는 사건들이 어떻게 24시간 안에 일어날 수 있었는지를 밝히기에 고심해왔다. 이것은 "날-시대 이론"(the Day-Age Theory, 이 이론은 24시간은 창세기 2장이 전하는 모든 사건이 일어나기에 불충분한 시간이라고 주장한다)과 "자료설"(the Source Theory, 이 이론은 두 개의 다른 이야기가 서로 경쟁하며 모순된다고 주장한다)이 모두 증거로 인용하는 것들에 속한 문제다.

이와 같은 문학적 분석에서 도출되는 결론은 이렇다. 만약 두 번째 이야기가 첫 번째 이야기의 후속편으로 제시되었다면, 그것은 아담과 하와가 첫 번째 이야기에 등장하는 사람들과 동일시되어야 한다고 분명하게 주장하지는 않는다는 것이다. 하지만 여기서 나는 이런 견해는 첫 번째 이야기가 오직 아담과 하와에 대해서만 이야기하고 있거나, 혹은 아담과 하와를 더 큰 집단의 일부로 포함시키는 것일 수도 있음을 배제하는 것은 아니라는 점을 덧붙여야 할 것 같다. 그것은 다만 그런 문제를 언급하지 않을 뿐이다. 그러므로 우리는 창세기의 처음 장들이 아담과 하와가 최초의 사람들이었는지에 대해 아무 것도 말하지 않는다는 점을 쉽게 알 수 있다.

창세기 2:5-6. 창세기 2:5-6도 창세기 1:2처럼 하나의 예비 시나리오를 제공한다. 이 시나리오는 "이전"(before) 그림을 설정하여 우리를 창조 이야기의 단락 안으로 들어가게 하는 안내자 역할을 할 뿐 아니라, 그 창조 이야기가 끝날 무렵에 해결되리라는 것을 예상할 수 있게 한다.

창세기 1:2은 아직 질서가 잡히지 않았거나, 혹은 성소의 역할이나 사람들이 그들의 창조주와 교제하며 거주할 수 있는 집의 역할을 하지 못하는 불완전한 우주를 묘사한다. 이 구절은 하나님이 몸소 질서를 세우시고 자신의 형상을 따라 사람들을 지으시며 그들을 위한 성소로 기능하는 우주 안에서 휴식을 취하시며 통치하시는 것으로 끝을 맺는다.

창세기 2:5-6은 인간의 통제를 받아 이루어지는 어떤 생산 활동도 존재하지 않는 초기 단계의 땅을 묘사한다. 땅에는 곡식이 아직 없으며, 비도 없고 관개 작업(irrigation)도 이뤄지지 않은 상황이다. 이런 묘사는 창세기 1:2만큼이나 물질적 생태계의 이전 상황과는 관련이 없다. 오히려 그것은 무질서와 질서를 대비하는 고대 세계의 과학을 반영한다. 세 번째 불완전한 상황은 창세기 2:18에서 소개되고 그 장의 끝에서 18-24절이 묘사하는 활동을 통해 해결된다. 그러므로 우리는 창세기 2:5-6에 묘사된 불완전한 상황이 창세기 2:7-17에서 해결된 것으로 간주해야 할 것이다.

두 번째 창조 기사를 공관적인 것으로 해석하기를 선호하는 이들은 창세기 2:5-6이 여섯째 날 시작 당시의 상황을 묘사하지 않는다는 문제를 놓고 씨름해왔다. 하지만 두번째 창조 기사를 후속 이야기로 간주하면, 창세기 2:5-6은 그 이야기에서 앞으로 언급될 사건들을 소개하는 서두로서 후반부에 나타나는 문제 해결의 상황과 날카로운 대조를 이룰 것이다. 이렇게 예상하면서 우리는 그 이야기가 비가 내리는 상황이나 혹은 인간의 관개 행위로 끝나지 않는 것에 주목한다. 그러나 첫 번째 이야기에서처럼 여기에서도 여전히 앞에서 언급된 모든 무질서가 해소되지 않는다. 대신 그것을 해소하기 위한 첫 단계가 나타난다. 그 불완전한 초기 상황에 대한 부정적 묘사 중에는 "초목"(적어도 어떤 부류의 음식을 생산하는 식물들), 땅을 경작할 사람들, 그리고 명백히 부적절한 물 공급 상황(비가 아닌 "샘물"[한글 성서에는 "안개," "증기" 등으로 번역되어 있음—역자 주) 등이 발견된다. 내가 창세기 주석에서 내린 결론은 여기서도 의미를 갖기에 충분할 것이다.[42]

5-6절의 핵심을 풀어서 해석하면 다음과 같다. "하나님이 아직 비를 내리게 하지 않으셨기에 (식용) 관목들이나 식물들이 자라나지 않았다. 또한 (관개를 위해) 땅을 개간할 사람들도 없었다. 그래서 [하천계의] 정기적인 범람이 무차별적으로 땅을 휩쓸었다(그로 인해 땅에는 식량이 전혀 자라지 않았다)." 니푸르(Nippur)에서 출토된 창조 기사는 아직 강들이 땅의 구멍에서 흘러나오지 않았고 아무것도 자라지 않았으며 밭고랑도 만들어지지

42_ Walton, *Genesis*, NIVAC, 163-65(165쪽에서 인용됨). 내가 내린 결론들은 David Toshio Tsumura, *The Earth and the Waters in Genesis 1 and 2*, JSOTSup 83 (Sheffield, UK: JSOT Press, 1989), 87-89, 110-16에 의존한다.

않았다고 말함으로써 창조의 장면을 유사하게 묘사하고 있다.[43]

하나님은 이에 대한 해결책으로 인간을 만들어 일을 맡기시고, 동산에서 식물들이 자라나게 하시며, 땅에 물을 공급하신다. 이런 행위들이 최초의 상황을 묘사할 때조차 그것들은 각각 서로 다른 방침을 갖고 있고 예기치 않은 해결책을 제시한다. 인간은 땅을 갈기보다는 성소에서 일하는 과업을 부여받는다. 창세기 2:5에서 언급된 식물들은 동산에서 싹트지 않는다. 오히려 성소에 있는 온갖 종류의 나무들이 식량을 제공한다. 마지막으로, 물을 대는 일은 비가 아니라 하나님 앞에서 흐르는 강물들에 의해 수행된다.

그러므로 우리는 하나님이 불완전한 상황을 해결하기 위해 이 세상에 완전히 새로운 생태계를 도입하는 방식을 사용하시지 않았음을 알 수 있다. 오히려 그분은 성소를 섬기는 선택된 인간들에게 저절로 자라나는 음식들과 용수 시설을 제공하신다. 성소에서 하나님과 맺는 관계를 전제하는 상태에서 모종의 궁극적 해결책에 대한 기대가 나타난다.

이 논의의 요점은 우리가 이러한 관찰을 통해 두 번째 이야기가 또 다른 불완전한 상황들을 소개하고 있으며 그 상황들이 각각 문맥 안에서 언급된다는 것을 알 수 있다는 점이다. 두 번째 이야기는 첫 번째 이야기의 불완전한 상황을 언급하지 않으며, 따라서 그것은 첫 번째 이야기를 공관적으로 서술하는 기사가 아니라 그 후속편이라 할 수 있다. 창세기 2장이 최초의 두 사람 혹은 유일한 인간을 다룬다는 주장은 두 개의 창조 기사를 하나의 연속되는 이야기로 이해하는 것이 적절하다는 증거들로 인해 힘을 잃는다.

따라서 만약 창세기가 아담과 하와가 최초의 유일한 인간이라고 주장

43_ Clifford, *Creation Accounts*, 28.

하지 않고 인간의 물질적 기원에 관해 설명하지 않는다면, 아담과 하와의 유전적 역할이나 인간의 물질적 기원에 관한 성서의 주장은 존재하지 않는 셈이다. 만약 성서가 그런 주장을 하지 않는다면, 성서는 과학이 제공하는 어떤 견해(예컨대 진화론 모델이나 인구 유전학 같은 것들)와도—과학이 하나님을 무대에서 배제하지 않는 한—대립하지 않을 것이다.

연속성과 불연속성, 그리고 유전학

이제 우리는 다음과 같은 세 가지의 개별적인 질문을 제기할 수 있을 것이다.

> 아담과 하와는 실제 과거에 살았던 실제 인물인가?[44]
> 아담과 하와는 최초의 인간이자 모든 이의 조상인가?
> 아담과 다른 종들 사이에는 물질적 불연속성이 존재하는가?

만약 우리가 두 번째 질문에 긍정적으로 답한다면, 첫 번째 질문은 참이며, 세 번째 질문 역시 긍정적인 답을 얻을 수 있다. 만약 우리가 세 번째 질문에 긍정적으로 답한다면, 첫 번째 사항과 두 번째 사항 역시 참으로 간주될 수 있다. 이것들은 전통적으로 한 묶음의 주장들이었다. 그러나 우리가 주목해야 할 것은, 만약 우리가 첫 번째 질문에 긍정적으로 답

44_ 이 질문과 함께 창조 기사 안에는 그들이 존재했었다는 더욱 광범위한 주장이 등장한다. 하나님은 그들을 특별히 인간의 대표자로 세우셔서 제사장 역할을 맡도록 하셨다. 그러나 그들은 오만하게도 자신들을 질서의 중심에 올려놓으려 했던 한 행위를 통해 하나님의 명령에 불순종함으로써 실패했다. 나는 이것을 어느 시점에 인간에게 실제 결과를 초래했던 역사 속 사건으로 여긴다.

한다면 두 번째와 세 번째 질문 역시 참일 수 있으나, 그것들이 반드시 참은 아니라는 점이다. 이것은, 만약 성서가 첫 번째 질문에 대해 긍정할지라도(나는 그렇게 믿는다), 그것이 반드시 두 번째와 세 번째 질문도 긍정하는 것은 아니라는 뜻이다.

만약 창조 기사를 적절하고 주도면밀하게 읽는다면 적어도 우리는 두 번째와 세 번째 질문에 대한 과학의 주장이 첫 번째 질문에 대한 성서의 주장에서 분리될 수 있음을 허용할 수 있을 뿐 아니라 어떤 면에서는 그것을 선호하기까지 할 수도 있을 것이다. 더구나 우리는 오직 첫 번째 질문만 갖고도 아담 안에 있는 죄와 죽음의 기원을 적절하게 지지할 수 있다. 그러므로 우리는 두 번째와 세 번째 질문에 대해 부정적으로 답한 이들이 성서나 신앙을 거부했다고 비난해서는 안 된다. 이것은 그들이 과학의 주장을 비판 없이 받아들이고 있음을 의미하지 않는다. 성경을 해석하는 사람들은 특정한 성서 본문이나 신학 일반이 과학의 주장을 거부하기를 요구한다고 주장할 수 있는 위치에 있지 않다. 모든 과학을 그 자체로 평가해야 한다. 성서가 그 결과를 미리 결정하지는 않는다.

가설적 시나리오

만약 어떤 이들이 인간은 알려지거나 알려지지 않은 다양한 메커니즘을 통해 공통의 조상으로부터 수많은 변화의 과정을 거쳐 나타난 산물이며, 우리의 유전적 유산은 (한 쌍의 인간 부부에게서 유래된 것보다) 다양하다는 현대 과학의 주장(몇 가지 진화론 모델 중 하나)에 공감하고 더 나아가 그런 과정이 하나님에 의해 인도되었다고 확신할 경우, 그들이 택할 수 있는 한 가지 가설적 시나리오를 이제 제시하고자 한다.

나는 이것을 내가 선택한 가설로서가 아니라(나는 내 가설이 추가로 과학을 통해 그 명확성을 인정받고 지지받을 수 있기를 기다리고 있다), 우리가 실제 과거에 살았던 실제 인물인 아담과 하와를 포함해 성서적·신학적 확언들을 모두 받아들이면서 아울러 인간의 기원에 관한 과학의 주장들을 수용할 수 있는 한 예로서 제시하고자 한다. 그런 결론들은 성서 본문의 주장을 거부하는 것을 통해서가 아니라 오히려 창세기를 고대 문헌의 일부로 간주하며 신중하게 다루는 방식으로 읽는 것을 통해서 지지받는다.[45]

만약 성서와 신학을 진지하게 다루는 어떤 이들이 여러 가지 증거들을 통해서 인간이 진화했다는 개념을 지지한다고 생각한다면, 그들에게 필요한 것은 진화를 창조주 하나님에 의해 인도되는 과정으로 간주하는 것이다(예컨대 진화적 창조론의 경우처럼). 그 과정―유전학자들이 병목지점이라고 부르는 시기로서 아마도 인간이 거의 멸종했던 시기―에서 어떤 시기에 하나님이 특별한 창조 행위를 통해 온 인류에게 하나님의 형상을 부여하셨다. 이것은 인간에게 어떤 역할과 기능을 부여하는 창조 행위에 해당하며 진화를 통해 이룰 수 없었던 진전을 표현한다.

하나님의 형상을 부여받은 후에도 사람들은 죽어간다(흙으로 지음을 받음으로써 그들에게 내재된 죽을 운명, 즉 죽음에 대한 종속 때문이다). 그들은 우리가 사악한 것으로 여기는 활동들에 개입하고 있으나 그로 인해 책임을 추궁당하지는 않는다("율법이 없었을 때에는 죄를 죄로 여기지 아니하였느니라"[롬 5:13]라는 말씀에 근거하면 그렇다). 그러므로 그들은 원래 의로운 상

45_ 성서의 무오성(inerrancy)은 우리가 본문이 확언하는 모든 내용을 잘못이 없는 것으로 받아들여야 한다고 가르친다. 그리고 그것은 내 관점이기도 하다. 오랫동안 우리는 이 가르침이 하나님이 인간과 소통하시는 과정에서 고대 문화에 자신을 맞추신 것과 관련하여 미세하게 조정될 필요가 있음을 인식해 왔다. 이에 대해 Walton, *Lost World of Genesis One* (Downers Grove, IL: InterVarsity Press, 2009)와 Walton and D. Brent Sandy, *Lost World of Scripture* (IVP, 2013)에 실려 있는 더욱 상세한 논의를 보라.

태(original righteousness, 아무 잘못도 저지르지 않음)가 아니라 무죄 상태 (original innocence, 잘못이 그들의 책임으로 간주되거나 처벌되지 않음)에 있게 된다. 선악을 알게 하는 나무의 열매를 따 먹기 전까지 그들은 어떤 책임 도 지지 않는다.

이후에—아마도 수많은 세월이 흐른 후에—하나님은 성서에서 아담 과 하와로 불리는 이들을 성소에서 일할 대표자인 제사장으로 선택하신 다. 그 당시에 살고 있던 사람들과 앞으로 나타날 모든 인간의 대표자로 서 그들은 하나님 앞에서 살아가는 삶의 가능성에 대한 희망을 모든 이들 에게 제공하는 역할을 했다. 이 관점에서 보면, 비록 동산 밖의 사람들은 여전히 죽어가고 있었고 아직 그들에게 책임은 지워지지 않았을지라도, 하나님은 온 인류의 원형이자 대표자인 아담과 하와를 통해 그들에게 지 혜와 생명의 가능성을 제공하셨다.

창조의 "선함"에 관한 언급은 결국 이런 가설과 관련되어 있다. 내가 다른 곳에서 주장했듯이, 만약 우리가 창세기 1장을 물질적 기원에 관한 이야기가 아니라 기능적 기원에 관한 이야기로 간주한다면, 하나님이 지 으신 것을 보시고 반복해서 "좋다"고 말씀하신 것은 그것이 성소로서 기 능할 준비가 되어 있음을 나타내신 것이다. 이 경우에 "좋다"는 말은 완전 함이 아니라 질서를 가리킨다. 본래 죽을 운명에 종속되어 있으나 아직 책임을 지지는 않았던 이들의 존재가 이 질서를 무효로 하지 않는다. 아 담과 하와를 성소에 두는 것은 더욱 큰 질서를 수립할 기회를 제공했다. 하지만 그 기회는 그들이 지은 죄를 통해 무질서가 우주 안으로 들어옴 으로써 박탈되었다. 그들의 죄와 그에 따른 처벌이 존재한다고 해서 창조 세계가 더는 선하지 않음을 의미하는 것은 아니다.

아담과 하와가 선악을 알게 하는 나무의 열매를 따 먹었을 때, 그들은 자기 자신을 질서와 생명과 지혜의 근원이자 중심으로 여기기로 선택했다("너희가…하나님과 같이 되어"[창 3:5], 그리고 "[그들이]…우리 중 하나 같이 되었으니"[창 3:22]). 그들은 그런 선택을 통해 세상에 무질서를 가져왔고, 그들 자신뿐 아니라 자신들을 통해 온 인류에 대해 책임을 지게 되었다(따라서 우리는 모두 그 죄 때문에 죽을 운명에 처해 있다). 그들은 성소 밖으로 내쳐졌으며 하나님과의 교제 밖으로 내쳐졌다. 이제 그들 및 그들과 함께하는 모든 인류는 죄 가운데 있고 죽음에 종속되어 있다. 그들은 이제 해독제에 접근할 수 없으므로 죽을 수밖에 없는 그들의 본래 운명에 종속될 수밖에 없기 때문이다. 책임과 무질서가 인간의 몫이 되었다.

이 시나리오에서 아담과 하와는 실제 과거에 살았던 실제 인물들이다. 하지만 그들은 최초의 인간도 아니고 모든 인류의 생물학적·유전적 조상도 아니다. 더구나 이 시나리오에서는 특별히 아담과 하와뿐 아니라 일반적인 인류도 물질적 불연속성의 행위 안에서 나타나지 않는다. 그럼에도 죄와(죄에 대한 책임과) 죽음은 그들을 통해 온 인류에게로 온다.

요약과 결론

비록 성서에서 아담과 하와가 실제 과거에 살았던 실제 개인들로 묘사되고 있을지라도, 지금까지 나는 신구약 성서 전체의 주된 관심은 그들을 온 인류의 원형으로 묘사하는 것이라고 주장했다. 더 나아가 나는 창세기 2장의 "형성" 이야기들은 원형적 인물에 대한 묘사(archetype profile)의 일부이며, 따라서 개별 인간인 아담과 하와의 물질적 기원이나 온 인류의 물질적 기원에 대한 우리의 이해에 별다른 기여가 없다고 주장했다.

아담과 하와라는 개별 인물들의 인물상은 그것이 인간의 죄와 죽음에 대한 경험에 대해 갖는 신학적 의미들 때문에 중요하다. 하지만 그런 의미들은 아담과 하와가 최초의 인간이었다거나, 유일한 인간이었다거나, 혹은 온 인류의 조상이었다는 과학적 결론을 요구하지 않는다. 설령 그들이 실제로는 물질적 기원이 아니라고 할지라도, 원형적으로는 우리의 최초 조상들이다.

대체로 많은 기독교인들은 진화가 인간의 기원에 대한 무신론의 대안이라고 믿어왔다. 우리는 이에 대해 분명히 해야 한다. 하나님 없이 사는 이들은 인간의 기원을 나타내는 모델로 진화를 택하겠지만, 진화 자체가 본래 무신론과 관련된 것은 아니다. 그들은 진화를 가리켜 목적이 없는 것으로 이해하겠지만, 심지어 지극히 복잡한 진화의 과정조차 무한히 강력하신 통치자 하나님이 의도적으로 수행하시는 일일 수도 있다.

사람들이 현대 과학의 주장(예컨대 인간이 다른 모든 종과 함께 공통 조상으로부터 진화되었다고 주장하거나, 혹은 오늘날의 인간이 한 쌍의 최초 부부에게서 유래한 것이 아니라 다양한 유전적 흐름에서 유래했다는 주장 같은 것들)이 설득력이 있다고 믿더라도, 그로 인해 그들이 필연적으로 성서의 주장들을 부인하는 것은 아니다. 내가 지금껏 제시한 해석에 따르면, 성서는 인간의 기원과 관련된 메커니즘이나 유전학상의 최초 기원에 대해 아무것도 주장하지 않는다. 사실 나는 성서가 그렇게 주장한다는 기대를 하지 말아야 한다고 주장하는 편이다. 성서는 과학이 아니라 하나님을 계시하는 책이기 때문이다.[46] 성서 본문에서 나는 하나님이 고대 세계의 그 누구도 믿지 않았을 법한 메커니즘이나 과정들을 계시하시는 예를 전혀 찾을 수 없었다. 하나님은 이스라엘 백성이 물질 우주에 관해 믿었던 것과 같은 관점을 통

46_ 성서가 제공하는 정보는 분명히 과학과 수렴할 수도 있다. 하지만 성서 본문에는 이스라엘 사람들이 자연계의 메커니즘이나 과정들에 관해 생각하는 방식을 변화시키는 어떤 계시도 들어 있지 않다. 아무것도 그들에게 고대 세계의 다른 이들이 그들과 공유하려 하지 않을 법한 견해를 제공하지 않는다. 분명히 하나님은 그분 자신과 과학을 모두 계시하실 수 있었을 것이다. 하지만 그분이 실제로 그렇게 하셨다는 증거는 없다.

해 그들과 소통하시는 것에 대해 만족해하시는 듯하다.[47] 우리는 성서 본문의 행간에서 과학을 읽으려 해서는 안 된다. 그렇지 않을 경우 우리는 이스라엘이라는 상황 속에서 계시를 전달한 자들에게 허락되었던 권위를 침해하게 될 것이다.

비록 성서가 과학적 진술을 하지는 않지만, 때때로 그것은 자연계의 현상들(전염병이나 홍해가 갈라지는 현상과 같은 것들)을 포함하여 역사의 어느 시점에서 발생한 일들에 대해 모종의 의미를 부여한다. 따라서 성서는 경험을 토대로 주장하기도 한다. 그때에 먼저 우리는 그런 본문이 단지 하나님이 그런 일을 하셨음을 확언할 수 있을 뿐, 하나님이 그런 일을 위해 사용하신 메커니즘을 알려주지 않는다는 점에 주목해야 한다. 설령 언젠가 우리가 그런 일들에 대한 자연적인 원인과 결과를 설명할 수 있게 된다 하더라도, 그때조차 하나님의 역할은 줄어들지 않을 것이다. 그렇지만 하나님이나 예수가 하신 것으로 간주되는 어떤 행위들은 언제까지라도 자연적인 설명을 허용하지 않을 것이다.

하지만 아담과 하와의 "형성" 이야기와 관련하여, 나는 조금 다른 무언가를 주장한다. 나는 그 이야기가 인간의 물질적 기원에 관한 과학적 주장을 하지 않을 뿐 아니라, 또한 인간의 물질적 기원에 관한 역사적 주장도 하지 않는다고 주장한다(무오성은 주장들, 즉 본문의 확언들과 관련되어 있음을 기억하라). 아담은 역사적으로 우리가 모두 흙으로 지음 받은 것과 같은 방식으로 흙으로 지음 받았다. 아담과 우리는 모두 죽을 수 밖에 없는 존재다. 성서의 이런 진술은 인간의 원형적 측면과 관련된다.

47_ 무오성에 관한 주장은 "맞춤"(accommodation)을 허용한다. 하나님은 우주 지리학에 관한 고대의 견해들(이를테면 지구를 떠받치는 기둥들이나 궁창 위의 물 같은 것들)을 일소하지 않으시고, 오히려 그런 개념들을 사용하여 고대인들에게 자신을 맞추셨다. 이 문제에 관한 더욱 상세한 설명은 Walton, *Lost World of Genesis One*과 곧 출판될 *Lost World of the Word*를 보라.

아담과 하와의 역사적 측면은 "형성" 이야기가 아니라 "타락" 이야기에서 중요하다. 죄와 죽음은 아담과 하와의 역사적 행위를 통해 우리 모두에게 왔다. 이 경우에조차 실제 과거에 일어난 이 실제 사건은 원형이라는 점에서 중요하다. 타락을 다루는 신학은 중요하지만, 그것은 바로 원형적 인물을 기반으로 세워진다. 즉 아담과 하와는 우리 모두를 대표한다.

이런 견해는 그것이 성서가 제시하는 주장과 (더욱 중요하게는) 제시하지 않는 주장을 구분한다는 점에서 무오성에 대한 가르침을 고수한다. 비록 이런 견해가 원죄의 전이에 대한 대안이 되는 모델을 제시하긴 하지만, 그것은 아담과 하와라는 역사적 존재를 인정하고 역사적 사건과 관련된 원죄 교리를 존중한다. 이 견해는 진화론을 지지하지도 않고 이를 수용하지도 않지만, 만약 우리가 진화론으로 마음이 기울어진다면, 이를 받아들이는 것을 허용하는 성서적·신학적 해석을 제공한다.

마지막으로 이 관점은 고대의 본문인 성서에 대한 면밀한 읽기를 통해, 그동안 많은 이들이 성서가 과학적 주장을 제기한다고 생각했던 것이 실제로는 그렇지 않을 수 있다는 점을 주장함으로써, 신앙과 과학을 통합하는 길을 제시한다.

논평
진화적 창조론
데니스 O. 라무뤼

나는 독자들에게 월튼이 과학-종교 분야의 탁월한 학자일 뿐 아니라 내 친구이기도 하다는 점을 일러두고자 한다. 월튼은 내가 성령의 영감을 받은 구약성서 저자들의 개념 세계에 대한 지식을 넓히는 데 도움을 주었다. 물론 창세기의 처음 장들에 대한 우리의 접근방식에는 차이가 있다. 하지만 나는 우리 사이에 이견보다는 합의점이 더 많다고 믿는다. 나는 그 합의점들이 기독교 신앙의 필수 요소이며, 이견들은 부차적이고 중요하지 않다고 생각한다.

물질적 기원 vs 기능적 기원

월튼의 글은 성서의 창조 이야기에 관한 그의 독특한 주장에 근거한다. 2009년에 출판된 그의 책 『창세기 1장의 잃어버린 세계』(*The Lost World of Genesis One*)에서 그는 이렇게 결론짓는다.

창세기 1장은 (우리가 보통 그렇게 해석하듯) **물질적 기원**에 관한 이야기라기보다 (특별히 인간의 기능에 초점을 맞추는) **기능적 기원**에 관한 이야기다. 그것은 **기능적 기원**에 관한 이야기로서, **물질적 기원**과 관련된 분명한 정보를 제공하지 않는다.[48]

월튼은 그의 글에서 30여 차례에 걸쳐 성서가 물질적 기원을 다루지 않는다는 논지를 반복함으로써 독자들에게 마치 그것이 구약 연구 분야에서 이미 잘 정착된 개념인 듯한 인상을 준다. 이러한 접근방식은 현대 과학과 기독교 신앙의 고질적인 갈등을 슬며시 피해간다는 이점이 있다. 월튼이 자세히 설명하듯 "만약 창세기 1장이 물질적 기원에 관한 이야기가 아니라면, 그것은 물질적 기원을 설명하는 메커니즘을 제공하지 않으며, 따라서 그런 메커니즘을 고려하려면 이를 제시하는 과학을 살펴보는 것이 더 나을 것이다."[49]

우리는 이런 질문을 던져보아야 한다. "월튼의 논제는 참인가?" 나의 대답은 "아니오"다. 나는 2002년에 휘튼 칼리지에서 강연을 한 적이 있는데, 그때 월튼에게서 직접 이 이론에 관해 배우는 특권을 얻었다. 처음 그의 견해를 들었을 때 나는 매우 놀랐는데, 왜냐하면 그런 이론을 주장하는 학자를 전혀 본 적이 없었기 때문이었다. 하지만 나는 고대 본문들이 종종 현대 독자들에게는 낯선 고대 개념들(예컨대 궁창 같은)을 갖고 있다는 것을 알았기에 그럴 가능성에 대해 마음을 열어두었다. 그러므로 나는 지난 11년 동안 기원에 관한 고대 이야기들을 접할 때마다 그것들을 월튼의 논지에 유념하면서 읽었다. 유감스럽게도 지금 나는 그의 의견에 동의하지 않는다. 창조 이야기들은 단순히 기능들을 설명하는 데 국한되지 않는다. 오히려

48_ 강조는 내 것임. John H. Walton, *The Lost World of Genesis One* (Downers Grove, IL: IVP Academics, 2009), 163을 보라.

49_ Ibid.

그것들은 기능적 기원과 물질적 기원을 모두 드러낸다.

월튼은 그런 가능성에 대해 다루면서 이렇게 말한다. "물질적 견해를 고수하기 위한 마지막 노력으로 그들[월튼의 논지에 회의를 보이는 이들]은 왜 그것이 둘 다가 될 수 없느냐고 묻는다. 창조 이야기에서 기능적 성향을 발견하는 것은 어렵지 않다. 하지만 그렇다고 물질적 측면이 제거되어야 하는 것인가?"[50] 그는 이렇게 답한다. "물질적 기원에 대한 관심이 이미 전제된 것으로 간주하면 안 된다. 그것은 입증되어야 한다.···옛 관점이 우리에게 주는 편안함은 그런 결론을 위한 기초가 되기에는 충분하지 않다. **본문이 우리를 인도해야 한다.**"[51]

좋다. 그렇다면 성서를 펴서 창세기 1장이 전하는 창조 둘째 날에 관한 이야기를 살펴보자. 월튼은 이렇게 말한다.

> 둘째 날은 잠재적으로 물질적인 요소(궁창, 라키아[rāqîʻa])를 갖고 있다. 하지만 우리 중에 물질로 이루어진 그런 무언가가 실제로 있다고 믿는 사람은 아무도 없다. 윗물을 간직하고 있는 견고한 구조물 같은 것은 없다. 만약 그 이야기가 기능적일 뿐 아니라 물질적이기도 하다면, 우리는 존재하지 않는 어떤 것이 물질로 창조되었음을 설명하려 하는 문제를 안게 된다. 이스라엘 사람들에게 "라키아"라는 단어는 그들의 우주 지리학(cosmic geography)에 속한 아주 특별한 어떤 대상을 가리키는 것이었다. 만약 이것이 물질적 기원에 관한 하나의 타당한 설명이라면, 우리는 (일치주의자들이 그러하듯 이 단어를 다른 무언가를 의미하는 것으로 바꾸는 것이 아니라) 위에 있는 견고한 어떤 것을 발견해야 할 의무를 갖게 될 것이다. 기능적 접근방식으로 보면, 구약 시대 과학의 이런 요소는 그 시대 사람들이 이해하는 용어로 묘사된 **날씨의 기능**

50_ Ibid., 93.
51_ Ibid., 94. 강조는 내 것임.

을 가리킨다.[52]

더 나아가 월튼은 궁창을 "강수량을 통제하는 체제로서 날씨에 영향을 미치는 수단"이라고 설명한다.[53]

구약성서 안에 비에 해당하는 두 개의 잘 알려진 히브리어가 있음을 지적해 두어야 할 것 같다. 하나는 "게쉠"(*gešem*, 30번)이고, 다른 하나는 "마타"(*māṭā*, 38번)이다. 또한 구름에 해당 하는 단어도 두 개가 있는데, 하나는 "아난"(*'ānān*, 82번)이고, 다른 하나는 "아브"(*'āb*, 22번)이다. 만약 창조 둘째 날이 강수량과 날씨를 다루고 있다면, 우리는 적어도 이런 단어 중 하나가 등장하리라고 기대할 수 있다. 하지만 그것들은 나타나지 않는다. 아울러 "라키아"라는 단어는 구약성서에서 17차례나 나타나는데, 그것이 등장하는 문맥 중 어느 것도 강수량이나 날씨와 관련되지 않는다.

위에 인용한 구절에서 일치주의자들이 "이 단어[라키아]를 다른 무언가를 의미하는 것으로 바꾼다"라고 비난하는 월튼의 말에 주목하라. 또한 그는 그런 접근법은 "본문을 조작해 그것이 결코 말한 적이 없는 무언가를 말하게 한다. '창공/궁창'이라는 단어를 단순히 하늘이나 **대기권**으로 해석할 수 있다고 생각하면 안 된다"라고 덧붙인다.[54]

그러나 월튼은 『창세기 1장의 잃어버린 세계』를 출판한 지 2년 뒤에 『고대 우주론으로서의 창세기 1장』(*Genesis 1 as Ancient Cosmology*, 2011)이라는 책을 펴냈는데, 그 책에서 그는 기존의 견해를 바꾼다. 그는 다른 히브리어 단어에 호소하면서 이렇게 말한다.

52_ Ibid., 94-95, 강조는 내 것임.
53_ Ibid., 57.
54_ Ibid. 강조는 내 것임.

나는 "쉐하킴"(šeḥāqîm)이 고대 근동 우주론의 공통 요소인 견고한 하늘을 가리킨다고 제안한다.…나는 라키아가 쉐하킴이 세워질 때 창조된 공간을 가리키는 것으로 간주한다. 이것은 어째서 새들과 태양과 달이 라키아 **안에** 있는 것으로 보이는지를 설명해준다.[55]

이제 월튼은 라키아가 대기권을 포함한다고 믿는데, 그것은 그 **안에** 새들이 있기 때문이다. 하지만 이것은 히브리어 성서에는 나오지 않는 개념이다. 문자 그대로 옮긴다면, 창세기 1:20은 새들이 라키아 "앞을 가로질러"(across the face of) 난다는 의미가 된다. 다시 말하면 새들은 라키아 **안에서가** 아니라 **앞에서** 난다. 그리고 월튼은 견고한 하늘을 가리키는 쉐하킴과 관련하여 "존재하지 않는 어떤 것이 물질적으로 창조되었음을 설명하려 하는" 문제에 부딪친다.

일치주의자들에 대한 월튼의 예리한 비판에 비춰볼 때, 독자들은 그가 창세기 1장에 나오는 라키아의 의미를 "변화시키거나" "조작한 것"인지 아닌지를 판단할 수 있을 것이다. 또한 월튼이 기능적 창조와 물질적 창조를 대조하는 자신의 논지를 성서에 억지로 **주입한 것**(eisegesis)은 아닌지, 그리고 그것이 잘못된 이분법인지 아닌지도 판단할 수 있을 것이다.

55_ John H. Walton, *Genesis 1 as Ancient Cosmology* (Winona Lake, IN: Eisenbrauns, 2011), 157. 강조는 그의 것임. 예컨대 쉐하킴은 욥 37:18에 나타난다. "어른께서 하나님을 도와서 하늘[šeḥāqîm]을 펴실 수 있습니까? 하늘을 번쩍이는 놋거울처럼 만드실 수 있습니까?"(새번역).

고대 과학

월튼은 성서가 물리적 세계에 대한 고대인의 해석을 포함하고 있음을 인정한다. 그는 이렇게 말한다.

> 창세기 2:5-6은 인간의 통제를 받아 이루어지는 어떤 생산 활동도 존재하지 않는 초기 단계의 땅을 묘사한다.…오히려 그것은 무질서와 질서를 대비하는 **고대 세계의 과학**을 반영한다. (166쪽).…하나님은 **우주 지리학에 관한 고대의 견해들**(이를테면 지구를 떠받치는 기둥들이나 궁창 위의 물 같은 것들)을 일소하지 않으시고, 오히려 그런 개념들을 사용하여 고대인들에게 자신을 맞추셨다 (175쪽, 각주 47번).…나는 1세기에 살았던 유대인 대부분은 모든 인간이 아담에게서 유래했다고 믿었으리라는 것을 인정한다. 하지만 그들은 **지구가 편평하다는 것**도 믿었다(162쪽).…성서 본문에는 이스라엘 사람들이 **자연계의 메커니즘이나 과정들**에 관해 생각하는 방식을 변화시키는 어떤 계시도 들어 있지 않다. 아무것도 그들에게 고대 세계의 다른 이들이 그들과 공유하려 하지 않을 법한 견해를 제공하지 않는다(174쪽, 각주 46번, 모든 강조는 내 것임).

월튼은 성서 안에 고대 과학이 있음을 분명하게 인정한다. 특히 그는 고대 지리학("지구를 떠받치는 기둥들")과 고대 우주론("윗물")을 긍정한다. 또한 그는 이스라엘 사람들이 다른 고대 문화와 "자연계의 메커니즘이나 과정들"에 관한 개념들을 "공유했다"고 믿는다. 그런데 이것은 "고대 세계의 과학"이었으므로 분명히 성서는 물질인 우주를 다루고 있다. 이 진술에서 월튼은 창세기의 창조 이야기가 물질적 기원과 기능적 기원 둘 다에 집중하지 않고 기능적 기원에만 초점을 맞추고 있다는 자신의 논지를 훼손한다.

더 나아가 월튼은 성서 안에 고대 지리학과 우주론이 있음을 인정한다. 그러므로 성서 저자들이 고대의 생물학적 "메커니즘이나 과정들"을 포함하는 고대 생물학 역시 수용했다고 인정하는 것이 자연스럽다. 내 글에서 주장했듯이, 고대 근동 사람들이 인간의 창조에 포함되어 있다고 믿었던 메커니즘 중 하나는 정교한 장인처럼 흙을 사용해 최초의 인간을 만드는 것이다(81쪽). 이 과정은 창세기 2:7에서 발견된다. 거기서 "여호와 하나님은 땅의 흙으로 사람을 지으셨다." 그러므로 아담의 존재는 "고대 세계의 과학"에 그 기초를 두고 있다. 그리고 궁창의 경우와 마찬가지로 그것은 물리적 실재와 일치하지 않는다.

원형들

월튼은 다음과 같이 통찰력 있게 언급한다. "창세기에 나오는 인간의 기원에 관한 이야기를 원형적으로 해석하는 것은 그 이야기의 의미가 갖는 중요성을 박탈하지 않는다. 오히려 우리는 원형적 해석을 통해 그 구절들이 갖는 근본적인 신학적 가르침에 주목하게 된다"(153쪽). 내 범주를 사용해 말한다면, 성서의 원형들은 **무오한** 영적 진리를 전달하는 **부수적인** 도구들이다. 월튼은 또한 적절하게 다음과 같이 확언한다. "**비록 모든 원형이 다 그런 것은 아니지만**, 어떤 원형은 실제 과거에 존재했던 실제 인물일 수도 있다"(134쪽, 강조는 내 것임). 강조된 표현은 아담이 절대로 존재하지 않았다는 내 관점과 아주 잘 들어맞는다. 아담은 하나의 원형으로서 인간의 영적 상황에 관한 신앙의 메시지를 전달하는 역할을 한다.

아담을 원형으로 해석하는 것은 월튼이 제시하는 주장의 핵심이라 할 수 있다. 그는 이렇게 말한다. "아담에 관해 가장 분명한—**그리고 이 토론**

을 위해 가장 중요한—진술은 하나님이 그를 땅의 흙으로('apar) 지으셨다(yaṣar)는 진술이다"(137쪽, 강조는 내 것임). 이어서 월튼은 다음과 같이 설명한다. "흙은 죽을 수밖에 없는 인간의 운명을 가리키며…우리가 흙으로 지어졌다는 것이 곧 우리 모두의 물질적 기원을 나타내지" 않는다(139-40쪽). 이것은 그의 견해의 치명적 약점이다. 만약 "흙"이라는 단어에 대한 월튼의 원형론적 해석이 타당하지 않다는 것이 입증될 수 있다면, 창세기 2:7이 아담의 물질적 기원을 가리키지 않는다는 그의 믿음 역시 철회될 수 있다.

내가 흙에 대한 월튼의 원형론적 해석에 동의하지 않는 세 가지 이유가 있다. 첫째, 그의 용어를 사용해 말하자면, 창세기 2:7에 대한 "가장 분명한 독법"(134쪽)은 그 구절이 하나님이 실제로 아담을 만드신 방법을 언급한다고 해석하는 것이다. 사실 기독교 역사상 대부분의 기독교인은 이 구절이 아담의 물질적 기원을 의미한다고 이해해왔다.

둘째, 고대 근동에서 신규(de novo, 신속하고 완전한) 창조는 당대의 기원 과학이었다. 우리가 앞에서 살폈듯이, 월튼은 성서 안에 "고대 세계의 과학"이 있음을 인정한다. 일관성을 유지하려면, 월튼은 아담이 흙에서 신규 창조되었다는 견해를 인간의 물질적 기원에 관한 고대의 이해로 수용해야 한다.

셋째, 창세기 2:7에 사용된 "흙"이라는 단어를 이해하려면, 우리는 고대인들처럼 생각할 필요가 있다. 그들은 어떤 이의 죽음 이후에 무엇을 보았을까? 그의 몸이 흙으로 돌아가는 것이었다. 그러므로 우리가 흙으로 만들어졌다고 여기는 것은 **고대 현상학적 관점**으로 볼 때 완벽하게 합리적인 개념이었다. 하나님이 아담을 정죄하신 기사의 배후에는 바로 이와 같은 고대의 과학 개념이 놓여 있다. "네가 흙으로 돌아갈 때까지 얼굴에 땀을 흘려야 먹을 것을 먹으리니 **네가 그것에서 취함을 입었음이라.** 너는 흙이니 흙으로 돌아갈 것이니라"(창 3:19). 이 구절은 오직 아담의 물질적 기원이라는 문맥 안에서만 의미가 있다.

결론적으로 월튼의 말을 고쳐서 말하자면, 흙은 죽을 운명을 가리키는 것이 아니다. 아담이 흙으로 지음을 받았다는 것은 그의 물질적 기원을 가리킨다.

원형에 대한 월튼의 주장들을 다시 읽을 때 자연스럽게 떠오르는 질문이 하나 있다. 성서에서 언제 원형이 사용되는지 우리가 어떻게 판단할 수 있는가? 나로서는 그의 제안 중 많은 것들이 임시적이고 심지어 엉뚱해 보이기까지 한다. 우리는 창세기 2장에서 아담이 "제사장 역할"을 맡았다고 믿어야 하는가?(142쪽). 이보다 진실에서 먼 것은 없다. 구약성서에서 제사장은 하나님의 말씀을 선포하고, 죄를 속하기 위해 희생제물을 바치며, 언약을 받들었다. 창세기 2장에는 이런 행위 중 어느 것도 나타나지 않는다. 오히려 아담은 하나님의 말씀을 어기고 죄를 불러들인다. 그리고 언약에 대해 아무런 언급도 없다.

혹은 하와의 창조에 관한 월튼의 원형론적 해석을 살펴보라. 그는 아담이 경험한 "깊은 잠"이 환상일 수 있으며, "이 과정은 하나님이 '그 갈빗대 하나를 취하고 살로 대신 채우셨다'는 사실에도 불구하고, 일반적인 수술과는 다르다"(145쪽)고 말한다. 나로서는 "사실에도 불구하고"라는 월튼의 유보 조건은 조금 공허하게 들린다. 왜냐하면 그는 그의 글 다른 곳에서 그것이야말로 "가장 분명한 독법"(134쪽), "가장 이해하기 쉬운 독법"(142쪽), "본문에 대한 가장 자연스러운 해석"(165쪽)이라고 단언하기 때문이다. 이런 예들에 비추어 볼 때, 월튼의 해석학적 방법론은 우리가 각각 모든 형태의 이상한 원형을 상상할 수 있는 여지를 남기고 만다.

창세기 1장과 2장: 후속편인가 두 개의 자료인가?

나는 월튼이 성서의 첫 번째 두 장의 관계 문제를 제기한 것에 감사한다. 사실 나는 내 글에서 이 문제를 다루고 싶었으나 지면 관계상 그렇게 하지 못했다. 이것은 모든 기독교인이 생각해야 할 중요한 문제다. 왜냐하면 이 문제는 창세기 1장과 2장에 대한 우리의 해석에 아주 중요하기 때문이다.

월튼은 전통적인 (공관적) 접근법이 창세기 2장을 창세기 1장에 나오는 창조의 여섯째 날에 일어난 사건에 대한 상세한 설명으로 보고 있음을 정확하게 지적한다. 하지만 뒤이어 그는 "이 두 이야기가 **서로 다른 자료**에서 유래되었으며 경쟁하는 관계에 있는 전승들"로서, "후대의 편집 과정에서 두 이야기 사이의 **긴장이 해결되지 않은** 채 **부적절하게** 나란히 놓인 것"이라고 주장하는 "비평학자들"의 견해를 일축한다(163쪽, 강조는 내 것임). 이 표현에 등장하는 부정적인 언어들에 주목하라. 월튼은 "세 번째 안"(163쪽)을 제시하면서 창세기 2장이 시간상 창세기 1장의 후속편이라고 주장한다.

창세기 1장과 2장이 두 개의 서로 다른 자료에서 왔다는 주장을 대충 다루고 넘어가는 월튼의 모습에서 복음주의 신학 교육의 전형적인 모습이 드러난다. 신학생 시절에 나는 자료 비평(source theory)이 "자유주의적"이고 "불합리하다"고 들었다. 학생인 내가 어떻게 감히 교수들의 견해에 도전할 수 있었겠는가? 하지만 그것은 내 잘못이었다. 나는 그 이론을 신중하게 살피는 데 좀 더 많은 시간을 할애해야 했다.

내가 제안하는 것은 이것이다. 나를 믿지 말고 월튼도 믿지 말라. 자료 비평을 당신 스스로 살펴보라. 자료 비평은 원래 두 개의 기원 이야기가 각각 있었다고 주장한다. 그 이야기들은 각각 하나의 창조 이야기와 하나의 홍수의 이야기로 구성된다. 그 후에 한 편집자가 그 둘을 하나로 엮었다. 특히 그는 두 개의 홍수 이야기를 하나로 묶어 창세기 6-9장을 만들어냈다. 그렇게 하는 동안 그는 첫 번째 이야기에서 몇 구절을 취하고 두 번째 이야기에서 몇 구절을 취했으며, 이어서 다시 첫 번째 이야기로부터 몇 구절을 취하고 두 번째 이야기에서 몇 구절을 취했으며…등등. 분명히 이것은 이상한 일이다. 하지만 만약 그것이 사실이라면 다음이 성립해야 한다.

(1) 새로이 재결합된 각각의 홍수 이야기는 뜻이 통해야 한다.

(2) 각각의 원래 자료에 속한 창조와 홍수 이야기에서 사용된 용어들은 유사해야 한다. 왜냐하면 그것은 같은 저자가 구성했을 것이기 때문이다.[56] 나는 당신의 연구를 돕기 위해 두 개의 홍수 이야기를 재결합하여 온라인(http://www.ualberta.ca/~dlamoure/sources.html, 현재 이 링크는 만료된 상태다—편집자 주)에 실어놓았다.

설령 당신이 나처럼 창세기의 창조와 홍수 이야기 배후에 별개의 두 자료가 있다는 결론에 이른다 해도, 그것은 성서가 참으로 하나님의 말씀이라는 당신의 믿음에 영향을 주지 않을 것이다. 그것은 단지 성서 안에 고대 과학이 있듯이 성령께서 성서를 계시하는 과정에서 고대의 문학 기술들을 사용하셨음을 의미할 뿐이다. "해결되지 않은 긴장"을 지닌 "서로 대립하는" 이야기들이라는 혐의가 있지만, 창세기 1-2장은 각각 영감을 받은 상호 보완적인 하나님의 계시를 전달한다. 하나님은 그런 방식으로도 우주를 초월하는 창조주이시며(창 1장) 또한 우리 삶에 내재하시는 주님이시다(창 2장).

56_ 자료 비평에 관한 탁월한 서론은 Richard E. Friedman, *The Bible with Sources Revealed* (New York: HarperSanFrancisco, 2003)를 보라.

논평
오래된 지구 창조론
C. 존 콜린스

월튼과의 교류는 늘 내게 기쁨을 안겨준다. 확실히 그의 창의성은 계속해서 우리의 주목을 끈다. 창세기 문제와 관련해 나는 창세기가 모종의 "물질적 기원"을 언급한다고 생각하는 거의 모든 이들에게 동의한다. 따라서 나는 월튼이 물질적 기원과 기능적 기원을 그토록 계속해서 구별하는 이유를 정확하게 이해하지 못한다. 세상에 존재하는 모든 것은 하나님이 그들에게 부여하신 기능이 있다. 그리고 그런 기능들은 최소한 부분적으로라도 사물의 물질적 특성에 달려 있다(예컨대 철은 칼의 기능을 하며, 솜은 면봉의 기능을 할 후보자들이다).

아마도 우리로서는 창세기가 고대의 여러 다른 기원 이야기들과 마찬가지로 다양한 사물들이 나름의 특성과 기능을 얻게 된 구체적인 과정이나 메커니즘에 그다지 관심을 보이지 않는다고 말하는 편이 훨씬 더 유용할 것이다. 여기서 나는 이 문제 전체를 내가 다른 곳에서 했던 것처럼[57] 상

57_ J. Daryl Charles, ed., *Reading Genesis 1-2: An Evangelical Conversation* (Peabody, MA: Hendrickson, 2013)에 실려 있는 에세이들을 보라. 특히 Collins와 Averbeck이 쓴 글들과 그들이 같은 책에 실려 있는 Walton의 기고문에 대해 논평한 부분을 보라. Averbeck은 "물질적 기원"이 사실상 다른 문화들의 기원 이야기들과 상관이 있다고 주장한다. 하지만 이러한 다른 문화들이 사실상 물질적 기원에 대한 관심이 결여되어 있을지라도(모호한 채로

세하게 논하지는 않을 것이다. 그 대신에 나는 월튼이 아담을 나머지 인류와 관련해서 다루는 문제에 초점을 맞출 것이다.

아담을 원형으로 다뤄야 한다는 월튼의 제안은 두 가지 주석적·신학적 요소들에 의존한다. 하나는, 창세기 2장에 나오는 아담과 하와의 "형성"(formation) 이야기가 창세기 1장에 나오는 인간의 "창조"(creation) 이야기와 같은 이야기일 필요가 없다는 것이다. 다른 하나는, 따라서 월튼이 실제 인간이었다고 여기는 아담이 꼭 인류 역사의 출발점일 필요도 없다는 것이다. 이 두 번째 주장은 아담과 하와의 죄가 어떻게 우리 모두에게 영향을 주게 되었는지에 대한 우리의 인식을 바꿀 수도 있다. 하지만 나는 그가 제안하는 요소 중 어느 것도 면밀한 검토를 견뎌내지 못할 것으로 생각한다.

랍비들의 전통적인 독법은 창세기 2장이 묘사하는 일들을 창세기 1장이 묘사하는 여섯째 "날"에 관한 자세한 설명으로 간주한다.[58] 우리는 예수께서 그 두 구절을 함께 읽으셨음이 분명하다는 것을 더 중요하게 취급해야 한다. 예수는 마태복음 19:3-9(막 10:2-9도 보라)에서 창세기 1:27과 2:24을 한 데 인용하신다(이에 대한 논의는 내 글을 참조하라). 그동안 나는 창세기 2:4-7이 그 두 이야기를 결합하는 방법과 창세기 2:4의 잘 알려진 교차대구법 구조가 그 두 구절을 조화시켜 읽게 하는 방법을 설명함으로

남아 있을 수밖에 없는 어떤 이유로), 그것이 모세 역시 그런 관심이 부족한 채 창조 기사를 다루었다는 것을 입증해주지는 않는다.

58_ 상세한 내용은 Yehudah Kiel, *Sefer Bere'shit 1-17* (Da'at Miqra'; Jerusalem: Mossad Harav Kook, 1997), חם, n. 7을 보라. 그 외에도 우리는 Josephus, *Antiquities*, 1.34는 물론이고 토비트 8:6과 지혜서 10:1을 덧붙일 수 있을 것이다. Richard Hess, "Genesis 1-2 in Its Literary Context," *Tyndale Bulletin* 41:1 (1990): 143-53은 이를 위한 논리적 근거를 제시하는데, Hess는 창세기 1-11장의 "중복"(doublets) 패턴에서 두 번째 요소는 첫 번째 요소의 어떤 내용에 초점을 맞춰 상세히 설명하기 위한 장치라고 주장한다.

써 이런 전통적인 접근법의 문법적 정당성을 주장해 왔다.[59]

내 글에서 언급된 창세기 1장과 2-3장 사이의 몇 가지 연결점들은 여기에서도 적절하다. 예컨대 "축복"(1:28)이 "저주"(3:17)로 바뀌는 것과 이 율배반인 "번성하라"(1:28; 3:16)는 명령 등이다. 나는 2:18의 "좋지 아니하니"는 아직 우리가 1:31의 "심히 좋았더라"의 상태에 이르지 못했음을 환기시키는 문학적 효과가 있다고 생각한다.[60] 더 나아가 아담의 후손들에 관한 설명(5:1-5)은 창세기 2-4장의 특성들을 지속시킬 뿐 아니라 또한 분명하게 창세기 1:26-27을 반영한다. 예컨대 "창조하다"라는 동사와 "형상"과 "모양" 같은 명사들이 그러하다. 실제로 5:1은 "하나님이 **사람**을 창조하실 때에"라고 올바르게 번역되었으나(그것이 1:27을 반영하기에), 또한 그것은 쉽게 "하나님이 **아담**을 창조하셨을 때에"라고 번역될 수도 있다("사람"에 해당하는 히브리어 'adam이 정관사를 사용하지 않고 있으므로 그렇다).

히브리어 본문과 그리스어 본문에 속한 많은 구절들이 창세기 1-2장을 상호 보완적인 텍스트로 읽는 것을 지지한다. 예를 들면 시편 104편은 창조 질서가 인간의 경험 속에서 여전히 계속되고 있는 방식을 찬양하기 위해 창세기 1장의 창조 이야기를 시적으로 성찰하는 작품으로 잘 알려져 있다.[61] 그렇지만 14절("사람들이 **밭갈이로** 채소를 얻게 하시고"[표준새번역] 혹은 "사람들이 **일을 하여** 채소를 얻게 하시고"; 참조. 또한 23절을 보라)은 창세기 2-3장에서 온 특정 용어인 "일"(히브리어 'abad, 창 2:5, 15; 3:23)을 사용한다. 고린도전서 15:45은 창세기 2:7의 인용문인데,[62] 이후에 49절에서 바울은

59_ Collins, "Discourse Analysis and the Interpretation of Genesis 2:4-7," *Westminster Theological Journal* 61 (1999): 269-76.

60_ Collins, *Genesis 1-4: A Linguistic, Literary, and Theological Commentary* (Phillipsburg, NJ: P&R Publishing, 2006), 75.

61_ Ibid., 85-86을 보라.

62_ 여기서 계속되고 있는 논의와 관련된 사항은 ibid., 146-47을 보라.

다음과 같이 말한다. "우리가 흙에 속한 자의 형상[image, 그리스어 *eikôn*]을 입은 것 같이 또한 하늘에 속한 이의 **형상**을 입으리라." 그리고 이것은 창세기 1:27과 5:3을 떠올리게 한다. 즉 바울에게 창세기 2:7의 사람은 창세기 1:27의 첫 번째 사람과 같은 인물이었다.[63] 비슷하게 바울은 그리스도를 새로운 아담(고전 15:45)이나 혹은 이상적인 "하나님의 형상"(고후 4:4; 골 1:15-16)으로 묘사할 수 있었는데,[64] 아마도 그것이야말로 누가가 그리스도의 조상을 아담으로까지 소급할 뿐 아니라 나아가 하나님으로까지 소급하는 이유일 것이다.[65]

우리는 여기에 하나님이 아담과 하와의 불순종 이후에—특히 노아 안에서, 그 후에는 아브라함과 이스라엘 안에서—인류를 위한 새로운 출발점을 제공하셨다는 개념을 덧붙이고자 한다.[66] 그 새로운 출발점들은 잃어버린 것들을 그들 자신을 위해서 뿐 아니라 세상을 위해서 회복시키는 하나님의 방법이었다. 이스라엘은 그들의 땅과 특별히 성전을 통해서 다시 세워진 일종의 에덴동산이 되어야 했으며, 그 역할은 하나님의 임재가 온 인류를 위해 회복될 것을 예견하는 것이었다.[67] 이 주제는 이사야 43:1, 7에서 나타난다.

63_ 바로 이것이 고전 15:45이 말하는 "첫 사람"이라는 명칭이 아담이 최초의 생물학적 종(species)이었다는 주장이 될 수 없다는 Walton의 주장이—비록 표면적으로는 합리적으로 보일지라도—그 구절의 전체 맥락을 설명해 주지 못하는 이유다.

64_ 이에 대한 논의는 Collins, *Genesis 1-4*, 64을 보라.

65_ 나는 하나님의 "아들"인 아담이 하나님의 "아들"인 다윗 계열의 왕이라는 개념과 결속되기를 기대한다. 다윗 계열의 역할은 참된 인성을 구체화하는 것이다. 나는 이 문제를 Collins, *Genesis 1-4*, 24 n. 42, 29 n. 47에서 간단히 언급한다.

66_ 내 글에 실려 있는 간단한 언급 외에도 Collins, "Reading Genesis 1-2 with the Grain: Analogical Days," in Charles, ed., *Reading Genesis 1-2*, 73-92, at 74-75을 보라.

67_ Christopher J. H. Wright, *The Mission of God: Unlocking the Bible's Grand Narrative* (Downers Grove, IL: InterVarsity Press, 2006), 334, 340을 보라.

야곱아 너를 창조하신 여호와께서 지금 말씀하시느니라.

이스라엘아 너를 지으신 이가 말씀하시느니라.

너는 두려워하지 말라. 내가 너를 구속하였고,

내가 너를 지명하여 불렀나니 너는 내 것이라.…

내 이름으로 불려지는 모든 자,

곧 내가 내 영광을 위하여 창조한 자를 오게 하라.

그를 내가 지었고 그를 내가 만들었느니라.

여기서 하나님이 이스라엘을 세우신 방식을 보여주는 용어들—"창조하다"(참조. 창 1:27), "짓다"(창 2:7), 그리고 "만들다"(창 1:26)—은 창세기 1-2장의 용어들을 하나로 모으는데, 이것은 이스라엘이 인류를 위한 하나님의 새로운 출발점, 즉 창세기 1-2장에 등장하는 최초 인간의 정당한 후계자임을 분명하게 밝히기 위해서다.

더 나아가 자신의 구속된 피조물을 향한 하나님의 목표가 창세기 1:1과 2:1, 4절에서 온 용어들을 사용해 "새 하늘과 새 땅"(계 21:1)으로 표현되는 것을 생각해 보라. 새 하늘과 새 땅에서는 "에덴동산이 온전히 실현된다"(이 주제는 내 글에서 논의될 것이다).

그러므로 우리로서는 창세기 1장과 2장을 하나님이 최초 인간을 만드신 상황을 기록하려는 목적을 지닌 상호 보완적인 이야기로 간주하는 것이 최선이다. 내 글은 내가 이 물질적 기원에 관한 이야기를 일상(ordinary) 언어이자 시(poetic) 언어로 간주하는 이유를 보여준다(C. S. 루이스의 글 "종교의 언어"의 관점에서 보면 그렇다. 라무뤼의 글에 대한 내 논평을 보라). 바로 그것이 "기능"에 대한 월튼의 강조가 매력적으로 보이는 이유다—그것은 물질에 대한 "관심"이 없어서가 아니라, 그 본문이 메커니즘을 구체적으로 드러내지 않은 채 사람과 사건들에 초점을 맞추기 때문이다. 하지만 이것은 물질적 요소를 배제하지 않는다.

　나는 월튼이 창세기 2:7에 나오는 동사 "짓다"(to form)를 다룰 때 어휘 문제와 관련해 적절한 엄밀함이 부족하다는 점에 주목한다. 다른 것들도 지음을 받을 수 있다는 점에는 의심의 여지가 없다(슥 12:1의 경우처럼). 하지만 창세기 2:7은 어떤 이들이 "이중 목적격"(double accusative)이라고 부르는 특수한 구문을 사용하고 있다. 이것은 무언가를 만들거나 준비하는 것을 의미하는 동사들의 경우에 보편적으로 나타나는 현상이다. 첫 번째 목적격("그 사람")은 동사의 목적어, 즉 지음을 받은 대상이다. 그리고 두 번째 목적격("땅의 흙")은 지음을 받은 대상을 형성하는 물질이다.[68] 나의 글에서 나는 흙으로 지음 받는 것(7절)은 "인간의 몸이 흙의 공통 요소들로 만들어졌다는 단순하고도 분명한 사실"을 반영한다고 주장했다. 그리고 우리가 죽을 때 우리의 몸은 특징적인 "형태"를 잃어버리고 본래의 공통 요소들로 돌아간다(창 3:19). 이러한 견해가 월튼의 제안보다는 흙과 죽을 운명의 관계를 훨씬 더 쉽게 설명해준다. 나는 이러한 표현을 우리 몸의 구성 요소에 대한 화학식을 다루는 표현으로 간주하지 않는다. 또한 나는 그것이 필연적으로 어떤 중간 단계들을 배제한다고 확신하지도 않는데(비록 순전히 "자연적인" 과정이 부당하다 할지라도), 그것에 대해서는 아래에서 좀 더 설명할 것이다. 고대 세계의 다른 이야기들 역시 특별한 무언가가 덧붙여진 진흙 형상을 통해 인간을 만들어내는 특징을 보여주는 것이 사실이다. 그리고 그것은 우리가 여기서 엄격하게 문자적인 해석학을 따르지 않는 또 다른 충분한 이유가 된다.[69]

68_ 예컨대 Gesenius-Kautsch-Cowley, §117*hh*; Waltke-O'Connor, §10.2.3*c*; Joüon-Muraoka, §125*v*를 보라.

69_ 나는 Walton이 "창조 기사 안에서 전반적으로 물질성이 명백하게 나타난다"고 인정하는 것에 주목한다(151쪽). 다른 문화가 이런 주제를 다루는 방식에 대한 내 견해는 Collins, *Did Adam and Eve Really Exist? Who They Were and Why You Should Care* (Wheaton,

월튼은—아마도 아담이 최초의 인간이 아니었을 것을 전제하면서—
자신의 시나리오를 통해 아담을 실제 인간으로 간주하면서, 아담이 실제
로 시험을 받았으며 모든 인류의 대표이자 원형이라고 생각한다. 그는 아
담 이전의 사람들이 "하나님의 형상을 부여받은 후에도" 여전히 죽어갔으
며 "우리가 사악한 것으로 여기는 활동들에 개입했다"고 주장한다. 이것
은 데니스 알렉산더(Denis Alexander)가 『창조 혹은 진화: 반드시 선택해
야 하는가?』(Creation or Evolution: Do We Have to Choose?)라는 책에서 제공한
시나리오와 유사하다. 나는 다른 책에서 이에 대해 더 상세하게 논한 바
있다.[70] 월튼의 시나리오는 다음과 같은 몇 가지 의견들과 조화를 이루기
어렵다.

첫째, 성서에는 "하나님은 사람을 정직하게 지으셨으나 사람이 많은
꾀들을 낸 것이니라"(전 7:29)라는 분명한 확언이 있는데, 그것은 우리가
창세기 1장에 나오는 "좋았더라"의 의미를 이해하는 것을 돕는다. 월튼은
이 용어가 "완전함이 아니라…질서를 가리키는 것이다"라고 말한다. 그러
나 "완전함"에 관해 말하는 것은 사실상 불필요하다. 오히려 나는 그것이
하나님을 기쁘시게 하는 것, 즉 그분의 목적에 응답하는 것을 가리킨다
고 말하고자 한다. 그것이 도덕적 순수성을 포함하고 있음은 "하나님께서
지으신 모든 것이 **선하다**[히브리인들은 '좋다'와 '선하다'를 같은 단어로 표현한

IL: Crossway, 2011), 153-54을 보라. 거기서 나는 이렇게 결론을 내렸다. "물질성이라는
주제가 반복되는 것은 우리로 하여금 창 2:7이 최초의 인간에 관해 단언하는 것, 즉 그를
다른 동물들과 구별해주는 특별한 기원(1:26-27에 비추어 볼 때, 이것은 하나님의 형상을
포함한다)에 초점을 맞추도록 도와준다. 또한 그것은 우리가 창 2:7을 인간의 기원에 관한
물리적·생물학적인 설명과 연관시킬 때 너무 엄격한 문자주의를 적용하는 데 조심하게
만든다. 이는 비록 그것이 그 과정이 순수하게 자연적인 것은 아니라고 주장할지라도
그러하다."

70_ Denis Alexander, *Creation or Evolution: Do We Have to Choose?* (Oxford: Monarch/
Grand Rapids: Kregel, 2008). 나는 Collins, *Did Adam and Eve Really Exist?*, 125-
28에서 그 책의 내용을 요약하고 평가했다.

다—편집자 주]"(딤전 4:4)라는 바울의 주장뿐 아니라 그 단어 자체의 의미와 "정직하게"(29절)라는 표현을 통해서도 분명하게 드러난다.

월튼의 시나리오는 이들 부부의 죄를 그들의 동시대인들에게—그들 사이에 어떠한 자연스러운 관계가 없음에도—전가하는 것과 관련하여 하나님의 정의에 대해 심각한 의문들을 제기한다는 또 다른 난점을 갖고 있다. 적어도 우리는 아이들이 어떻게 자기 부모에게서 그들의 시민권을 "물려받을" 수 있는지 알고 있다. 만약 내 자녀들이 오스트레일리아로 이민을 가서 그곳의 시민이 된다면, 그들에게서 태어난 아이들은 오스트레일리아 사람이 될 것이다. 그러나 다른 한편으로, 훈련 담당 부사관이 부대원 중 어느 하나가 규정을 따르지 않을 경우에 그 부대원들을 모두 벌하는 것은 이치에 맞지 않는다. 예컨대 「풀 메탈 재킷」(Full Metal Jacket)이라는 영화에서 하트만 중사는 "뚱보"로 불리는 로렌스 일병이 실수를 저지르자 사병 전체에게 벌을 준다. 그리고 사병들은 그로 인해 로렌스에게 분풀이를 해댄다. 그러나 그 잘못의 출발점은 하트만 중사에게 있다(결국 그것은 로렌스의 신경쇠약으로 이어져서 그는 하트만 중사를 살해하고 난 뒤에 자살한다).

월튼은 죄의 전이(transmission)라는 "유전적" 모델을 거부한다. 하지만 나는 과연 많은 전통적인 신학자들이 그런 모델을 지지해왔는지 의심스럽다. 사실 우리의 유전자가 우리를 규정한다고 믿을 이유는 없다. 죄를 옮기기 위해 의학적으로 탐지할 수 있을 만한 어떤 체제가 필요하지도 않다. 한 민족에 속한 사람들은 우리가 알아차리거나 심지어 적절하게 묘사할 수도 없을 만큼 서로 연관되어 있다. 그러므로 바울이 사용했던 (헬레니즘 세계의 정치 철학으로부터 빌려온) "육체"라는 용어는 히브리어 성서에서 발견되는 집단적 연대라는 개념을 매우 잘 표현하고 있는 셈이다. 바울은 "아담 안에서"와 "그리스도 안에서"라는 용어를 사용하는데(고전 15:21), 누군가의 "안에" 있다는 것은 그 누군가가 대표하는 사람들의 일원이 된다는 것을 의미한다. 두 경우 모두에서 "안에서"라는 관계는 또한 모종의 연대와 참여적 결합을 포함한다(그 연대와 결합은 아담의 경우에는 자연적인 것이고, 그리스도의 경우에는 초자연적인 것이다). 그리고 이러한 대표성이 월튼이 기꺼이 허용하려는 것만큼 임의적인 것이 될 수 있다는 증거는 없다.[71]

요약하자면, 따라서 나는 월튼의 접근법이 인류의 통합된 기원이나 혹은 하나님의 계획과는 이질적인 죄의 존재를 설명할 수 있다고는 생각하지 않는다.

또한 나는 인간에게 "어떤 역할과 기능을 제공하는" 인간의 "특별한 창조"라는 월튼의 개념이 부적절하다고 생각한다. 여기서 나는 성서가 "하나님의 형상"이라는 용어를 사용하여 의미하려는 바에 관해 내가 이해한 모든 것을 상세히 설명할 수는 없다. 하지만, 우리가 그것이 무엇이라고 여기든, 만약 우리가 "보여주기"(showing, "말하기"[telling]에 대비되는 개념)라는 문학 기술에 주목하면서 창세기를 자세히 읽는다면, 틀림없이 우리는 그 형상을 다른 모든 "살아 있는 피조물"과 인간을 분명하게 구별하는 무엇인가로 여기게 될 것이다.[72] 우리 인간이 수행하는 특별한 기능이 무엇이든, 그것—특히 "다스림"(dominion, 창 1:26; 참조. 시 8편)—은 우리가 모든 사람들이 우리를 다른 동물과 구별해주는 것으로 인식하는 능력들

71_ Walton이 "개혁주의" 관점에서 언약적 대표(federal representation)라고 부르는 것 중 일부분은 자의성으로 인해 문제가 된다. 이것은 그 개념 자체 때문이 아니라 참여적 연합(participatory union)이라는 동등하게 중요한 개념에 대한 관심 없이 전가(imputation)라는 법적 개념에 과도하게 초점을 맞추고 있기 때문이다.

72_ Richard Briggs는 화행이론(speech-act theory)에서 나온 고찰들을 성서 해석에 유용하게 도입했다. 그러나 그는 그의 논문 "Humans in the Image of God and Other Things Genesis Does Not Make Clear," *Journal of Theological Interpretation* 4:1 (2010): 111–26에서 저자의 "보여주기"(showing)가 그의 발화수반행위가 가진 힘(illocutionary force)의 일부가 될 수 있다는 것을 인식하는 데 실패한다. 단지 우리는 그 표현 속에 나타나는 인간과 다른 동물들 간의 유사성과 차이점들에 주목하고 적절한 결론을 내려야 한다.

을 갖고 있을 수밖에 없음을 보여준다. "특별한 창조"는, 그것이 어떤 물질에 근거한 것이든 상관없이, 새로운 피조물의 육체와 영혼에 새로운 특징들을 부여한다. 육체와 영혼의 결합은 이러한 형상의 매체로서 반드시 필요하다.[73]

월튼은 두 개의 각주를 통해 아담의 죄의 전이에 관한 이레나이우스(Irenaeus)의 접근방식에 관심을 보인다. 아울러 그는 이에 대해 더 많은 연구를 촉구한다. 내 견해와 이레나이우스의 그것은 유사하다고 생각하기 때문에 그런 연구를 환영한다.[74] 하지만 우리는 만약 이레나이우스가 어떤 이가 최초의 인간이라는 아담의 지위를 부정하는 신학적 견해를 지지하기 위해 자신의 작품에 호소하고 있음을 안다면 깜짝 놀랄 것이라고 상상할 수 있다. 이레나이우스는 창세기 1:27이 창세기 2장과 평행을 이루고 있으며, 따라서 유혹의 앞잡이가 변절한 천사(사탄)였음을 분명하게 밝힌다. 그는 악의 메커니즘에 대해 아무런 설명도 없이 그것이 퍼져나가는 상황을 묘사한다. 또한 그는 인간의 타락은 "인간이 자신 안에 있는 하나님의 형상이 완성될 미래를 향해 성장하는 모습이 멈춘 상황"이며, 그것이 아담과 하와를 거쳐 그들의 후손에게까지 퍼져나갔다고 분명하게 말한다.[75]

결론적으로 말하면 월튼은 아담을 원형으로 만들고자 한다. 나는 그가 원형이라는 용어로 말하고자 하는 것이 무엇인지는 정확히 알지 못한다.

73_ 인간은 오직 육체만을 가진 존재도 아니고, 단지 영혼을 포함하고 있는 육체도 아니며, 사실은 육체와 영혼이 얽힌 존재라는 주장은 Collins, *Science and Faith: Friends of Foes?* (Wheaton, IL: Crossway, 2003), ch. 8을 보라.

74_ Collins, *Did Adam and Eve Really Exist?*, 65.

75_ Anders-Christian Jacobsen, "The Importance of Genesis 1-3 in the Theology of Irenaeus," *Zeitschrift für antikes Christentum* 8.2 (2005): 299-316(310에서 인용됨)을 보라. Irenaeus를 인용하고 있는 중요한 구절들은 *Against Heresies* 3.22.3-3.23.8; 5.15.4; 5:23.1-2; *Demonstration of the Apostolic Preaching*, 11-18 등이 있다.

하지만 그가 "비역사적인" 것을 의미하려 했던 것은 결코 아니다. 나는 그 점을 인정한다.[76] 하지만 그가 "어떤 사람이 원형의 역할을 한다고 해서 그가 역사적으로 실존했을 가능성을 배제할 수는 없다"고 말할 때(134쪽), 나는 그가 둘 사이의 관계를 후퇴시키고 있다고 생각한다. 역사적인 인물은 쉽게 원형이 될 수 있다. 바로 이 점 때문에 아담이 받은 유혹과 그가 저지른 죄가 둘 다 역사상 특별하며 처벌을 가져왔다고 할 수 있다. 동시에 그는 우리가 확인할 수 있는 패러다임의 역할을 감당한다. (이것이 내가 창세기에서 "시대착오"[anachronism]가 중요한 문학 장치라고 주장하는 한 가지 이유다. 사실 그런 시대착오로 인해 이스라엘 백성이―그리고 그로 인해 우리가―자신을 이런 사건들의 상속자라고 볼 수 있는 것일지도 모른다.)[77]

그러나 패러다임은 역사성에서 힘을 얻는다. 이 사건은 우리가 그것을 통해 유혹과 죄를 이해할 수 있는 하나의 유형이 되었다. 물론 다른 패러다임들도 존재한다. 가장 분명한 것은 결혼이다. 결혼할 때는 "남자가[모든 남자가] 부모를 떠나 그의 아내와 합하여 둘이 한 몸"을 이룬다. 최초의 결혼은 모든 사람이 뒤따라야 할 유형, 즉 우리가 ("타락"이 발생한 지금에는 고통스럽게) 추구해야 할 하나의 이상을 수립해 놓았다.[78]

월튼은 다음과 같은 이들을 수용하고자 한다.

76_ Walton이 롬 4:11-12이 언급하는 아브라함을 "원형"으로 간주함으로써 무엇을 의도하려 하는 지는 확실하지 않다. 바울의 주장은 하나의 이야기에 의존하고 있는데, 그 내용은 믿음을 지닌 이방인들이 아브라함의 가족 안으로 편입되며 따라서 "상속자"가 된다는 것이다(13-14절). 다시 말해 기독교 신자들에 대한 아브라함의 관계는 역사적이며, 그는 우리의 "조상"이자 모든 사람의 머리로서 하나님이 그를 통해 세상을 축복하시리라는 것이다.

77_ 예컨대 Collins, *Did Adam and Eve Really Exist?*, 59-60, 113-14을 보라.

78_ Walton은 이 결혼이 참으로 전형적인 것인지에 대해 의심한다. 하지만 Collins, *Genesis 1-4*, 142-45에 실려 있는 내 주장을 보라.

인간은 알려지거나 알려지지 않은 다양한 메커니즘을 통해 공통의 조상으로부터 수많은 변화의 과정을 거쳐 나타난 산물이며, 우리의 유전적 유산은 (한 쌍의 인간 부부에게서 유래된 것보다) 다양하다는 현대 과학의 주장(몇 가지 진화론 모델 중 하나)에 공감하고 더 나아가 그런 과정이 하나님에 의해 인도되었다고 확신[하는 사람들](170쪽)

내 글에서 말했듯이, 생물학자들과 고생물학자들은 자신의 연구 분야를 탐색해볼 수 있으며, 하나님은 그들이 그런 일을 하는 것에 복을 내리실 수도 있다. 하지만 그들이 자신의 결론을 인간의 삶에 관한 더 큰 이야기에 통합시키려 한다고 해서 그들이 자동으로 전문가의 권위를 갖고 말할 수 있는 것은 아니다. 특히 지혜롭게도 월튼은 메커니즘들이 "알려지거나 알려지지 않았다"고 분명하게 밝힌다. 이 과정에 대한 하나님의 인도하심의 일부 혹은 많은 부분이 자연적인 것을 넘어서는 요소들을 포함할 가능성을 배제할 수 있는 선험적인 권리 같은 것은 존재하지 않는다(라무뤼의 글에 대한 내 논평을 보라. 나는 루이스의 개념을 인용한다). 인간의 기원 문제와 관련해, 우리에게는 하나님의 인도하심이 실제로 그렇게 하셨다는 주장을 수긍할 만한 충분한 이유가 있다! 그러므로 나는 내가 제시한 시나리오의 기준들이 과학과 성서가 서로를 이해하는 일을 더욱 잘 수행하게 한다고 믿는다. 만약 어떤 이가 자신의 생물학 연구가 모종의 진화론을 지지한다고 여긴다면, 이와 같은 자유와 한계들이 그가 행하는 훌륭한 추론을 안전하게 보호해줄 수 있을 것이다.

젊은 지구 창조론

윌리엄 D. 배릭

진지하게 성서를 연구하는 모든 이들은 월튼의 글을 통해 성서의 거대 담론(metanarrative)에 대한 이해를 증진하게 해줄 요소를 많이 발견하게 될 것이다. 몇 가지 예를 들면, 거기에는 아담, 하와, 가인, 아벨, 에녹, 노아, 아브라함, 야곱, 모세, 그리고 예수 같은 이들의 원형적 역할은 물론이고 월튼이 제시하는 우주적 성전(cosmic temple)에 대한 유비 같은 것이 포함되어 있다. 두 가지 접근법 모두 면밀하게 검토해볼 만한 것들이며 또한 독자들에게 성서의 종합적인 메시지를 이해하도록 돕는 신학적 통찰들을 제공해 준다. 아담의 경우, 그의 기원이 땅의 흙에 있다는 진술은 분명히 죽을 운명이라는 그의 (그리고 우리의) 현실을 부각시킨다. 실제로 흙은 인간 본성의 한 요소를 지적해주는 역할을 한다.

월튼 자신이 주장하듯, 본질적으로 이런 원형론적 관찰은 실제 과거에 살았던 실제 인간인 아담과 하와의 역사성을 부정하지 않는다. 사실 나는 아담의 물질적 기원(흙)에 관한 창세기의 이야기가 그의 죽을 운명을 언급하는 역할을 할 뿐 아니라, 그가 창조된 실제 과정과 그를 창조하는 데 사용된 재료를 반영한다고 주장하는 편이다. 다시 말해 창조주 자신이 역사 이야기를 넘어서는 신학적 메시지를 전달하려는 의도로 그런 매개물을 택하셨다는 것이다. 종종 조각가들은 그들이 만들어내는 예술 작품의 재료 자체를 통해 사람들에게 어떤 잠재의식 속의 메시지를 전하려 한다. 그때 사용된 재료는 단순히 조형물의 내구성을 담보하기 위한 도구가 아니다. 영국의 총리 윈스턴 처칠(Winston Churchill)의 모습을 담은 나무 조각상은 청동이나 돌로 만든 그의 조각상이 전달하는 그의 특성과 의의에 대해 같은 메시지를 전달할 수 없다. 만약 인간 조각가조차 그의 작품을 통해 그처럼 사려 깊은 표현을 할 수 있다면, 만물과 모든 생명의 창조주께서 그렇게 하시지 못할 이유가 무엇이겠는가?

월튼이 주장하듯, 창세기는 "아바드"('abad, "경작하다")와 "샤마르"(šamar, "지키다")라는 동사들을 통해 아담의 역할에 관한 단서를 제공한다. 상식적으로 생각하면, 하나님이 최초의 인간을 창조하신 것은 인류 전체에 대한 그분의 의도를 드러낸다고 할 수 있다. 하나님이 최초의 동물들을 창조하신 이유가 그들이 생육하고 번성하게 하심이었듯, 하나님이 인간을 창조하신 이유 역시 그들이 생육하고 번성하게 하기 위함이었다. 도대체 왜 그분이 그의 후손들에게서 애초에 의도되었던 특성이나 기능이 나타나지 않는 인류의 조상을 창조하겠는가? 하지만 아담이 그런 "기능"을 갖는다는 사실이 곧 최초의 인간이자 인류의 생물학적 조상인 그가 역사상 존재했던 개인이었다고 말하는 성경 이야기의 정확성을 부정하는 것은 아니다.

월튼이 예수를 가리켜 하나의 원형이자 동시에 성경에 기록된 문자 그대로 역사상 존재했던 한 개인으로 인정하며 성서가 이를 정확히 기록하고 있다는 점을 받아들이는 것처럼, 우리도 아담을 그러한 방식으로 이해해야 한다. 어째서 예수의 동정녀 수태는 받아들이면서, 아담이 흙으로 특별히 창조되었다는 것은 받아들이면 안 되는가? 일관성을 유지하고자 한다면, 만약 우리가 후자를 부인한다면 전자 역시 부인해야 할 것이다.

우리가 월튼의 생각에서 많은 신학적 통찰을 얻을 수 있음을 인정한다고 해서 역사적 아담에 대한 그의 주장 역시 믿을 만한 결론이 되는 것은 아니다. 우리가 아담의 물질적 기원에 관해 논하든지 혹은 하나님이 아담의 살과 뼈 일부를 취하셨을 때 그가 빠져들었던 잠의 본질에 대해 논하든지 상관없이, 원형론적 해석은 성서의 기록에 대한 전통적 해석의 정확성에 영향을 줄 필요가 없다. 창세기 저자가 창세기에 기록된 내용에 대해 세밀한 관심을 보이는 것은 그 사건들이 문자 그대로 일어난 실제 사건들이었음을 보증한다. 창세기 2:7("여호와 하나님이 땅의 흙으로 사람을 지으시고 생기를 그 코에 불어넣으시니 사람이 생령이 되니라")은 행위의 주체(하나님), 대상(한 인간—인간들이 아니다), 행위들(지으시고, 불어넣으시니), 그리고 결과(생명을 가진 한 존재)를 구체적으로 나타낸다. 마찬가지로, 그렇게 창조된 사람이 혼자였다는 사실(18절)은 하나님이 그 남자의 옆구리에서 한 여자를 만드시는 이유를 제공한다. 하나님이 "그 갈빗대 하나를 취하고 살로 대신 채우시고"(21절)라는 본문의 설명은 그 일이 분명하게 성서 이야기가 선포하는 방식대로 일어났음을 강조하는 역할을 한다. 그처럼 상세한 설명은 정확하게 그 본문이 상술하는 방식으로 만들어진 특별한 개인들인 아담과 하와의 역사성에 관해 많은 것을 말해준다. 그러므로 그 본문이 묘사하는 일이 발생하지 않았다고 결론을 내리는 것은 적절치 않으며 극단적이다.

제임스 보이스(James Boice)의 말을 빌리면 다음과 같다.

…인류는 사물의 영원한 질서의 사소하거나 혹은 우발적인 일부가 아니라, 다른 모든 부분이 그것을 위해 존재하게 된 창조의 특별하고 소중한 일부다. 비록 나중에 여러 민족 혹은 인종 집단으로 나뉘기는 했으나, 온 인류는 최초

의 부부인 아담과 하와에게서 유래했으며, 결국 한 사람에게서 유래했다.[79]

분명히 월튼은 그가 말하는 "언약적 혹은 대표적 머리됨"(federal or representative headship)이라는 개념에만 초점을 맞추면서 아담의 "생식적 머리됨"(seminal headship)이라는 개념을 일축한다. 그러나 온 인류는 자연 생식을 통해 아담의 본성을 물려받는다. 창세기 5:3("아담은…자기의 모양 곧 자기의 형상과 같은 아들을 낳아")은 인류 안에서 하나님의 형상이 계속해서 유지되는 것 이상을 이야기한다. 케네스 매튜스(Kenneth Mathews)가 지적하듯, "아담은 그의 형상을 셋(Seth)에게 물려주었는데, 거기에는 인간의 죄악과 그로 인해 일어난 결과가 포함되어 있었다."[80] 우리는 각자 우리가 지은 최초의 죄로 인해 타락하지 않는다. 우리는 모두 아담의 타락한 자녀로서 우리의 부모에게서 전이된 사악한 본성을 지니고 타락한 상태로 태어난다. 우리는 수태와 동시에 죄의 본성을 부여받으며(시 51:5), 나면서부터 곁길로 나아간다(시 58:3). 우리의 타고난 본성은 우리를 죄인으로 만들며, 죄인으로서 우리는 죄를 짓는다. 우리와는 다른 그분만의 특별한 수태와 출생으로 인해 예수는 죄의 본성을 물려받지 않았다.

성서는 인류 최초의 조상에 관한 이야기를 통해 동시대의 고대 근동이라는 환경과 결별한다. 성서와 이에 수반되는 신학적 의미를 연구하는 사람들이 타락한 세상에서 살아가는 하나님의 백성을 위해 주어진 하나님의 계시에서 기대하는 것은 바로 이것이다. 성서는 하나님이 아담과 하와를 창조하셨음을 서술한다. 신화와 전설은 이에 대해 아무런 기여도 하

79_ James Montgomery Boice, *Foundations of the Christian Faith: A Comprehensive & Readable Theology*, rev. ed. (Downers Grove, IL: InterVarsity Press, 1986), 544.

80_ Kenneth A. Mathews, *Genesis 1-11:26*, NAC (Nashville: Broadman & Holman, 1996), 310.

지 못한다. 성서가 이처럼 고대의 신화와 전설들과는 아무런 상관이 없다는 사실은 남자와 여자의 물질적 기원에 대한 성서의 관심에까지 확대된다. 다시 말하지만 월튼은 예수의 원형적 실재와 역사적 실재를 모두 받아들이기 때문에, 우리는 그가 십자가에서 돌아가신 예수의 희생과 그분의 동정녀 수태가 모두 사실이라는 주장에 찬성할 것이라고 기대한다. 만약 그렇다면, 월튼이 아담의 창조에 관한 역사적 세부사항들을 예수의 그것과 마찬가지로 독특하고 역사상 실제로 일어났던 일로 간주하지 않는 것은 타당하지 않다고 할 수 있을 것이다.

사실, 만약 고대 근동의 문화적 상황이 독자들에게 창조 이야기의 원형적 의미에 관심을 두게 한다면, 독자들은 성서에 있는 창조 이야기 속에서 원형적 의미들을 깨닫게 될 수도 있을 것이다. 비록 독자들이 그런 원형적 의미를 깨닫는다 하더라도, 동시에 독자들은 히브리어 성서만이 독특하게 제공하는 고대 근동 문헌들과는 다른 상세한 사항들, 즉 실제 시간 안에서 실제로 존재했던 개인들과 사건들을 통해 히브리어 성서가 그들의 기대와는 다르다는 것을 깨닫게 될 것이다.

히브리인들은 다른 고대 근동 사람들과 똑같은 우주 지리학을 수용했을까? 실제로 모든 고대 문화가 세상이 편평한 원반이라고 믿었을까?[81] 이스라엘의 하나님 야훼는 고대 근동의 신들과는 다르다. 그분은 자신이 만드신 세상이 어떠함을 계시하심으로써 자신의 백성 곧 자신의 참된 추종자들이 언제나 다른 세계관과 다른 우주론을 갖고 살아가게 하셨다. 월튼 자신이 고대 근동 지역 사람들과 관련해 주장하듯이, "그들의 우주 지

81_ John H. Walton, *Ancient Near Eastern Thought and the Old Testament: Introducing the Conceptual World of the Hebrew Bible* (Grand Rapids: Baker Academic, 2006), 171-72에서 Walton은 단지 이집트의 석관 하나와 바빌로니아의 세계 지도 하나를 근거로 "이것들은 모든 이들이 세상을 편평한 원반 모양이라고 생각했음을 확증한다"고 주장한다.

리학이 주로 형이상학적이었고, 단지 부수적으로만 물리적/물질적이었음을 깨닫는 것이 중요하다. 그들의 우주 지리학에서 중요한 것은 신들의 역할과 현시였다."[82] 경건한 히브리인들은 참된 하나님을 경배했고, 그들 주변에 존재한 하나님을 대적하는 문화들의 특색인 이방 개념들을 수용하는 대신 창조와 우주 지리학에 관한 하나님의 계시를 받아들였다.

흥미롭게도 진화론적 세계관을 채택하는 오늘날 복음주의자들은 이방 세계가 생각하고 믿었던 방식과는 항상 대립해온 세계관, 즉 하나님이 계시하신 세계관을 포기하는 경향이 있다. 현대 진화론적 세계관 역시 여전히 본질적으로는 형이상학적이고 신학적이며, 단지 부수적으로만 물리적이고 물질적이다.

월튼은 "그 본문이 원형적일 뿐 아니라 생물학적인 것을 가리킬 **수도 있다**"(146쪽, 강조는 그의 것임)는 주장에 동의한다. 두 가지 모두가 증명을 요구한다는 그의 주장은 옳다. 그러나 해당 본문이 주장하는 인간의 생물학적 기원을 부정하는 그의 논거는 설득력이 없다. 신약성서의 침묵에 근거한 그의 주장은—그는 침묵을 이유로 모든 인간이 아담과 하와의 생물학적 후손이라고 간주할 필요가 없다고 결론짓는다—의심스럽다.

또한 월튼이 창세기에 나오는 톨레도트 공식을 다루는 방식은 창세기 2:5-25을 위해 더 나중에 등장하는 사건들에 대한 결정적인 증거를 제공하지 못한다. 왜냐하면 창세기 2:4에서 일어나는 장면 전환은 창세기의 나머지 톨레도트와는 다르기 때문이다. 창세기 1:1-2:3은 제일 앞에 등장하는 하나의 톨레도트가 아니라 창세기 전체에 대한 서문이다.[83] 민수기

82_ Ibid., 167.

83_ Jason S. DeRouchie, "The *Toledot* Structure of Genesis: A Textlinguistic, Literary, and Theological Analysis" (paper presented at the National Meetings of the Evangelical Theological Society, San Francisco, 2011), 9을 보라. **창 1:1-2:3은 톨레도트 단락들을 관찰하는 서론적 렌즈를 제공한다**…"(강조는 그의 것임).

3:1-4에 실려 있는 고립된 톨레도트와 마찬가지로, 창세기 2:4-25은 본문의 앞선 단락 중 적어도 한 부분과 동시에 발생한다.

그렇다! 우리는 현대 독자들이 창세기 이야기에서 단지 남자와 여자의 물질적 기원만이 아니라 그 이상의 문제에 대해서도 관심이 있다고 주장해야 한다. 하지만 우리는 그들이 물질적 기원에 대해 전혀 관심이 없다는 주장에는 반대해야 한다. 왜냐하면 물질적 기원은 하나님의 특성(전적으로 신뢰할 만하고 전능하시며 온전히 지혜로우신 하나님), 인류의 특성과 본성(아담의 불순종으로 인해 보편적으로 타락함, 아담과 생물학적·신학적으로 상관이 있음), 죄의 실재와 본질(아담 안에서 시작되었고 보편적으로 퍼져 있음),[84] 그리고 타락한 인류와 죄로 인해 부패하고 창조주에게서 저주받은 우주의 상태에 대한 해결책인 그리스도의 희생적 죽음의 필요성과 범위(영적·물리적 회복 모두를 목표함)에 관한 성서 개념들에 영향을 주기 때문이다.

월튼이 창세기 본문에서 오직 원형적인 측면만을 보려는 것에 반해, 젊은 지구 창조론자들은 원형적 요소와 물질적 요소를 모두 보존해야 할 필요성을 받아들인다.

월튼은 창조의 "선함"을 도덕성과 (혹은) 설계보다는 기능의 측면에만 한정시킴으로써 선악을 알게 하는 나무에 대한 성서의 언급이 "도덕적이고 윤리적인 능력, 그런 가치들의 본질과 그것들 사이에 존재하는 차이점을 알아내는 능력"[85]을 예기한다는 사실을 무시한다. 기능성은 성서의 창조 이야기 중 어떤 부분들에서 등장하는 "좋다"라는 말씀이 가진 의미의 일부인 것처럼 보인다. 하지만 그것은 도덕성이나 하나님의 설계라는 요

84_ 원죄와 보편적 죄의 교리를 다루는 Walton의 "방사능" 모델은 롬 8:19-22에서 지지 혹은 설명이 나타나는데, 그 단락은 아담의 불순종이 단지 인간만이 아니라 모든 피조물에게 영향을 주었음을 강하게 암시한다.

85_ Eugene H. Merrill, *Everlasting Dominion: A Theology of the Old Testament* (Nashville: B&H Publishing Group, 2006), 183.

소들을 배제하지 않는다. 물리적 창조는 하나님의 도덕적 특성을 반영하며, 그분의 선하심은 단순한 기능으로 제한될 수 없다.

논평에 대한 응답

존 H. 월튼

내 동료들은 나와 의견을 달리한다. 그렇지 않다면, 우리는 "네 가지 관점"을 다루는 이 책을 접할 수 없었을 것이다. 그들의 논평에 등장하는 내용 중 많은 것은 내 주장에 대한 논박이라기보다 그들과 내 의견이 다르다는 것에 대한 재확인에 지나지 않는다. 나는 그들의 논평에 대한 간략한 응답을 통해 동료들이 그저 자기들이 설득되지 않았다고 지적하기만 할 뿐인 것들을 다루기보다는 그들이 내 방법에 문제가 있다고 주장했던 것들에 더욱 초점을 맞출 것이다.

나는 과연 우리의 견해 중 어느 것이 성서 텍스트의 신학적 확언들과 관련하여 크게 다른 것인지 궁금하다. 우리 네 사람은 모두 인간이 하나님에 의해 그분의 형상대로 지으심을 받았다는 것, 죄는 실재이며 우리는 모두 그것에 종속되어 있다는 것, 그리고 죄 문제를 해결하기 위해 그리스도의 죽음이 필요했다는 것을 믿는다. 내 동료들의 관심사를 열 가지 범주로 나눠서 다뤄보려 한다.

해석의 역사. 사람들이 창세기 1장과 2장을 내가 앞에서 했던 방식으로 해석하지 않았다는 것은 내 주장을 반대하는 논거가 될 수 없다. 교회의 교부들은 오늘날 우리가 활용할 수 있는 도구들을 갖고 있지 않았으며, 또한 주해의 목적도 분명하지 않았다. 랍비들은 이스라엘과 고대 근동 지역이 공유했던 인지 환경이 아니라 헬레니즘 세계의 인지 환경 안에서 살았다. 예수는 또 다른 문제다. 하지만 예수께서 창세기 1장과 2장을 함께 다루신다는 사실 자체가 그 두 이야기가 공관적임을 의미하지는 않는다.

고대 근동과의 관계. 고대 근동에서 인간의 기원에 관한 이야기들이 인간의 신규 창조라는 특성을 보이는 것은 사실이다. 하지만 그때조차 그 이야기들은 오늘날 우리가 과학적이라고 부르는 것들과는 관심사가 다르다. 그들은 그런 범주를 갖고 있지 않았다. 그리고 내가 주장하듯, 그들의 관심사는 원형적인 것이었다.

재료로서의 흙. 사람들이 죽을 때 들어가는 무덤은 흙으로 만들어진다. 하지만 그것은 인간의 기원에 관한 창조 이야기가 재료에 대해 관심이 있음을 의미하지 않는다. 시편 103편은 우리 모두가 흙으로 지음 받았다고 밝힌다. 하지만 그 시편은, 설령 실제로 우리의 몸이 분해될 때 우리가 모두 흙으로 돌아간다고 할지라도, 우리의 물질적 기원을 묘사하지 않는다.

제사장의 역할. 제사장은 하나님의 말씀을 가르치고 희생 제사를 바쳤으나, 아담은 그런 일 중 아무것도 하지 않았다는 반론은 제사장의 역할을 지나치게 단순하게 생각하는 것이다. 제사장의 주된 역할은 성소를 보존하는 것인데, 아담 역시 그 일을 하도록 위임받았다. 제사장이 가르치고 의식을 행하는 것은 그들이 가진 역할 전부가 아닌 일부일 뿐이다.

하와 창조 시의 환상. 환상 중에 하나님께서 아담의 뼈를 살로 채우셨다는 것이 실제로 일어났던 물리적인 외과수술 절차였음을 의미하는 것은 아니다.

창세기 1-2장의 관계. 라무뤼는 창세기 1-2장에서 자료설이 명백하게 불가피하다고 주장하면서 내 견해를 "전형적인 복음주의자들의 것"으로 일축한다. 자료설은 심각한 문제를 갖고 있다. 나는 브렌트 샌디(Brent Sandy)와 함께 쓴 『성서의 잃어버린 세계』(*The Lost World of Scripture* [Downers Grove, IL: InterVarsity Press, 2013])에서 이 문제를 다룬 바 있다.

콜린스와 나는 창세기 1-2장의 상호 보완성과 관련해서는 아무런 견해차가 없다. 하지만 그렇다고 해서 창세기 2장이 여섯째 날과 관련되어 있다는 의미는 아니다. 내가 창세기 1-2장을 서로 다른 자료들 혹은 경쟁하는 전승들에서 나온 것으로 간주하지 않는다는 점을 상기하기 바란다. 창세기 1장은 성소가 어떻게 인간을 위해 기능하는지 알려준다. 창세기 2장은 인간이 어떻게 성소에서 활동하기 시작했는지 보여준다. 창세기 1장은 우주가 어떻게 성소가 되었는지 알려준다. 창세기 2장은 성소의 중심이 어디에 위치하게 되었는지(에덴동산) 보여준다.

어휘 문제. 콜린스가 아담의 창조를 하나님이 이스라엘을 만드시고, 지으시고, 창조하시는 행위에 비교한 것은 내 견해를 논박하기보다는 오히려 지지하는 것처럼 보인다. 분명히 그가 인용하는 본문들은 이스라엘의 물질적 기원과는 상관이 없다.

하지만 콜린스가 내 분석이 "어휘 문제와 관련해 적절한 엄밀함이 부족하다"고 주장하는 것은 또 다른 문제다. 사실 그것은 심각한 결점이 될 수 있다. 하지만 이어지는 그의 논증은 실제로는 내가 어휘 문제와 관련해 엄밀함이 부족하다는 것을 언급하지 않는다. 나는 창세기 2:7에 이중 목적격이 있다는 것을 분명히 안다(이 동사가 이중 목적격과 함께 쓰인 것은 오직 이때뿐이다). 하지만 달라지는 것은 없다. 콜린스는 그 이중 목적격이 지음 받은 것(아담)과 그가 지음 받은 재료(흙)를 가리키는 역할을 한다고 주장한다. 나는 그의 주장에 전적으로 동의한다. 하지만 그렇게 지음 받았다는 것이 물질적 기원의 문제와 상관이 있음을 의미하는 것은 아니다.

아담은 흙으로 지음 **받았다**. 우리 모두 흙으로 지음 **받는다**. 문제는 "짓다"로 번역된 동사의 의미 범위와 관련되어 있다. 그리고 어휘에 관한 어떤 연구라도 그 단어가 종종 물질성 이상의 무언가와 관련되어 있음을 알려준다. 내 주장의 핵심은 아담이 흙으로 지음 받았다는 것은 그 유일한 인간의 "물질적 기원"을 언급하는 것이 아니라 우리가 모두 "죽을 운명"임을 언급한다는 것이다.

성서의 다른 진술들. 창세기 1-5장의 다양한 부분 사이에 존재하는 연관성은 놀랄 만한 일이 아니며 내 견해를 반박하는 증거가 되지도 않는다. 가장 중요한 것은 아담을 하나님의 형상과 관련해 언급하는 창세기 5:1의 의의다. 물론 나는 아담이 하나님의 형상을 가진다는 데 동의하며, 콜린스는 창세기 5:1이 "인간"을 가리킨다는 점을 인정한다. 다른 제안은 전도서 7:29("하나님은 사람을 정직하게 지으셨으나")이 인간의 원래 상태에 관한 내 견해와 일치하지 않는다는 주장이다. 나는 이에 동의하지 않는다. "정직하게"라고 번역된 히브리어는 종종 주로 무죄한 사람들을 가리키는 데 사용되는데, 이 경우가 바로 이에 해당하기 때문이다. 그러므로 전도서의 진술은 본래 죄가 없음(sinlessness)을 의미하는 것이 아니라 본래 무고함(innocence)을 주장할 뿐이다.

신학적 쟁점들. 콜린스는 새 하늘과 새 땅을 에덴동산의 회복으로 간주하지만, 나는 그것을 우주가 창세기 1장에서 시작된 질서의 단계를 마침내 성취하는 정점으로 간주한다. 즉 그것은 애초에 의도되었던 정점에 도달하는 성소에 관한 이야기다. 죄의 확산과 하나님의 공의에 관한 가르침이 잘못될 것을 걱정하는 내 동료들을 위해서, 나는 한 제사장의 행위가 모두를 위한 결과를 낳을 수 있음을 지적하고자 한다. 그러나 우리는 이 문제가 어떠한 모델에서도 신비로 가득 차 있음을 인정해야 한다. 우리는 아담이 유전적 의미에서 모든 사람의 아버지라고 주장하는 이른바

상속 모델(inheritance model)에서도 하나님의 공의와 관련하여 많은 문제들을 발견할 수 있다.

종합적인 의미. 콜린스는 내 접근법이 "인류의 통합된 기원이나 혹은 하나님의 계획과는 이질적인 죄의 존재를 설명할 수" 있다는 것에 의문을 품는다. 나는 인간의 기원이 갖는 가장 중요한 측면은 그들이 하나님의 형상과 동일시되는 것에 있으며, 우리가 그 기원 안에서 하나가 되는 것에 있다고 강력하게 주장한다. 내 관점에서 보면, 원래 죄는 인간에게 낯선 것이었다. 그것은 인간들이 완전했거나 전적으로 의로웠기 때문이 아니라, 그들이 아직 책임을 지지 않았기 때문이었다. 나는 바울 역시 나와 같은 식으로 생각했다고 믿는다(롬 5:13).

3

역사적 아담은 있다

오래된 지구 창조론

_C. 존 콜린스

이 글에서 나는 성서가 인간의 생명에 대해 제시하는 모습을 설명하는 최선의 길은 아담과 하와 두 사람을 인류 시초에 존재했던 실제 인물들로 이해하는 것임을 주장하려 한다. 나는 "성서가 제시하는 모습"(biblical presentation)이라는 말을 창세기 안에 있는 창조 이야기와 그것을 언급하는 성서의 다른 구절들을 지칭하는 데 사용할 뿐 아니라, 성서의 더 큰 스토리라인을 가리키는 데도 사용한다. 이 스토리라인은 죄로 인해 침해당한 하나님의 선한 창조, 창조 세계를 위한 하나님의 구속 계획, 이스라엘이 열방의 빛으로 부르심 받음, 온 세상에 하나님의 빛을 성공적으로 가져갈 교회에 대한 전망 등을 다룬다. 창조 이야기는 또한 인간의 독특한 역할과 존엄성에 관심을 갖는데, 그것들은 모든 사람이 일상에서 경험하는 문제이기도 하다. 모든 사람은 하나님을 갈구하고, 그분을 필요로 하며, 자신들의 죄악의 문제를 해결하고, 삶을 꽃피우는 데 필요한 온전한 공동체를 창조하기 위해 그분에게 의존해야 한다.

성서 자료들의 특성을 고려할 때, 나는 우리가 아담과 하와를 해석하는 방식이 지나치게 문자에 얽매이지 않아야 하며, 지구가 오래되었을 가능성에 대한 여지를 두어야 한다고 주장하려 한다. 또한 나는 만약 우리가 성서 자료들을 건전한 비판적 사고의 도움을 받아 읽는다면, 그것들은 인간의 기원에 관한 과학적이고도 역사적인 설명과 성서의 창조 이야기를 서로 연결하는 데 어느 정도의 자유와 한계를 제공한다는 점을 주장하려 한다.

서론

전통적으로 기독교인들은—그들의 뿌리에 해당하는 유대인들과 마찬가지로—성서의 처음 장들에 등장하는 아담과 하와의 이야기가 다른 모든 인간의 조상이 된 최초의 인간 부부를 묘사한다고 생각했다. 또한 그들은 창세기 3장에 등장하는 불순종에 관한 이야기가 모든 인간의 죄의 기원을 묘사한다고 여겼다. 즉 이런 부류의 독자들은 하나님이 처음에는 인간을 도덕적으로 무죄하게 만드셨지만, 창세기 3장에 나타나는 사건이 아담과 하와(그리고 그로 인해 그들 이후의 모든 인류)의 도덕적 상황을 바꿔놓았다고 추정한다.[1]

이것은 동방 혹은 서방 기독교를 막론하고 고대의 모든 기독교 작가들이 갖고 있던 견해로서, 다시 말해 그들이 아담과 하와의 불순종이 정확히 어떤 방식으로 인간의 도덕적 상황을 변화시켰는지를 설명하는 공통 방식을 갖고 있지 않았던 시절에조차 공유하고 있던 믿음의 기준이었다.[2] 물론 그들 주변의 문화는 종종 그들의 믿음을 반박했다! 오늘날에도

1_ 이 에세이는 내가 쓴 *Did Adam and Eve Really Exist? Who They Were and Why You Should Care* (Wheaton, IL: Crossway, 2011); "Adam and Eve in the Old Testament," *SBJT* 15:1 (2011): 4-25; 그리고 "Adam and Eve in the Old Testament," in Michael Reeves and Hans Madueme, eds., *Adam, the Fall, and Original Sin* (Grand Rapids: Baker/Nottingham: Inter-Varsity Press, 출간 예정) 등에 그 기초를 두고 있으며, 여기서는 해당 출판사들의 허락을 받아 그것들을 발전시키는 형식으로 사용했다. 2009년도 미국과학협회(American Scientific Affiliation)의 연례회의 때 나는 Daniel Harlow 및 John Schneider와 함께 역사적 아담과 하와에 관한 포럼에 참석한 적이 있는데, 거기에서 그들은 우리가 아담과 하와를 역사적 인물로 간주하면 안 된다고 주장했다. 그때 우리가 발표한 논문들의 개정판은 *Perspectives on Science and Christian Faith* 62.3 (2010)에 실려 있다.

2_ 이 말은, 만약 우리가 아담과 그가 지은 죄의 역할에 대한 특별히 서구적인 혹은 Augustine적인 주장을 일반적인 견해라고 여긴다면, 큰 실수를 하고 있는 것임을 의미한다. 그리스어를 사용했던 고대 교부들은 전형적으로 위에 언급된 개념에 대한 몇 가지 견해를 갖고 있었다. 예컨대 Irenaeus(2세기 후반, Anders-Christian Jacobsen, "The Importance

과연 우리가 이런 고대의 믿음을 계속해서 유지해야 하는지에 대해 의문을 제기하는 이들이 교회 안팎에 존재한다. 첫째, 아주 오래된 다음과 같은 반론이 있다. "그렇게 오래전에 다른 어떤 이가 했던 어떤 일이 어떻게 지금 여기에서 내 삶에 영향을 줄 수 있단 말인가? 설령 아담과 하와가 실제로 살았었고, 하나님께 불순종했으며, 에덴동산에서 쫓겨났다고 하더라도, 도대체 그게 어떻단 말인가? 어째서 그 일이 **내게** 그렇게 심각한 영향을 주어야 한다는 말인가?"[3]

둘째, 창세기 1-11장에 있는 자료들이 고대의 다른 이야기들, 특히 메소포타미아 지역에서 발견된 자료들과 밀접하게 평행을 이룬다는 견해가 폭넓게 수용되고 있다. 혹자는 이렇게 말할지도 모른다. "우리가 고대 근동의 다른 이야기들은 역사로 취급하지 않으면서, 어째서 창세기만은 그것들과 다르게 취급해야 한다는 것인가? 우리가 성서 저자들이 다른 이

---

of Genesis 1-3 in the Theology of Irenaeus," *Zeitschrift für antikes Christentum* 8.2 [2005], 299-316); Origen(주후 185-254년), *Homily on Luke*, at Luke 2:22 ("우리 출생의 얼룩들"); Athanasius(주후 293-373년), *On the Incarnation*, 1:3-5 ("그들의 원래 무죄함이 갖는 사랑스러움"); Eusebius(주후 315년경), *Preparation for the Gospel*, 7.8 [307d] ("아담은…더 좋은 그의 운명**으로부터 타락했다**[그리스어 apopiptô]"); John Chrysostom(주후 347-407년), *Homilies on Romans*, x ("아담은 **타락했고**[그리스어 piptô] 그 나무의 열매를 먹지 않은 이들조차 모두 그로 인해 죽게 되었다"); Theodore of Mopsuestia(주후 350-428년), *Catechetical Homilies*, 14 ("우리는 타락했고 죄가 우리를 부패시켰다"). 또한 Augustine의 영향권 밖에 있는 이들로서, 시리아어를 사용했던 Ephraem the Syrian(주후 306-73년), *Commentary on 1 Corinthians*, 1:30 (그는 세례를 통해 전달되는 우리에게 필요한 용서에 대해 말한다); 라틴어를 사용했던 Tertullian(주후 160-220년경), *On the Soul*, 16, 40-41 (아담의 죄로부터 오는 "부패"); 그리고 Cyprian(주후 258년 사망), *Letters*, 58.5 (Fidus에게 보낸 편지: 아담의 죄는 갓 태어난 아기들에게조차 영향을 미친다).

3_ J. Matthew Ashley, "Original Sin, Biblical Hermeneutics, and the Science of Evolution," in Jitse van der Meer and Scott Mandelbrote, eds., *Nature and Scripture in the Abrahamic Religions* (4 vols.; Leiden: Brill, 2008), 2:407-36은 그 사건이 "현대"에 미치는 충격에 대해 논하는데, 결국 그 논의는 "원죄"라는 전통적 개념에 대한 거부로 이어진다.

야기들과 구별되는 무언가를 만들어내고자 했다고 생각해야 할 이유가 무엇인가?"[4]

셋째, 우리에게는 현대 과학의 우월한 이론들이 있다. 천체물리학자들은 우주가 약 130-40억 년 전에 "빅뱅"(big bang)과 함께 시작되었다고 말한다. 이것은 창세기가 우리에게 정확한 연대를 제공한다고 생각하는지 혹은 **아닌지에** 따라 문제일 수도 있고 아닐 수도 있다. 지금으로서는, 나는 창세기 1장에 나오는 "날들"(days)이 인간의 노동일(workdays)과 유비를 이루는 하나님의 노동일이며 반드시 온 우주 최초의 6일을 의미할 필요는 없다고 생각한다. 창세기 1장은 하나님을 **마치** 엿새 동안 일하는 일꾼처럼 묘사한다. 그러므로 우리는 창조를 웅장한 업적으로 경축한다. 이것은 창세기가 그 날들이 얼마나 길었는지, 혹은 그 날들이 오늘날 우리가 아는 시간 개념과는 어떤 관련이 있는지에 대해—그 날들이 우리가 화석을 통해 알게 된 것들과 들어맞는지는 차치하고—중요하게 다루지 않고 있음을 의미한다. 그런 이유로 나는 성서가 정확한 연대를 제시한다고 생각하지 않으며, 따라서 오늘날의 우주론과 지질학의 표준 이론에도 반대하지 않는다.[5]

더욱 심각한 도전은 인간이 순전히 자연적인 진화과정을 통해 나타나게 된 방식에 대해 (어떤 이들이 그렇게 이해하고 있는 대로) 나름의 이야기를 가진 진화 생물학으로부터 나온다. 더 나아가 DNA에 관한 연구는, 만약 인간이 오직 한 쌍의 부부로 시작되었다면, 오늘날 사람들 가운데서 나타

4_ 예컨대 Peter Enns, *The Evolution of Adam: What the Bible Does and Doesn't Say about Human Origins* (Grand Rapids: Brazos Press, 2012), 37이 제기하는 질문들을 보라.

5_ C. John Collins, *Science and Faith: Friends or Foes?* (Wheaton, IL: Crossway, 2003), 특히 5-7장과 15장에서 내가 그렇게 생각하는 이유를 제시한 바 있다.

나는 유전적 다양성을 설명할 길이 없다고 암시하는 것처럼 보인다.[6] 오늘날 많은 이들은 인류의 다양성이 실제로 분리된 장소들로부터 각각 독립적으로 발생한 것인지—따라서 우리가 통일된 종(species)이 아님을 의미하는 것인지—궁금해한다.

나는 이 한정된 지면을 통해 내가 아담과 하와에 관한 전통적인 기독교 신앙의 관점을 계속 유지하고 있는 몇 가지 이유를 제시하려 한다. 나는 이런 관점이야말로 성서의 포괄적인 스토리라인일 뿐 아니라, 인간으로서 우리가 겪는 매일의 경험, 즉 하나님과 동료 인간들에게 용서를 얻어야만 하는 그 무엇인 죄뿐 아니라 선한 인간의 삶을 훼손하고 방해하기에 우리가 맞서 싸워야만 하는 그 무엇이기도 한 죄를 포함하는 경험을 가장 잘 설명해 준다고 주장할 것이다.

내 글은 다음과 같이 전개된다. 첫째, 나는 우리가 그 의미를 분명히 안다고 믿고 있는 "역사"라는 단어를 고찰할 것이다. 둘째, 창세기 1-11장을 이해하기 위한 몇 가지 "예비 사항들"을 언급할 것이다. 셋째, 성서의 스토리라인을 신속하게 개괄하면서 어떻게 아담과 하와의 이야기가 그와 같은 형태를 갖추게 되었는지 살펴볼 것이다. 넷째, 인간이 겪는 일반적인 경험의 몇 가지 측면을 살핌으로써 성서 이야기가 왜 세상을 이해할 수 있는 유일한 이야기인지 보여줄 것이다. 마지막으로, 우리의 최초 조상들에 관해 생각하는 데 필요한 몇 가지 지침과 자유 및 한계를 설명할 것이다.

6_ 우리는 이런 주장을 지지하는 많은 자료들을 Human Genome Project의 책임자인 Francis Collins가 설립한 BioLogos Foundation의 웹사이트(biologos.org)에서 찾아볼 수 있다. 이런 주장의 토대가 되는 연구는 Francisco Ayala 같은 이들에게까지 거슬러 올라간다. 예컨대 "Molecular Genetics of Speciation and Human Origins," *Proceedings of the National Academy of the Sciences* 91 (July 1994): 6787-94.

1. "역사"란 정확하게 무엇인가?

우리는 먼저 "역사"라는 골치 아픈 단어를 사용할 때 우리가 의도하는 바를 정확하게 규정해야 한다. 만약 당신과 내가 함께 사용하는 단어들이 같은 것을 의미하지 않는다면, 우리는 서로 엉뚱한 말을 하게 될 것이고, 말하자면 영화 「프린세스 브라이드」(The Princess Bride)의 등장인물인 이니고 몬토야(Inigo Montoya)가 다음과 같은 말로 우리를 비난하게 될 것이다. "당신은 계속해서 그 말을 쓰고 있는데, 나는 그 말이 당신이 의미하고자 하는 바를 의미한다고 생각하지 않아."

바로 그런 일이 "역사"라는 단어와 관련해서 일어나고 있다. 어떤 본문은 어떤 이에게는 "역사적"일 수 있으나, 다른 이에게는 "역사적이지 않을" 수 있다.[7] 예컨대 어떤 학자들은, 이야기는 오직 우리가 그것에 관련된 모든 상상의 요소들을 배제하고 정당한 순서에 따라 그것을 서술할 때만 역사적일 수 있다고 주장한다. 다른 이들은 "역사"라는 말은 오직 훈련된 역사학자들이 기록한 것에만 해당된다고 말한다. 또 다른 이들은 "역사"라는 단어를 하나님이나 다른 신들의 행위에 대한 모든 언급을 배제하는 이야기로 국한한다. 그러나 이 마지막 그룹이 하나님이나 다른 신들이 그 이야기에 참여했다는 사실을 반드시 부정하는 것은 아니다. 이것은 그들이 다음과 같이 말하면서 "역사"에 대한 논의를 끝낼 수도 있음을 의미한다. "이 이야기는 **역사적이지 않아**. 하지만 그렇다고 해서 그런 일이 일어나지 않았음을 의미하는 것은 아니야!" 이것은 아주 혼란스러운 말이다. 그리고 우리는 역사에 대해 그보다 훌륭한 정의를 내려야 한다.

앞에서 나는 "역사"가 상상의 요소들을 배제한다고 여기는 이들에 대

7_ 이와 관련된 더 깊은 논의는 V. Philips Long, *The Art of Biblical History* (Grand Rapids: Zondervan, 1994), 특히 58-87(2장)을 보라.

해 말했다. 이것은, 만약 어떤 이야기가 역사적이라면, 우리가 그 이야기를 해석할 때 문자적(literalistic) 접근법을 택해야 함을 의미한다. 사실 이러한 주장이야말로 단호하게 젊은 지구 창조론을 주장하는 많은 이들과 창세기의 모든 부분에 역사성이란 범주를 적용하는 것은 거부하는 많은 이들 사이에서 나타나는 하나의 합의점이다. 예컨대 젊은 지구 창조론자인 더글러스 켈리(Douglas Kelly)는 이렇게 말한다. "창세기 본문은 분명히 문자적이고 역사적인 의미로 취급되어야 한다."[8] 다른 한편으로, 우리가 "진화적 창조론자"라고 부를 수 있는 피터 엔즈(Peter Enns) 역시 같은 견해를 피력한다. 그는 "엄격하게 문자적/역사적인 창세기 해석"에 대해 말한다.[9]

그러나 사실 "역사"라는 단어의 의미는—그리고 인간 행위의 원리들도—역사성과 문자적 해석을 이처럼 긴밀하게 연결해야 한다는 점을 전혀 강요하지 않는다. 언어는 사회적 상호작용 수단이다. 그리고 대개 우리는 우리에게 기대되는 정도의 문자주의를 우리가 관여하는 소통 사건에 맞춘다. 어떤 단어나 문장이 **실제 세계 안에 있는 무언가와 관련될 경우**, 언어학자들은 그것을 **지시**(referring)라고 부른다. 신중한 화자나 저자는 사람이나 사물, 혹은 사건을 묘사할 때, 청중이 해당 지시 대상에 대해 어떤 관점을 취하게 하는 것을 목표로 하여, 즉 그들이 지시 대상을 존

8_ Douglas Kelly, *Creation and Change: Genesis 1.1-2.4 in the Light of Changing Scientific Paradigms* (Fearn, Ross-shire, UK: Christian Focus, 1997), 51; 또한 41-42을 보라. 또한 이것은 Kelly의 동료이자 젊은 지구 창조론자인 Kurt Wise의 전제임이 명백하다. Wise는 그의 책 *Faith, Form, and Time* (Nashville: Broadman & Holman, 2002), 44에서 "액면 그대로 취급되는 것"을 "역사를 전달하기 위한 것"과 동일시한다.

9_ Enns, *Evolution of Adam*, xv. 또한 Denis Lamoureux, *Evolutionary Creation: A Christian Approach to Evolution* (Eugene, OR: Wipf & Stock, 2008), e.g., 150을 보라. "그러므로 하늘이 이런 식으로 [즉 창 1장의 문자적 읽기에 맞추어] 건설되지 않았으므로, 창 1장은 하늘을 창조한 실제 사건들에 관한 역사적 이야기가 될 수 없다."

중하거나, 경멸하거나, 혹은 그것에 대해 슬퍼하도록 만들기 위해 자신의 묘사 방법을 선택한다.

일반적인 영어에서 만약 한 이야기의 저자가 자신이 청중에게 제시하는 사건들이 실제로 일어났다고 청중이 믿기를 원한다면, 그 이야기는 "역사적"이라 할 수 있다. 즉 "역사"는 실제로는 **어떤 종류의 문학**(혹은 장르)이 아니라 **지시 방식**(a way of referring), 즉 실제 세계에서 벌어지는 사건들에 관해 이야기하는 방식이다. 이것은 다양한 형태의 문학이 "역사"를 이야기할 수 있으며, 각각의 형태는 이를 위해 나름의 전형적인 방식을 사용함을 의미한다.[10] 실제로 시가 역사적일 수 있다. 예를 들어 시편 105편은 출애굽과 관련된 사건 중 몇 가지를 이야기하는데, 열 가지 재앙 중 여덟 가지만 언급할 뿐 아니라 순서까지 약간 다르게 이야기한다. 하지만 그것이 시편 105편의 역사성을 무효화할 수 없다.

더 나아가 문자주의 관점을 취하는 몇몇 비평 학자들은 사사기 4:17-24과 5:24-30에서 가나안 장군 시스라의 죽음을 묘사하는 방식이 서로 긴장을 조성한다고 주장한다.[11] 분명히 우리는 사사기 5장이 이스라엘의 승리를 가리켜 자기 백성을 위한 하나님의 은총의 표현으로 간주하면서 축하할 목적으로 기록된 **노래**임을 알고 있다. 사사기 5:25-27은 야엘이 시스라를 죽인 사건을 **마치 위대한 승리인 것처럼** 묘사한다. 즉 이 본문은 그가 장막에 거하는 한 여인의 손에 죽임을 당한 사건을 마치 위대한 전사가 비참한 굴욕을 겪은 것처럼 묘사하고 있다. 이처럼 상상력이 풍부

10_ Aristotle는 주전 4세기에 이미 우리가 운문(metric verse) 형태로 "역사"를 이야기할 수 있음을 인식했다. 그의 *Poetics*, 9.1-3을 보라.

11_ 예. George F. Moore, *Judges*, ICC (Edinburgh: T & T Clark, 1895), 163-64; 또한 G. A. Cooke, *The Book of Judges*, Cambridge Bible for Schools and Colleges (Cambridge, UK: Cambridge University Press, 1913), 66을 보라. Moore는 원래 두 개의 서로 다른 이야기가 있었다고 주장한다.

한 묘사는 사사기 4장에 등장하는 산문과 서로 경쟁하지 않는다. 같은 맥락에서 마태복음 21:33-46(참조. 막 12:1-9; 눅 20:9-19)은 이스라엘의 이야기를 고도로 이상화된 방식으로 제시하는 하나의 "비유"인데, 이 비유는 그들이 하나님이 임명하신 대리자들을 지속해서 거부한다는 사실(결국 이것은 그들이 그분의 "아들"이신 예수를 거부하는 것으로 이어진다)을 부각한다. 이와 같은 이상화는 청중이 그 이야기를 이해하고 요점을 파악하는 능력을 흐리게 하지 않는다(45-46절).

그러므로 어느 저자가 자신이 어떤 사람들과 사건들을 가리킨다고 할 때, 우리는 그가 "역사적인" **주장**을 제시하고 있다고 말할 수 있다. 만약 그 사람들과 사건들이 실재하고 저자가 독자들에게 기대하는 태도가 적절하다면, 그 이야기는 "역사적" **가치**를 지닌다.

그러므로 나는 "역사"라는 평범한 단어를 다음과 같은 원칙들이 갖는 이해에 유념하면서 사용할 것이다.

1. "역사적"이라 함은 "산문"을 의미하지 않는다. 또한 분명히 그것은 우리의 이야기가 어떠한 상징이나 상상의 요소를 갖지 않아야 함을 의미하는 것도 아니다.
2. "역사적"이라 함은 "내용상의 완전함"이나 혹은 "편향적인 이데올로기가 없음"을 의미하지 않는다. 그 두 가지는 어떤 식으로든 가능하지 않고, 바람직하지도 않다.
3. "역사적"이라 함은 본문이 연대기적 순서를 주장하지 않는 한, "정확하게 연대기적 순서를 따라 언급된 것"을 의미하지 않는다.

2. 예비 사항들: 창세기 1-11장은 하나의 단위다.

a. 창세기 1-11장과 평행을 이루는 고대 근동 문헌들이 존재한다.

주의 깊은 독자들은 창세기 1-11장과 창세기의 나머지 부분 사이의 전이
를 직관적으로 알아차린다. 비록 문법상 전환은 없지만,[12] 화자는 아브라
함 이야기에서 속도를 늦춘다. 그때까지 그는 짧은 호흡으로 아주 긴 시
간을 다뤄왔는데, 이제는 진술 시간을 늘려서 짧은 기간에 일어난 일들을
아주 상세하게 다룬다.

고대 근동의 다른 문화들에서 나온 이야기들은 직관에 기반을 둔 우
리의 통찰을 더욱 확증해준다.[13] 고대 근동 문화에서 온 **모든** 자료가 중요
하지만, 창세기 1-11장과 가장 직접적으로 관련된 자료들은 메소포타미
아로부터 왔다. 고대 근동 연구의 전문가들은 창세기 1-11장과 가장 잘
어울리는 평행문헌으로 「수메르 왕 명부」(Sumerian King List, 주전 18세기),
「아트라하시스 서사시」(Atrahasis Epic, 주전 18세기), 그리고 「에리두 창세
기/수메르 홍수 이야기」(Eridu Genesis/Sumerian Flood Tale, 주전 1600년) 등
을 꼽는다.[14] 또 다른 이야기인 「에누마 엘리쉬」(Enuma Elish) 혹은 「바빌

12_ R. W. L. Moberly, *The Theology of the Book of Genesis*, Old Testament Theology
(Cambridge, UK: Cambridge University Press, 2009), 121.

13_ 19세기 중반 이후의 고고학 발굴 작업은 이런 고대 자료들의 이용 가능성을 크게
확장하였다. 하지만 "이런 발견들은 **처음으로**―그리고 돌이킬 수 없게―이스라엘 종교를
더욱 큰 정황 속에 위치시켰다"(*Evolution of Adam*, 35, 강조는 내 것임)는 Peter Enns의
언급은 큰 실수라고 할 수 있다. 제2성전기 유대인 학자들과 기독교 초기 저자들은 이미
그런 문제에 대해 알고 있었다. 한 가지 특별한 문제―홍수 이야기―에 관한 논의는 내 글
"Noah, Deucalion, and the New Testament," *Biblica* 93:3 (2012): 403-26을 보라. 이런
발견들은 그리스어 번역본이 아니라 더 이전에 고대인의 원어로 기록된 이런 이야기들의
초기 판본에 접근할 수 있게 했다.

14_ 예컨대 David T. Tsumura, "Genesis and Ancient Near Eastern Stories of Creation
and Flood: An Introduction," in Richard S. Hess and David T. Tsumura, eds., *I Studied
Inscriptions from Before the Flood: Ancient Near Eastern, Literary, and Linguistic*

로니아 창조 서사시」(Babylonian Epic of Creation)의 경우, 비록 한때는 아주 훌륭한 비교 자료처럼 보였고 일부 성서학자들은 여전히 그것들을 참고하고 있음에도, 오늘날 아시리아학 학자들은 전보다는 그것들을 덜 인정하는 것처럼 보인다.[15]

Approaches to Genesis 1-11 (Winona Lake, IN: Eisenbrauns, 1994), 27-57 (특히 44-57); Richard Averbeck, "The Sumerian Historiographic Tradition and Its Implications for Genesis 1-11," in A. R. Millard, James K. Hoffmeier, and David W. Baker, eds., *Faith, Tradition, and History: Old Testament Historiography in Its Near Eastern Context* (Winona Lake, IN: Eisenbrauns, 1994), 79-102; Kenneth A. Kitchen, *On the Reliability of the Old Testament* (Grand Rapids: Eerdmans, 2003), 423-25; 그리고 Anne Drafkorn Kilmer, "The Mesopotamian Counterparts of the Biblical *Nephilim*," in Edgar W. Conrad, ed., *Perspectives on Language and Text* (Winona Lake, IN: Eisenbrauns, 1987), 39-43. Richard S. Hess, "The Genealogies of Genesis 1-11 and Comparative Literature," *Biblica* 70 (1989): 241-54 (reprinted in Hess and Tsumura, *I Studied Inscriptions*, 58-72)은 성서의 족보들과 왕의 목록들 사이의 차이를 이해하는 데 도움이 되는 몇 가지 주의사항을 덧붙인다. Tikva Frymer-Kensky, in "The Atrahasis Epic and Its Significance for Our Understanding of Genesis 1-9," *Biblical Archaeologist* 40.4 (1977):147-55은 성서의 홍수 이야기와 아트라하시스 및 길가메쉬 서사가 평행을 이룬다는 점을 지지한다. 하지만 성서와 메소포타미아 이야기들 사이의 대조에 관한 그녀의 유익한 관찰에도 불구하고, 나는 창세기 주해와 관련하여 그녀가 제기하는 독특한 주장이 모두 그다지 설득력 있어 보이지는 않는다.

15_ W. G. Lambert는 「에누마 엘리쉬」에 대한 관심이 감소되고 있다고 주장한다. 그의 논문 "A New Look at the Babylonian Background of Genesis," *JTS* n.s. 16:2 (1965), 287-300을 보라. 그는 이렇게 주장한다(291). "최초의 중요한 결론은 「에누마 엘리쉬」는 바빌로니아나 수메르의 우주론 개념이 아니라는 것이다. 그것은 여러 가지 신화 줄거리들을 조합해 완성한 전례 없는 작품으로서 분파적이며 이상한 결합물이다. 내가 보기에 그 이야기는 주전 1100년보다 앞서 만들어지지는 않았을 것이다." 또한 Alan R. Millard, "A New Babylonian 'Genesis' Story," *Tyndale Bulletin* 18 (1967), 3-18, 그리고 Kitchen, *On the Reliability of the Old Testament*, 425을 보라.
　　"혼돈과의 전쟁"(*Chaoskampf*)이라는 개념(「에누마 엘리쉬」에서 발견되는 것과 같은 개념)이 창 1장에는 존재하지 않는다는 또 다른 주장은 Gordon H. Johnston, "Genesis 1 and Ancient Egyptian Creation Myths," *Bibliotheca Sacra* 165,658 (2008): 178-94에 나온다. 그는 오히려 이집트 이야기들이야말로 창세기의 유력한 배경이라고 주장한다. 나는 이집트 자료들의 적절성을 의심하지는 않지만, 메소포타미아 자료들이 전반적으로 최상의 평행문헌을 제공하는 유형이라고 생각한다. 마찬가지로 John H. Walton, in "Creation in

케네스 키친(Kenneth Kitchen)은 "창세기 1-11장과 메소포타미아의 저작들"이라는 도표를 통해 이런 자료들 사이의 관계를 다음과 같이 설명한다.[16]

수메르 왕 명부	아트라하시스 서사시	에리두 창세기	창세기 1-11
1. 창조가 가정됨; 왕권이 하늘로부터 내려옴	1. 창조가 가정됨; 신들이 자신들의 일을 떠맡을 인간들을 창조함	1. 창조; 도시들이 건설됨	1. 창조(창 1-2장)
2. 5개 도시에서 다스렸던 8명의 왕들이 적힌 명단	2. 시끄러운 인간들이 신들을 짜증나게 함	2. [신에게 추방됨]	2. 신에게 추방됨 (창 3장), 족보들 (창 4-5장)
3. 홍수	3. 홍수; 방주	3. 홍수; 방주	3. 홍수; 방주 (창 6-9장)
4. 다시 왕정이 시작됨; "현대"에 이르기까지 왕조가 계속됨	4. 새 출발	4. 새 출발	4. 새 출발; "현대"에 이르기까지 족보가 이어짐
5. "현대"	(5. "현대"가 암시됨)	(5. "현대"가 암시됨)	5. "현대"

Genesis 1:1-2:3 and Ancient Near East: Order out of Disorder after *Chaoskampf*," *Calvin Theological Journal* 43.1 (2008): 48-63은 "혼돈과의 전쟁"과 "신들의 싸움"(theomachy)을 둘 다 거부한다. 하지만 그는 계속해서 그의 대중적 작품인 *The Lost World of Genesis One: Ancient Cosmology and the Origins Debate* (Downers Grove, IL: InterVarsity Press, 2009)와 그의 학술서인 *Genesis 1 as Ancient Cosmology* (Winona Lake, IN: Eisenbrauns, 2011)을 통해, 창 1장이 "성전 우주론"(temple cosmology)이라고 주장한다. 그런데도 Bruce Waltke(Bruce Waltke and Cathi J. Fredricks, *Genesis: A Commentary* [Grand Rapids: Zondervan, 2001], 23을 보라)는 여전히 「에누마 엘리쉬」에서 중요한 평행구를 발견한다(Enns, *Evolution of Adam*, eg., 38-43 역시 그렇다). 여기서 내가 언급하는 요소들은 Waltke와 Enns의 주장을 둘 다 깨뜨린다.

16_ 이 표는 내 책 *Did Adam And Eve Really Exist?*, 141에 근거한다.

창세기 1-11장과 다른 자료들 사이의 연관성 및 그 둘의 유사성과 차이점에 관해서는 할 말이 아주 많지만, 지면이 허락하지 않는다. 이제 우리의 관심사는 메소포타미아에서 나온 이 포괄적인 유형이 창세기 1-11장이 기록된 문학적·이데올로기적 정황을 제공하고 있으며, 그것도 **전체로서** 그렇게 한다는 데 있다.

그렇다면 이러한 평행은 창세기 1-11장의 기능과 관련해 무엇을 말해주는가? 메소포타미아 자료들은 아시리아학 학자인 윌리엄 할로(William Hallo)가 "선역사"(prehistory, 보존 가능한 문서 기록이 나타나기 전에 인간이 존재했던 기간)와 "원역사"(protohistory, 기록의 대상이 되는 초기 단계)라고 부르는 것을 제공한다.[17] 더 나아가 메소포타미아인들은 **실제 발생한 사건으로**—비록 그것들이 아주 많은 비유적 묘사와 상징을 통해 서술되기는 하지만—간주했던 것들을 기반으로 자신들의 이야기를 수립하여 자신들의 목적을 이루려 했던 것으로 보인다. 이에 대해 이집트학 학자인 키친은 다음과 같이 언급한다.

> [홍수 이야기에 대해] 신화 또는 "원역사"라는 정의를 사용하는 문제와 관련해, 우리는 수메르인과 바빌로니아인이 그 점에 관해서는 아무런 의심도 갖고 있지 않았음에 주목할 필요가 있다. 그들은 원역사를 분명하게 자신들의 초기 역사 전통 가운데 포함시켰다. 그 사건 이전과 이후에는 왕들이 등장한다.

> 고대 근동 사람들은 신화를 역사화하지(historicize) 않았다(즉 신화를 가상의 "역사"로 읽지 않았다). 사실은 정확하게 그 반대다. 오히려 고대 근동에는 역

17_ William W. Hallo, "Part 1: Mesopotamia and the Asiatic Near East," in William W. Hallo and William K. Simpson, eds., *The Ancient Near East: A History* (Fort Worth: Harcourt Brace College Publishers, 1998), 3-182, at 25.

사를 "신화화하려는"(mythologize) 경향, 즉 역사상 실재했던 사건들과 사람들을 신화 용어로 경축하려는 경향이 있었다. 고대인들(모든 고대 근동 지역 사람들과 히브리인들)은 실제 사건들에 기초를 둔 선전(propaganda)이 순전히 날조된 것보다는 훨씬 더 효과적이라고 생각했다.[18]

키친은 저자들의 목적에 대해 "선전"이라는 용어를 사용하고 있으나, 우리는 더 중립적인 관찰을 통해 그런 이야기들이 메소포타미아 문화를 위한 세계관 이야기의 준비단계 역할을 하고 있음을 알 수 있다.[19]

우리의 **세계관**은 우리가 삶을 대하는 방식, 즉 하나님, 다른 사람들, 그리고 우리를 둘러싼 주변 세상과 관계하는 방식을 묘사한다. 그것은 우리의 가장 깊은 자아가 "나는 어디에서 왔는가?", "지금 나는 왜 여기에 있는가?" 그리고 "나는 어디로 가고 있는가?"와 같은 거대한 질문들에 답하는 방식이다. 우리의 세계관은 우리와 우리가 속해 있는 공동체가 받아들이는 "거대 담론"(Big Story)을 통해 우리에게 다가온다. 그 이야기는 그것이 전개되는 동안 공동체의 구성원들에게 그 안에서 의미 있는 역할을 할 것을 요구한다. 세계관에 관한 이야기가 제대로 전달된다면, 그 이야기는 그것을 소유한 이들의 상상력을 사로잡고, 따라서 그들을 계속 이끌어 그들의 충성심을 결속하는 역할을 한다.

어떤 이들은 이런 현상을 현대 이전(premodern)과 과학 시대 이전 (prescientific) 사람들이 가진 주된 특징으로 간주한다.[20] 하지만 그들은 오

18_ Kitchen, *On the Reliability of the Old Testament*, 425-26, 262, 300.

19_ 메소포타미아에서의 이런 기능과 관련하여 Gordon Wenham, *Psalms as Torah* (Grand Rapids: Baker, 2012), 42-52을 보라. 그는 David Carr, *Writing on the Tablet of the Heart: Origins of Scripture and Literature* (Oxford: Oxford University Press, 2005), 31-34에 의존하고 있다.

20_ 예컨대 Peter Enns, *Inspiration and Incarnation: Evangelicals and the Problem of the Old Testament* (Grand Rapids: Baker, 2005), 40, 그리고, 정도는 덜 하지만, Don

해하고 있다. 현대 서구 문화 역시 같은 실수를 범한다. 예컨대 유력한 진화생물학자인 조지 게이로드 심슨(George Gaylord Simpson, 1902-84)은 진화에 관한 그의 연구를 통해 다음의 결론을 이끌어낸다. "인간은 그를 고려하지 않은 무목적성과 자연적인 어떤 과정의 결과다."[21] 사실 이것은, 비록 비관적이긴 하지만, 우리의 삶을 올바르게 볼 것을 요구하는 하나의 이야기다. 만약 이것이 세상에 대한 참된 이야기라면, 사실상 그것은 윌리엄 셰익스피어(William Shakespeare)의 희곡에서 맥베스(Macbeth)가 했던 말을 강력하게 풀어쓴 것처럼 들린다. 맥베스는 자기 부인이 자살했다는 소식을 들은 후 이렇게 말한다. "인생은…소리와 분노로 가득 찬, 아무 의미도 없는, 어느 바보가 전하는 이야기일 뿐이다."[22]

이런 생각이 메소포타미아에서는 어떤 방식으로 나타났을까? 「아트라하시스 서사시」가 인류의 창조에 대해 말하는 방식을 살펴보자. 상위 신들과 하위 신들이 있었다. 하위 신들은 상위 신들을 위해 힘들게 일했다. 하위 신들은 일에 지쳤고 결국 파업에 돌입했다. 그로 인해 신들은 고된 일을 대신해줄 인간을 만들었다. 이 이야기는 평범한 수메르인들에게 그들이 존재하는 이유를 설명해주는 듯하다. 그들은 계층화된 사회에서 자신들의 자리를 지키면서 상급자들이 시키는 일을 해야 했다. 즉 이렇게 이야기를 진술하는 방식이 그 사회의 질서를 유지시키는 것이다.

메소포타미아의 이야기들에는 신들의 행위, 상징, 그리고 상상이라는 요소가 들어 있다. 이런 이야기의 목적은 "문자주의" 방식으로 다뤄지지 않으면서 세계관을 위한 토대를 놓는 것이다. 예컨대 「수메르 왕 명부」를

Pederson, "Biblical Narrative as an Agent for Worldview Change," *International Journal of Frontier Missions* 14:4 (1997): 163-66.

21_ George Gaylord Simpson, *The Meaning of Evolution* (New Haven: Yale University Press, 1967), 365.

22_ William Shakespeare, *Macbeth*, V.v.26-28.

살펴보자. 그것은 이렇게 시작된다. "하늘에서 왕권이 내려왔을 때, 왕권은 (처음에는) 에리두에 있었다."[23] 수메르에 있는 다섯 개의 유력한 도시에 다섯 왕조가 있었다. 그때에 홍수가 모든 것을 "휩쓸었다." 그 후에 다시 하늘에서 왕권이 내려온다. 여기서 우리는 이 문서의 저자가 자신이 실제 사람과 사건에 관해 쓰고 있다고 생각했음을 의심할 이유가 전혀 없다. 그러나 그는 우리에게 홍수 이전의 왕들이 아주 오랜 세월 동안 다스렸다고 말한다. 그들의 통치 기간은 18,600년(홍수 이전의 마지막 왕 우바라-투투—역자 주)부터 43,000년(3번째 왕 엔멘루아나—역자 주)에 이르기까지 다양하다. 홍수 이후에는 통치 기간이 줄어들지만, 여전히 매우 길다(예컨대 1,200년, 690년 등등). 그 기간은 126년간 통치했던 길가메쉬와 30년간(최초의 합리적인 숫자로 생각되는 제위 기간) 통치했던 그의 아들에 이르기까지 점점 줄어드는 경향을 보인다.

사실 이렇게 비정상적으로 큰 숫자들이 무엇을 의미하는지 알 수 있는 사람은 없다. 어쩌면 거기에는 우리가 아직 전수받지 못한 수사학 장치가 사용되고 있는 것일지도 모른다(예를 들면 홍수 이전 왕들의 재위 기간은 60이나 600, 3600 등을 단위로 하여 기록되어 있다). 그 명부에서 언급되는 왕조가 실제로 지속된 것인지에 대한 의문 역시 존재한다. 어떤 왕조들은 서로 평행을 이루는 것처럼 보인다. 그 명부의 작성자가 이 사실을 인식했는지조차 알 수 없다.

그러나 우리가 (그리고 아마도 바빌로니아인들이) 이런 숫자와 순서들을 "문자적으로" 다루지 말아야 한다고 해서, 우리가 그 명부를 반드시 "비역

23_ 이와 관련된 유익한 토론은 A. R. Millard, "King Lists," in Piotr Bienkowski and A. R. Millard, eds., *Dictionary of the Ancient Near East* (Philadelphia: University of Pennsylvania Press, 2000)을 보라.

사적인" 것이라고 불러야 하는 것은 아니다.[24] 차라리 우리는 바로 그것이 역사적 핵심이며 그 핵심이 단순한 정보의 전달을 넘어서는 다양한 수사학적 목적을 염두에 두고—비록 우리가 그런 수사적 목적을 이루기 위한 모든 장치에 대해 알지는 못할지라도—제시되고 있다고 말하는 편이 나을 것이다. 이런 장르상의 관습은 우리가 역사적 지시대상이 무엇인지 파악할 때 신중해야 함을 요구한다.

그러므로 우리가 창세기에서 세계관 이야기의 대안적 준비단계를—그것은 그 이야기를 바르게 말하는 것을 목표로 한다—발견하는 것은 적절한 일이다. 성서의 대안적 이야기는 분명히 이스라엘이 이용할 수 있었고 아마도 꽤 매력적이었을 다른 이야기들이 가진 여러 요소를 교정해 준다. 창세기는 홀로 하늘과 땅 및 그 안에 있는 모든 것을 만들고 다스리는 유일하시고 참된 하나님에 대해 말한다. 이 이야기에는 다른 신들이—설령 그런 존재들이 있다고 할지라도—할 수 있는 일이 없다. 더구나 다른 문화들은 "지혜 문학"을 갖고 있었는데, 이것은 세계에 어떤 일관성이 있음을 전제한다. 창세기는 이에 대한 참된 설명을 제공한다. 다시 말하면, 창세기는 한 분이신 선한 하나님이 모든 것을 창조하셔서 인간이 살고, 사랑하며, 또한 섬기기에 적절하게 하셨다.

더 나아가 인간은 하나님이 직접 하시기 원하지 않는 일을 대신하기 위해 지음 받은 것이 아니라, 오히려 그분의 형상을 따라 위엄 있게 지음 받았다(창 1:27). 인간은 다른 피조물을 현명하고 자애로운 방식으로 다스리는 과업을 맡았다(26, 28절). 인간의 첫 "일"은 에덴동산을 즐겁게 돌보

24_ 이것을 Daniel Harlow, "After Adam: Reading Genesis in an Age of Evolutionary Science," *Perspectives on Science and Christian Faith* 62.3 (2010): 179-95와 대조해 보라. 185-97에서 Harlow는 창세기와 메소포타미아 이야기 모두에 들어 있는 상징적이고 회화적인 요소들에 주목하면서 놀랍게도 그 둘 모두를 "비역사적"이라고 선언한다.

고, 그것이 주는 복을 온 세상에 퍼뜨리는 것이었다.[25] 지금 인간이 경험하고 있는 고통스러운 노역은 창조의 온당한 일부가 아니라 인간의 불순종이 가져온 결과이며 하나님의 구속을 요청한다. 창세기 5:29은 분명히 나중 세대의 "수고로운 일"(히브리어 'itstsâbôn')을 아담과 하와의 불순종에 뒤따랐던 하나님의 "저주"와 연결한다(창 3:16, 19).

또한 창세기는 온 인류의 기원을 찾기 위해 어떤 공통 근원으로까지 거슬러 올라가는 것처럼 보인다. 즉 창세기 5장과 10장에 등장하는 족보는 아담과 하와를 "땅의 족속"의─사실상 창세기의 청중이 알고 있는 모든 족속의─조상으로 제시한다.[26] 창세기는 아담과 하와 안에서 인간의 단일성을 확언함으로써 온 세상에 빛을 전하는 이스라엘의 소명을 이루기 위한 토대를 마련한다. 창세기 12:2-3에서 하나님은 아브라함을 부르시며 이렇게 약속하셨다.

내가 너로 큰 민족을 이루고 네게 복을 주어 네 이름을 창대하게 하리니 너는 복이 될지라. 너를 축복하는 자에게는 내가 복을 내리고 너를 저주하는 자에게는 내가 저주하리니 땅의 모든 족속이 너로 말미암아 복을 얻을 것이라.

다시 말해 하나님이 아브라함을 부르신 것은 단순히 그와 그의 가족에게만 복을 내리시기 위해서가 아니라, 그를 통해 온 세상에 복을 내리시기

25_ 이 개념은 Gregory Beale, *The Temple and the Church's Mission* (Downers Grove, IL: InterVarsity Press, 2004)의 핵심 주제다.

26_ Enns, *Evolution of Adam*, 65-70은 창세기에서 아담이 모든 인류가 아니라 특별히 이스라엘의 조상이라는 놀라운 주장을 제시하는데, 그것은 이 점을 간과하고 있는 견해다. 그보다는 오히려 창세기가 아담을 시대착오적으로, 즉 이스라엘이 자신들과 그를 동일시할 수 있는 형태로 그려냄으로써 이스라엘 백성이 그들 자신을 하나님의 복을 세상에 전하기 위한 하나님의 새로운 인류 혹은 아담의 새로운 가족으로 여길 수 있게 한다고 보는 편이 훨씬 더 타당할 것이다.

위함이었다. 아브라함의 후손 이스라엘이 하나님의 언약 안에서 충실하게 살아갈 때, 그들은 이방인에게 하나님의 빛을 전하는 도구가 될 것이다.[27]

또한 이 이야기는 그것을 믿는 이들에게 인간의 공통적인 존엄성에 대한 존경심을 증진할 것이 **분명하다**. 비록 우리가 그런 믿음을 고백하는 모든 이가 그런 존경심을 보이지는 않는다는 것을 인정해야 할지라도 그렇다. 예컨대 하나님은 자기 백성을 그들의 사회적 혹은 경제적 지위에 따라 다르게 대우하는 계층화된 사회를 용인하지 않으신다(참조. 레 19:9-18). 그분에게는 노예조차도 인간이다.[28]

유의해야 할 요점은 이렇다. 우리는 창세기가 **실제로** 고대 근동의 다른 문화에서 온 이야기들과 평행을 이룬다는 점을 알아차릴 때 아주 많은 것을 얻을 수 있다. 그런 유익 중 하나는 "역사"가 그런 이야기들을 위한 적절한 범주임을 깨닫는 것이다. 다른 하나는 고대인 중에서 그런 이야기들이 철저하게 문자적으로 해석되기를 기대한 사람은 아무도 없다는 점을 깨닫는 것이다.

b. 창세기 1-11장은 문학적 차원에서 하나의 단위다

분명히 창세기 1-11장과 이런 메소포타미아의 이야기들 사이에 존재하는 평행문들은 우리가 창세기의 처음 열한 장을 하나로 묶어서 읽도록 요구한다. 그것들을 하나로 묶어서 읽는 것이 적절함을 알려주는 또 다른 논거는 그 장들에서 발췌한 문장들 사이에 존재하는 문학적·언어학적 연관성이다.

27_ 예. Christopher J. H. Wright, *The Mission of God: Unlocking the Bible's Grand Narrative* (Downers Grove, IL: InterVarsity Press, 2006), 199-221.

28_ 이에 대한 합리적인 토론은 Christopher J. H. Wright, *Old Testament Ethics for the People of God* (Downers Grove, IL: InterVarsity Press, 2004), 333-37을 보라.

창세기 1-11장 전반에 나타나는 잘 알려진 연관성 중에는 아담과 노아의 연관성이 있다. 노아는 "새 아담"을 대표한다(창 9:1을 1:28과 비교해 보라).[29] 더 나아가 창세기 1장과 5장 사이에도(1:26-27과 5:1-5[아담의 생애]), 그리고 창세기 4장과 5장 사이에도(4:25-26과 5:3-11[셋과 에노스]) 분명한 연관성이 있다. 가인에게서 유래한 족보(4:17-22)와 셋에게서 유래한 족보 (5:6-32) 사이에도 연관성이 있는데, 이것은 비록 불확실하기는 하지만 특히 에녹, 므드사엘/므두셀라, 그리고 라멕 같은 이름들에서 나타난다(참조. 4:18과 5:18, 21, 25).[30]

창세기 9-11장은 앞선 의미단락들과 긴밀하게 결부되어 있는데, 그것은 이 장들이 대홍수의 결과를 기록하고 있기 때문이다. 또한 족보를 통한 연결에서 드러나듯이(참조. 11:10, 그 구절은 셈의 족보를 특별히 언급한다), 그 장들은 노아의 가족에게서 유래한 다양한 후손들과 긴밀하게 연결되어 있다(참조. 10:1). 또한 그 장들은 창세기 10:21-25(벨렉을 통하여)과 평행하는 11:10-19 및 아브라함과 나홀과 하란(이들은 그들의 후손과 함께 창세기의 나머지 부분에서 등장할 것이다)으로까지 이어지는 족보를 제시하는 11:20-26과 긴밀하게 결부되어 있다.

또한 창세기 1-4장 안에도 분명한 연결고리들이 있다. 첫째, 창세

29_ 예컨대 William Dumbrell, *Covenant and Creation: A Theology of the Old Testament Covenants* (Carlisle, UK: Paternoster 1997 [1984]), 27; Tremper Longman III, *How to Read Genesis* (Downers Grove, IL: InterVarsity Press, 2005), 117-18; Waltke, *Genesis: A Commentary*, 127-28을 보라.

30_ 내 책 *Genesis 1-4: A Linguistic, Literary, and Theological Commentary* (Phillipsburg, NJ: P&R Publishing, 2006), 201을 보라. 거기서 나는 그 두 가족 사이의 대조가 두드러진다고 주장했다. 아마도 이것은 우리가 가인의 가족에게서 발견하는 경향이 인간의 불가피한 결과라기보다는 그 가족의 구성원들의 도덕적 성향에서—이것은 그 명단의 가장 꼭대기에 있는 이의 성향에 의해 영향을 받았다—나옴을 지적하는 것일 수 있다. 또한 우리는 저자가 가인의 가계 성향이 득세하고 셋의 후손들이 점차 하나님에게서 멀어지다가 결국 "사람의 죄악이 세상에 가득함"(6:5)으로 끝나는 것을 관찰했다고 추측해 볼 수도 있을 것이다.

기 2-4장은 대체로 약간의 편집과정을 거친 J자료로 분류된다. 그것들의 전체적인 통일성은 논쟁거리가 되지 않는다.[31] 둘째(아래를 보라), 창세기 2:4-25은 창세기 1장의 여섯째 "날"의 상황을 상술하는 역할을 한다. 셋째, P자료의 창조 이야기(창세기 1장)가 신인동형론(anthropomorphism)과 상관없다는 일반적인 주장[32]은 잘못이다. 그 이야기는 사실상 신인동형론, 즉 한 주간의 일을 수행한 후 안식일의 휴식을 즐기는 하나님에 대한 묘사에 의존한다.[33] 창세기 2장은 이런 유형에 자체적으로 신인동형론을 덧붙인다. 창세기 2장은 하나님을 마치 첫 번째 남자를 "지으시는"(forming) 토기장이처럼 묘사할 뿐 아니라, 첫 번째 여자를 "세우시는"(builds) 일꾼으로 묘사한다(2:22, ESV 난외주를 보라).

마지막으로, 몇 가지 어휘의 연관성은 개별 인용문들이 서로 어떤 별개의 기원이 있는가와 상관없이 일관성을 드러내는 방식으로 편집되었음을 보여준다. 예컨대 우리는 창세기 1:28에서 "하나님이 그들에게 복을 주시며 하나님이 그들에게 이르시되 생육하고 번성하라"라는 구절을 읽는다. 창세기 3장에서 그 "복 주심"(brk)은 "저주"('rr), 즉 완전한 반의어로 변한다. 또한 아담과 하와에게 복 주심이 자녀를 낳음으로써 **번성하는**(multiply) 것이었으나, 그들이 불순종한 후에 하나님은 여자에게 "내가 네게 임신하는 고통을 크게 **더하리니**(multiply)"라고 말씀하셨다. 즉 복 주심의 대상이 고통과 위험의 대상으로 바뀐 것이다. 족보를 다루는 창세기 5장(29절)은 또한 땅에 대한 하나님의 "저주"(3:17)를 언급한다. "…[라멕

31_ Richard Elliott Friedman, *The Bible with Sources Revealed: A New View into the First Books of Moses* (New York: HarperCollins, 2003)과 *Genesis 1-4*, 227-28에 실려 있는 내 논의를 보라.

32_ 예컨대 Friedman, *Bible with Sources Revealed*, 12; S. R. Driver, *The Book of Genesis*, Westminster Commentary (London: Methuen, 1904), xxv 등이 이를 주장한다.

33_ 나는 이 문제를 여러 차례 논한 바 있다. 예컨대 *Science and Faith: Friends or Foes?* 및 *Genesis 1-4*, 77 등을 보라.

이] 이름을 노아라 하여 이르되 '여호와께서 땅을 **저주하시므로**['rr] **수고롭게 일하는**['itstsâbôn, 참조. 3:16, 17] 우리를 이 아들이 안위하리라' 하였더라."

더 나아가 창세기 1-11장에는 세 차례에 걸쳐 수수께끼 같은 1인칭 복수 대명사가 등장한다. 거기에서 하나님은 자신을 "우리"라고 칭하신다 (창 1:26; 3:22; 11:7). 많은 이들이 이 구절들—혹은 적어도 첫 번째 것—을 하나님이 그의 천군 천사들에게 말씀하시는 내용으로 해석한다. 하지만 내가 보기에 최상의 설명은 그것을 "자기를 언급하는 복수"(plural of self-address)로 간주하는 것이다.[34] 하지만 여기서 그와 같은 특정한 결론은 내 글의 목적과는 큰 상관이 없다. 중요한 점은, 이것이 서로 분리된 원래 자료들로부터 온 이 일련의 자료들이 가진 뚜렷한 특징이라는 것이다.

일단 창세기 1-11장이 어떻게 창세기의 전반적인 흐름 안으로 통합되었으며, 그 장들이 어떻게 메소포타미아에서 온 기본적인 세계관을 형성하는 자료들과 평행하는지를 인식한다면, 그것들을 하나로 묶은 이가—그가 누구이든 간에—문학적·언어학적인 차원에서 그것들이 갖는 단일성을 드러내는 방식으로 그렇게 했으리라는 주장에 전혀 놀랄 필요가 없을 것이다.

c. 창세기 1-11장은 창세기 12-50장을 위한 무대를 마련한다

창세기는 모세를 따랐던 이스라엘 백성이 아브라함에게 주신 하나님 약속의 상속자임을 밝히기 위해 기록되었다. 창세기 12장에서 우리는 하나

34_ 이와 관련된 논의는 Collins, *Genesis 1-4*, 59-61을 보라. 더욱 최근에 Lyle Eslinger는 이런 복수가 하나님과 인간의 차이에 대한 강화된 관심을 반영한다고 주장한다. 그의 논문 "The Enigmatic Plurals Like 'One of Us' (Genesis i 26, iii 22, and xi 7) in Hyperchronic Perspective," *VT* 56.2 (2006): 171-84을 보라. 나는 그의 견해에 동의하지 않으며 내 견해가 더 분명하고 주해적으로 균형 잡힌 견해라고 믿는다.

님이 아브라함의 가족을 "땅의 모든 족속"에게 복을 전하는 도구로 삼으시려고 그를 부르시는 모습을 본다. 그리고 이것은, 창세기 10장이 땅의 다양한 "족속들"(혹은 "씨족들," 히브리어 *mishpâkhôt*)에 대해 말하고 있으므로, 모든 곳에 있는 모든 이방 사람에게도 의미가 있다. 그러므로 창세기 1-11장은 아브라함을 부르신 하나님이 사실은 온 인류가 갈망하는, 천지를 지으신 유일하고 참된 하나님이심을 분명하게 밝힌다.

3. 성서의 스토리라인

이제 우리는 과연 성서가 아담과 하와를 "역사적" 인물로 묘사하는지 살필 수 있다. 우리는 그 질문에 어떻게 답할 것인가? 특히 과도하게 문자주의에 얽매이지 않기 위해 조심하면서 어떻게 답할 것인가? 그동안 나는 이와 관련된 세 가지 기본적인 기준을 제시해 왔다.[35]

1. **사람 혹은 사건은 기본적인 스토리라인에 어떤 영향을 주는가?** 나는 성서 저자들이 하나의 포괄적인 세계관 이야기에 기준을 두고 그들의 세계를 자기 의식적으로(self-consciously) 해석하고 있었다고 주장한다. 사람들 혹은 사건들을 "단순한 상징으로" 다루는 것은 그 이야기의 형태를 왜곡하는가?

2. **다른 작가들, 특히 성서의 저자들은 이 사람들 혹은 사건들을 어떻게 다뤘는가?** 성서의 권위에 관한 모든 언급은 우리에게 성서 저자들이 본 것을 존중하라고 요구한다. 반면에 상식은 우리가 본 것을

35_ Collins, *Did Adam and Eve Really Exist?*, 19.

다른 이들이 본 것, 특히 우리보다 원래 시간과 문화에 가까이 있던 이들이 보았던 것에 비춰보라고 요구한다.[36]

3. **이 사람들 혹은 사건들은 평범한 인간의 경험과 어떤 관련이 있는 가?** 성서 저자들은, 고대 세계의 다른 저자들과 마찬가지로, 그들의 청중으로 하여금 그들이 알고 있는 세상에서 살아가게 하려고 애썼다. 우리 모두가 공유하고 있는 여러 가지 직관적 진리들이 있다. 이를테면 하나님을 향한 열망, 용서의 필요성, 사랑과 정의에 의해 다스림을 받는 인간 공동체에 대한 갈망 같은 것들이다. 대부분의 문화가 이야기를 전하는 것은 그런 필요가 제기된 역사적 이유와 그런 필요를 충족하거나, 완화하거나, 설명해서 없애거나, 혹은 부정하는 방법에 대한 몇 가지 설명을 제공하기 위해서다. 이런 요소들에 대한 성서의 접근방식은 참인 듯하다.

지난 수십 년간 많은 신학자는 성서가 서로 다른 모든 부분을 통합하는 하나의 포괄적인 스토리라인을 갖는다는 점을 인식하게 되었다.[37] 그리고 그 스토리라인은 세상과 관련된 큰 이야기(Big Story)로서의 역할, 즉

36_ 나는 이 글의 마지막 부분에서 "성서의 권위"에 대한 내 관점을 다룰 것이다.

37_ 이런 학자들 중에는 N. T. Wright, *The New Testament and the People of God* (Minneapolis: Fortress, 1992); Craig G. Bartholomew and Michael W. Goheen, *The Drama of Scripture: Finding Our Place in the Biblical Story* (Grand Rapids: Baker, 2004); Michael D. Williams, *Far as the Curse Is Found: The Covenant Story of Redemption* (Phllipsburg, NJ: P&R Publishing, 2005); Albert M. Wolters and Michael W. Goheen, *Creation Regained: Biblical Basics for a Reformational Worldview*, 2nd ed. (Grand Rapids: Eerdmans, 2005); Christopher J. H. Wright, *The Mission of God: Unlocking the Bible's Grand Narrative* (Downers Grove, IL: InterVarsity Press, 2006). 이러한 접근방식에 대한 간략한 요약은 C. John Collins, "The Theology of the Old Testament," in Lane T. Dennis et al., eds., *The ESV Study Bible* (Wheaton, IL: Crossway, 2008), 29-31을 보라(여기에는 신약성서를 읽는 것에 대한 적용도 포함되어 있다).

우리가 누구이며, 어디에서 왔고, 무엇이 잘못되었으며, 하나님이 그것과 관련해 무슨 일을 하고 계시는지를 우리에게 알려주는 역할을 한다. 바로 이것이 "역사"(history)가 중요한 이유다. 성서적인 신앙은 단순히 "무시간적" 원리를 나열하는 것이 아니라 창조와 구속이라는 하나님의 위대한 역사(works)를 이야기한다.

그렇다면 그 스토리라인은 무엇인가? 우리는 그것을 다음과 같이 요약할 수 있다.

구약성서는 유일하신 참 창조주 하나님에 관한 이야기다. 그분은 아담과 하와의 죄를 통해 오염된 세상을 치유하기 위해 아브라함 족속을 부르셨다. 하나님은 이 계획을 이루시기 위해 이집트에서 종살이하던 이스라엘 백성을 구해 내셨고, 나머지 세상에 자신의 존재와 성품을 드러내시기 위해 그들과 더불어 신정국가(theocracy)를 수립하셨다. 하나님은 그 목적을 이루시기 위해 이스라엘에게 복과 저주를 내리셨다. 하나님은 이스라엘 백성 가운데서 가장 통탄할 만한 불충이 나타났을 때조차 그 목적을 절대 포기하지 않으셨다.

이 포괄적인 이야기는 이스라엘을 위한 거대 담론 혹은 세계관 이야기의 역할을 한다. 그 이야기가 담고 있는 모든 영광 및 치욕과 더불어 이스라엘의 구성원들은 각각 자신을 그 이야기를 **상속한 자**로, 그 이야기를 다음 세대에 전할 책임을 진 **청지기**로, 그리고 그 이야기가 진행되는 과정에서 하나님의 신비한 지혜에 참여해 자신에게 주어진 역할을 충실하게 감당하는 **참여자**로 여겨야 했다.

신약성서의 저자들은—그들은 대부분 **유대** 그리스도인이었다—자신들을 옛 이야기의 상속자이자 또한 예수의 죽음과 부활 및 그것이 초래한 메시아 시대에서 그 이야기가 온전하게 성취된 것을 묘사할 권한을 위임받은 자들로 간주했다. 이런 저자들은 구약성서를 기독교의 성서로 사용했고, 자신들의 청중에게―그들 중 많은 이들이 **이방** 그리스도인이었다―같은 일을 하도록 촉구했다. 신약성서 저자들이 구약성서를 자신들의 성서로 사용한 방식에 관해서는 논쟁이 있지만, 우리는 그들의 관점을 아주 간단하게 요약할 수 있다. 그들은 구약성서가 현재 기독교인들이 참여하는 이야기의 앞부분을 구성한다고 생각했다.[38]

앞에서처럼 나는 이 문제와 관련해서도 하고 싶은 말이 많다. 하지만 지금은 한 가지 유익한 점에만 주목하고자 한다. 우리는 개별 성서 구절을 논할 수 있다. 그것은 분명히 유익한 일이며, 나는 다른 곳에서 그런 일을 해왔다. 나는 신구약 성서와 제2성전기 유대교 문헌이 모두 아담과 하와를 통해 인류의 기원에 관한 하나의 기원을 지속해서 증언한다고 확신한다.[39] 하지만 우리는 그 스토리라인에 대해 생각할 때 우리의 눈을 큰 그림에 고정시켜야 한다. 어떤 이들은 너무 멀리까지 나아가 구약성서 전체에서 아담과 하와의 이야기는 상대적으로 그다지 중요하지 않다고 주장하기도 한다(이것은 신약성서에서 그 이야기가 수행하는 역할이 구약 저자들의 의도에서 벗어나는 것을 의미한다).[40] 하지만 나는 그런 주장이 잘못이라고 생각한다. 그러나 여기서 나는 그런 단락들을 하나하나 살피는 일에 시간을 쏟지는 않을 것이다. 이러한 주장이 잘못되었음을 보이는 가장 좋은 방법

38_ Collins, "Theology of OT," *ESV Study Bible*, 30b.

39_ 내 책 *Did Adam and Eve Really Exit?*는 특별한 본문들에 대한 여러 가지 논의들을 담고 있다. 또한 "Adam and Eve in the Old Testament"에 실려 있는 내 글을 보라.

40_ 예컨대 Claus Westermann, *Creation* (London: SPCK, 1974), 89, 출판사의 승인을 받아 W. Sibley Towner, "Interpretations and Reinterpretations of the Fall," in Francis A. Eigo, ed., *Modern Biblical Scholarship: Its Impact on Theology and Proclamation* (Villanova, PA: Villanova University Press, 1984), 53-85, at 72에서 인용함. 또한 Enns, *Evolution of Adam*, 80; James Barr, *The Garden of Eden and the Hope of Immortality* (Minneapolis: Fortress, 1992)를 전반적으로 참조하라(Harlow, "After Adam," 187은 이 점에서 Barr의 견해를 따른다).

은 아담과 하와의 이야기가 성서의 스토리라인 배후에서 기본적인 가정의 역할을 하는 방식을 밝히고, 그것이 성서의 여러 핵심 주장의 기초가 됨을 입증하는 것이다.

성서의 스토리라인을 잘 살펴보려면 창세기 12:1-3, 즉 하나님이 아브람을 부르신 사건을 살펴보는 데서 출발하는 것이 좋다. 아브람의 가족, 그리고 이스라엘은 하나님의 언약 안에서 신실한 삶을 통해 이방인을 위한 하나님의 빛이 될 것이었다.

그러나 만약 이것이 사실이라면, 이 이야기의 토대가 되는 것은 무엇인가? 이 이야기는 **모든** 이방인이 하나님으로부터 소외되어 있으므로 하나님의 빛이 **필요하다고** 주장한다. 또한 그것은 이런 이방인들에게 그 빛에 반응하도록 활성화될 수 있는 무언가가 있음을—이스라엘 안에 그것이 존재하듯—전제한다. 다시 말해 이 이방인들은 인간이 갖는 공통의 필요뿐 아니라 기원과 일련의 능력도 이스라엘과 공유한다.

더 나아가 하나님으로부터 이렇게 소외되는 것은 **부자연스럽다**. 그것은 창조물이 **마땅히 그러해야 할** 상황에서 벗어난 것이다. 그런 소외를 낳은 무언가가 인간의 경험 속으로 들어왔다. 그리고 그것은 죄다(참조. 전 7:29).[41]

성서 이야기에서 죄는 외부에서 온 침입자다. 죄는 하나님의 선한 창조질서를 어지럽힌다. 이것은 레위기에 묘사된 희생제사가 죄를 다루는 방식을 통해 분명하게 드러난다. 희생제사는 죄를 가리켜 무언가를 더럽히는 요소, 즉 인간의 경험을 파괴하고 사람을 하나님 앞에서 무가치한 존재로 만드는 아주 위험한 것으로 간주한다. 희생제사는 "속죄", "구원", 그리고 "보상"의 역할을 하면서 죄를 하나님의 진노를 불러일으키는 부정

41_ 이것이 이 본문의 의미라는 주장은, 내 책 *Did Adam and Eve Really Exist?*, 70을 보라. 또한 내 글 "Adam and Eve in the Old Testament"를 보라.

한 침입자로 간주한다(예. 레 16장).[42]

죄의 부자연스러움은 잠언과 같은 지혜서들이 도덕적 선함을 마음의 실질적인 지식과 관련짓는 방식을 통해 드러난다. 악은 일종의 어리석음이나 바보짓이다(예. 잠 12:1). 즉 하나님의 뜻에 합당한 삶을 사는 사람이 현명하고, 그분의 뜻에 어긋난 삶을 사는 사람이 어리석다. 인간은 비이성적으로 사는 것이 아니라 분별력 있게 살도록 창조되었다![43]

인류가 모든 사람에게 해당되는 한 쌍의 조상, 즉 인류의 역사가 시작될 무렵에 인간의 삶 속으로 죄와 역기능을 가져온 조상에게서 유래한 한 가족이라는 개념은 이 모든 요소의 배후에 흔들리지 않는 전제로 남아 있다. 신약성서의 저자들은 이런 가정을 지지한다. 분명히 사도 바울은 그런 식으로 말했다(예. 롬 5:12-21; 고전 15:20-22, 44-49). 하지만 이런 가정의 가장 주목할 만한 예는 복음서에서 묘사된 예수의 모습에서 나온다.

예컨대 마태복음 19:3-9을 살펴보자. 바리새인 몇 사람이 예수를 시험하려 한다. 그들은 예수가 자기들의 다양한 학파들 사이에서 논란이 되고 있는 문제와 관련해 어느 한쪽 편을 들게 함으로써 그분을 덫에 빠뜨리려 했다. 그래서 그들은 예수에게 남자가 "어떤 이유가 있으면" 자기 아내와 이혼하는 것이 합당하느냐고 묻는다. 그러자 그분이 이렇게 답하신다.

사람을 지으신 이가 본래 그들을 남자와 여자로 지으시고 말씀하시기를 '그러므로 사람이 그 부모를 떠나서 아내에게 합하여 그 둘이 한 몸이 될지니

42_ 최근에 나온 훌륭한 논의는 Jay Sklar, *Sin, Impurity, Sacrifice, Atonement: The Priestly Conceptions* (Sheffield, UK: Sheffield Phoenix Press, 2005)를 보라.

43_ 내 글 "Proverbs and the Levitical System," *Presbyterion* 35:1 (Spring 2009): 9-34을 보라. 24쪽에서 나는 내 주장을 뒷받침하기 위해 Knut Heim, *Like Grapes of Gold Set in Silver: An Interpretation of Proverbial Clusters in Proverbs 10:1-22* (Berlin: Walter de Gruyter, 2001) 81-103에 의존하고 있다.

라 하신 것을 읽지 못하였느냐(마 19:4-5).

예수의 대답은 창세기 1:27과 2:24을 한데 묶는다(강조된 부분을 보라).[44] 남편과 아내는 하나님에 의해 함께 연결된 한 몸이므로 분리될 수 없다. 그러자 바리새인들은 예수께 그러면 어째서 모세가 이혼을 허락했느냐고 묻는다(마 19:7; 신 24:1-4을 인용함). 그러자 예수는 그것은 일종의 허용이었다고 설명하신다. "본래는[from the beginning] 그렇지 아니하니라"(마 19:8).[45]

이 대화는 예수가 창세기 1-2장의 창조 이야기를 모든 인간을 위해 적절하게 기능하는 결혼의 이상(ideal)을 제시하는 것으로 여기셨음을 보여준다. 그것은 하나님이 피조물에게 "처음부터"(from the beginning) 의도하셨던 바다. 한편 신명기에 등장하는 가족 관련 법규들은 윤리 규범을 형성하진 않았지만, 이스라엘 사회 안에서 정중한 태도(civility)를 보존하는 기능을 했다. 그것은 "처음" 이후에 발생한 몇 가지 환경의 변화 때문에 필요하게 된 기능이었다.[46] 그런 변화를 초래한 명백한 요인—사실상 **유일한** 요인—은 아담과 하와의 죄와 그것이 온 인류에게 끼친 결과다.

44_ 마태는 70인역 창 1:27을 인용하고 있다. 따라서 그 구절은 "창조하다"(히브리어)가 아니라 "짓다"(그리스어)로 나타난다.

45_ "본래는"(마 19:4, from the beginning)과 "창조 때로부터"(막 10:6, from the beginning of creation)라는 표현에서 발견되는 "beginning"은 인간 존재의 시작을 의미한다. 내 책 *Science and Faith: Friends or Foes?*, 106-7을 보라. 거기서 나는 이 표현이 지구에 존재했던 일종의 시대를 가정하는 의미를 담고 있다는 주장을 거부한다. 그 구절을 나와 같은 방식으로 다루는 19세기 중반의 자료는 J. A. Alexander, *The Gospel According to Mark* (1858; reprint, Grand Rapids: Baker, 1980), 274을 보라.

46_ 이 법이 어떤 기능을 감당했는지, 그리고 이 법과 성서의 윤리적 이상과의 관계에 대한 훌륭한 논의는 Christopher J. H. Wright, *Old Testament Ethics for the People of God*, 349-51을 보라. 또한 내 책 *Genesis 1-4*, 144-45을 보라. 더욱 상세한 배경 설명은 Gordon Wenham, *Story as Torah: Reading Old Testament Narratives Ethically* (Grand Rapids: Baker, 2000), 5장을 보라.

복음서에서 예수는 창세기가 전하는 이야기를 아주 분명히 내가 옹호하는 방식으로 받아들이는 것처럼 보인다. 그 이야기는 우리가 어디에서 왔으며 어떻게 해서 지금과 같은 상태가 되었는지 말해준다. 그리고 창세기 3장에서 하나님은 자신이 만드신 세상을 위해 그의 피조물인 인간을 구속하려고 세운 계획을 시작하신다. 성서의 마지막 책은 우리에게 그 이야기 전체가 전개되는 방향을 알려준다. 요한계시록 22:1-5을 보자.

또 그가 수정 같이 맑은 생명수의 **강**을 내게 보이니 하나님과 및 어린 양의 보좌로부터 나와서 길 가운데로 흐르더라. 강 좌우에 **생명나무**가 있어 열두 가지 열매를 맺되 달마다 그 열매를 맺고, 그 나무 잎사귀들은 만국을 치료하기 위하여 있더라. 다시 **저주**가 없으며 하나님과 그 어린 양의 보좌가 그 가운데에 있으리니, 그의 종들이 그를 섬기며 그의 얼굴을 볼 터이요, 그의 이름도 그들의 이마에 있으리라. 다시 밤이 없겠고 등불과 햇빛이 쓸 데 없으니, 이는 주 하나님이 그들에게 비치심이라. 그들이 세세토록 왕 노릇 하리로다.

요한계시록은 온갖 종류의 상징으로 가득 차 있다. 그러므로 나는 요한이 묘사하는 장면이 "실제로" 어떤 것인지 안다고 감히 주장하지 않는다. 다만 이렇게는 말할 수 있다. 요한은 이 본문을 통해 에덴의 완성을 묘사한다. **생명나무와 강**에 주목하라. 그곳은 성소다. 그것은 창세기가 에덴을 묘사하는 방식이다. 그리고 요한계시록 22장 후반부(14-15절)는 이렇게 말한다.

자기 두루마기를 빠는 자들은 복이 있으니, 이는 그들이 생명나무에 나아가며, 문들을 통하여 성에 들어갈 권세를 받으려 함이로다. 개들과 점술가들과 음행하는 자들과 살인자들과 우상 숭배자들과 및 거짓말을 좋아하며 지어내는 자는 다 성 밖에 있으리라.

그런 자들은 죄를 통해 들어온 더러움이 가득한 "자신의 두루마리를 빨아야" 한다. 그렇지 않고 죄를 계속 짓는 자들은 그 결과를 맛보게 될 것이다. 그들은 하나님의 선한 세계에 속하지 않은 무언가에 의해 **더럽혀졌기** 때문에 성 밖에 있을 것이다. 악이 하나님의 세계 안으로 들어온 것은 사탄이 우리의 최초 조상들을 속임으로써였다(계 12:9을 보라).

그러므로 아담과 하와가 역사적 인물이 아니라고 여기는 이들에게서 사도 바울이 사실상 창세기 3장을 활용했던 유일한 신약성서 저자이며 복음서와 요한계시록은 그것과 아무런 상관이 없다는 주장을 발견하는 것은 그다지 놀랄 일이 아니다![47]

최근 수십 년 동안 사도 바울을 연구해온 전문가들은 바울이 그의 논증을 전개할 때, 예수가 그렇게 하셨던 것처럼, 그가 얼마나 견고하게 구약성서의 이 포괄적인 이야기에 기초해 전개했는지를 인식해왔다. 로마서 1:2-6을 통해 우리는 바울이 구약성서를 성서의 이야기—하나님이 아브라함 가족을 택해 인류의 새로운 출발점이 되게 하셨음을 보여주고, 죄로 인해 훼손된 피조세계를 회복하시는 방식을 제시하며, 이방인들이 빛을 받아들이는 새로운 시대에 대한 예고로 끝나는 이야기—의 앞부분으로 간주하고 있다는 것을 분명하게 알 수 있다. 바울은 자신의 핵심 용어인 "복음"을, 예수의 죽음과 부활, 승천을 통해 바로 그 새로운 시대가 시

47_ 예컨대 Harlow는, 놀랍게도("After Adam," 189에서), 바울이 "아담, 하와, 그리고 뱀의 이야기에 호소했던 유일한 저자"라고 주장한다. 따라서 그는 복음서들과 계시록이 그 이야기를 인정한다는 것을 부인한다. James Barr, *The Garden of Eden and the Hope of Immortality*, 4 역시 비슷하게 주장한다. 하지만 이 본문들 다른 것을 보여준다. 더구나, 제2성전기와 랍비 유대교 문헌에 대한 면밀한 조사 결과는 유대교의 주류가 아담을 최초의 인간으로 간주하여 그를 통해 죄가 세상 속으로 들어왔다고 생각하고 있음을 보여준다. 그런 조사와 관련된 연구는 내 책 *Did Adam and Eve Really Exist?*, 72-76을 보라.

작되었음을 알리는 것으로 규정한다(롬 1:2-6; 갈 3:8-9; 참조. 막 1:15, 또한 마 28:18-20을 보라).[48] 바울이 말하듯, 유대인이든 이방인이든 상관없이 기독교 신자들은 하나님이 그들을 개별적·공동체적 삶에서 적절한 인간으로 살아가게 하기 위해 그들 안에 있는 자신의 형상을 새롭게 해주시는 이들로서, 그들을 통해 분열된 가족이 다시 한 번 연합된다(예. 골 3:9-10; 고후 3:18).

아담과 예수를 비교하는 문제와 관련해서도(롬 5:12-19; 고전 15:20-23, 42-49) 바울의 주장은 **내러티브**에 의존하고 있다. 어떤 이가 무언가를 행했고(한 사람이 죄를 지었다, 롬 5:15), 그로 인해 어떤 일이 일어났으며(죄, 사망, 정죄가 인간의 경험 세계 안으로 들어왔다), 그 후에 예수가 오셔서 그 모든 결과를 처리하셨다(그분의 순종으로 많은 이들을 의롭게 하셨다). 이런 주장은 사건들이 차례대로 발생하면서 일관성을 얻는다. 여기서 바울이 단지 "비교"만 하고 있다고 생각하는 것은 큰 잘못이다.[49] 더 나아가 사람들이 "아담 안에" 있으며, "그리스도 안에" 있다는 개념을 생각해 보자. 누군가의 "안에" 있다는 것은 그 누군가가 대표하는 이들의 일원이 된다는 것을 의미한다. 우리가 가진 모든 증거는 오직 실제 사람만이 대표자의 역할을 할 수 있음을 보여준다.[50]

요한계시록은 계속해서 이 이야기에 집중한다. 요한계시록은 에덴과 성소의 형상을 사용해 깨끗이 청소된 창조세계 안에서 살아가는 인간의 완벽한 삶을 묘사하여, 하나님의 목적이 최종적으로 승리했음을

48_ 이 문제와 관련된 논의는 내 글 "Echoes of Aristotle in Romans 2:14-15: Or, Maybe Abimelech Was Not So Bad After All," *Journal of Markets and Morality* 13.1 (2010): 123-73, at 137을 보라.

49_ James D. G. Dunn, *Romans*, WBC (Dallas: Word, 1988), 289-90은 "비교"와 관련하여 그런 암시를 제안한다.

50_ 바울의 자료에 대한 상세한 정보는 내 책 *Did Adam and Eve Really Exist?*, 78-90; J. P. Versteeg, *Adam in the New Testament* (Phillipsburg, NJ: P&R Publishing, 2012)를 보라.

나타낸다.[51]

그러므로 만약 우리가 죄를 향해 기울어지는 우리의 성향이 (역사 초기에 벌어진 어떤 이의 불순종으로 인해 인간의 삶 속으로 들어온 무서운 일탈이 아니라) 자유의지를 지닌 인간 안에 내재한다고 주장하고자 한다면, 우리는 성서 저자들이 죄의 오염을 외부 요인의 침입으로 간주하는 것과 마찬가지로 그들이 "속죄"를 묘사하는 것 또한 잘못이라고 말해야 할 것이다. 아울러 우리는 예수가 자신의 죽음을 그런 맥락에서 묘사하신 것 역시 잘못이라고 말해야 한다(예. 막 10:45). 더 나아가 이런 접근법은 언젠가 자기들이 죄와 죽음이 없는 영광스러운 세상에서 살게 될 것을 기대하는 기독교인들의 기쁨(계 21:1-8)을 무의미한 것으로 만든다. 과연 우리 중에, 영광스러운 세상에서 사는 이들은 더는 죄를 짓지 않으므로 덜 인간적일(less human) 것이라고 주장할 사람이 있을까?

4. 그것은 믿을 만한가?

지금까지 흐름을 놓치지 않도록 요약하면, 성서의 스토리라인은 우리가 다음과 같은 것들을 예상하도록 이끌어간다. (1) 사실상 인류는 한 쌍의 부부에서 유래된 한 가족이다. (2) 하나님은 우리의 제일 첫 조상들을 지으시기 위해 특별하게 ("초자연적으로") 행동하셨다. (3) 역사의 시초에 우리의 최초 조상들은 인간의 삶 속으로 죄와 역기능을 들여왔다. 성서를 믿는 이들은 아담과 하와의 이야기를 이런 예상들의 토대가 되는 참되고 적절한 내러티브로 간주해 왔다. 만약 이런 준비 단계의 내러티브가 없었더

51_ 이와 관련해 더 많은 정보를 얻으려면, Beale, *The Temple and the Church's Mission*, 365-73을 보라.

라면, 아마도 우리는 우리가 어떻게 이런 주장들을 수용할 수 있을지 알기 어려웠을 것이 분명하다. 이것은 우리가 지금 내가 여기서 개괄한 것과는 다른 큰 이야기(Big Story)를 말하는 것을 중단해야 함을 의미한다.[52] 기독교 신학자들은 "원죄"라는 개념을 표현하는 방식, 즉 아담의 불순종이 그의 후손들의 도덕적 상황을 변화시킨 방식과 관련해 서로 의견을 달리했다. 하지만 그들은 이 세 가지 확언들로부터 시작하는 데는 일치했다.

그러나 과학이 우리에게 다르게 말하고 있는 것처럼 보이는 오늘날, 도대체 어떻게 우리가 그런 것들을 믿는 책임을 감당할 수 있을까? 사실 생물학자들은 우리에게 인간이 그들의 DNA의 중요한 부분을 침팬지와 공유한다고 주장하는데, 그들에 따르면, 그것을 설명하는 최선의 방법은 우리와 침팬지가 공통 조상을 갖고 있음을 인정하는 것이다. 또한 점진적 진화를 전제할 경우, 우리가 어떤 종(species)의 최초 구성원들에 관해 말하는 것이 어려운 것도 사실이다. 나는 이 문제에 대해서는 다음 단락에서 좀 더 상세히 다룰 것이다. 여기서는 단지 우리가 인간이나 혹은 어떠한 종의 기원에 관해 말할 때, 우리는 역사적 질문에 대해 어떤 판단을 내리거나 추론하는 것이며, 그럴 경우 우리의 추론은 건전한 비판적 사고의 안내에 따라야 한다는 것만을 말해두고자 한다. 우리가 전적으로 DNA 특성에만 의존하여 추론하고 그 추론과 연관된 다른 증거들을 배제하는 정도만큼, 추론의 신뢰성은 감소한다. 그러므로 우리는 DNA 증거뿐 아니라, 인간의 실존이 갖는 **보편적인** 인간으로서의 측면과 **독특한** 인간적 측면 같은 요소들도 이러한 추론에 포함시켜야 한다. 그런 것들은 인류의

52_ 어떤 이가 이 세 가지 요점을 긍정하면서도 역사적 아담과 하와가 실제 사건에 등장하는 인물들임을 부정하는 것이 "이론상으로"는 가능할 수도 있다. 하지만 결국 그것은 실패할 것이다. 왜냐하면 그것은 어째서 창세기 이야기가 성서의 다른 부분에서 그토록 많은 것들의 근거가 되는지를 적절하게 설명하지 못하기 때문이다.

단일한 기원, 즉 순전히 자연적인 과정의 능력을 넘어서는 어떤 기원을 가리키는가? 또한 그것들은 죄가 낯선 침입자라는 개념을 지지하는가? 다시 말하지만, 여기서 나는 지면의 문제 때문에 다루려는 항목들을 짧게 암시할 것이고, 더 충분한 변증은 또 다른 글을 위해 유보해 둘 생각이다.

예컨대 우리의 언어 능력에 대해 살펴보자. 그동안 사람들은 우리와 가장 가까운 관계에 있다고 간주되는 동물인 침팬지와 고릴라에게 언어를 가르치려 시도했다. 그리고 그런 시도들은 하나같이 실패했다. 침팬지 한 마리를 당신의 가족 가운데서 키워보라. 그리고 당신이 할 수 있는 만큼 애써보라. 그래도 당신은 침팬지에게 말을 하게 할 수 없을 것이다. 반대로 인간 아기를 예로 들어 보자. 당신은 그 아기가 말을 배우지 못하게 방해할 수 없다. 또한 그 아기가 당신이 집에서 말하는 모든 것을 사람들 앞에서 반복하지 않도록 막을 수도 없다! 인간과 다른 동물들의 차이는— 언어학자들이 그 둘을 면밀하게 살펴본 후에 주장하듯이—단순히 단계의 차이(마치 우리가 단지 동물들보다 더 발전했을 뿐인 것처럼 생각하는 것)가 아니라, 종류의 차이다(인간의 언어는 동물의 의사소통과 불연속적이다).[53]

53_ 주목할 만한 실험으로 Nim Chimpsky(이 이름은 언어가 인간의 고유한 특성이라는 Noam Chomsky의 주장을 조롱하기 위해 붙여졌다)라 이름 붙인 침팬지 실험을 들 수 있다. 그 실험의 결과는 H. S. Terrace at al., "Can an Ape Create a Sentence?" *Science* n.s. 206.4421 (23 Nov. 1979), 891–902; Terrace, "How Nim Chimpsky Changed My Mind," *Psychology Today* (Nov. 1979), 65–91; 그리고 Jascha Hoffman, "The Interpreter: Q&A with Herbert Terrace," *Nature*, vol. 475 (14 July 2011), 175을 보라. Ernest Lucas는 *Evangelical Quarterly* 84:4 (2012): 374에서 내 책 *Did Adam and Eve Really Exist?*에 대한 서평을 통해 FOX2P 유전자가 "말하기와 문법을 처리하는 능력과 관련된 모종의 역할"을 한다고 언급한다. 그러나 이것은 아주 심각한 잘못이다. 언어를 사용하기 위한 생물학적 도구가 있다는 사실이—이에 대해서는 아무도 의심하지 않았다—곧 언어의 사용 및 언어가 추론 및 도덕성(이것은 우리 물리적 존재를 초월한다)과 갖는 관계가 유전자들에 의해 완전히 설명된다는 것을 의미하지는 않는다. 이에 관한 더욱 상세한 논의는 James Le Fanu, *Why Us? How Science Rediscovered the Mystery of Ourselves* (New York: Vintage, 2009), 50–58을 보라.

하지만 그 이상의 것이 있다. 모든 인간 아이는 아이가 노출된 언어 혹은 언어들을 배울 준비를 하고 태어난다. 만약 아내와 내가 흰 피부와 푸른 눈을 가진 우리 아이들을 그들이 아기일 때 우간다의 어느 마을로 데리고 가서 그곳에서 살았다면, 아마도 우리 부부는 그 지역의 언어들을 배우느라 무진장 애를 써야 했을 것이다. 하지만 우리 아이들은 자라면서 자연스럽게 우리가 집에서 사용하는 미국식 영어뿐 아니라, 그 지역의 원주민들처럼 그 지역의 언어들을 자연스럽게 말하게 될 것이다. 그들의 부모인 우리나 혹은 그 마을 주민들이 자기 언어를 그들에게 가르치기 위해 별다른 애를 쓰지 않아도 되었을 것이다.

예술이라는 또 다른 예를 들어보자. 하나님이 첫 인간에게 정확히 언제 그분의 형상을 부여하셨는지 아무도 분명하게 말할 수 없다. 하지만 우리는 인간이 만든 공예품들을 볼 때 하나님의 형상이 거기에 스며들어 있음을 분명히 알게 된다.[54]

인간이 안전하고 정의로운 공동체를 갈망하는 현상에 대해서도 생각해 보자. 그것은 우리가 고대로부터 현대 문화에 이르기까지(그들이 참된 하나님을 믿는지 아닌지는 상관없이) 온 세계에서 발견되는 현상이다.

아리스토텔레스(Aristotle, 주전 384-322년)는 "인간은 본래 정치적인 동물"이라고 주장했다. 이것은 인간이 정치적인 공동체, 즉 정의의 원리에 의해 조직된 공동체 안에서 살아가는 동물이라는 뜻이다. 우리 인간 공동체는 벌집이나 들소 무리를 초월한다. 우리는 소리를 낼 수 있을 뿐 아니라, "동물 중 오직 인간만이 언어를 사용한다." 그리고 우리는 언어를 사용해 옳고 그름 및 장단점에 대해 말한다.[55]

모든 인간은 지금의 세상이 원래는 그렇게 되어야 할 상태가 아니라

54_ 예컨대 Le Fanu, *Why Us?*, 24-31을 보라.
55_ Aristotle, *Politics*, 1.i.9-12; 인용문은 Loeb Classical Library 시리즈에서 가져옴.

는 것을 실감하고 있다. 우리는 원래 각자의 독특성을 즐기면서 서로 평화롭게 살아갈 수 있음에도, 인간 사이의 갈등이 우리를 분열시키고 있음을 깨닫는다. 우리는 이런 불화에 대한 모종의 치유를 갈망한다. 우리는 죽음을 통해 사랑하는 이들을 잃는 경험을 하는데, 거기에는 종종 무서운 고통이 따른다. 우리는 인간의 총명함이 방향을 바꿔 큰 혼란과 파괴로 이어지는 새로운 길들을 만들어 내는 것을 목격하기도 한다.

같은 단락에서 아리스토텔레스는 계속해서 이렇게 주장한다.

> 인간은 [공정한 공동체 안에서] 완성될 때 최상의 동물이 되듯이, 또한 법과 정의에서 분리될 때 모든 동물 중 최악이 된다. 불의는 무기를 소유할 때 아주 해롭게 된다. 그리고 인간은 지혜와 덕의 용도로 사용할 무기들을 소유하고 태어나는데, 그것들을 전적으로 반대되는 목적을 위해 사용하는 것도 가능하다.

아리스토텔레스는 모든 인간에 대해 말하면서, 기독교인들이 "하나님의 형상"이라고 부르는 것의 몇 가지 측면을 묘사한다.[56] 하나님의 형상은 어디에서 오는가? 그것을 적절히 사용하는 것은 어째서 그토록 아름답고,

---

56_ 구약성서 전문가들 사이에 "하나님의 형상"이 의미하는 것에 관해 상당한 이견이 존재한다는 사실은 성서해석학자가 아닌 이들을 자주 놀라게 한다. 전통적으로 그것은 하나님 자신의 성품을 반영하는 이성, 예술, 도덕성처럼 우리의 독특한 능력을 가리키는 것으로 간주되었다. 하지만 오늘날에는 그것이 하나님의 세상에 대한 위임 통치라는 우리의 구별된 역할이나 혹은 우리의 관계적 본성을 가리킨다는 견해가 더 일반적이다. 부분적인 문제는 창세기가 하나님의 형상에 대해 아무런 정의도 내리지 않는다는 점이다. 이것은 우리가 그것을 본문에서 추론할 수밖에 없음을 의미한다. 나는 언어적 특성들(성서 단어들의 의미 및 관련된 문장들의 구문 특성)과 문학적 조건들(명백히 말하기보다는 간접적으로 보여주기를 선호하는 성서 저자들의 특성)에 기초하여, 그리고 성서 전체의 증언에 비춰서, 이런 여러 가지 사항을 종합하는 것이 최선이라고 여기는 편이다. 즉 인간만이 갖고 있는 독특한 능력은 지배와 관계를 모두 가능케 한다. 나는 이 문제를 *Did Adam and Eve Really Exist?*, 93-96과 다른 책에서 좀 더 상세하게 다룬 바 있다.

그것을 잘못 사용하는 것은 어째서 그토록 끔찍한가? 불쌍한 아리스토텔 레스는 이 모든 질문을 적절하게 고려할 수 있게 해줄 이야기를 소유하지 못했다. 하지만 창세기는 분명히 우리에게 최선의 답을 제공한다. 전도서 7:29은 그것을 이렇게 요약한다. "내가 깨달은 것은 오직 이것이라. 곧 하 나님은 사람을 정직하게 지으셨으나 사람이 많은 꾀들을 낸 것이니라." 아담과 하와의 이야기는 정확히 그렇게 답하고 있다. 그들은 선하게 창조 되었으나, 불순종했고, 따라서 그들과 우리의 삶에 죄와 불행을 가져왔다.

체스터튼(G. K. Chesterton)이 관찰했듯, 성서의 이야기에 따르면 "행복 은 희망일 뿐 아니라, 또한 이상한 방식으로 하나의 기억이기도 하다. 그 리고 우리는 모두 추방된 왕들이다."[57] 그러므로 우리는 하나 이상의 진단 을 가진 셈이다. 그리고 우리는 낙관적 전망을 위한 토대도 있다. 만약 우 리가 상황이 왜 이렇게 나빠졌는지에 대해 충분히 설명할 수 있다면, 하 나님이 그 상황을 바로잡으실 것이라는 기독교의 소망은 확고한 위로가 된다. 그 위로는 우리가 현재에도 하나님이 사랑하시는 백성으로서 온전 하게 인간적인 삶을 살도록 우리를 도울 것이다.

5. 자유와 한계

나는 창세기 1-11장이 "참된 역사"라고 주장한다. 그것은 창세기 1-11장 이 우리에게 세상이 어떻게 시작되었는지, 악과 고통이 어떻게 세상 속으

57_ G. K. Chesterton, *As I Was Saying*, ed. Robert Knille (Grand Rapids: Eerdmans, 1985), 160. 이것은 또한 Blaise Pascal의 *Pensées*의 중요한 주제이기도 하다; Peter Kreeft, *Christianity for Modern Pagans: Pascal's Pensées Edited, Outlined, and Explained* (San Francisco: Ignatius, 1993), 51-72을 보라.

로 들어왔는지, 그리고 하나님이 어떻게 자신이 만드신 세상에 여전히 충실하신지에 관한 참된 이야기를 전하고 있기 때문이다.

그런데도 문제는 남아 있다. 과학적·역사적 서술의 맥락에서 이런 주장은 어떻게 보일까? 이것은 자유로운 탐구를 위해 어느 정도의 여지를 남길까? 바로 그것이 프랜시스 쉐퍼(Francis Schaeffer)가 "자유와 한계"(freedoms and limitations)라는 문제를 다루면서 취했던 접근방식이 유용해지는 지점이다. 쉐퍼에 따르면 합리적인 시나리오들이 존재해서, 우리는 그것에 의지하여 성서와 과학 사이에 존재하는 명백한 갈등을 다룰 수도 있다. 하지만 또한 그 시나리오들에는 한계, 즉 성서의 기본적인 개념들과 인간의 건전한 판단 둘 다에 의해 설정된 한계도 있다.[58] 이것은 지혜로운 것이다. 왜냐하면 성서해석자나 신학자가 유전학자에게 자신이 게놈(genome) 안에서 발견하거나 발견할 수 없는 무언가에 관해 말하거나 고생물학자에게 자기가 화석에서 발견하거나 발견할 수 없는 무언가에 관해 말하는 것은 부적절하기 때문이다! 그와 동시에, 그 유전학자나 고생물학자가 자기들이 발견한 것을 인간의 이야기를 전하는 더욱 큰 이론 속으로 통합하고자 할 경우, 그때 그들은 한 인간으로서 그렇게 추론하는 것이며, 그들의 추론은 과연 그것이 건전한 비판적 사고에 부응하는지 알기 위한 검토의 대상이 된다.[59]

쉐퍼는 창세기 1장이 하나님을 "성숙한 우주"(grown up universe)를 창조하신 분으로 묘사할 가능성(오늘날 이것은 "성숙한 창조론"[appearance of age hypothesis]이라고 불린다)이나, 그 장이 묘사하는 하나님이 사탄의 타

58_ Francis A. Schaeffer, *No Final Conflict* (London: Hodder and Stoughton/Downers Grove, IL: InterVarsity Press, 1975), ch. 3; 또한 *The Complete Works of Francis A. Schaeffer* (Westchester, IL: Crossway, 1982), 제2권을 보라.

59_ 나는 이 문제를 내 책 *Science and Faith*, 특히 2장에서 상세히 논한 바 있다.

락 때문에 부분적으로 훼손된 창조 세계를 재형성하고 계시거나, 혹은 그 장에 등장하는 "날들"이 긴 세대를 가리킬 가능성을 숙고하려 했다. 그는 현명하게 그리고 또한 관대하게 이런 결론을 내린다.

다시 한 번 나는 독자들에게 지금까지 언급한 견해 중 어떤 것이 내 것이라거나 혹은 언젠가는 그것이 옳다고 입증될 거라고 주장하는 것이 아님을 밝혀 둔다. 나는 단지 성서가 우주의 창조에 관해 설명하는 것과 우리가 일반 계시를 통해 연구할 수 있는 것의 상호관계를 고려할 때 우리가 상정할 수 있는 이론적 가능성에 대해 말하고 있을 뿐이다.[60]

그와 동시에 쉐퍼는 몇몇 중요한 시점에서 일어났던 하나님의 특별한 창조 활동—최초의 창조, 그 다음에는 의식을 가진 생명의 창조, 그리고 마지막으로 인간의 창조—에 대해 역설했다. 그에 따르면, 특별한 창조는 앞서 존재했던 것과 다소 불연속적인(discontinuous) 결과를 낳았다.[61] 또한 그는 신학적 이유 때문에 아담이 최초의 남자였고 하와가 그로부터 만들어졌다고 말해야 한다고 생각했다. 이것은 그가 소위 "유신 진화론"이라고 불리는 것을 신중하게 살펴보는 계기가 되었다. 그는 **자연주의적인**(naturalistic) 분자-인간 시나리오(molecule-to-man scenario, 분자가 진화해서 인간이 된다는 가설—역자 주)에 대해서는 그것을 입증해줄 만한 아무 근거도 발견하지 못했으며, 그로 인해 그는 자신의 한계를 인식하는 사람은 누구라도 그 말의

60_ Schaeffer, *No Final Conflict*, 33-34.

61_ 이것은 G. K. Chesterton이 *The Everlasting Man* (1925, reprint, Garden City: Doubleday, 1955), 27에서 한 말을 떠올리게 한다. "어떤 철학자도 두 가지 위대한 변천, 즉 우주의 기원과 생명의 원리의 기원에 신비가 개입했음을 부정하지 않는다. 또한 대부분의 철학자는 인간의 기원에 세 번째 신비가 개입했다고 덧붙일 정도로까지 발전했다. 다시 말해, 세상 속으로 우리가 '이성'이라 부르는 것과 '의지'라고 부르는 것이 들어왔을 때, 상상도 못할 만큼 깊은 세 번째 심연을 가로지르는 세 번째 다리가 세워졌다."

온전한 의미에서 "진화론자"가 될 수 없을 거라고 생각했다.

나는 곧 발표될 내 논문에서 쉐퍼의 접근법을 추천할 생각이다.[62] 관대함과 기독교인이 서로 어울려 교제함에 대한 갈망은 쉐퍼를 자극했다. 쉐퍼의 접근법은 또한 정상적인 기독교인은 누구나 헌신과 관련된 위계(hierarchy)를 갖고 있음을 인식한다. 즉 그런 이들은 중요하기는 하나 핵심적이지는 않은 몇 가지 문제들(이를테면 성례의 가짓수나 그것들의 정확한 효과들)보다는 "기본적인" 혹은 "순전한" 기독교의 교리들(예컨대, 삼위일체나 예수의 부활)에 더욱 강력하게 천착할 것이다. 만약 우리가 창세기 1-11장의 문학적 특성들을 아울러 고려한다면, 우리는 이 성서 자료가 가진 바로 그와 같은 특성이 우리를 모종의 자유와 한계로 이끌어간다는 결론에 이르게 될 것이다. 왜냐하면 그 자료는 엄격한 문자적 해석을 거부할 뿐 아니라 또한 그 자료를 역사 기록으로 만들고자 했던 저자의 의도를 인정해야 함을 요구하기 때문이다. 실제적 측면에서 이것은 저자의 주된 목적이 독자들에게 자기가 전하는 사건들을—그것들의 세부사항에 너무 깊이 빠져들지 않으면서도—마음속으로 그려볼 수 있게 하는 것이었음을 의미한다.

이 문제를 좀 더 상세히 살펴보자. 우리는 창세기가 원래 청중의 필요를 다뤘던 방식을 고찰하면서 시작했다. 최초의 청중은 주로 농부들이었다.[63] 따라서 우리는 양을 얻기 위해서는 새끼를 낳게 해야 하고, 보리를

62_ C. John Collins, "Freedoms and Limitations: C. S. Lewis and Francis Schaeffer as a Tag Team,"은 곧 출판될 *Firstfruits of a New Creation: Essays in Honor of Jerram Barrs* (Mark Ryan and J. E. Eubanks, eds.)에 실려 있다. 이 주제를 더 간략하게 다룬 글은 내 논문 "A Peculiar Clarity: How C. S. Lewis Can Help Us Think about Faith and Science," in John G. West, ed., *The Magician's Twin: C. S. Lewis on Science, Scientism, and Society* (Seattle: Discovery Institute Press, 2012), 69-106을 보라.

63_ 이것은 우리가 창세기에 할당하는 시기에 상관없이 사실이다. 만약 우리가 전통적인 연대를 취한다면, 그들은 유목민들이었을 것이다. 설령 우리가 구성비평의 어떤 형태를

얻는 방법은 보리를 심는 것임을 그들이 이미 잘 알고 있었다고 생각할 수 있다. 즉 동식물이 "각기 종류대로" 번식한다는 것을 알고 있었다고 추정할 수 있다(참조. 이 원리를 아는 농부들을 전제하는 비유로는 마 13:24-30이 있다). 이 지점에 이르는 과정에서 하나님이 어떤 과정을 사용하셨고 어떤 과정을 사용하지 않으셨는가 하는 질문은 분명히 유효할 뿐 아니라 우리의 관심을 끈다. 하지만 그것은 창세기의 맥락과 관련된 질문은 아니다. 창세기를 접하는 청중에게는, 이것이 하나님이 **그분의** 세상을 만들어 가시는 방식이며, 따라서 그들도 그분이 피조물을 다루시는 법을 알기 위해 그분의 가르침을 따라야 한다는 사실이 중요하다.

마찬가지로 나는 인간과 다른 동물 사이의 유사성과 차이점 두 가지를 모두 인식하지 못하는 이성적인 사람이―특히 농부가―존재할 수 있다는 것을 상상할 수 없다. 그러므로 어떤 이스라엘 사람도, 성서가 그들에게 공히 "생령"(동물의 경우 "생물"로 번역됨. 창 1:24; 2:19 참조―편집자 주)이라는 용어를 사용하고 또한 그들을 모두 흙으로 "지음 받은" 존재로 묘사한다는 사실(창 2:7, 19)이 "인간의 몸이 흙이라는 공통 요소로 만들어졌다는 단순하고도 분명한 사실"[64]에 상응한다는 주장에 놀라지 않을 것이다. 창세기는 인간을 동물과 구별해주는 특징이자 독자들이 이미 인식하고 있다고 가정하는 특징에 하나의 명칭을 부여하는데, 그것은 바로 "하나님의 형상"이다.

대부분의 독자는 (이해할 만하게) 아담의 형성을 흙과 아담 사이에 중간 단계의 동물이 전혀 끼어 있지 않은 아주 직접적인 창조 사건으로 간주했다. 오늘날 어떤 이들은 인간의 DNA와 침팬지의 그것이 상당히 중첩한

취할지라도, 우리는, 비록 이스라엘이 가나안 땅에 더욱 잘 정착한 상태이기는 할지라도, 여전히 농부들에 관해 생각해야 할 것이다.

64_ J. Oliver Buswell, *A Systematic Theology of the Christian Religion* (Grand Rapids: Zondervan, 1962-63), 1:159.

다는 사실을 인식하면서, 이러한 중첩을 우리가 침팬지와 공유하는 유전적 유산의 측면에서 설명하려는 것이 아니라 기능의 중첩이라는 관점에서 설명하려 한다. 즉 DNA가 비슷한 것은 그것이 비슷한 역할을 하기 때문이라는 것이다.

여전히 우리는 과연 창세기 2:7이 최초로 **인간** 조상을 낳은 유전 현상을 포함하는 모종의 과정과 절대적으로 양립할 수 없는 것인지 질문할 수 있다. 아마도 그럴는지도 모른다. 하지만 우리가 이것이 결정적인 질문이라고 주장하는 것을 주저하게 하는 두 가지 이유가 있다. 첫째, 이미 논했듯이 우리는 창조 기사라는 문학작품의 특성에 대해 알고 있다. 둘째, 시편 103:14이 (창세기 2:7의 말들을 사용해) 노래하는 방식을 생각해볼 수 있다. "주님께서는 우리가 어떻게 **창조되었음을**(formed) 알고 계시기 때문이며, 우리가 한갓 **티끌**[흙]임을 알고 계시기 때문이다"(새번역). 궁극적으로 우리는 모두 "흙[티끌]으로 지음 받았다." 비록 그 흙(티끌)이 몇 가지 (유전적) 중간 단계들을 거치기는 했을지라도 그렇다![65]

그러나 여기서 우리는 쉽게 곁길로 빠질 수 있다. 우리는 형성(지음) 과정에 중간 단계들이 포함되었을 가능성을 그 과정에 관한 철저히 자연주의적인 (혹은 "일반적인 섭리") 시나리오와 혼동하지 말아야 한다. 우리가 외부에서 오는 어떤 "도움" 없이 인간의 여러 가지 능력을 얻을 수 있다고 가정하는 것은 매우 불합리하다. 다시 말해, 그 과정에 하나님의 창조 행위가 포함되어 있다고 인정하는 것이야말로 건전한 추론이다.[66] 그러므로

65_ 모든 인간이 흙으로 지음 받은 것과 관련하여 시 90:3; 104:29; 전 3:20; 12:7; 욥 10:8-9을 함께 보라. Buswell이 주장하듯(*Systematics Theology*, 1:159), "형성하다"(form)라는 동사는 "그 형성이 어떤 과정을 통해 이루어졌는지 상세히 알려주지 않는다. 상술되는 것은 오직 결과뿐이다." 물론 Buswell 자신은 지음의 유전 과정에 대한 어떤 개념도 **반대한다.** 하지만 달리 생각하는 이들을 비난하지는 않는다.

66_ 내가 앞서 언급한 두 편의 글들에서 논의했듯이, C. S. Lewis는 "진화"에 대해 열린 태도에도 불구하고, 이 점과 관련해 특별히 분명하고 도움이 되는 주장을 제시한다. Ernest Lucas는,

만약 어떤 이가 창세기 2:7을 설명하기 위해 어떤 단계의 중간과정을 제시하고자 한다면, 나는 그 문제에 대해 논의하기보다는 차라리 그에게 그 사건을 "특별한 창조"(special creation)로 인정할 수 있음을 확신시켜주려 할 것이다.[67]

더 나아가 창세기를 전통적으로 읽는 사람들은 최초의 인간이 단 한 쌍, 즉 아담과 그의 아내뿐이었다고 생각한다. 다른 모든 인간은 그들에게서 유래한다. 하지만 많은 유전학자는 최초의 인구가 단지 두 사람뿐일 수 없다고 간주한다. 창세기의 범위 너머에 확실히 두 사람 이상의 인구가 있었을까? 그럴 수도 있겠지만, 꼭 그렇다고 볼 수도 없다. 데릭 키드너(Derek Kidner)는 주목할 만한 시나리오 하나를 제시하면서 처음에 두 사람 이상의 인구가 있었을 가능성을 고려한다.[68] 키드너 자신은 그 시나리오를 예비적이면서도 잠정적인 것으로 간주하는데, 그것은 우리가 해결할 수 없을 수도 있는 여러 가지 난제를 포함한다.[69] 키드너의 제안의 한 가지 장점은 창세기 4장에 대한 그의 해석에서 나온다. 그는 창세기 4

내 책 *Did Adam and Eve Really Exist?*에 대한 서평을 통해, 이 논의에 대한 "틈새의 신"(God-of-the-gaps) 측의 반박을 잘못 제기한다. 그는 불연속성과 관련된 실제 경우를 오해하는 듯하다.

67_ 이것은 Benjamin Warfield와 James Orr의 입장이기도 하다. Fred Zaspel, "B. B. Warfield on Creation and Evolution," *Themelios* 35.2 (July 2010): 198-211; W. Brian Aucker, "Hodge and Warfield on Evolution," *Presbyterion* 20:2 (1994): 131-42을 보라. Bruce Waltke도 비슷한 견해를 보인다. *An Old Testament Theology* (Grand Rapids: Zondervan, 2007), 202-3을 보라.

68_ Derek Kidner, *Genesis*, Tyndale Old Testament Commentary (Downers Grove, IL: InterVarsity Press, 1967), 26-31.

69_ *Did Adam and Eve Really Exist?*, 124-25에 실려 있는 내 논의를 보라. Denis Lamoureux는 *Perspectives on Science and Christian Faith* 63:4 (Dec. 2011): 277-78에 실려 있는 그 책에 대한 서평에서 나를 모종의 "일치주의"를 선호하는 사람으로 오해한다. Todd Wood는 "Who Were Adam and Eve? Scientific Reflections on Collins's *Did Adam and Eve Really Exist?*" in *Journal of Creation Theology and Science*, Series B: Biology 2 (2012): 29을 통해 Lamoureux가 오해하고 있음을 인식하고 있다.

장이 가인과 아벨 시대에 그들 주변에 많은 사람이 있었음을 내포한다고 간주한다.[70]

그와 동시에 우리는 인간의 유전에 관한 연구를 포함하여 과학의 모든 이론화 작업이 평가에 대해 열려 있어야 한다는 점을 인정해야 한다(비록 내가 여기서 그런 평가를 하려는 것은 아니며, 내 결론을 그런 평가의 결과에 묶으려 하지도 않았지만).[71]

그렇다면 이런 주제에 관한 건전한 추론을 위해 필요한 기본 법칙은 무엇인가? 나는 다음과 같은 네 가지 원리를 제시하고자 한다.[72]

1. 인류의 기원은 단순한 자연 과정을 넘어선다. 이 원리는 한 명의 인간을 얻는 것이 얼마나 어려운지, 혹은 신학적으로 하나님의 형상이 얼마나 독특한 것인지에 관한 고찰에서 나온다.

2. 아담과 하와는 인류의 시초에 존재했다. 이것은 인류의 공통 경험에 대한 고찰에서 나온다.

3. "타락"은 그것이 어떤 형태를 띠든지 **역사적인**(그것은 실제로 발생했다) 동시에 **도덕적**이다(그것은 하나님에 대한 불순종을 포함한다). 또한 그것은 인류 역사의 시초에 발생했다. 상실에 대한 우리의 보편적인 인식은 이 사건이 없이는 설명되지 않는다. 이런 보편성이 다른 어디에서 올 수 있단 말인가?

4. 만약 누군가가 사실은 인류의 시초에 아담과 하와 외에도 다른 사람

70_ 하지만 Kidner 자신이 인정하듯이, 이런 읽기는 불확실하다. *Did Adam and Eve Really Exist?*, 112-13, 124-25에 실려 있는 내 논의를 보라.

71_ 이 문제는 *Did Adam and Eve Really Exist?* 119-20에 있는 내 논의를 보라.

72_ 곧 밝히겠지만, 첫 세 가지는 Schaeffer의 견해와 거의 비슷하다. 네 번째 법칙은 Kidner에 대한 내 존경심을 드러낸다. 하지만 이것이 필연적으로 내가 그의 제안을 인정함을 의미하진 않는다. 그것은 더욱 많은 인구를 상정하고자 하는 이들이 그들의 건전한 생각을 옹호하는 방법이다.

들이 있었다는 확신을 계속해서 유지하려 한다면, 그는 그 사람들을 친족 관계로 연결된 하나의 부족으로 간주할 수 있다. 그 경우 아담은 다른 구성원들보다 먼저 태어난 그 부족의 족장이고, 하와는 그의 아내일 것이다. 이 부족이 아담과 하와의 인도하에 "타락했다." 이 원리는 대표자를 통한 연대라는 개념에서 나온다(어떤 이들은 이것을 "다원발생설"[polygenesis]이라고 부를 수도 있다. 하지만 이것은 더 상투적인─그리고 받아들일 수 없는─종류의 것과는 분명히 다르다).

여기서 나는 여러 가지 주제들과 관련해 내가 확신하는 것들에 대해 상술하지 않았다. 이제 나는 그 중에서 두 가지만을 약간 상세하게 말하고자 한다. 그것은 "진화"와 "성서의 무오성"인데, 우선은 그 둘에 대한 정의부터 내려야 할 것 같다.

생물학적 진화는 시간이 지날수록 동물이 변화한다는 개념을 가리키는 것일 수 있다. 심지어 그것은 오늘날 우리가 알고 있는 동물들이 화석상으로 발견되는 생물들로부터 유래했으며, 그 과정에서 동물들의 유전자 구성에 변화가 발생했다고 주장하기까지 한다. 더 나아가 그것은 현존하는 모든 동물이 소수의 궁극적인 조상으로부터 왔거나, 심지어 단 하나의 조상에게서 유래했다고 주장하기까지 한다.[73] 가장 강력한 형태의 생물학적 진화론은 진화의 전체 과정이 하나님에게서 오는 "특별한 도움" 없이 이루어진, 철저하게 자연적인 것이라고 단언한다. 만약 우리가 그 과정이 **하나님이 개입하신 과정**이라고 말한다면, 그때 우리는 "유신 진화

73_ 여기서 나는 고전이 된 Charles Darwin의 책인 *The Origin of Species* (1872; reprint, New York: Collier, Harvard Classics, 1909)에서 내린 결론을 되풀이하고 있다. Darwin은 생명체가 "원래는 창조주에 의해 몇 가지 형태나 혹은 단 하나의 형태로 생명이 불어넣어진 것"으로 간주한다.

론"에 대해 말하는 셈이다.

때때로 기독교인들은 모든 종류의 진화론을 반대할 뿐 아니라 심지어 지구가 오래되었다는 주장도 거부하는데, 그것은 그런 이론들이 동물의 죽음을 포함시키는 방식 때문이다. 그러나 나는 그것을 치명적인 반대라고 여기지 않는다. 다른 곳에서 나는, **인간의 죽음**은 성서 저자들이 로마서 5:12 등 여러 곳에서 염두에 두었던 것이지만 동물의 죽음은 신학적 문제가 **아니고** 타락의 결과도 아니라고 주장한 바 있다.[74] 그럼에도 쉐퍼의 주장에 동의하면서, 나는 가장 강력한 형태의 유신 진화론은 인간의 독특성을 설명해주지 못하므로, 성서에 대해서도 부적절하고 역사적 과학에 대해서도 부적절하다고 생각한다.[75]

앞에서 내가 창세기 1-11장을 "참된 역사"로 묘사한 것과 관련하여, 여기에서는 성서의 신뢰성 혹은 "무오성"에 대해 언급해야 할 것 같다. 비록 벤자민 워필드(Benjamin B. Warfield, 1851-1921)가 "성서의 무오성"이라는 용어를 대중화시킨 것으로 인해 칭송(혹은 비난)을 받고 있으나, 사실 그 개념은 기독교의 오랜 전통 가운데 하나다.[76] 「성서의 무오성에 관한 시카고 선언」(*The Chicago Statement on Biblical Inerrancy*, 1978)은 그 개념에 관한 복음주의적 접근방식을 규정했고, 로마 가톨릭교회는 그보다 앞서 1943년에 교황 회칙인 「성령의 영감」(*Divino Afflante Spiritu*)을 통해 유사한 선언을 한 바 있다.[77]

74_ 예컨대 내 책 *Science and Faith*, ch., 10; "Did Adam and Eve Really Exist?," 115-16을 보라.

75_ 나는 이 문제를 "A Peculiar Clarity"에서 상세히 다룬 바 있다.

76_ 이 주제에 관한 문헌은 방대하다. 최근에 나온 유익한 자료 중에는 Michael D. Williams, "The Church, a Pillar of Truth: B. B. Warfield's Church Doctrine of Inspiration," *Presbyterion* 37/2 (2011): 65-84; Robert W. Yarbrough, "Inerrancy's Complexities: Grounds for Grace in the Debate," idem, 85-100 등이 있다.

77_ 이 두 선언문 모두 온라인에서 볼 수 있다.

여기서 나는 그 선언들의 상세한 의미를 설명하거나 그 내용을 변호하지는 않을 것이다. 오히려 나는 그것들을 우리의 목적을 위해 충분한 것으로 간주할 것이다. 여기서 우리가 창세기 1-11장의 최종 형태가 어떻게 나왔는지—즉 그것이 몇 개의 자료로부터 나온 것인지, 단번에 작성된 것인지, 아니면 헨리 블로허(Henri Blocher)가 말하듯 현재로부터 과거를 되돌아보며 작업하는 "영감을 통한 재구성"(an inspired reconstruction)[78] 인지—에 대해 답할 필요는 없다고 본다.

현명하게도 두 선언문은 우리가 하나님의 영감을 받은 저자들이 사용했던 문학 형태에 우리의 기대를 맞춰야 한다는 점을 인정한다. 즉 우리는 무오성을 철저하게 문자적인 해석과 동일시하면 안 된다. 이런 개념은 「성령의 영감」(§37)에 따르면, 적어도 토마스 아퀴나스(Thomas Aquinas, 1225-74)까지 거슬러 올라간다. 심지어 C. S. 루이스(C. S. Lewis)는 창세기가 "어느 유명한 시인의 방식을 따라서" 창조에 대해 이야기하고 있다는 주장을 교부 히에로니무스(Jerome, 347-420)의 것으로 돌린다(사실 이 표현은 그보다 훨씬 후대 인물인 존 콜릿[John Colet, 1467-1519]의 것으로 알려져 있다).[79] 우리가 용어들을 "본문이 갖는 지시 능력"(the text's ability to refer)으로 신중하게 정의하는 한, 이런 방식 혹은 문체는 어떤 식으로도 "역사성"을 해치지 않는다.[80]

나는 이런 지침의 범위 안에서 교리들을 내가 이미 묘사했던 성서의 이야기에 비추어 살핀다. "성서는 우리에게 세상과 하나님의 백성에 관해

78_ Henri Blocher, *In the Beginning* (Downers Grove, IL: InterVarsity Press, 1984), 159을 보라.

79_ "A Peculiar Clarity," 87-88에 있는 내 논의를 보라.

80_ 교황 Pius XII가 그의 회칙 「인간의 기원」(*Humani Generis*, 1950)에서 말했듯이, "창세기의 처음 열한 장은, 비록—적절하게 말하자면—최상의 그리스와 라틴 저자들이나 우리 시대의 유능한 저자들이 사용했던 역사적 방법과 일치하지는 않으나, 그럼에도 참된 의미에서 역사와 관련되어 있다"(§38). 또한 *The Chicago Statement*, art. XIII을 보라.

참된 이야기를 전해준다. 또한 하나님의 백성을 이루는 구성원들에게 그 이야기를 수용하고 다른 이들에게 그것을 수용하도록 촉구하는 올바른 방법을 알려준다." 그러므로 무오성은 하나님이 우리에게 하시는 말씀을 듣기 위해 성서를 찾을 때, 어째서 우리가 신뢰와 협력의 태도를 지녀야 하는지 설명하는 것을 목표로 한다.

우리는 신앙과 이성에 관한 토론, 즉 성서에 대한 우리의 신뢰가 그것을 적절하게 읽기 위한 전제조건인지, 아니면 우리가 성서를 분석함으로써 얻은 결과인지에 관한 토론으로 더 깊이 들어갈 수도 있을 것이다. 존 웬함(John Wenham)은 우리가 그런 어려움에서 벗어나도록 도와준다.[81]

이런 딜레마에서 벗어나려면 성서에 대한 믿음이 그리스도에 대한 믿음으로부터 오는 것일 뿐 그 반대가 아님을 인정하고, 비평의 문제를 외면하지 않으면서도 그리스도에 대한 믿음으로부터 성서에 관한 교리로 나아가는 것이 가능함을 인정해야 한다.

웬함은 "그리스도 자신의 성서관은 여전히 그리스도인들의 성서관이 될 수 있고 또한 되어야 한다"고 주장한다.[82] 물론 이것은 그 자체로는 예수가 창세기 1-11장에 대해 취하셨던 관점이 무엇인지를 정확하게 알려 주지 않으며,[83] 우리가 바울과 관련해 알 수 있는 것과 같은 정보는 더더욱 알려 주지 않는다. 더 나아가 웬함은 "[그리스도가] 권위를 부여하는 대

81_ John Wenham, *Christ and the Bible* (Grand Rapids: Baker, 1994), 13 (강조는 그의 것임).

82_ Ibid., 12.

83_ 분명히 웬함은 때때로―항상은 아니다―역사성을 "문자적" 해석과 혼동한다. 그리고 마 19:3ff에 대한 그의 짧은 언급(*Christ and the Bible*, 19)은 내가 여기서 한 것과 같은 발전이 필요하다.

상은 저자들이라기보다는 저작물들이다"라고 주장한다.[84] 그런데도 우리는, 예수가 창세기 1-2장의 **내러티브**를 윤리와 관련된 주장을 제시하기 위한 근거로 삼으셨으며, 또한 사도들은 예수로부터 권위를 부여받은 사람들로서 그 이야기의 전달자이자 해석자들임을 알고 있으므로(예. 요 14:26; 16:12-15), 창세기를 내가 주장한 것과 같은 방식으로 읽어야 할 이유를 발견한다. 사실 나는 우리가 현대의 문학적·언어학적 도구를 사용함으로써 창세기를 바울이 해석했던 것과 같은 방식으로 읽을 수 있다고 생각한다.[85]

나는 우리가 이보다 많은 것을 말할 수 있고 또한 말해야 한다는 것을 분명히 안다. 하지만 또한 나는 이 정도만으로도 독자들에게 어째서 내가 창세기의 처음 장들이 세상의 큰 이야기를 위해 참되고 역사적인 준비단계를 제공한다고 확신하는지를 알리는 데 충분하다고 믿는다.

84_ Wenham, *Christ and the Bible*, 33.
85_ 이것은 내 책 *Genesis 1-4* 중 "reverberations" 부분의 한 주제다.

진화적 창조론

데니스 O. 라무뤼

콜린스는 복음주의 안에서 과학-종교 분야의 연구를 선도하는 학자다. 그동안 나는 그의 책들을 통해 많은 것을 배웠고 그와 교제하는 기쁨을 누렸다. 내 경력에서 가장 중요한 것 중 하나는 2012년에 웨스트민스터 신학교와 디스커버리 연구소가 공동 주최한 학술대회에서 그와 함께 연단에 올랐던 것이다. 그곳에서 우리는 아담에 관해 의견을 주고받았다. 나는 우리가 몇 가지 서로 일치하지 않는 점이 있지만 일치하는 점이 더 많으며, 특히 우리가 가진 기독교 신앙의 토대와 관련해 그러하다고 믿는다.

성서의 큰 이야기

콜린스의 글 전반에 나타나는 핵심 주제는 성서가 "포괄적인 스토리라인"(223쪽) 혹은 "큰 이야기"(242쪽)의 특징을 갖고 있다는 인식이다. 그는 다양한 방식으로 이 "이야기" 혹은 "거대 담론"을 50여 차례나 거론한다. 콜린스는 이 이야기에 관해 다음과 같이 말한다.

이 스토리라인은 죄로 인해 침해당한 하나님의 선한 창조, 창조 세계를 위한 하나님의 구속 계획, 이스라엘이 열방의 빛으로 부르심 받음, 온 세상에 하나님의 빛을 성공적으로 가져갈 교회에 대한 전망 등을 다룬다. 창조 이야기는 또한 인간의 독특한 역할과 존엄성에 관심을 갖는데, 그것들은 모든 사람이 일상에서 경험하는 문제이기도 하다. 모든 사람은 하나님을 갈구하고, 그분을 필요로 하며, 자신들의 죄악의 문제를 해결하고, 삶을 꽃피우는 데 필요한 온전한 공동체를 창조하기 위해 그분에게 의존해야 한다(219쪽).

나는 이 "세상과 관련된 큰 이야기"(242쪽)를 전혀 주저하지 않고 받아들인다. 하지만 그것이 역사적 아담을 필요로 하는가? 나의 답은 "아니요"다. 나는 아담이 실제로 존재했다고 믿지는 않으나, 성서의 "기본적인 스토리라인"(241쪽)은 충심으로 믿는다.

글 후반부에서 콜린스는 "성서의 스토리라인"에 세 가지 조항을 덧붙인다. (1) 사실상 인류는 한 쌍의 부부에게서 유래된 한 가족이다. (2) 하나님은 우리의 제일 첫 조상을 지으시기 위해 특별하게 ("초자연적으로") 행동하셨다. (3) 역사의 시초에 우리의 최초 조상들은 인간의 삶속으로 죄와 역기능을 들여왔다(251쪽).

나는 (1)과 (3)을 수용한다. 내 글에서도 언급했듯이, 인간은 "약 1만여 명의 개인들로 이루어진 집단에서 유래"했으며, 또한 세상 속으로 죄가 들어온 것은 "현대의 우리와 비슷하게 행동했던 인간이 약 5만 년 전에 비로소 출현했다는 사실"과 일치한다(91-92쪽). 그러나 조항 (2)는 콜린스의 견해의 핵심인 동시에, 우리 두 사람 사이의 중대한 차이점이다. 콜린스에 따르면, 하나님은 인간을 초자연적인 사건을 통해서 창조하셨다. 하지만 그런 신적 행동은 왜 "성서의 스토리라인"에 포함된 것일까?

과학적 일치주의와 틈새의 신

이 질문에 대한 답은 콜린스가 "과학적 일치주의"(scientific concordism)와 "틈새의 신" 이론을 받아들인다는 데 있다. 유별나게도 그는 이렇게 이의를 제기한다. "라무뤼는…나를 모종의 '일치주의'를 선호하는 사람으로 오해한다"(262쪽, 각주 69번). 또한 그는 "어니스트 루카스(Ernst Lucas)는,…이 논의에 대한 '틈새의 신' 측의 반박을 잘못 제기한다. 그는 불연속성과 관련된 실제 경우를 오해하는 듯하다"(261-62쪽, 각주 66번)라고 불평한다.

여기서 내가 **원칙적으로**는 "과학적 일치주의"나 "틈새의 신"에 반대하지 않는다는 점을 강조해 둘 필요가 있을 것 같다. 내가 말했듯이, 과학적 일치주의는 "합리적인 가정"일 뿐 아니라 "논리적으로 그럴듯"한 것이기도 하다. 하지만 나는 이렇게 물었다. "과학적 일치주의는 사실인가? 그것은 하나님의 말씀이 갖는 무오한 특성인가?"(63-64쪽). 비슷한 방식으로 하나님은 "틈새" 혹은 자연 안에 있는 "불연속성"에 개입하셔서 새로운 종을 도입하거나 이미 존재하는 종들의 신체 부분이나 유전자를 조작하거나 덧붙이실 수 있다. 어쨌든 그분은 하나님이시 않은가! 그러나 핵심은 과연 하나님이 기원의 문제와 관련해 실제로 그렇게 개입하셨느냐 하는 것이다.

첫째, 콜린스가 과학적 일치주의자인지 아닌지를 알아보기 위해 그가 한 말들을 살펴보자. 그는 자신의 초록에서 이렇게 단언한다. "만약 우리가 성서 자료들을 건전한 비판적 사고의 도움을 받아 읽는다면, 그것들은 인간의 기원에 관한 과학적이고도 역사적인 설명과 성서의 창조 이야기를 서로 **연결하는** 데 어느 정도의 자유와 한계를 제공한다는 점을 주장하려 한다"(219쪽, 강조는 내 것임). 성서를 과학과 "연결하는" 것은 과학적 일치주의다.

얼마 후에 콜린스는 이렇게 선언한다. "이것은 창세기가 그 날들이 얼마나 길었는지, 혹은 그 날들이 오늘날 우리가 아는 시간 개념과는 어떤 **관련이 있는지**에 대해—그 날들이 우리가 화석을 통해 알게 된 것들과 **들어맞는지**는 차치하고—중요하게 다루지 않고 있음을 의미한다"(222쪽, 강조는 내 것임). 창세기 1장의 날들을 시간과 "관련"시키고 화석과 "들어 맞"게 하려는 시도는 과학적 일치주의다.

마지막으로 콜린스는 프랜시스 쉐퍼의 책 『최후의 갈등은 없다』(*No Final Conflict*)를 인용하면서 쉐퍼의 결론들이 "현명"(258쪽)하다고 주장한다. 쉐퍼는 이렇게 쓰고 있다. "나는 단지 성서가 우주의 창조에 관해 설명하는 것과 우리가 일반 계시[과학을 의미함]를 통해 연구할 수 있는 것의 **상호관계**를 고려할 때 우리가 상정할 수 있는 이론적 가능성에 대해 말하고 있을 뿐이다"(258쪽, 강조는 내 것임).[86] 성서와 일반 계시 사이에서 만들어진 모든 "상호관계"는 과학적 일치주의다. 요약하자면 콜린스는 과학적 일치주의자다.

둘째, 콜린스가 "틈새의 신"을 수용하는지 살펴보자. 그는 "성서의 스토리라인"에 "하나님은 우리의 제일 첫 조상들을 지으시기 위해 **특별하게** (**'초자연적으로'**) 행동하셨다"는 내용을 포함시킨다(251쪽, 강조는 내 것임). 인간의 기원의 문제와 관련해 "특별하게" "초자연으로" 행동하시는 하나님은 "틈새의 신"을 가리킨다.

콜린스는 "우리가 **외부에서 오는** 어떤 '도움' 없이 인간의 여러 가지 능력을 얻을 수 있다고 가정하는 것은 매우 불합리하다. 다시 말해, 그 과정에 하나님의 창조 행위가 포함되어 있다고 인정하는 것이야말로 건전한 추론이다"라고 선언한다"(261쪽, 강조는 내 것임). "외부에서 오는 도움"의 주체인 창조주는 "틈새의 신"을 의미한다.

86_ Francis A. Schaeffer, *No Final Conflict* (Downers Grove, IL: InterVarsity Press, 1975), 24.

다시 쉐퍼의 『최후의 갈등은 없다』에 호소하면서 콜린스는 이렇게 쓴다.

> 그와 동시에 쉐퍼는 **몇몇 중요한 시점에서 일어났던 하나님의 특별한 창조 활동**—최초의 창조, 그 다음에는 의식을 가진 생명의 창조, 그리고 마지막으로 인간의 창조—에 대해 역설했다. 그에 따르면, 특별한 창조는 앞서 존재했던 것과 다소 불연속적인 결과를 낳았다. 또한 그는 신학적 이유 때문에 아담이 최초의 남자였고 하와가 그로부터 만들어졌다고 말해야 한다고 생각했다 (258쪽, 강조는 내 것임).

기원 문제와 관련해 "중요한 시점에" 나타나서 모든 "특별한 창조 활동"을 수행하는 신은 "틈새의 신"이다. 한마디로 콜린스는 "틈새의 신"을 수용한다.

놀라운 점은 콜린스가 쉐퍼를 심지어 기원 문제의 권위자인 것처럼 인용한다는 것이다. 불과 두 단락 앞에서 그는 이렇게 말한 바 있다. "성서 해석자나 신학자가 유전학자에게 자신이 게놈 안에서 발견하거나 발견할 수 없는 무언가에 관해 말하거나 고생물학자에게 자기가 화석에서 발견하거나 발견할 수 없는 무언가에 관해 말하는 것은 부적절"하다(257쪽).

쉐퍼는 놀라운 기독교 사역인 라브리 공동체(L'Abri Community)를 창설한 훌륭한 목회자였다. 그러나 그는 과학 분야에서는 아무런 훈련도 받은 적이 없다. 안타깝지만 이것은 그의 책 『최후의 갈등은 없다』에서 여실히 드러난다. 예컨대 쉐퍼는 이렇게 단언한다. "나는 공룡이 인간의 출현 이전에 멸종했다는 견해가 입증되었다는 것을 전혀 확신할 수 없다."[87] 그

87_ Ibid., 27.

러나 대부분의 사람은 공룡이 6천5백만 년 전에 멸종했으며, 현대인과 비슷한 방식으로 행동한 인간은 불과 5만 년 전에 나타났다는 것을 알고 있다. 더구나 아무런 인용문도 없는 쉐퍼의 48쪽짜리 이 소책자는 거의 40여 년 전에 출판되었다. 그때 이후로 생물학은 특히 진화 유전학의 발전과 더불어 굉장한 발전을 거듭했다. 덧붙이자면, 그동안 인류 발생 이전의 것으로 생각되는 화석들이 아주 많이 발견되었다. 콜린스의 용어를 사용해 말하자면, 기원 문제와 관련하여 쉐퍼의 권위에 호소하는 것은 분명히 "건전한 비판적 사고"(219, 252, 257쪽)가 아니다.

과학적 일치주의의 문제는 그것이 결국 실패한다는 점이다. 성서에는 고대 과학(예. 3층 구조의 우주)이 포함되어 있으며, 따라서 성서를 현대 과학과 나란히 비교하는 것은 **불가능하다**. 아담의 역사성에 대한 콜린스의 믿음은 궁극적으로 인간의 기원에 관한 고대적 이해, 즉 신규(de novo, 즉 신속하고 완전한) 창조라는 개념에 뿌리를 둔다.

신규 창조는 또한 콜린스가 아담을 창조하기 위해 개입하시는 "틈새의 신"을 받아들이는 근거이기도 하다. 하지만 역사는 하나님의 행동을 이렇게 받아들이는 견해에 문제가 있음을 알려준다. 그동안 어떤 이들은 "바로 여기가 하나님이 개입하신 지점이다"라고 선언해 왔으나, 결국에는 그들이 말하는 틈새는 "자연에 존재하는 틈새"가 아니라 "자연에 대한 인간의 지식 안에 존재하는 틈새"라는 점이 항상 드러날 뿐이었다.

소위 "환원 불가능한 복잡성"(Irreducible Complexity, 지적설계론의 지지자들이 자주 언급하는 용어로, 생물학 체계는 너무 복잡하므로 생물이 더 단순한 체계 또는 덜 복잡한 조상에게서 자연 선택을 통해 진화했다고 볼 수 없다는 주장—역자 주)이라 불리는 이론과, 논란의 여지가 많지만 이에 대한 근거로 제시되는 박테리아의 편모(flagellum)에 대해 생각해보자. 그런 편모를 창조하기 위해 하나님의 개입을 상정할 필요는 없다. 왜냐하면 그것에 속한 약

40여 개의 구성요소 거의 모두가 이미 다른 기능들을 수행하고 있는 박테리아의 세포막 안에 들어 있기 때문이다. 우리는 보강(recruitment)이라는 진화 메커니즘을 통해 편모의 기원을 충분히 쉽게 설명할 수 있다.

바로 이것이 콜린스가 말하는 "불연속성과 관련된 실제 경우"(261-62쪽 각주 66번)가 갖고 있는 문제다. 그는 이렇게 주장한다. "인류의 기원은 단순한 자연 과정을 넘어선다. 이 원리는 한 명의 인간을 얻는 것이 얼마나 어려운지…에 관한 고찰에서 나온다"(263쪽). 콜린스는 언어, 예술, 정의로운 공동체에 대한 갈망(253-54쪽)이야말로 "앞서 존재했던 것과 다소 불연속적인 결과"(258쪽)를 가져온 증거라고 주장한다. 그러나 진화론적 심리학에 관한 모든 개론서가 콜린스가 말하는 불연속성을 설명하긴 하지만, 그런 설명은 자연의 틈새가 아니라 콜린스가 가진 지식의 틈새를 보여줄 뿐이다.

"참되고 역사적인," 그러나 "과도하게 문자적이지 않은"

콜린스의 과학적 일치주의와 "틈새의 신"은 그가 창세기 1-11장을 해석하는 방법론을 지탱한다. 그는 "창세기의 처음 장들이 세상의 큰 이야기를 위해 참되고 역사적인 준비단계를 제공한다"(268쪽)고 주장한다. 하지만 또한 그는 우리에게 "과도하게 문자주의에 얽매이지 않기 위해 조심"(241쪽)하라고 말한다.

만약 우리가 창세기 1-11장의 문학적 특성들을 아울러 고려한다면, 우리는 이 성서 자료가 가진 바로 그와 같은 특성이 우리를 모종의 자유와 한계로 이끌어간다는 결론에 이르게 될 것이다. 왜냐하면 그 자료는 엄격한 문자적 해석을 거부할 뿐 아니라 또한 그 자료를 역사 기록으로 만들고자 했던 저자의 의도를 인정해야 함을 요구하기 때문이다. 실제적 측면에서 이것은 저자의 주된 목적이 독자들에게 자기가 전하는 사건들을—**그것들의 세부사항에 너무 깊이 빠져들지 않으면서도**—마음속으로 그려볼 수 있게 하는 것이었음을 의미한다(259쪽, 강조는 내 것임).

콜린스는 인용한 단락 이전 부분에서 "역사"라는 단어와 관련된 훌륭한 정의를 제공한다. 그는 역사가 "지시 방식, 즉 실제 세계에서 벌어지는 사건들에 관해 이야기하는 방식"(226쪽)이라고 주장한다. 하지만 즉시 문제가 발생한다. 우리가 창세기 1-11장 안에서 "참되고 역사적인" 부분과 대수롭지 않은 "세부사항"을 어떻게 구별할 수 있는가?

내가 보기에 콜린스의 해석 방법은 자의적이고 임시변통적인 것 같다. 창세기의 처음 장에 대한 그의 해석을 예로 들어 보자.

창세기 1장은 하나님을 마치 엿새 동안 일하는 일꾼처럼 묘사한다. 그러므로 우리는 창조를 웅장한 업적으로 경축한다. 이것은 **창세기가 그 날들이 얼마나 길었는지, 혹은 그 날들이 오늘날 우리가 아는 시간 개념과는 어떤 관련이 있는지에 대해—그 날들이 우리가 화석을 통해 알게 된 것들과 들어맞는 지는 차치하고—중요하게 다루지 않고 있음**을 의미한다(222쪽, 강조는 내 것임).

단번에 콜린스는 창조 기사에 나타나는 날들의 길이를 무의미한 것으로 치부한다. 그러나 그가 그렇게 하는 기준은 무엇인가? 그는 그 기준을 전혀 언급하지 않는다. 콜린스는 "창세기가" 그 문제를 "중요하게 다루지 않고" 있다고 임의로 선언한다. 나는 그의 주장에 동의할 수 없다. 창세기 1장에서 언급되는 날들은 중요하다. 창세기 1장은 안식일 계명을 반영하고 있으며(출 20:8-11), 창조가 이루어진 각 날의 길이는 분명하다. 각 날들은 통상적인 24시간이다. 각 날에 대한 묘사는 "저녁이 되고 아침이 되니 이는 ~째 날이라"라는 표현으로 끝난다.

콜린스가 창조의 날들의 길이를 무의미한 것으로 간주하는 이유는 무엇인가? 그것은 그가 "오늘날의 우주론과 지질학의 표준 이론에도 반대하지 않"기(222쪽) 때문이다. 콜린스는 우주가 생성된 지 수십억 년이 지났다는 것과 창세기 1장을 우주론과 지질학의 시간 틀에 맞추는 것이 불가능하다는 것을 알고 있다.

콜린스의 해석 방법이 임시변통이라는 것은 그가 창세기 1장을 다루는 또 다른 구절에서 잘 드러난다.

> 최초의 청중은 주로 농부들이었다. 따라서 우리는 양을 얻기 위해서는 새끼를 낳게 해야 하고, 보리를 얻는 방법은 보리를 심는 것임을 그들이 이미 잘 알고 있었다고 생각할 수 있다. 즉 동식물이 "각기 종류대로" 번식한다는 것을 알고 있었다고 추정할 수 있다(참조. 이 원리를 아는 농부들을 전제하는 비유로는 마 13:24-30이 있다). 이 지점에 이르는 과정에서 하나님이 어떤 과정을 사용하셨고 어떤 과정을 사용하지 않으셨는가 하는 질문은 분명히 유효할 뿐 아니라 우리의 관심을 끈다. 하지만 그것은 **창세기의 맥락과 관련된 질문은 아니다**(259-60쪽, 강조는 내 것임).

다시 콜린스는 창세기의 일부를 적절하지 않은 것으로 치부한다. 그리고 이번에도 자신이 그렇게 하는 기준을 밝히지 않는다. 이 구절은 "논증"이 아니라 임의의 "선언"에 불과하다.

콜린스의 비일관성은 분명하다. 동식물의 창조와 관련해 "하나님이 어떤 과정을 사용하셨고 어떤 과정을 사용하지 않으셨는가"는 "적절한 질문이 아니다." 그러나 인간의 창조와 관련해 그는 하나님이 "우리의 제일 첫 조상들을 지으시기 위해 특별하게 ('초자연적으로') 행동하셨다"고 말할 뿐 아니라, 그것은 "성서 스토리라인"의 일부라고 **주장한다**(251쪽). 그러나 어째서 하나님의 이런 창조 행위는 "참되고 역사적인" 반면, 동식물 혹은 하늘과 땅의 기원과 관련하여 창세기 1장이 전하는 다른 초자연적 사건들은 "문제가 되지 않는" 것인가?

그 대답의 일부는 콜린스가 현대의 우주론/지질학을 수용하면서 하늘과 땅이 **전적으로** 자연 과정을 통해 나타났음을 인정한다는 점에 있다. 그래서 한편으로 콜린스는 자신의 과학관 때문에 하나님이 우주론적·지질학적 기원 문제에 개입하셨음을 거부하고 아울러 창세기 1장의 분명한 진술을 거부한다. 그러나 다른 한편으로 그는 성서를 과학적 일치주의 관점으로 해석하기 때문에 인간의 진화를 부정한다. 이렇게 자의적인 임시변통은 일관성이 없을 뿐 아니라, 진화 생물학 및 우주론과 지질학 사이에 불공정하고 잘못된 이분법을 만들어낸다.

메소포타미아 자료들과의 평행

"우리는 창세기가 **실제로** 고대 근동의 다른 문화에서 온 이야기들과 평행을 이룬다는 점을 알아차릴 때 아주 많은 것을 얻을 수 있다"(237쪽)는 콜린스의 언급은 정확하다. 창세기 1-11장이 고대 메소포타미아 문헌과 유사하다는 그의 주장도 맞다(237쪽). 그러나 그와 나는 이 이방 자료들을 완전히 다른 방식으로 사용한다.

콜린스는 메소포타미아 저자들이 기원에 관한 자신들의 이야기를 통해 역사를 기록하고 있다고 믿으므로 창세기 1-11장의 저자(들) 역시 그렇게 했을 것이 분명하다고 주장한다. 그는 이렇게 말한다. "메소포타미아인들은 **실제 발생한 사건으로**…간주했던 것들을 기반으로 자기들의 이야기를 수립하여 자신들의 목적을 이루려 했던 것으로 보인다"(231쪽, 강조는 그의 것임). 콜린스는 이런 이방인들의 이야기들이 "역사적 핵심"을 포함하므로(235쪽) 창세기 1-11장의 경우도 그러할 것이라고 단언한다. 그러나 창세기 1-11장의 역사성을 정당화하기 위해 이방의 신화들에 호소하는 것은 대부분의 기독교인에게는 오히려 이상하게 보일 것이다.

콜린스의 주장이 가진 문제점은 이렇다. 메소포타미아인들은 그들의 이야기가 실제 사건들을 가리킨다고 "생각했다." 그런데 어쩌면 그들은 잘못 생각했을 수도 있다. 그리고 어쩌면 창세기 1-11장의 저자들 역시 인간 역사의 시초에 관해 잘못 생각했을 수도 있다. 나는 콜린스가 쓴 책 『아담과 하와는 실제로 존재했을까?』(*Did Adam and Eve Really Exist?*)에 대한 서평에서 이 문제를 제기한 바 있다. 거기서 나는 그가 한 가지 가능한 시나리오를 놓쳤다고 주장했다.

> 그로 인해 "[성서의] 저자는 그가 실제로 일어난 사건으로 간주했던 것에 관해 말하고 있었으나", 사실 그런 사건들은 결코 실제로 일어나지 않았다. 왜냐하면 그 저자는 역사를 **고대 현상학적 관점**에서 재구성하고 있었던 것이기 때문이다. 다시 말해, 이것은 과학에 대한 고대의 이해와 비슷한, 역사에 대한 고대의 이해였다.[88]

메소포타미아의 자료들이 창세기 1-11장의 내용과 평행을 이룬다는 콜린스의 확신은 영감을 받은 저자들이 고대 과학뿐 아니라 또한 초기 인

88_ Denis O. Lamoureux, Reviews of John C. Collins, *Did Adam and Eve Really Exist?* (2011), in *Perspectives on Science and Christian Faith* 63:4 (2011): 277.

간 역사에 대한 고대적 개념화 작업의 내용까지 활용했다는 내 견해와 일치한다. 콜린스는 본서 230쪽에 실려 있는 표를 통해 창세기 1-11장과 메소포타미아의 기원 이야기 모두에 들어 있는 한 가지 유형을 밝힌다. 그것은 바로 "창조 – 소외 – 홍수 – 새 출발 – 현대" 유형이다. 참으로 이것이야말로 고대 근동의 과학적·역사적 패러다임이었다. 그러나 결국 그것은 고대 패러다임이다. 내가 보기에 그것은 계시 과정에서 성령께서 창세기 1-11장에 있는 무오한 영적 진리를 전달하기 위해 사용하셨던 부수적인 도구다.

논평
원형적 창조론

존 H. 월튼

존 콜린스는 역사적 아담의 필요성을 성서 본문에 비추어 신학적으로 아주 명료하고 합리적으로 진술한다. 그가 그렇게 주장하면서 주로 의존하는 것 중 하나는 죄를 세상 속으로 들여온 사건이 역사적으로 필요하다는 논지다. 이 점에서 나는 그의 의견에 동의한다. 그는 물질적 연속성/불연속성이나 아담이 최초의 혹은 유일한 인간이었는지와 같은 과학적 질문에 대해서는 아담의 역사성과 역사적 타락이 갖는 의미와 관련해 그다지 완고하지 않다. 나는 그가 이런 문제들에 주의를 기울인다는 점을 환영하고 이를 공유한다. 그렇다면 우리의 관점은 어떻게 다른 것인가?

우선 우리가 방법론을 적용하는 방식이 각각 다르다는 점을 꼽을 수 있다. 예컨대 나는 콜린스가 오늘날 사람들이 역사 기술(historiography)에 대해 서로 얼마나 다른 생각을 하고 있는지 설명하는 데 시간을 투자한다는 점이 흥미롭다. 나는 사람들이 같은 말을 서로 다른 의미로 사용한다는 주장에 동의한다. 하지만 나는 고대인들이 일어난 사건들을 설명하기 위해 생각했던 방식을 분별하는 데 더 관심이 간다. 그런데도 나는 그가 역사 기록의 지시적 특성(referential nature)을 신중하게 다룬 점과 "역사적인 것"과 "문자적인 것"을 구별한 점을 좋게 평가한다. 나는 그런 문헌들이 실제 과거에 있었던 실제 사건들과 실제 사람들을 가리킨다고 보는 것이 중요하다는 그의 주장에 동의한다.

또 다른 방법론상의 문제는 콜린스가 고대 근동 문헌들을 다루는 방식과 관련되어 있다. 나는 그가 불필요하게 메소포타미아에 초점을 맞추고 있으며(사실은 이집트가 훨씬 더 많은 자료를 갖고 있다) 또한 너무 협소하게 우주론과 관련된 본문에만 집중하고 있다고 생각한다. 분명히 우리는 우주론과 관련된 본문에 신중하게 주목해야 한다. 하지만 결국 우리가 원하는 것은 우주론과 관련된 성서 본문이 메소포타미아 우주론과 관련된 문헌과 얼마나 유사한지 혹은 다른지를 알려주는 정보가 아니다. 오히려 우리는 방대한 고대 문헌들을 살펴봄으로써 그 당시의 사람들이 일반적으로 그들의 주변 세상에 대해 생각했던 방식을 이해하기 원한다.

콜린스가 창세기와 고대 근동 우주론 사이에 있는 피상적인 유사성을 넘어서 그 둘 사이에 있는 깊고 중대한 차이에 주목한 것은 옳다. 그러나 결국 우리의 관심사는 단순히 문헌들을 비교하는 것이 아니다. 오히려 우리는 더 넓은 인지 환경(cognitive environment) 안에서 그 둘 사이의 유사성과 차이점을 볼 필요가 있다.

그런데도 나는 콜린스가 비교 연구를 통해 자신의 결론으로 제시하는 주장에 약간 당혹감을 느낀다.

유의해야 할 요점은 이렇다. 우리는 창세기가 **실제로** 고대 근동의 다른 문화에서 온 이야기들과 평행을 이룬다는 점을 알아차릴 때 아주 많은 것을 얻을 수 있다. 그런 유익 중 하나는 "역사"가 그런 이야기들을 위한 적절한 범주임을 깨닫는 것이다. 다른 하나는 고대인 중에서 그런 이야기들이 철저하게 문자적으로 해석되기를 기대한 사람은 아무도 없다는 점을 깨닫는 것이다(237쪽).

나로서는 이것을 역사로 간주해야 하는 **이유**나 혹은 그것들을 문자적인 것으로 읽으면 안 되는 **이유**가 전혀 분명해 보이지 않는다.

때때로 콜린스는 주관적인 용어를 사용하는데, 그것은 어쩔 수 없이 그의 주장을 약화시킨다. "창세기는 온 인류의 기원을 찾기 위해 어떤 공통 근원으로까지 거슬러 올라가는 것처럼 보인다. 즉 창세기 5장과 10장에 등장하는 족보는 아담과 하와를 '땅의 족속'의─사실상 창세기의 청중이 알고 있는 **모든** 족속의─조상으로 제시한다"(236쪽, 강조는 내 것임). 그가 "~처럼 보인다"고 말하는 것에 주목하라. 이것은 심각한 유보(concession)다. 예컨대 우리는 그가 그보다 앞에서 사용한 예에서 시편 105편이 오직 8개의 재앙만 있었다고 말하는 것"처럼 보인다"고 말할 수도 있다. 그러나 우리는 "~처럼 보이는 것"보다는 실제 주장에 더 관심을 가질 필요가 있다. 성서는 모든 인류가 한 근원으로부터 유래했다는 **사실을 주장하는가**? 기독교 신앙은 "인간의 공통적인 존엄성에 대한 존경심을 증진"(237쪽)하기 위해 우리 모두가 아담에게서 유래했다는 확신에 의존하지 않는다. 오히려 그것은 모든 인간이─그들이 어떻게 그리고 누구로부터 유래했건 간에─하나님의 형상으로 지음을 받았다는 사실에 의존한다.

콜린스는 창세기 1-11장의 수사학적 단일성을 옹호하기 위해 몇 쪽을 할애한다. 그런 주장에 반대하는 많은 학자가 있는 것은 사실이지만, 이 책의 기고자 중에는 그런 주장에 반대하는 이가 아무도 없다. 그러나 나는 창세기 1-11장에서 메소포타미아 문헌과 평행을 이루는 부분이 그런 주장을 입증하는 데 도움이 되는지 확신할 수 없다(분명히 콜린스는 그의 논증 과정에서 이 문제와 관련해 상세히 설명하지 않는다). 마찬가지로 우리 중 아무도 거대한 성서 이야기가 있다는 주장에 이의를 제기하지 않는다.

이 부분에서 콜린스는 다른 누군가에 맞서 주장을 펴고 있는데, 그런 주장들은 이 책에서 논의되는 내용과 별 상관이 없다. 물론 그로서는 그런 문제를 제기하는 이유가 있다. 그것은 그가 다음과 같은 결론을 내릴 때 분명하게 드러난다. "나는 신구약 성서와 제2성전기 유대교 문헌이 모두 아담과 하와를 통해 인류의 기원에 관한 하나의 기원을 지속해서 증언한다고 확신한다"(244쪽). 확신은 좋은 것이다. 하지만 그런 확신을 입증하는 근거는 무엇인가?

그가 제시하는 논증의 흐름을 따라가다 보면, 그의 논거는 사실상 "단일한 기원"에 관한 것이 아니라 죄의 보편적 영향에 관한 것임이 드러난다. **전통적으로** 그 둘은 서로 관련된 것으로 간주되었다. 하지만 지금 우리는 그것들이 **반드시** 서로 관련되어 있는지에 대해 물어야 한다. 콜린스는 다음과 같이 그 두 개념을 연관시키는 나름의 길을 제시한다.

> 인류가 모든 사람에게 해당되는 한 쌍의 조상, 즉 인류의 역사가 시작될 무렵에 인간의 삶 속으로 죄와 역기능을 가져온 조상에게서 유래한 한 가족이라는 개념은 이 모든 요소의 배후에 흔들리지 않는 전제로 남아 있다. 신약성서의 저자들은 이런 가정을 지지한다. 분명히 사도 바울은 그런 식으로 말했다(예. 롬 5:12-21; 고전 15:20-22, 44-49). 하지만 이런 가정의 가장 주목할 만한 예는 복음서에서 묘사된 예수의 모습에서 나온다(246쪽).

우리는 아담과 하와가 유전학적으로 역사의 시초에 있지 않으면서도 죄와 관련해 그 시초에 있을 수 있는지 질문해야 한다. 우리는 예수가 유전학과 관련된 주제를 놓고 토론했는지에 대해서도 질문해 볼 수 있다.

여기서 다시 콜린스는 논거**처럼 보이는 것**에 의존한다. "복음서에서 예수는 창세기가 전하는 이야기를 아주 분명히 내가 옹호하는 방식으로 받아들이는 것처럼 보인다"(248쪽). 그러나 "~처럼 보이는 것"은 분명한 주장이 될 수 없다.

결국 콜린스는 타락의 역사성을 강력하게 논증하지만─나는 그것에 동의한다─창세기 본문에 나타나는 인간의 물질적 기원 문제를 거의 다루지 않는다. 만약 아담과 하와가 역사적 인물이고 타락이 역사적 사건이라면, 따라서 그는 성서가 인간의 기원은 물질적 불연속성을 가질 뿐 아니라 아담과 하와가 모든 인류의 유전적 조상임을 가르친다고 가정하는 것일까? 전통적으로 이 문제는 늘 함께 묶여서 다뤄졌다. 하지만 과연 그것들이 반드시 함께 묶여 있는 것일까? 성서는 역사적 아담과 하와 그리고 역사적 타락을 주장함으로써 또한 물질적 불연속성을 **주장하거나** 혹은 모든 인간이 아담과 하와의 후손임을 **주장하는** 것일까?

콜린스는 그 문제와 관련된 자신의 주장을 요약하며 이렇게 말한다. "지금까지 흐름을 놓치지 않도록 요약하면, 성서의 스토리라인은 우리가 다음과 같은 것들을 예상하도록 이끌어간다. (1) 사실상 인류는 한 쌍의 부부에서 유래된 한 가족이다. (2) 하나님은 우리의 제일 첫 조상들을 지으시기 위해 특별하게 ('초자연적으로') 행동하셨다"(251쪽). 하지만 사실 그는 이런 문제들과 관련해 말한 것이 거의 없으며, 또한 확실히 그런 주장들을 입증하려고 하지도 않았다. 그는, 만약 우리가 타락의 역사성과 죄의 보편적 영향을 입증한다면, 다른 문제들은 당연히 입증될 것으로 간주하는 듯하다. 하지만 나는 그런 문제들이 모두 하나로 묶여 있다는 주장에 동의하지 않는다. 아담과 하와의 역사성과 타락의 역사성은 필연적으로 인간의 물질적 기원의 불연속성을 수반하지도 않으며, 또한 아담과 하와가 최초의 혹은 유일한 인간이었음을 필요로 하지도 않는다.

거듭해서 콜린스는 죄라는 개념으로 되돌아가는데, 결국 그 개념은 한 명의 역사적 죄인에게로 되돌아간다. 나는 그것에 반대하지 않으며 오히려 동의한다. 하지만 우리가 거기서 좀 더 나아가 과학과 관련된 질문으로 들어간다면 상황은 매우 복잡해진다. 그리고 실제로 그는 그 질문으로 들어가지 않는다.

콜린스는 "자유와 한계"에 관해 다루면서, 만약 아담과 타락이 신학적·역사적 현실이라면, 인간의 물질적 불연속성과 인류가 유전적으로 한 쌍의 부부로부터 유래했다는 견해(단일기원설[monogenesis]) 역시 역사적·신학적 필수요소가 된다고 가정한다. 그러나 후자가 반드시 전자의 논리적 귀결은 아니다. 성서가 물질적 불연속성과 단일기원설이 역사적이고(혹은) 신학적인 실재라고 주장하는가?

결국 콜린스는 인간의 물질적 기원과 연속성 혹은 불연속성의 문제에 관한 구체적 진술을 회피하면서 우리에게 필요한 모든 것은 하나님이 그 과정에 개입하셨다는 것임을—설령 그것이 진화라고 하더라도—말하는 것으로 만족한다. 또한 그는 인간에게 좀 더 복잡한 유전학적인 역사가 있었을 가능성의 여지를 남긴다. 그 점과 관련해 그의 견해가 나와 어떻게 다른지를 찾아내기는 쉽지 않다. 나는 그가 이 책 263-64쪽에서 열거하는 네 가지 주장을 모두 인정할 수 있다.

그러므로 나는 다음과 같은 그의 결론에 동의할 수 있다. "나는…창세기의 처음 장들이 세상의 큰 이야기를 전하기 위해 참되고 역사적인 준비 단계를 제공한다고 확신"한다. 하지만 우리는 여전히 성서 본문이 주장하는 역사적 사실이 무엇인지 이해해야 할 필요가 있다.

논평
젊은 지구 창조론

윌리엄 D. 배릭

존 콜린스의 관점은 젊은 지구 창조론이 데니스 라무뤼의 진화적 창조론이나 존 월튼의 원형적 창조론을 반박하면서 제시하는 성서에 따른 주장 가운데 많은 것을 반영한다. 따라서 콜린스와 내 견해는 주로 창조 연대를 확정하는 문제에서 갈린다. 오래된 지구 창조론이 갖는 다음의 두 가지 측면은 라무뤼와 월튼의 관점과 유사하다. 그것은 (1) 창세기의 처음 장들에 대한 전통적인 유대-기독교적 해석을 거부하는 것과, (2) 지구와 인류의 기원을 수백만 년 전에 놓기 위해 물리적 증거들에 대한 현대 과학 집단의 해석을 수용하는 것이다.

역사와 관련된 세부사항의 정확성은 원래 저자의 관점을 "순전히 날조된 것보다는 훨씬 더 효과적"으로(232쪽) 만들어 준다. 세부사항이 정확하지 않으면, 논쟁이 될 만한 어떠한 주장도 그것에 내재하는 약점 때문에 고대 근동에 만연한 이방 세계관을 고집하는 이들의 역공을 초래할 수밖에 없을 것이다. 나는 콜린스가 "역사적"이라는 단어를 저자가 자신의 청중으로 하여금 어떤 "사건들이 실제로 일어났다고…믿"게(226쪽) 하고자 하는 의도로 정의하는 것에 동의한다. 하지만 나는 저자의 의도에는 또한 자신의 청중이 그런 사건들이 실제로 일어났을 뿐 아니라, 성서 본문이 묘사하고 있는 모든 방식 그대로 일어났다고 믿게 하는 것까지 포함되어 있다는 점을—"저녁이 되고 아침이 되니"라는 반복 문구가 창세기 1장이 묘사하는 여섯 날을 모두 실제 일어난 날로 확인시켜주는 것을 포함해서—덧붙이고자 한다.

콜린스 자신이 지적하듯, 성서 본문에서 역사는 중요하다. 왜냐하면 역사(history)는 "'무시간적' 원리를 나열하는 것이 아니라 창조와 구속이라는 하나님의 위대한 역사(works)를 이야기"하는 것(243쪽)이기 때문이다. 바로 그런 중요성이 시간에 관한 언급을 포함하는 이야기가 필요함을 알려준다. 이집트에 내린 재앙들, 홍해를 건넘, 요단 강을 건넘, 그리고 그리스도의 죽음을 둘러싼 사건들에 특정한 시간 틀(time frame)이 존재했듯이, 창조 사건 역시 실제 7일이라는 시간 틀이 존재했다(참조. 출 20:11 및 안식일 준수를 위해 같은 시간 틀을 사용하는 것).

콜린스는 창세기 1장의 창조 이야기에 나오는 일곱 개의 날을 "저녁이 되고 아침이 되니"와 같은 본문의 상세한 연대기적 언급이 옹호하는 것처럼 보이는 "실제 날"로 인정하는 대신, 오히려 그것들을 해석하기 위해 "일꾼" 유비 혹은 은유를 채택한다. 그는 일꾼 유비만이 성서가 연대순(time line)으로 상술하지 않음을 지적해 준다고 주장한다(222쪽). 이로 인해 그는 성서의 연대를 거부하는 대신 오늘날 세속 과학자들의 지질학 및 우주론 견해를 택한다. 다른 곳에서 콜린스는 일곱째 날을 그 본문 안에서 앞선 여섯 날들이 끝나는 방식—"저녁이 되고 아침이 되니" 공식—으로 끝나지 않고 계속되는 창조의 안식일로 이해하는 쪽을 택한다.[89] 그는 그 공식이 나타나는 곳에서조차 그것을 중요하게 여기지 않는다. 그런 상황에서 어떻게 그가 그 공식이 나타나지 않는 것에 의미를 부여할 수 있

89_ C. John Collins, *Genesis 1-4: A Linguistic, Literary, and Theological Commentary* (Phillipsburg, NJ: P&R Publishing, 2006), 74-75, 92-93, 125.

3_ 역사적 아담은 있다: 오래된 지구 창조론 **289**

겠는가? 특히 그가 일곱째 날을 해석하는 방식과 마찬가지로 여섯 날들을 아주 긴 기간을 가리키는 것으로 이해하는 상황에서는 더욱 그렇다.

콜린스가 창세기 1-11장과 12-50장 사이의 전환을 구별하도록 독자들의 직관에 호소하는 것은 위험한 일이 될 수 있다. 첫째, 그것은 해석을 매우 주관적으로 만든다. 둘째, 그것은 받아들일 수 없는 너무 많은 선택사항(예. 창세기의 처음 열한 장을 비역사로 간주하는 해석)에 대해 문을 열어놓는다. 창세기 1-11장과 12-50장의 내재적인 차이점은 문학 양식이나 기능상의 차이보다는 오히려 두 부분의 내용과 목적의 차이에 기인한다. 창세기 1-11장은 태고의 역사를 온 인류를 포함하는 우주의 범위에 맞춰 제시하지만, 창세기 12-50장은 그 초점을 인류 중 어느 특정한 가문의 역사와 하나님이 그들을 통해 자신의 구속 계획을 이루어 가실 특별한 하나님의 백성인 그들에 대한 하나님의 선택에 맞춘다.

콜린스에 따르면, 창세기 1-11장의 비역사성을 직관적으로 이해하는 것은 고대 근동의 이야기, 특히 메소포타미아의 이야기에서 확증을 얻는다. 그는 고대 메소포타미아의 작가들이 그들의 이야기를 **"실제 발생한 사건**으로─비록 그것들이 아주 많은 비유적 묘사와 상징을 통해 서술되기는 하지만─간주했던 것들을 기반으로 자신들의 이야기를 수립하여 자신들의 목적을 이루려 했던 것으로 보인다"고 말한다(231쪽, 강조는 그의 것임).

만약 메소포타미아 이야기들이 실제 사건들을 가리킨다면, 히브리인들의 이야기 역시 틀림없이 그럴 것이다. 하지만 히브리인의 세계관은 히브리인에게 역사를 메소포타미아인이 그렇게 한 것처럼 신화화하는 자유를 허락하지 않는다. 메소포타미아 이야기가 가공된 상상의 요소를 특색으로 하여 창작된 것과는 달리, 창세기 1-11장은 정확히 사건이 일어났던 방식 그대로 사건을 기록했다. 창조 이야기의 여러 측면과 요소에 상징적인 가치와 기능을 부여한 이는 인간 저자가 아니라 하나님이시다.

그러므로 창세기 1장의 창조 기사는 거듭해서 "그대로 되니라"(7, 9, 11, 15, 24, 30절)라는 진술을 언급한다. 같은 표현이 구약성서의 다른 곳에서 발견된다. 열왕기하 15:12은 이렇게 전한다. "여호와께서 예후에게 말씀하여 이르시기를 네 자손이 사 대 동안 이스라엘 왕위에 있으리라 하신 **그 말씀대로 과연 그렇게 되니라**"(강조는 내 것임). 다시 말해, 이 표현이 갖고 있는 힘은 성서의 사건들이 본문에 묘사된 그대로 일어났다는 데 있다. 창세기 1장에서 이것은 연속하는 평범한 날들이라는 시간 요소를 포함하는데, 그 날들은 창조주께서 땅에 거주하는 사람들을 위해 시간을 알려주는 표지로 정하신 저녁과 아침으로 이루어진다.

콜린스는 침팬지와 인간의 DNA의 유사성에 호소하면서 성서 이야기와 생명의 기원 및 생물의 다양성을 다루는 오늘날의 진화론 사이에서 양립 가능성을 모색한다. 하지만 그것보다는 같은 설계자가 존재한다는 사실이 그런 유사성을 더 잘 설명해 주지 않을까? 창조주 하나님은 모든 생명체의 생명 유지를 위한 공통 요소들을 제공하시고 그들에게 공통 특징을 부여하셔서 그들 안에 자신의 흔적을 남겨 놓으셨다. 여기에는 심지어 문(門, phylum. 동식물 분류상 가장 큰 구분단계-편집자 주) 단계 간에도 배아 상태에서 물리적 특성의 복제가 일어나는 것처럼 보이는 현상을 포함할 뿐 아니라, 세포의 감수 분열(meiosis, 생식세포를 만들기 위한 진핵생물의 세포 분열 형태 중 하나-역자 주)과 DNA의 역할 같은 현상을 포함한다.

콜린스가 로마서 5:12이 동물의 죽음이 아닌 인간의 죽음을 다룬다고 상기시키는 것은 옳다. 하지만 성서의 증거는 그 구절 하나로만 이루어져 있지 않다. 모든 피조물이 부패 때문에 영향을 받고 있다고 상술하는 로마서 8:19-22 역시 고려되어야 한다. 아담의 불순종 때문에 창조주의 저주는 땅으로까지 확산한다(창 3:17; 5:29). 최초로 기록된 동물의 죽음이 등장하는 창세기 본문은 아벨의 희생 제사를 묘사한다(창 4:4). 그 외에 동물의 죽음에 대해 다른 언급이 없는 것은 창세기가 인간에게 초점을 맞추기 때문일 수 있다. 창세기 1장은 타락 이전의 피조물을 "좋았더라"(4, 10, 12, 18, 21, 25절)와 "심히 좋았더라"(31절)라는 말로 묘사한다.

"심히 좋은" 창조는 수많은 세월 동안 계속된 죽음과 질병(이를테면 공룡의 몸에 있던 종양 같은 것들)과는 전혀 어울리지 않는 것 같다. 식물을 섭취하는 것과 관련해 말하자면(29-30절), 식물들은 인간이나 동물 혹은 새 같은 "생물"(nepeš ḥayyâ)이 아니므로, 성서가 말하는 저주인 죽음은 식물에는 해당되지 않는다. 구약성서의 다른 곳에서 인간의 불순종은 동물의 삶에 죽음과 파멸을 가져온다(예. 창 6:17; 7:4; 8:21-22; 신 28:15-45).

결론적으로 콜린스가 제시하는 오래된 지구 창조론은 아담의 역사성은 지지하지만, 전통적인 젊은 지구 창조론과는 중요한 차이를 드러낸다. 오래된 지구 창조론은 라무뤼와 월튼이 제시한 견해들과 마찬가지로 지구의 나이 및 진화의 과정과 관련하여 진화론을 지지하는 과학자들의 견해에 굴복한다. 결국 그것은 성서 밖에 있는 권위, 즉 종종 성서 기록에 대해 아주 적대적인 세속 권위를 수용함으로써 창세기 1-11장의 이야기를 외부 권위에 복속시키는 것으로 귀결된다. 젊은 지구 창조론은 성서를 진화론이라는 틀에 맞추기 위해 그것을 재해석하는 태도를 용납하지 않는다.

논평에 대한 응답

C. 존 콜린스

나는 라무뤼, 월튼, 배릭과 이처럼 유익한 논쟁을 하게 된 것에 감사한다. 출판을 위해 글을 쓰는 우리는 각자 배운 것을 공적으로 밝히는 특권과 자신의 주장을 적절한 태도로 전개할 책임을 갖고 있다. 그와 동시에 또한 우리는 서로의 차이를 드러내면서 자신의 관점을 진지하게 옹호해야 한다.

내 역할은 오래된 지구 창조론을 지지하는 것이었다. 따라서 나는 "순전한 기독교"라는 울타리 안에서 "전적으로 역사적인 아담과 하와"(mere-historical-Adam-and-Eve-ism)를 옹호하면서 내가 특별히 선호하는 것보다 넓은 범위의 관점을 망라하는 진술을 했다. 그로 인해 나는 단순히 이 책에서 이루어지는 대담자들과의 대화뿐 아니라 현재 진행되고 있는 더 큰 범위의 대화에 참여할 수밖에 없었다.

여기서 나는 아주 간략하게나마 내 동료들이 한 말들을 통해 드러나는 몇 가지 중요한 쟁점들을 명시하고 반박할 것이다.

라무뤼는 내가 "틈새의 신"에 의존하는 "과학적 일치주의자"이기에 오류를 범하고 있다고 여긴다. 그런 주장에 대해 나는, 내 책『아담과 하와는 실제로 존재했는가?』에서 논한 것처럼,[90] 일치주의에도 몇 가지 종류가 있다는 점을 지적함으로써 답하고자 한다. "과학적 일치주의"—예를 들면 창세기 1장을 지질학 연대와 조화시키는 행위—는 잘못이다. 왜냐하면 그것은 성서 자료를 마치 그것이 과학 담론인 것처럼 부적절하게 다루기 때문이다. 그러나 기독교인들은 누구나 전통적으로 어떤 의미에서든 "역사적 일치주의"를 따른다. 우리는 팔레스타인에서 있었던 예수의 삶과 사역 그리고 부활 이야기가 실제 사건들을 가리킨다고 믿는다. 더 나아가 우리 대부분은 출애굽 이야기 역시 실제 사건을 전한다고 믿는다. 또한 우리는 성서 자료들을 지질학이나 지리학 연구에서 나온 자료뿐 아니라 고대 근동 역사에서 나온 자료와도 연결하고자 노력한다.[91]

그런 연구들이 모든 문제를 해결해주는 경우는 거의 없지만, 그것들은 우리가 성서의 사건들을 그것에 비추어 상상할 수 있게 해주는 그럴듯한 시나리오들로 아주 유효하게 이어질 수 있다. 즉 우리는 본문의 지시성(referentiality)과 문학적 특징을 따르려 노력한다. 문제는 우리가 자신의 총명함에 대한 확신을 그런 시나리오를 만들어내는 일에 비이성적으로 결부시킬 수도 있다는 점이다. 하지만 무분별한 남용이 적절한 사용까지 무효화해서는 안 된다.

우리는 창세기 1-11장과 관련해서 어떤 종류의 자료들을 다루고 있는지 결정해야 한다. 그 결정에는 "과학" 이론도 포함되는데, 이는 해당 본문의 장르에 대한 우리의 판단에 기초한 결정이다. 나는 내가 창세기에 대

90_ C. John Collins, *Did Adam and Eve Really Exist? Who They Were and Why You Should* Care (Wheaton, IL: Crossway, 2011), 106-11.

91_ 역사적 일치주의 안에서 나타난 신중하고 책임감 있는 노력의 예는 James K. Hoffmeier, *Israel in Egypt: The Evidence for the Authenticity of the Exodus Tradition* (Oxford: Oxford University Press, 1997)과 *Ancient Israel in Sinai: The Evidence for the Authenticity of the Wilderness Tradition* (Oxford: Oxford University Press, 2005)을 보라.

한 라무뢰의 접근방식을 거부하는 이유를 창세기의 문학적 측면에서 제시했다. 아주 간단히 말하자면, 창세기를 "과학"(고대의 것이든 아니든)으로 여기는 것은 중대한 실수다.

"틈새의 신"의 문제 역시 마찬가지다. 내가 다른 곳에서 주장했듯이, 틈새에도 여러 종류가 있다.[92] 모든 틈새가 "우리의 지식 안에 있는 틈새"는 아니다. 적어도 기독교인들은 상황을 정상적으로 설명해 왔기 때문이다. 원칙적으로 우리는 어떤 틈새들은 "외부의 도움"을 받는 방식이 아니고서는 좁혀질 수 없다고 판단한다. 누구라도 달리 판단할 사람이 있는가? 우리는 생리학자(physiologist)들이 예수가 죽음에서 부활하신 자연적 방법을 (지금까지는 알려지지 않았지만) 찾아낼 수 있다고 기대하지 않는다. 이것을 "틈새의 신"의 추론방식이라고 부르는 것은 적절하지 않다. 왜냐하면 그것은 (1) 평범한 과정에 대해서가 아니라 세상의 이야기 안에 있는 독특하고 획기적인 사건에 적용되기 때문이며, 또한 (2) 우리의 무지로 인해 설정한 틈새에 의존하고 있지 않기 때문이다.

워필드처럼 나 역시 중간 단계 동물들의 존재 가능성이나 흙과 인간 사이에 있는 존재를 포함하는 물질적 과정이 반드시 신학적으로 문제가 된다고 여기지 않는다. 그러나 또한 나는, 워필드, 루이스, 앨빈 플랜팅가(Alvin Plantinga), 프랜시스 콜린스(Francis Collins), 그리고 그동안 내가 더불어 대화를 나눴던 여러 진화생물학자들처럼, 분자로부터 인간에까지 이르는 엄격하게 자연적이고 물질적인 통로는 진지한 철학적 질문들과 충돌한다고 생각한다.[93] 철저하게 자연적 과정이 적절하다는 일부 생물학

---

92 C. John Collins, "Miracles, Intelligent Design, and God-of-the-Gaps," *Perspectives on Science and Christian Faith* 55:1 (2003): 22-29를 보라. 또한 Lamoureux의 견해에 대한 내 논평을 보라. 캐나다 철학자 Robert Larmer 역시 몇 가지 출판물을 통해 이 문제를 다뤘다.

93 Lamoureux와 관련해 언급했듯이, Collins, "A Peculiar Clarity: How C. S. Lewis Can

자들의 단언은 검증되어야 하며 우리의 동의를 얻지 못한다.[94] 이에 대해 루이스는 다음과 같이 말한다.

> 그들은 나에게 어떤 결론을 받아들이되 그와 동시에 그 결론의 근거가 될 수 있는 유일한 증거에 대해 의심하라고 요구한다. 이 어려움은 나에게는 치명적이다. 당신이 여러 과학자에게 그것에 대해 말할 때 답을 얻는 것은 고사하고, 그들이 어려움이 무엇인지를 이해조차 하지 못한 것처럼 보인다는 사실은, 내가 무가치한 것을 발견한 것이 아니라, 처음부터 그들의 모든 사고 체계 안에 있는 어떤 심각한 질병을 간파한 것이었음을 나에게 확신시켜 준다.[95]

그것이 과학적이든 아니든, 모든 추론은 건전한 비판적 사고를 포함해야 한다. 그리고 나는 우리와 우리의 가장 가까운 동물 "친족"(kin) 사이에 있는 큰 차이를 이해하지 못하는 것은 그런 추론의 결론을 약화시키는 것으로 판단한다. 과학에 대한 교육과 경험을 쌓은 사람으로서 나는 과학자들도 다른 모든 이들처럼 인식의 의무(epistemic obligations)를 지닌 인간임을 알고 있다.

쉐퍼가 철학자 혹은 과학자로서는 자격이 없다고 무시하는 것을 통해

Help Us Think about Faith and Science," in *The Magician's Twin: C. S. Lewis on Science, Scientism, and Society*, ed., John G. West (Seattle: Discovery Institute Press, 2012), 689-106에서 나는 Lewis에 대해 논한 바 있다.

94_ 나는 그런 단언들은 부적절한 과학 추론을 가리킨다고 주장한다. 그렇게 단언하는 이들은 적절한 증거들(이를테면 언어학을 통한 증거들)을 무시하며, 그들의 논리는 "나는 이런 [자연적인] 진행을 상상할 수 있다"와 "이런 진행은 가능하다"를—"이런 진행은 있음직하다"는 물론이고—구별하는 데 실패한다. 많은 경우 그들이 배타적으로 자연 발달(natural progres-sion)에 최우선으로 몰두하기 때문이다.

95_ C. S. Lewis, "Is Theology Poetry?" in *The Weight of Glory*, ed. Walter Hooper (1980; New York: Simon & Schuster, 1996), at 103; cf. "Funeral of a Great Myth," in *Christian Reflections*, ed. Walter Hooper (Grand Rapids: Eerdmans, 1967), 89.

서는 아무것도 얻지 못한다. 그는 건전한 비판적 사고에 대한 자신의 이해에 입각해 몇 가지 지침을 제시하려 했다. 우리가 누군가에게 지적으로 빚을 지고 있음을 인정하고 그와 동시에 그 지침들을 정제하고 갱신하는 것은 부끄러운 일이 아니다. 내가 쉐퍼의 직관적인 접근방식이 더욱 발전된 문학 개념들로부터 지지를 얻는다고 주장하면서 한 일이 바로 그것이다.[96] 나는 쉐퍼가 기원의 문제에 관한 권위자나 창세기에 대한 권위자라고 주장한 적이 없다. 쉐퍼가 불합리하게 생각했으리라는 것은 다른 문제다.

라무뤼와 배릭은 모두 내가 창세기 1장에 대해 지금과 같은 관점을 고수하는 이유가 내가 "현대 과학"의 영향 아래 있기 때문이라고 주장한다. 라무뤼는 그것을 칭찬하고, 배릭은 그것을 비난한다. 이런 주장은 아무런 의미가 없다. 공적으로 검증 받아야 할 유일한 대상은 내가 전개한 "논리" 뿐이다. 그리고 내가 창세기와 관련해 계속해서 지금과 같은 방식으로 생각하는 이유는 내 주장이 만족스러워 보이기 때문이다.[97] 그 주장에 대해서는 다른 곳에서 상세히 논했고, 여기서는 지면의 문제 때문에 다루지 않았다.[98] 이 논쟁에서 나는 "저녁이 되고 아침이 되니" 후렴구를 무시하지 않았다(라무뤼와 배릭 두 사람 모두 이에 대해 거론한다). 그것은 내가 그 후

96_ 나는 이 주장을 Collins, "Freedoms and Limitations: C. S. Lewis and Francis Schaeffer as a Tag Team"에서 좀 더 발전시켰다. 그 글은 출간 예정인 *Firstfruits of a New Creation: Essays in Honor of Jerram Barrs*, ed. Mark Ryan and J. E. Eubanks에 실려 있다.

97_ 어떤 이가 제시하는 "이유"(reason)에 관심을 갖기보다 어떤 "동기"(cause)를 그 사람의 믿음의 탓으로 돌리는 문제에 대해서는 C. S. Lewis, "Bulverism," in *God in the Dock: Essays on Theology and Ethics*, ed. Walter Hooper (Grand Rapids: Eerdmans, 1970), 271-77을 보라.

98_ 예컨대 Collins, *Science and Faith: Friends or Foes?* (Wheaton, IL: Crossway, 2003); *Genesis 1-4: A Linguistics, Literary, and Theological Commentary* (Phillipsburg, NJ: P&R Publishing, 2006); 그리고 가장 최근의 글은 "Reading Genesis 1-2 with the Grain: Analogical Days," in *Reading Genesis 1-2: An Evangelical Conversation*, ed. J. Daryl Charles (Peabody, MA: Hendrickson, 2013), 73-92을 보라.

렴구(그리고 사건들의 순서: 아침이 저녁을 뒤따르는 순서)에 대해 숙고한 이유를 제시하는 데 얼마간 시간을 들이고 있기 때문이다.

라무뤼와 배릭 두 사람은 모두 내가 내 글을 통해 제기한 그들의 관점, 즉 해석 작업에서 역사성을 철저한 문자주의와 동일시하는 태도를 그대로 보여준다. 배릭은 심지어 내가 창세기 1-11장을 "비역사"로 간주한다고 어림짐작함으로써 나를 어리둥절하게 만든다. 하지만 그 문제와 관련해 나는 내 글과 논평만으로도 충분하다고 생각한다.

나에 대한 월튼의 논평은 아주 관대하다. 그와 나 사이의 주된 불일치점은 아담과 하와가 유전적으로 인류의 근원에 속하는가 하는 것이다. 그리고 나는 논평을 통해 그 문제에 대한 월튼의 부정적인 견해를 비판하면서 더 전통적인 관점을 지지한 바 있다. 또한 월튼은 내가 때때로 "주관적인 용어"를 사용함으로써 내 주장을 "약화시킨다"고 말한다. 그가 인용한 특별한 예, 즉 "창세기는 온 인류의 기원을 찾기 위해 어떤 공통 근원으로까지 거슬러 올라가는 것처럼 보인다"라는 문장과 관련해 말하자면, 나는 지면의 문제 때문에 그것에 대해 짧게 말했을 뿐이다. 창세기가 실제로 그렇게 하고 있다는 생각은 널리 퍼져 있다. 그리고 우리는 이처럼 널리 수용되고 있는 독법을 지지하거나 반대하는 이유를 찾아야 한다. 그래서 나는 이에 관해 요구되는 이유들을 제시하려 했다. 만약 내가 그 이유를 밝히는 데 실패했다면, 그것은 문장상의 결함일 뿐 논리상의 결함이 아니다. 나는 모든 독자가 그런 결함을 간과하고 논리에 주목하기 바란다.

4

역사적 아담은 있다
젊은 지구 창조론

_윌리엄 D. 배릭

내 관점에서 아담은 온 인류의 기원이 되는 최초의 인간이다. 아담의 역사성은 수많은 성서의 교리를 형성하는 토대가 되며 성서의 영감 및 무오성과 상관이 있다. 아담에 대한 전통적 견해는 진화론을 수용하려는 태도를 거부하는 대신, 성령께서 창세기 저자를 감독하시어 그에게 6일간의 연속된 기간, 즉 문자적인 6일 동안 일어난 하나님의 창조 활동을 객관적으로 묘사하게 하셨다고 주장한다.

성서의 창조 이야기는 원형이나 생물학적 진화의 산물이 아니라 한 명의 개별자인 아담을 보여주며, 신약성서의 여러 본문은 아담의 역사성에 의존하고 있다. 더 중요한 것은, 만약 첫 번째 아담이 역사적으로 존재하지 않았다면, 두 번째 아담인 예수가 첫 번째 아담이 지은 죄와 그로 인해 나타난 결과 역시 해소할 이유가 없다는 점이다. 복음주의자들은 창세기의 독특성을 지지하고 옹호해야 하며, 원시 시대의 역사와 아담과 하와의 역사성에 관한 모든 토론에서 그 기록을 고대 근동 자료들이나 현대 과학보다 우선시해야 한다.

서론

이 주제의 중요성

아담은 최초의 인간이었는가, 아니면 단지 어느 특정한 씨족이나 부족 혹은 민족의 머리에 불과했던 것일까? 과연 그가 존재하기는 했던 것일까?

하와는 온 인류의 어머니인가, 아니면 단지 아담과 결혼한 여자에 불과했을까? 혹은 하와는 역사적 인물이기는 했던 것일까? 이런 질문들은 신중한 평가를 요구한다. 기독교와 유대교는 전통적으로 이런 질문들에 대해 아담은 역사적 인물이었을 뿐 아니라(단지 대표자인 조상이나 원형적 지시대상이 아니라) 온 인류의 기원이 되는 조상이며, 하나님은 하와를 아담의 옆구리에서 떼어낸 부분으로 만드셨다고 분명하게 대답한다. 최초의 여자인 하와는 온 인류의 어머니였으며 지금도 분명히 어머니다. 그녀는 그저 여성을 대표하는 인물에 불과한 존재가 아니다.

그러나 존 월튼은 진흙과 남자의 옆구리에서 떼어냈던 부분을 실제 물질 재료로 여겨서는 안 된다고 믿는다. 오히려 흙이라는 재료는 인간의 강(綱, class. 생물이 발생학적으로 어느 정도 가까운지를 나타내거나 진화의 계통을 밝히기 위해 사용하는 생물 분류 단계의 하나다. 강은 3장에서 언급된 문[phylum]의 하위분류다―역자 주)을 규정해 줄 뿐이다. "흙은 인간의 운명과 죽음의 불가피성을 지적해주며, 따라서 물질성에 대한 발언이라기보다는 기능에 대한 발언이다."[1] 월튼은 아담이 역사적 혹은 생물학적으로 실재했음을 부정하지 않는다.[2] 하지만 그는 그 남자와 그 여자의 창조에 관해 성서 이야기가 보여주는 분명한 의미를 참으로 거부한다. 다시 말해 아담과 하와는 최초의 인간이어야 할 필요가 없으며, 그들은 그저 모든 인류를 대표할 뿐이므로 그 당시에 실존했던 유일한 인간일 필요도 없다는 것이다.

해석학적으로 창세기 1장과 2장이 아담을 언급할 때 그의 물질적 구성요소와 관련된 정보를 언급하지 않은 채 인류의 원형으로 제시하고 있

1_ John Walton, *The Lost World of Genesis One: Ancient Cosmology and the Origins Debate* (Downers Grove, IL: InterVarsity Press, 2009), 70.

2_ Ibid., 179.

다고 해석하는 것은 본문에 대한 알레고리 해석과 흡사하다.[3] 비알레고리 해석은 그 본문이 인류의 최초이자 유일한 조상인 역사적 아담을 제시한 다고 이해한다. 아담의 역사성이 없다면, 성서의 수많은 가르침은 복음주 의의 일반적인 신학 개념들과 아주 달라 보이거나 혹은 논리적 일관성이 라는 시험을 견뎌내지 못할 것이다.

리처드 오슬링(Richard Ostling)은 「크리스채너티 투데이」(Christianity Today)에 실린 아담의 역사성에 관한 그의 글에서 역사적 아담에 관한 논 쟁의 잠재적 위험성을 상세히 논한 바 있다.

> 요즘 떠오르는 그 과학은 창세기가 인간의 창조에 관해 기록하고 있는 내용 뿐 아니라, "하나님의 형상"의 담지자인 인간(the species)의 독특한 위상, 원 죄와 타락에 관한 기독교 교리, 누가복음에 실려 있는 예수의 족보,…역사적 아담과 그리스도를 통한 구속을 관련짓는 바울의 가르침들(롬 5:12-19; 고전 15:20-23, 42-49; 그리고 행 17에 있는 그의 연설)에 대해서도 도전을 제기하는 것으로 보일 수 있다.[4]

사실 이 주제의 중요성을 잘 드러내기 위해 온 인류 최초의 조상인 아 담과 하와의 역사성을 기반으로 효과적으로 형성된 신학의 여러 측면에 대해 간략히 요약할 필요가 있다. 역사적 아담은 최초의 사람으로서 온 인류가 그에게서 유래했으며 다음과 같은 특징을 지닌다.

3_ Adrian Cunningham, "Type and Archetype in the Eden Story," in *About a Walk in the Garden: Biblical, Iconographical and Literary Images of Eden*, JSOTSup 136 (Sheffield, UK: Sheffield Academic Press, 1992), 290.

4_ Richard N. Ostling, "The Search for the Historical Adam," *Christianity Today* 55, no. 6 (June 2011): 24.

- 하나님의 창조 행위에 대한 성서적 이해의 토대다.
- 인류의 역사성에 대한 성서적 이해의 토대다.
- 인류의 본성에 대한 성서적 이해의 토대다.
- 죄의 기원과 그 본성에 대한 성서적 이해의 토대다.
- 죽음의 존재와 그 본성에 대한 성서적 이해의 토대다.
- 죄에서 구원 받음의 실재에 대한 성서적 이해의 토대다.
- 창세기에 기록된 역사적 사건들과 관련된 점진적 이야기의 토대다.
- 아마도 가장 중요하게는 성서의 권위, 영감, 무오성에 대한 성서적 이해의 토대다.[5]

전통적 관점의 가정들

전통적 관점은 이 글의 제목인 "젊은 지구 창조론"이라는 개념과 상관이 있다. 왜냐하면 그 두 측면은 서로 아주 밀접하게 관련되어 있기 때문이다. 전통적 관점은 현대 진화론에 의해 제시된 수백억 년의 세월에 순응하는 오래된 지구 창조론을 거부한다.[6] 이 관점을 정의하는 몇 가지 가정이 있다.

첫째, 일반적으로 전통적 관점은 하나님이 특별계시를 통해 모세에게 창세기의 창조 이야기를 알려 주셨다고 주장한다. 따라서 창조 이야기의 화자는 전지적(omniscient)이며 믿을 수 있는데,[7] 그것은 그 이야기의 궁

5_ "무오성은, 모든 요소가 드러났을 때, 육필(autograph)로 쓰인 최초의 성서와 적절하게 해석된 성서의 내용이 확언하는 모든 것이―그것이 교리나 도덕과 관련되든, 혹은 사회과학이나 물리학이나 생명과학과 관련되든―전적으로 참임이 드러날 것을 의미한다." Paul D. Feinberg, "The Meaning of Inerrancy," in *Inerrancy*, ed. Norman L. Geisler (Grand Rapids: Zondervan, 1980), 294.

6_ 10만 년 된 지구조차 오늘날의 과학적 견해와 비교해 보면 여전히 "젊다." 그러나 대부분의 젊은 지구 옹호론자들은 지구의 나이를 6천 년에서 2만 5천 년 사이로 간주한다.

7_ C. John Collins가 *Did Adam and Eve Really Exist? Who They Were and Why You*

극적 저자가 하나님 자신이시기 때문이다.[8] 결국 만약 아담이 참으로 최초의 인간이었다면, 그의 창조를 입증해 줄 어떤 인간 증인도 없었던 셈이다. 아울러 아담은 여자의 형성 과정을 묘사할 수 없었다. 왜냐하면 하나님이 그 작업을 진행하시는 내내 그는 깊은 잠에 빠져 있었기 때문이다. 유일한 증인은 하나님과 천사들뿐이다. 하나님의 계시에 대해 유일한 다른 대안은 천사들의 보고겠지만, 이는 썩 그럴듯해 보이지 않는다. 증인의 부재는 성서의 것이든 성서 외적인 것이든 최초의 창조에 관한 모든 이야기에 대해 의구심을 불러일으킨다. 전통적 관점은, 하나님의 영감에 대한 이런 주장뿐 아니라, 창세기 혹은 모세오경의 구성을 설명하기 위해 문서가설(document hypothesis)과 그것이 주장하는 J, E, D, P 문서에 의지하거나 혹은 그것들을 채택하지도 않는다.[9]

둘째, 전통주의자들은 창세기의 선언들이 하나님의 진리, 역사적 사

Should Care (Wheaton, IL: Crossway, 2011), 24에서 마지못해 인정했던 요점이다. 또한 idem, *Genesis 1-4: A Linguistic, Literary, and Theological Commentary* (Phillipsburg, NJ: P&R Publishing House, 2006), 11을 보라.

8_ 이 진술을 인간 저자들의 참여를 부정하는 것으로 여겨서는 안 된다. Clark H. Pinnock, *A Defence of Biblical Infallibility* (Philadelphia: Presbyterian & Reformed, 1967), 1이 정확하게 정의하듯, 하나님의 말씀인 성서는 "'융합적'(confluent, 자주적인 두 행위자인 인간과 하나님의 산물)" 영감을 보여 준다. James McKeown이 *Genesis*, THOTC (Grand Rapids: Eerdmans, 2008), 7에서 우리에게 상기하듯 "신적 저작권에 대한 강조가 우리로 하여금 성서의 인간적 차원을 무시하게 해서는 안 된다. 왜냐하면 하나님은 인간을 사용해 그 말씀을 기록하게 하셨기 때문이다."

9_ 문서설적인 접근방법과 그것이 창 1-2장을 해석하는 데 끼친 영향에 관한 간략한 설명은 Donald E. Gowan, *From Eden to Babel: A Commentary on the Book of Genesis 1-11*, ITC (Grand Rapids: Eerdmans, 1988), 33-37을 보라. 더 상세한 설명은 Martin Noth, *A History of Pentateuchal Tradition* (Englewood Cliffs, NJ: Prentice Hall, 1971)에서 발견할 수 있다. 문서설적 접근법에 대한 비판과 보수주의 기독교의 대응은 U[mberto] Cassuto, *The Documentary Hypothesis and the Composition of the Pentateuch*, trans. by Israel Abrahams (1961; reprint, Jerusalem: Magnes Press, 1972), 그리고 Gleason L. Archer, *Survey of Old Testament Introduction*, 3rd ed. (Chicago: Moody Press, 1994), 89-172을 보라.

실, 그리고 역사 기술의 정확성 같은 특징을 지닌다는 관점을 견지한다. 성서 창조 이야기의 정확성은 성서에 등장하는 사건들에 대한 성서 외적 자료들의 승인에 의존하지 않는다. 전통적 접근법은 창세기의 나머지 부분에 적용하는 것과 똑같은 해석학 방법론을 창세기 1-11장에도 적용한다.[10] 이런 접근법은 성서의 무오성이 우주와 지구 및 인류의 기원에 관한 성서의 기록 안에 들어 있는 "부수적인 진술들"로까지 확대되지 않는다는 견해와는 사뭇 다르다.[11]

셋째, 창세기의 기록은 그 범위를 한 민족이나 국가에 한정하지 않는다. 처음부터 창세기는 인류를 보편적으로 다룬다. 바벨탑에서의 심판은 인류가 온 세상으로 흩어진 사건을 설명해준다. 창세기 5장의 족보는 실존했던 온 인류의 육체적(physical) 조상의 명단을 나열한다. 노아는 홍수 이후 모든 인간의 조상이 됨으로써 새 아담 같은 존재가 된다.[12] 사람들이 흩어지면서 창세기 처음 장들의 보편적인 메시지가 마감된다. 하지만 "인류의 분열은 긍정적인 전진이었다. 왜냐하면 하나님의 구속 계획에는 특별히 지목된 도구가 필요했기 때문이다."[13] 그러므로 창세기 10장과 11장은 사회정치적 의미에서 모든 사람의 기원을 구세주의 조상인 아브라함의 후손에 이르기까지 설명해 나간다.[14] 창세기 1-11장은 "우주의 기원 및 그것과 관

10_ Michael A. Grisanti, "The Book of Genesis," in *The World and the Word: An Introduction to the Old Testament*, by tr. Eugene H. Merrill, Mark F. Rooker, and Michael A. Grisanti (Nashville: B&H Academic, 2011), 176을 보라.

11_ Denis O. Lamoureux, "Lessons from the Heavens: On Scripture, Science and Inerrancy," *Journal of the American Scientific Affiliation* 60 (June 2008): 13.

12_ Bruce K. Waltke with Cathi J. Fredricks, *Genesis: A Commentary* (Grand Rapids: Zondervan, 2001), 296.

13_ R. R. Reno, *Genesis*, BTCB (Grand Rapids: Brazos Press, 2010), 134.

14_ Bill Cooper, in *After the Flood: The Early Post Flood History of Europe* (Chichester, UK: New Wine Press, 1995)는 유럽 여러 민족들의 조상들을 야벳까지 추적해 올라간다. 이것은 창 10-11장의 족보가 고대 근동의 환경 너머로까지 확장된다는 것을 보여준다.

련된 하나님의 계획"뿐 아니라 특별히 인간과 관련된 계획에 대해 기록하지만,[15] 창세기 12-50장은 이스라엘의 기원을 다룬다.

넷째, 신구약 성서 저자들은 창세기 1-11장과 관련된 주제를 다룰 때마다 아담 안에 있는 모든 인간의 공통 기원을 당연한 것으로 간주하는 것처럼 보인다(예. 말 2:10; 롬 5:12-14).

흥미롭게도 어떤 학자들은 성서가 실제로 성서 저자들이 믿었고 또한 그렇게 말하고자 했던 것을 선포한다는 점을 인정한다. 하지만 그들이 그렇게 하는 것은 전통적인 견해를 옹호하기 위해서가 아니라, 과학이 발전하기 이전에 제시된 잘못된 견해를 성서 저자들의 탓으로 돌리기 위해서다. 현대 성서 해석학자들은 종종 성서 기록을 과학이 발전하기 이전에 살았던 사람들이 가졌던 관점인 것처럼 생각한다. 현대 고생물학이 발견한 것들과 진화론은 성서 독자들에게 성서 연대기에 대해 의심을 품게 하면서 그것을 성서 본문이 허락하는 것처럼 보이는 것 이상으로까지 밀어붙인다.[16] 예컨대 피터 엔즈(Peter Enns)는 성서 저자들이 "지구는 편평하고, 비교적 최근에(주전 약 4천여 년 경에) 하나님에 의해 지금과 같은 모습으로 만들어졌으며, 또한 실제로 그 위에서 태양이 뜨고 지는, 우주 안에 있는 하나의 고정된 점으로 간주했다"라고 말한다.[17] 하지만 이스라엘인들의 믿음에 대한 엔즈의 묘사(이를테면 "편평한 지구")는 고대 이스라엘의 참된 신자들과 오늘날의 성서 본문을 둘 다 모욕하는 과도한 단순화이며

15_ Bill T. Arnold, Genesis, NCBC (Cambridge, UK: Cambridge University Press, 2009), 7. 또한 John H. Walton, Genesis, NIVAC (Grand Rapids: Zondervan, 2001), 37.

16_ Daniel P. Fuller, in "The Importance of a Unity of the Bible," in *Studies in Old Testament Theology*, ed. by Robert L. Hubbard Jr., Robert K. Johnston, and Robert P. Meye (Dallas: Word, 1992), 72은 그 문제를 바로 그런 방식으로 요약했다.

17_ Peter Enns, *The Evolution of Adam: What the Bible Does and Doesn't Say about Human Origins* (Grand Rapids: Brazos Press, 2012), xiii.

잘못된 해석일 뿐이다.[18] 더구나 엔즈가 고대 근동의 개념 세계를 과학 발달 이전의 오류들로 가득 찬 것으로 특징지으면서 하나님의 영감으로 기록된 성서 안에 있는 하나님 자신이 채택하신 것들에 그러한 오류가 있다고 지적하는 것은 하나님께서 도덕적으로 완전하시다는 사실을 의심하는 것이다.[19]

엔즈가 성서 저자들이 참되게 말하고 있는 것을 오해했을 가능성을 무시한다면, 우리는 그의 주장이 결국은 성서가 창조, 인류의 단일기원설, 범지구적으로 발생했던 홍수와 관련하여 성서 저자들의 의도를 정확하게 전달하고 있음을 인정하는 것과 같음을 안다. 따라서 만약 그것이 성서 저자들의 의도라면, 어째서 우리가 그들이 분명하게 믿었던 것을 또한 믿어서는 안 되는가?

18_ 이런 접근법의 오류들에 대한 상세하고 문서화된 대응은 Walter C. Kaiser Jr., "The Literary Form of Genesis 1-11," in *New Perspectives on the Old Testament*, ed. J. Barton Payne (Waco, TX: Word, 1970), 55-58을 보라. 참조. Jonathan F. Henry, "Uniformitarianism in Old Testament Studies," *Journal of Dispensational Theology* 13 (Aug 2009): 25-28; Jeffrey Burton Russell, *Inventing the Flat Earth: Columbus and Modern Historians* (New York: Praeger, 1991), ix; 그리고 Lesley B. Cormack, "Myth 3: That Medieval Christians Taught That the Earth Was Flat," in *Galileo Goes to Jail and Other Myths about Science and Religion*, ed. Ronald L. Numbers (Cambridge, MA: Harvard University Press, 2009), 178-86.

19_ James W. Scott, "The Inspiration and Interpretation of God's Word, with Special Reference to Peter Enns—Part I: Inspiration and Its Implications," *WTJ* 71 (Spring 2009): 155-58.

전통적 관점을 입증하기 위한 성서상의 증거

창세기 1:1-25

창세기 1장의 저자는 어째서 창조 이야기를 질서정연하게 연속되는 6일이라는 틀에 맞춰 이야기하는 방식을 택했을까? 데이비드 코터(David Cotter)의 접근법은 질서정연한 날들이 연속되는 이유와 관련해 한 가지 가능성 있는 중요한 통찰을 제시한다. "이 이야기의 작가는 독자들에게 이 이야기가 신뢰할 수 있음을 확신시켜야 했다. 그 목적을 이루기 위해 저자는 모든 것이 언급되며 아무것도 유보되지 않는다는 인상을 만들어 낸다. 따라서 화자는 전지적 관점이 되어야 한다."[20] 다시 말해 저자는 상세하고, 점진적이며, 객관적인 어조를 유지함으로써 모든 일이 실제로 발생한 것처럼 묘사한다.

월키(Waltke)는 그의 창세기 주석에서 "화자가 거짓말을 하실 수 없는 하나님으로부터 영감을 받았다는 사실만으로도, 다른 역사적 확증 없이도 그 이야기의 진실성을 보증하기에 충분하다"고 주장한다.[21] 이어서 그는 창세기 이야기가 내러티브 동사 형태, 시간과 공간의 자리매김을 통한 실증, 족보의 사용, 그리고 자료들의 인용 같은 수단을 통해 "본질적으로 일관성 있고 연대기 순으로 연속되는 사건들"을 제시한다고 주장한다.[22] 그러나 나중에 월키는 당시에 정상적인 역사를 기록할 사람이 없었다는 이유로 창조 이야기를 창조 역사로부터 분리시킨다. 월키는 비연대순 배열(dischronologization), 다른 고대 근동 자료들과의 유사성, 현대 과학을

20_ David W. Cotter, *Genesis*, Berit Olam Studies in Hebrew Narrative and Poetry (Collegeville, MN: Liturgical Press, 2003), 8.

21_ Waltke, *Genesis*, 29.

22_ Ibid.

세 가지 증거로 제시하면서 창조 이야기를 창세기의 나머지 부분과 다르게 해석해야 한다고 주장한다.[23] 많은 복음주의자 역시 한편으로는 하나님의 영감이 그 자체로 충분할 뿐 아니라 그 자체만으로도 성서를 신뢰할 만하고 무오한 것으로 만들기에 충분하다고 주장하면서도, 다른 한편으로는, 월키가 그러하듯 창세기 1-2장(혹은 심지어 1-11장까지도)을 하나님의 성서가 가진 충분성과 정확성과 관련된 개념에서 배제한다. 그들의 접근법에 따르면, 과학과 고대 근동의 본문들은 창세기 처음 장들의 충분성과 역사적 정확성을 온전하게 수용하는 일보다 우선한다.

많은 학자의 마음속에서 창세기 1-11장의 역사성은 창세기 12-50장의 역사성 문제와 분리되어 있다. 어쨌거나 대부분의 복음주의자들은 창세기 12-50장의 역사적 정확성, 온전성, 진정성을 보여주는 많은 증거가 존재한다는 것을 쉽게 인정한다.[24] 창세기 12-50장의 내용이 창세기

23_ Ibid., 75-77. Waltke가 제시한 세 가지의 기본적인 증거들(비연대순 배열, 고대 근동 자료들과의 유사성, 그리고 현대 과학)에 대한 평가는 그동안 아주 많은 책과 저널 논문을 통해 제시되어 왔다. 그중에서 더욱 의미 있는 책들은 다음과 같은 것들이 있다. Larry Vardiman, Andrew A. Snelling, and Eugene F. Chaffin, eds., *Radioisotopes and the Age of the Earth: Results of a Young-Earth Creationist Research Initiative* (El Cajon, CA: Institute for Creation Research, 2005); Terry Mortenson and Thane H. Ury, eds., *Coming to Grips with Genesis: Biblical Authority and the Age of the Earth* (Green Forest, AR: Master Books, 2008); Andrew A. Snelling, *Earth's Catastrophic Past: Geology, Creation & the Flood*, 2 vols. (Dallas: Institute for Creation Research, 2009); and Andrew S. Kulikovsky, *Creation, Fall, Restoration: A Biblical Theology of Creation* (Fearn, UK: Mentor, 2009).

24_ 예컨대 Victor P. Hamilton, *The Book of Genesis Chapters 1-17*, NICOT (Grand Rapids: Eerdmans, 1990), 59-67; John H. Sailhamer, *The Pentateuch as Narrative: A Biblical-Theological Commentary*, LBI (Grand Rapids: Zondervan, 1992), 23-24, 그리고 Kenneth A. Kitchen, *On the Reliability of the Old Testament* (Grand Rapids: Eerdmans, 2003), 313-72을 보라. A. R. Millard and D. J. Wiseman, eds., *Essays on the Patriarchal Narratives* (Winona Lake, IN: Eisenbrauns, 1980)에 실린 에세이들은 이 문제를 다루고 있으며 창세기에 실려 있는 족장들의 기록이 가진 역사성을 지지한다.

1-11장에서 이미 소개된 복과 저주라는 주제에 의지하고 있음은 아주 분명해 보인다.[25] 만약 노아의 홍수 이전에 복과 저주를 받았던 사람들과 그러한 복과 저주에 관련된 사건들이 단지 홍수 이전과 이후의 시기 모두에 관련된 사건을 기록한 후대 이스라엘 사람들이 마음속으로 지어낸 신학 구성물에 불과하다면, 과연 족장들은 자기들이 실제로 경험했던 복과 저주가 지속한다고 기대할 수 있었을까? 하지만 만약 창세기의 앞 장들이 언급하는 사람들과 사건들이 참으로 존재했다면, 그때는 복과 저주의 실재가 분명하게 후대의 사람들과 사건들에까지 이어질 것이다. 존 골딩게이(John Goldingay)가 통찰력 있게 주장하듯, 만약 어떤 후대의 본문이 전혀 일어난 적 없는 이전에 발생했던 사건과 현실에 그 믿음의 근거를 둔다면, "그 믿음의 근거는 사라진다."[26] 시드니 그레이다누스(Sidney Greidanus)는 비슷한 요점을 창세기 1-3장에 직접 적용한다. "구속적·역사적 내러티브들의 경우, 역사적 토대의 결여는 치명적이다. 왜냐하면 하나님이 역사 속에서 실제로 행동하셨다는 사실이야말로 그런 메시지들의 본질적 요소이기 때문이다."[27]

창세기는 첫 구절에서부터("태초에 하나님이 천지를 창조하시니라")—비록 그것이 창세기 12-50장에서 이스라엘을 향해 초점을 좁혀 나가는 이야기들을 위한 예비의 성격이기는 하지만—그 초점을 어느 한 민족이나 인종보다는 우주에 두고 있다. 두 번째 구절("땅이 혼돈하고 공허하며 흑암이 깊음 위에 있고 하나님의 영은 수면 위에 운행하시니라")은 이 넓고 포용적인 언급으

25_ John Goldingay, "The Patriarchs in Scripture and History," in *Essays on the Patriarchal Narratives*, 18-19. 참조. Walton, *Genesis*, NIVAC, 37: "창 1-11장은 언약의 필요성을 제기한다."

26_ Ibid., 29. 이때 Goldingay는 출애굽-정복 이야기와 그것이 족장 이야기의 현실성에 의존하고 있음에 대해 이야기하고 있다.

27_ Sidney Greidanus, *Preaching Christ from Genesis: Foundations for Expository Sermons* (Grand Rapids: Eerdmans, 2007), 32. 또한 Collins, *Genesis 1-4*, 17.

로부터 그 초점을 지구라는 행성으로 좁혀나간다.[28] 하지만 창세기 본문의 독자는 이렇게 초점이 좁아지는 것에 주목하면서도 본문의 참된 중심 혹은 초점이 땅이나 인간에게 있다고 여겨서는 안 된다.

창세기 1-11장의 주요 특징 중 하나는 "하나님 중심성"(theocentricity)이라는 성서 저자의 의도다.[29] 창세기 1-11장이 하나님 중심적·신학적 강조점을 가진다고 해서 그 기록이 역사적이지 않음을 의미하는 것은 아니다. 성서 외적 자료들이 예수의 실존, 행위, 죽음에 관해 상대적으로 침묵하고 있음을 생각해 보라. 첫 번째 아담의 역사성을 부인하기 위해 사용되는 주장은 동등하게 두 번째 아담의 역사성에도 적용될 수 있다. 결론적으로 아담과 예수 두 사람의 역사성을 모두 부정하게 하는 일관된 논리적 근거는 잠재적으로 이 둘 중에서 전자의 긴급성을 강화한다.

다음 절들(창 1:2-31)은 생명체의 생존을 위해 지구를 준비하시고 거기에 사람을 살게 하려고 행하신 창조주의 행위를 다룬다. 이 본문은 창조 기사가 땅 위 모든 생명의 기원을 확인시켜줌을 암시한다. 그로 인해 그 이후의 모든 시기에 속한 모든 남자와 여자 및 아이들은 이 이야기를 지구에 존재한 모든 생명의 시작점이자 인류의 출발점으로 회고할 수 있다. 구속에서와 마찬가지로 창조에서도 하나님의 계획은 단지 어느 한 부분만이 아닌 온 인류를 목표로 한다.[30] 창조 이야기의 나머지 부분에 대해 중대한 의미를 갖는 첫 스물다섯 절은 "씨"(zeraʿ)를 여섯 차례 언급하는데, 모든 용례는 식물과 관련되어 있다. "씨"라는 개념은 식물이 각각 자신

28_ 히브리어 성서는 1절의 끝에 "땅"(hāʾāreṣ)이라는 단어를 배치하고 연속해서 2절 첫머리에도 "땅"(wĕhāʾāreṣ)이라는 단어를 배치(아나디플로시스[anadiplosis], 각주 38번에 있는 이 용어의 정의를 참조하라)함으로써 지구에 대한 초점을 강화한다.

29_ Walton, Genesis, NIVAC, 152를 보라.

30_ C. John Collins, in "Adam and Eve in the Old Testament," SBJT 15 (Spring 2011): 6. "이런 성서 이야기가 형성되었다는 것은 모든 인간이 공통의 기원, 공통의 곤경, 하나님을 알고 자기들 안에 있는 하나님의 형상을 회복시켜야 할 공통의 필요가 있음을 가정한다."

의 후손을 낳는다는 사실을 생각해볼 때 중요하다—열매는 그것을 낳은 조상에게까지 거슬러 올라갈 수 있다.

그 이후에 "씨"(seed, NIV 성서는 이를 "offspring"으로 번역한다. 우리말 성서 역시 이 단어를 모두 "후손" 또는 "자손"으로 번역한다—역자 주)라는 표현이 나타나는 곳은 창세기 3:15이다. 창조의 셋째, 넷째, 그리고 다섯째 날에 대한 보고에서는 "씨"의 다른 용법이 나타나지 않는다. 식물의 경우, "씨"는 식물의 번식과 그것이 땅 위로 퍼져나가는 수단을 가리킨다. 인간의 창조 과정 전체에서 "씨"에 대해 더는 언급하지 않는 것은 한 가지 질문을 불러일으킨다. 인간은 어떻게 땅에 충만할 것인가? 그들은 자신들의 종류대로 후손들을 낳을 것인가? 그 질문에 대한 답은 성서에서 인간에 대한 더욱 온전한 묘사가 등장할 때까지 지연된다. 인간과 관련해 "씨"가 언급될 때(창 3:15), 그것은 창세기의 나머지 부분을 위한 하나의 스토리라인을 형성한다. 그 스토리라인이란, 하나님이 자신의 구속 계획을 이행하기 위해 아담의 후손 중 한 가문을 택하셨다는 것이다. 타락한 아담의 씨(후손)는 아담과 똑같아서 타락하고 불순종한다. 성서는 인류에게 궁극의 복을 가져올 아담의 후손이 타락한 아담과 같을 수 없음에도 또한 여전히 아담으로까지 거슬러 올라갈 수 있음을 역설한다.[31]

창세기 1:1-2:4이 묘사하는 6일간의 창조 이야기에는 하나님이 땅을 동식물과 인간의 생명을 유지시켜주는 생존 가능한 거주지로 만드시는 방법에 관한 개념화(conceptualization)가 포함되어 있다. 그 개념의 기초는 하나님이 그것들을 창조하시는 순서에서 나타난다. 물, 빛, 땅, 그리고 식물 순이다. 다음과 같은 관찰에 따르면, 창조 이야기에 나타나는 "날"은 실제 날들을 가리킨다. (1) 각 "날"은 저녁과 아침으로 이루어진다. (2) 수

31_ 창세기에서 "씨"의 의미는 McKeown, *Genesis*, THOTC, 197-219에 소개되어 있다.

를 나타내는 형용사가 "날"을 한정해 준다. (3) 창세기 1:14에서 "날"은 "계절"과 "해"와 함께 나타난다. (4) 창조의 날들을 바탕으로 인간의 한 주간을 언급하는 출애굽기 20:8-11은 그와 같은 법적 유비(legal analogy)의 토대가 되는 창조 이야기의 "날"을 문자적으로 이해해야만 성립된다.[32]

창조의 처음 사흘 동안 하나님은 땅을 동물과 인간의 삶을 위해 준비된 거주지로 만드시면서 삶에 필요한 기본적인 것들을 제공하신다. 넷째 날에서 여섯째 날에 이르는 동안 창조주는 땅을 자신이 준비해 둔 생명체로 채우기 시작하신다. 흥미롭게도 그분은 바로 이 시점에서 해와 달과 별들을 만들기로 하신다. 나는 그분이 그렇게 하신 까닭은 그분이 동물과 인간이 살아가기에 유쾌하고, 흥미로우며, 실용적인 환경을 조성하고자 하셨기 때문이라고 생각한다. 사실 우리는 빛만으로도 생명을 유지할 수 있다. 하지만 빛만으로는 계절, 항해에 필요한 도움, 혹은 연대를 표기하기 위한 지표들을 얻을 수 없다. 땅은 아직 햇빛이 필요하지 않았다. 셋째 날에 창조된 식물들은 그들이 존재했던 첫날을 온전히 살아남기 위해 빛의 근원 외에 달리 필요한 것이 없었다. 더구나 식물은 하나님의 창조 목적의 핵심이 아니었다. 이제 메타내러티브(metanarrative)는 인간의 증대와 그 일을 이루기 위한 하나님의 계획에 초점을 맞추기 시작한다.

창세기 1:26-2:3

인간의 기원에 관한 첫 번째 설명은 상세한 묘사 없이 대략의 윤곽만 제시

32_ Trevor Craigen, "Can Deep Time Be Embedded in Genesis," in *Coming to Grips with Genesis: Biblical Authority and the Age of the Earth*, ed. Terry Mortenson and Thane H. Ury (Green Forest, AR: Master Books, 2008), 194. 또한 Gehard Hasel, "The 'Days' of Creation in Genesis 1: Literal 'Days' or Figurative 'Periods/Epoch' of Time?" *Origins* 21 (1994): 5-38; 그리고 J. Ligon Duncan III and David W. Hall, "The 24-Hour View," in *The Genesis Debate: Three Views on the Days of Creation*, ed. David G. Hagopian (Mission Viejo, CA: Crux Press, 2001), 21-66을 보라.

한다. 본문은 인간 여자에 대해 언급하기는 하나 그 남자 혹은 그 여자가 어떻게 존재하게 되었는지 설명하지 않는다. 메타내러티브는 인간을 포함해 모든 생명을 창조하시는 하나님과 하나님의 형상을 따라 지음 받는 인간에게 초점을 맞춘다. 하나님 형상의 담지자들은 땅에서 하나님의 대리 지배자(vice-regent) 역할을 수행함으로써 부분적으로나마 그 형상을 드러낸다. "생육하고 번성하여 땅에 충만하라"(28절)라는 하나님의 명령이 그런 일이 어떻게 일어날 것인지에 대한 설명 없이 계시의 중심을 차지한다. 하나님의 권위 있는 명령은 무대 중심에 남아 있다. 창조 이야기의 두 번째 부분(2:5-24)은 인류가 그 명령을 이행해 나갈 방법을 계시해 준다.

창세기 이야기에서 두 차례 등장하는 1인칭 복수 대명사("우리")는 인간의 창조와 타락에 관한 설명을 두드러지게 만든다(1:26과 3:22). 이런 복수가 위엄을 나타내는 복수이든, 자기-연설(토의)의 복수이든,[33] 삼위일체의 복수이든, 혹은 영적 존재들의 협의체에 관한 언급이든, 그 언급은 우리로 하여금 그 본문이 그들과 연관시키는 사건들의 의미에 주목하게 한다.[34] 그

33_ William David Reyburn과 Euan McG. Fry는 *A Handbook on Genesis*, UBS Handbook Series (New York: United Bible Societies, 1998), 50에서 여기에는 화자가 "스스로 협의하거나 상의하는 것"이 포함되어 있다고 설명한다.

34_ S. R. Driver, in *The Book of Genesis, with Introduction and Notes* (New York: Edwin S. Gorham, 1904), 14은 하나님이 인간의 창조에 관한 이야기를 엄숙하게 소개하시기 위해 "이처럼 특별하고 중요한 형태의 표현"을 택하셨다고 주장한다. Arnold, in *Genesis*, NCBC, 44은 "26절의 위엄 있는 단어들은 이 사건을 특별하게 만들어 준다"는 점에 동의한다. John Peter Lange는 *Genesis, or the First Book of Moses*, trans. by Tayler Lewis and A. Gosman, Commentary on the Holy Scriptures, electronic ed. (1864; reprint, Bellingham, WA: Logos Bible Software, 2008), 173에서 이런 1인칭 복수들을 이해하는 다섯 가지 서로 다른 방식들을 열거한다. 하지만 그는 "우리의 형상"이라는 복수 표현은, 더욱 정확하게 말하자면, "신적 성품의 한 특성"을 가리키는 것일 수도 있다고 결론 내린다. 히브리어 학자들은 소위 말하는 "장엄함을 나타는 복수형"(plural of majesty)이 주로 명사에 적용되므로 그것이 또한 복수 동사나 대명사에도 적용되는지는 불확실하다고 인정한다. 참조. McKeown, *Genesis*, THOTC, 26; and Paul Joüon, *A Grammar of Biblical Hebrew*, trans. and rev. by T. Muraoka 2 vols., Subsidia Biblica 14/I-II(Rome:

이야기는, 인간의 창조와 타락이 하나님이 누구이신지, 그분이 (창조활동과 타락한 인류를 구속하는 일과 관련해) 행하신 일이 무엇인지, 인간이 어떤 존재 인지, 그리고 인간이 그의 창조주께 불순종함으로써 초래한 것이 무엇인지에 대한 적절한 신학적 이해와 관련된 주목할 만한 사건들로 이루어져 있음을 보여준다. 그런 관심사들이 창세기 1장이 묘사하는 지구 전체의 환경과 함께 나타난다는 점에서 볼 때, 그것들은 창조 기사를 이스라엘 민족의 기원에 관한 이야기로 한정하기보다는 아담을 인류의 조상으로 관련짓는데 더 적합한 듯하다.[35] 전자의 관점이 극복해야 할 가장 큰 장애물 중 하나는 창세기 32:32까지 이스라엘을 하나의 민족으로 언급하는 예가 등장하지 않는다는 사실이다.

창세기 2:4-24

영감을 받은 창조 기사는 세상과 인간에 대해 그런 묘사로 끝나지 않는다. 오히려 이제 그것은 계속해서 오직 인간에게만 초점을 맞추면서 그보다 훨씬 더 웅장한 이야기를 서술하기 위한 무대를 마련해 나간다. 콜린스(C. John Collins)가 주장하듯, 세계관 이야기를 "단순히 껍데기로, 즉 우리가 일단 (아마도 무시간적인) 개념들을 발견한 후에는 내버려도 좋은 것으로"[36] 취급되면 안 된다. 인간의 기원에 관한 두 번째 설명은 창세기 1:26-2:4에 의도적으로 포함되지 않았던 내용에 주목한다.[37] 1:1-2과 2:4이 창조 이야기 전체에 괄호를 친다. 2:4에서 나타나는 교차 구조(chiasm)는

Pontifical Biblical Institute, 1993), 2:376(§114e n. 1).

35_ 참조. Enns, *The Evolution of Adam*, 66은 "만약 아담 이야기가 인류의 시작에 관한 이야기가 아니라 인류의 한 부분의 시작을 보여주는 이야기였다면, 적어도 창세기와 진화 사이에 존재하는 긴장이 줄어들었을지도 모른다"라고 말한다.

36_ Collins, *Did Adam and Eve Really Exist?*, 27.

37_ McKeown, *Genesis*, THOTC, 30에 따르면 "1장이 장엄한 개관이라면 2장은 창조의 몇 가지 측면을 선택해 그것들을 더욱 상세하게 다룬다."

1:1-2의 내용을 반영하며, "땅"에 초점을 맞추는 두 구절의 아나디플로시스(anadiplosis)[38]를 보완한다(표 1을 보라). 2:4이 사실상 창세기의 첫 번째 부분을 결론짓기보다는 두 번째 부분을 소개하고 있다는 사실이 그것을 수미상관구조(inclusio)로 사용하는 것을 가로막지는 않는다. 콜린스는 2:4의 교차가 "우리에게 그 두 구절을 하나로 읽도록 유도한다"고 주장한다.[39]

1:1-2	2:4
태초에 하나님이 창조하셨다	이것은 ~에 대한 이야기다.
하늘과	a 하늘과
땅을	b 땅(에 대한)
	c 그것들이 창조되었을[40] 때
	c 여호와 하나님이
	만드셨을 때[41]
땅이	b 땅과
	a 하늘을

표 1. 창세기 1:1-24을 둘러싸고 있는 수미상관구조

38_ 아나디플로시스(anadiplosis)는 하나의 진술(혹은 구절)의 끝 부분과 다음 진술(혹은 구절)의 첫 부분 양쪽 모두에서 같은 단어나 표현을 반복하는 수사학 기법을 가리킨다.

39_ Collins, "Adam and Eve in the Old Testament," 9. McKeown in *Genesis*, THOTC, 30에 따르면, "이 구절은 일반적인 순서를 뒤집음으로써 독자들에게 최초의 인간들과 그들이 거주하는 땅에 관한 상세한 이야기를 읽도록 준비시킨다."

40_ 신적 수동태(니팔 부정사 연계형)는 행위자를 직접 거명하지 않는다. 그리고 그 다음에 뒤따라 나오는 평행구절이 구체적으로 그의 이름을 밝힌다. 마치 오직 창조주께만 주목하게 하려는 것처럼, 창조의 대상들에 대한 마무리 언급은 정관사를 사용하지 않는다.

41_ 문자적으로 "(그) 날에"를 의미한다. Reyburn과 Fry는 *A Handbook on Genesis*, 59에서 이 구절을 "~때, ~했을 때"를 의미하는 히브리어 관용구라고 밝힌다. 또한 Umberto Cassuto, *A Commentary on the Book of Genesis—Part I: From Adam to Noah, Genesis I-VI*, trans. Israel Abrahams (1961; reprint, Jerusalem: Magnes Press, 1998), 99을 보라.

창세기의 저자는 특별한 목표—인간이 어떻게 하나님이 명령하신 대로 번성하고 땅에 충만할 수 있을지를 밝히는 것—에 유념하면서 첫 번째 톨레도트(toledot, 2:4-4:26)를 시작한다. 히브리어 명사 "아담"('ādām, "사람," "인류," "아담"[Adam])은 창세기 1장에서 두 차례 나타난다. 첫 번째 용례(1:26)는 관사 없이 쓰이는데, 그것은 그 부분에서 이 핵심적인 명사가 그 이야기에 처음으로 등장하기 때문이다. 다음 구절(27절)에서는 이전의 지시대상("앞서 언급한 사람")을 가리키기 위해 관사를 사용한다. 마찬가지로 창세기 2장에서의 첫 번째 언급(5절) 역시 관사 없이 쓰인다. 그리고 이후의 모든 언급은 정관사를 포함한다(2:7에서 두 번, 8, 15, 16, 18, 19절에서 두 번, 20a절). 그러나 2:20b절은 동물들의 이름을 짓는 상황 속에서—최초의 인간에 대해 처음으로 적절한 이름을 사용해야 하는 중요한 상황이다[42]—정관사 없이[43] "아담"을 언급한다.

무관사 형태는 3:17과 21절에 이르기까지 다시 나타나지 않는다. 무관사 형태는 적절한 때에 5장에 실린 족보에서 모습을 드러낸다. 창세기 1-2장에 나타나는 아담('ādām)이라는 단어가 가진 모호함 때문에 몇몇 학자들은 창세기가 하나님이 창조하신 최초의 사람 혹은 심지어는 "구체

42_ 이와 반대되는 의견들은 David J. A. Clines, "אדם, the Hebrew for 'Human, Humanity': A Response to James Barr," *VT* 53, no. 3 (2003): 303 n. 12; R. S. Hess, "Adam," *Dictionary of the Old Testament: Pentateuch*, ed. T. Desmond Alexander and David W. Baker (Downers Grove, IL: InterVarsity Press, 2003), 18-21; Victor P. Hamilton, "אָדָם," in *New International Dictionary of Old Testament Theology & Exegesis*, 5 vols., ed. by Willem A. VanGemeren (Grand Rapids: Zondervan, 1997), 1:263-64을 보라.

43_ 참조. Herbert E. Ryle, *The Book of Genesis in the Revised Version with Introduction and Notes*, Cambridge Bible for Schools and Colleges (Cambridge, UK: Cambridge University Press, 1921), 29. Driver, in *The Book of Genesis*, 42은 마소라 본문이 정관사 없이 "아담"이라는 고유명사를 표시했다고 주장한다. 그러나 Driver는 2:20에서 정관사를 붙이는 쪽을 선호한다.

적 인물 중의 일원"을 언급하지 않는다는 결론을 내리기도 한다.[44] 클라우스 베스터만(Claus Westermann)의 추론에 따르면, 원시 시대의 역사는 "경험되고 문서화될 수 있는 역사 너머에 있다. 인간(모든 개인을 의미한다)은 그의 존재를 하나님께 의존한다는 점이—그 이상도 그 이하도 아니라는 것이—바로 원시 시대 역사의 쟁점이다."[45] 그러나 독자들은, 아담('ādām)에 대해 관사를 사용하거나 하지 않는 것과 관련된 주장들과는 상관없이, 최초의 톨레도트가 반복적으로 그 사람을 한 개인으로 제시하고 있다는 사실을 놓치지 말아야 한다.

- 하나님은 땅의 먼지(혹은 진흙)로부터 ("사람" 혹은 "인간"으로 불리는[46]) 한 개인을—씨족이나 부족, 혹은 백성이 아니다—지으신다(2:7a). 이 사실 하나만으로도 모든 형태의 진화(유신론적이든 다른 형태든 간에)는 배제된다.
- 하나님은 수백 혹은 수천 명의 콧속에 생기를 불어넣으시지 않고 그 한 사람의 콧속에 생기를 불어넣으신다(2:7b).
- 본문은 이 한 사람을 "살아 있는 존재"(혹은 "생령")라고 부른다(2:7c).
- 하나님은 이 한 사람을 특별히 계획하신 "동산"에 두신다(2:8).
- 하나님은 이 한 사람에게 동산을 다스리고 지키는 일을 맡기신다(2:15).
- 하나님은 이 한 사람에게 그가 먹어도 되는 것과 먹으면 안 되는 것에 관한 명령을 내리신다(2:16-17).

44_ Claus Westermann, "אָדָם," in *Theological Lexicon of the Old Testament*, 3 vols., ed. by Ernst Jenni and Claus Westermann, trans. Mark E. Biddle (Peabody, MA: Hendrickson Publishers, 1997), 1:35.

45_ Ibid.

46_ Clines, "אדם, the Hebrew for 'Human, Humanity'," 297-310(특히 302-4)을 보라.

- 이 사람은 "혼자다." 이것은 창조주께서 "좋지 않다"고 여기시는 상황이다(2:18a). "홀로"가 어떻게 씨족이나 부족, 혹은 백성을 가리킬 수 있는가? 한 무리의 사람들이라면 아담이 "홀로" 마주하는 상황을 마주하지 않았을 것이다. 이것은 아담이 출산을 통해 하나님의 명령("생육하고 번성하여 땅에 충만하라" 창 1:28)을 이행하는 것이 불가능함을 의미한다.[47] 진화론자들에게 이것은 또 다른 문제를 야기한다. 만약 그런 한 사람을 만드는 데 수없이 많은 세월이 필요하다면, 어떻게 그가 자기와 유사하게 발전한 또 다른 한 사람—인류의 역사를 시작하기 위해 필요한 사람으로서 성적으로 그와 양립할 수 있는 대상—이 진화할 때까지 오랫동안 살아남을 수 있겠는가?
- 하나님은 자신이 이 사람을 위해 적절한 배우자를 만드시겠다고 선언한다(2:18b). 분명히 이것은 또 다른 씨족이나 부족, 혹은 백성에 대한 언급이 아니다. "그를 위하여 돕는 배필"이라는 표현은 독자성(identity)에 반하는 보완성(complementarity)을 가리킨다.[48] 남자와 마찬가지로 이 두 번째 사람은 하나님 자신에 의한 특별한 피조물이 될 것이다.
- 하나님이 동산에 두신 그 사람은 동물들의 이름을 짓지만, 자기와 닮은 사람을 발견하지 못한다(2:19-20).[49]
- 하나님은 그 사람을 깊은 잠에 빠지게 하시고 그의 옆구리에서—다

47_ Laurence A. Turner, *Announcements of Plot in Genesis*, JSOTSup 96 (Sheffield, UK: Sheffield Academic Press, 1990), 21-49을 보라. 거기서 그는 창 2-11장에 나타나는 축복 선언의 의미를 체계적으로 발전시켜나간다.

48_ Gordon J. Wenham, *Genesis 1-15*, WBC 1 (Waco, TX: Word Books, 1987), 68.

49_ Collins, in *Genesis 1-4*, 134은 2:19이 갖는, 겉보기에는 비연대기적인 성격을 해소하기 위해 19절의 동사를 과거완료로 취급함으로써(하나님이 "이미 흙으로 동물들을 지어놓으셨다") 창 1장과의 조화를 시도한다. 아울러 C. John Collins, "The *Wayyiqtol* as 'Pluperfct': When and Why," *Tyndale Bulletin* 46 (1995): 135-40을 보라.

수의 개인에게 속한 다수의 옆구리에서가 아니라—살과 뼈의 일부
를 취하신다(2:21). 여자의 창조는 원형적인 것으로 간주될 수 없다.
왜냐하면 우리가 그런 방식으로는 거듭해서 우리 자신을 인식할 수
없기 때문이다.[50] 하와가 아담으로부터 존재하게 된 것과 같은 방식
으로 남자로부터 유래된 여자는 없다. 하나님이 남자의 신체 일부
를 사용해 여자를 만드신 것은 단 한 번뿐이다. 아울러 그녀는 수천
혹은 수백만 년 동안 계속된 진화의 산물일 수 없다. 인간의 특성과
DNA는 최초 인간의 죽음 이전에 전해져야 한다. 만약 그렇지 않다
면 그 종의 최초의 인간은 죽고, 진화의 과정은 완전히 다시 시작되
어야 한다.[51]

- 이 한 사람에게 하나님은 그에게서 취한 재료로 지으신 한 명의 여
  자를 이끌어 오신다(2:22).
- 그 남자(아담)는 이렇게 나타난 여자를 보면서 그 여자(다수의 여자가
  아니다)가 자기와 관계된다는 선언으로 반응한다. 그것은 그녀의 기
  원이 자신에게 있기 때문이다(2:23). 히브리어 성서 창세기 2:23에서
  세 번 반복되는 단어인 "이것"(zō't)은 이 여자가 자기와 한 종류임을
  힘주어[52] 인정하는 역할을 한다. 그의 눈은 전적으로 그녀에게 머물
  러 있다.[53] 무엇보다도 아담의 발언과 하와가 그것을 이해하는 상황
  은 어떤 진화론 모델과도 들어맞지 않는다. 왜냐하면 진화의 경우,
  한 개인이 그렇게 세련된 형태의 발언 능력을 얻기 위해서는 수천

50_ Gowan, *From Eden to Babel*, 47.

51_ Michael Behe, in *Darwin's Black Box* (New York: Free Press, 1996)은 "환원 불가능한
복잡성"(irreducible complexity)—이로 인해 결국 막다른 골목이나 다름없는 생물학상의
유기체들은 어떠한 점진적 변화나 적응도 축적할 수 없다—에 관한 수많은 예들을
묘사함으로써 이 점을 아주 효과적으로 논증한다.

52_ Cassuto, *A Commentary on the Book of Genesis—Part I*, 135.

53_ Wenham, *Genesis 1-15*, WBC, 70.

년간 헤아릴 수 없을 만큼의 많은 단계를 통해 아주 느리고 미세한 발전이 이루어지기 때문이다.[54]

이어지는 본문들(예. 창 2:24, 25; 3:1, 4, 6, 7)에서 나타나는 한 명의 남자(아담)와 그의 유일한 아내(하와)에 대한 언급은, 성서 저자가 그의 독자들에게 그 두 사람이 온 인류의 조상이며 그들이 자식들을 낳기 전까지는 (4:1-2) 그와 같은 다른 어떤 이들도 존재하지 않았음을 이해시키려 하고 있음을 보여준다.[55] 더 나아가 이 최초 사람들은 진화 과정의 산물일 수 없다. 그런 유기체들(인간들)을 "직접 행동하며 목적을 지닌 지성의 산물로 이해하지 않는다면, 달리 이해할 방법이 없다."[56] 첫 번째 부부가 서로에 대해 헌신함은 미래의 모든 일부일처제 결혼관계를 위한 패러다임이 된다(2:24; 참조. 마 19:4-6). 하나님은 결혼을 이스라엘만이 아니라 온 인류를 위한 유형으로 제시하신다.

창세기 3장

고든 웬함(Gordon Wenham)은 창세기 2-3장 내러티브가 패러다임적이라기보다 역사적임을 보여주는 일곱 가지 특징을 다음과 같이 인식한다.[57]

54_ Jack Barentsen, "The Validity of Human Language: A Vehicle for Divine Truth," *GTJ* 9 (Spring 1988): 37-38.

55_ 참조. Donald MacDonald, *Creation and Fall: A Defence and Exposition of the First Three Chapters of Genesis* (Edinburgh: Thomas Constable and Co., 1856), 372: "이 이야기보다 더 분명한 증거는 없다. 아담과 하와는 그들의 자녀들이 태어나기 전까지 이 땅에 살았던 유일한 인간 거주자들이었다. 역사의 전체적인 방향은 그보다 앞서거나 뒤이은 또 다른 그 어떤 창조에 대해서도 반대한다." 또한 Collins, *Genesis 1-4*, 254를 보라.

56_ Paul Nelson and John Mark Reynolds, "Young Earth Creationism," in *Three Views on Creation and Evolution*, ed. Paul Nelson, Robert C. Newman, and Howard J. Van Till, Counterpoints (Grand Rapids: Zondervan, 1999).

57_ Wenham, *Genesis 1-15*, WBC, 91. 그는 창세기 2-3장이 "전형적이기도 하고

- 그 이야기의 머리말(2:4, "이것이 ~의 내력이니")은 그 기록을 노아, 아브라함, 야곱, 요셉으로 이어지는 연속된 역사와 연결한다.
- 바로 이어지는 가인과 아벨에 관한 이야기(창 4)는 창세기 2-3장의 사건들을 실제 역사적 결과들과 연결한다.
- 창세기 5장은 아담을 노아와 연결한다. 이것은 창세기 저자가 역사상 가장 이른 시기의 사건들을 실제 인물들과 관련짓고 있음을 알려준다.
- 뱀은 하나님의 저주로 인해 땅을 기어 다니게 되었다. 이것은 이후에 죄를 지을 모든 사람에게 적용되는 결과가 아니다.
- 최초 부부의 불순종 때문에 이후의 사람들은 고통, 수고, 죽음을 물려받는다.
- 하나님은 아담과 하와를 동산에서 쫓아내신다. 이것은 그에게 불순종하는 후대 사람들에게 반복해서 일어날 사건이 아니다.
- 모든 것이 "심히 좋았더라"라는 하나님의 선언(1:31)에 비추어 볼 때, 창세기 2-3장은 어째서 오늘날에는 그렇지 않은지를 설명한다.

인간의 불순종과 타락은 메타내러티브를 새로운 차원으로 가져간다. 창세기 저자는 인간이 온 땅으로 퍼져나가는 과정을 상술한다. 이제 창세기 본문은 하나님의 궁극적인 목적을 소개해야 한다. 창세기 3:15에 있는 원시복음(protoevangelium)은 여자의 "씨"(NIV, "후손")에 주목하는 방식으로 그 개념을 담아낸다.

구원론적인 사고를 도입하는 것이 곧 최초 부부의 역사성을 제거하는 것은 아니다. 또 그것은 그 두 사람이 문자적 의미에서 세상 모든 사람

___
원역사적이기도 하다"고 결론짓는다.

의 최초 조상이었음을 부정하는 것도 아니다. 모든 인류는 아담과 하와에게서 유래했으므로 아담의 후손이다. 아담 이전에 존재했거나 혹은 그와 관계없는 사람(들)은 없다. 인류의 생식적 머리(seminal head, 혹은 육체적 [physical] 머리)인 아담은 또한 인류의 언약적 머리(federal head, 법적 대표)라는 지위를 갖고 있다. 최초의 여성조차 아담에게서 왔다. 하와는 하나님이 그녀를 지으실 때 그분에 의해 변경된 아담의 DNA를 갖고 있다.

성서 기록에 따르면, 타락은 비유적·신화적 사건이 아니라 역사적 사건이다. 성서 기록은 최초 인간들이 하나님의 명령에 불순종했음을 보여준다. 이 불순종은 아주 이른 시기에, 즉 이 땅에서 인류의 역사가 시작되는 시점에 발생했다. 그 시기는 새로 창조된 남자와 여자가 세상에 거주할 자녀들을 낳기 이전이었다.

죄가 그렇게 일찍 창조 질서 안으로 들어온 것은 얼마나 의미심장한가? 폴 하우스(Paul House)는 그 질문에 이렇게 답한다. "성서의 나머지 부분은 아주 실제적으로 그 죄의 문제에 대한 해결책을 다룬다."[58] 하나님 자신이 창세기 2:17에 실려 있는 금지명령을 통해 말씀하시듯, 아담과 하와의 불순종은 죽음을 초래했다. 죽음은 (1) 늙고 죽어가는 과정의 시작, 혹은 (2) 영적 죽음의 시작, 혹은 (3) 그 두 종류의 죽음을 모두 가리킨다. 이중 마지막 것이 먼 장래의 상황뿐 아니라 직접적인 상황과도 더 잘 조화되는 것처럼 보인다.

아담의 불순종에 대해 심판을 내리시는 과정에서 하나님은 그 남자와 여자에게 자비를 베푸신다. 만약 아담과 하와가 즉시 물리적인 죽음을 맞이했다면, 그들을 위한 하나님의 계획은 종지부를 찍어야 했을 것이다. 하지만 하나님은 그 부부가 계속해서 살아가도록 허락하심으로써 그들이

58_ Paul R. House, *Old Testament Theology* (Downers Grove, IL: InterVarsity Press, 1998), 67.

마침내 뱀의 머리를 짓밟고 승리할 후손(씨)을 낳을 수 있게 하신다. 하나님이 그렇게 생명을 연장해주시지 않았더라면, 구속주는 나올 수 없었을 것이다. 하나님이 그렇게 연장해주시지 않았더라면, 어떤 치유도 불가능했을 것이다. 하나님은 정의로운 심판을 수행하시면서 아울러 은혜로 가득 찬 자비를 적용하셔서 자신의 성품을 계시하신다. 이 모든 것은 종말론적인 종결을 염두에 두고 있다.

같은 방식으로 생명을 연장해주시는 하나님의 자비로움이 후손(씨)을 지속시키고 하나님의 궁극적 목적을 이루기 위해 훗날 금송아지 사건에서 다시 나타났다. 그때 하나님은 다음 세대가 약속의 땅에 들어갈 만한 준비를 마치기까지 첫 세대 이스라엘 백성을 남겨두셨다(출 32:1-34:28).[59] 제임스 해밀턴(James Hamilton)은 하나님의 성품이 이처럼 드러나는 것에 주목하면서, 창세기 2-3장이 전하는 죽음을 가리켜 자유와 무죄함을 수치와 두려움으로 대체하는 것으로 간주하고 이를 하나님의 삶에서 소외됨으로 규정한다.[60]

사람이 "흙으로 돌아갈 것이니라"라는 선언(창 3:19)은 물리적 죽음 이외의 다른 것을 의미할 수 없다. 그것은 하나님이 첫 인간 부부에게 계속 생명나무의 열매를 먹게 하셨더라면 그들이 누릴 수도 있었을 것(3:22)과 날카롭게 대조된다. 그런 의미에서 죽음은 인간의 불순종으로 인해 발생한 새로운 현실이다. 그 불순종에 관한 한, 창세기 3장 전반에서 나타나는 2인칭 남성 단수의 문법 형태들(동사, 대명사, 대명접미사들)은 창조주께서 아담에게 책임을 지우고 계심을 분명히 밝힌다. 아담은 하와의 남편이자

59_ 출 32장을 더욱 상세하게 다루려면 William D. Barrick, "The Openness of God: Does Prayer Change God?," *Master's Seminary Journal* 12 (Fall 2001): 156-65을 보라.

60_ James M. Hamilton Jr., *God's Glory in Salvation through Judgment: A Biblical Theology* (Wheaton, IL: Crossway, 2010), 78.

가족의 가장이며, 하와와 자신의 행위를 통해 세상 안으로 죄가 들어오게 만든 책임이 있다.[61]

콜린스가 주장하듯, 인간이 죄에 대해 책임을 지기 위해서는 애초에 선했던 온 인류의 공통 기원이 자발적 반역으로 인해 어지럽혀진 상태에 있어야 할 필요가 있다.[62] 만약 이 시나리오가 역사적 사실을 나타내지 않는다면, 죄의 존재로 인해 하나님이 비난을 받으실 수 있다. 이에 대해 창세기 1-3장은 다음과 같은 사실을 밝혀 준다. (1) 하나님은 직접 아담과 하와를 창조하신다. 그분은 이미 존재하는 사람들 집단에서 그들을 선출하시지 않는다. (2) 하나님은 아담과 하와에게 자신의 형상을 덧붙이시지 않는다. 오히려 하나님의 형상은 그들의 창조에 포함된 특별 요소다. (3) 하나님이 아담과 하와를 창조하신 것은 그들로 하여금 동물과 땅을 다스리게 하기 위해서다. (4) 하나님은 아담과 하와가 온전하게 의로운 본성과 특성을 소유하도록 창조하신다. (5) 하나님은 아담과 하와를 위해 에덴동산을 마련하신다. (6) 하나님은 아담과 하와에게 선악을 알게 하는 나무의 열매를 먹지 말라고 직접 명령하신다. (7) 사탄은 뱀이라는 수단을 통해 아담과 하와가 하나님의 특별한 금지명령에 도전하도록 유혹한다. (8) 아담은 하나님이 직접 내리신 금지명령에 불순종하는 쪽을 택한다. (9) 아담과 하와의 고의적인 불순종 직후 하나님은 그들을 에덴동산에서 쫓아내신다. (10) 아담과 하와는 거룩하신 하나님께 대항하는 반란자였던 자신

61_ 하나님은 "네가 어디 있느냐?"(창 3:9)라고 물으심으로써 아담을 특별히 지목하신다. 이것은 2인칭 남성 단수일 뿐 복수가 아니다. 하나님은 그들 두 사람이 어디 있느냐고 묻지 않으신다. 그 문맥은 아담의—씨족, 부족, 백성, 혹은 종족이 아닌 한 개인으로서—책임을 거듭해서 상술한다. 이 문제에 관한 설명은 Thomas R. Schreiner, "*Sermon*: From Adam to Christ: The Grace that Conquers all our Sin (Romans 5:12-19)," *SBJT* 15 (Spring 2011): 80-90을 보라.

62_ Collins, *Did Adam and Eve Really Exist?*, 134.

들의 형상을 지닌 자녀들을 낳는다.[63]

창세기 4장

창세기 저자는 하나님에 대한 인간의 반역이 예배 행위와 최초 가족들의 긴밀한 관계 안에서까지도 나타나고 있음을 드러내고 있다. 우리는 이를 통해 죄의 역사가 계속된다는 사실을 알 수 있다. 먼 옛날 과거에 실존했던 인물인 가인은 하나님께 받아들여지지 않은 제사를 드렸고 그 후에 자신의 형제인 아벨을 죽였다. 아담이 에덴동산에 죄악이 유입되는 것을 막는 데 실패했으므로, 가인도 그의 형제를 잘 돌보는 데 실패했다. 아담의 실패가 가인의 실패를 낳은 것이다.

여기서 독자는 최초로 육체의 죽음과 마주한다. 아벨의 죽음은 창세기 2:17에 등장하는 "네가 반드시 죽으리라"는 선언을 직접 적용한 결과가 아니다. 그럼에도 분명히 그의 죽음은 아담의 불순종으로 인한 결과였다. 아담은 하나님이 선포하신 말씀을 불순종했고, 이는 그의 자식이 자기처럼 하나님의 형상을 지닌 형제를 고의로 살해하는 일로 이어졌다. 가인은 "하나님 혹은 하나님의 축복이 없는 삶은 보호가 없는 위험한 삶"[64]이라는 사실을 배웠다. 인간은 자기중심적이고 파괴적인 존재가 되었다. 뭔가 아주 심하게 잘못되었다. 그리고 이 모든 것은 아담이 한 일 때문이다. 그가 불순종했기 때문에 죄와 죽음이 세상으로 들어왔다. 그러나 여전히 희망이 존재한다. 창세기 4:25에서 인간의 "씨"(셋을 의미함)라는 주제가 두 번째로 등장하기 때문이다.

63_ John W. Mahoney, "Why an Historical Adam Matters for a Biblical Doctrine of Sin," *SBJT* 15 (Spring 2011): 75-76을 보라. 그는 순서는 약간 다르지만 이 모든 측면을 담고 있는 목록을 제시한다.

64_ Allen P. Ross, *Creation and Blessing: A Guide to the Study and Exposition of Genesis* (1988; reprint, Grand Rapids: Baker, 1996), 153.

창세기 5장

톨레도트는 주로 어느 한 개인의 이름을 포함하면서 새 단락의 시작에 등장하는데, 창세기의 두 번째 톨레도트(창 5:1, "이것은 아담의 계보를 적은 책이니라")가 바로 그 첫 번째에 해당한다. 첫째, 이 진술은 한 개인을 하나님이 그분의 형상대로 지으신 존재로 인정한다. 둘째, 이 본문은 이 사람이 130년을 살다가 아들을 낳았고 그에게 "셋"이라는 이름을 붙여주었음을 알려준다(5:3). 그 족보 전체에서 반복되는 이처럼 상세한 인적 사항은 독자들에게 "이들이 홍수 이전에 살았으며 하나님의 형상대로 지음을 받은 실제 인물들이었다"[65]는 사실을 알려준다. 셋째, 셋이 받은 "형상"과 "모양"은 "아담이 셋을 낳았기에 그에게 전해졌다."[66] 그러한 부모됨(좀 더 구체적으로 말하자면, 아버지됨)이 또한 아담의 죄를 전달하는 통로가 될 수도 있었을까? 부모됨이 하나님의 형상을 전달하는 데 분명하게 연관되어 있다는 것은 언약적 머리됨(federal headship)보다 생식적 머리됨(seminal headship)이라는 개념에 더 적합하다. 존 위트머(John A. Witmer)는 다음과 같이 말한다.

> 자연적 머리됨(natural headship)이라는 관점은…온 인류가 생식적·육체적으로 최초의 인간인 아담 안에 있음을 인정한다. 그 결과 하나님은 모든 사람을 아담이 지은 죄의 행위에 참여하는 자들로 여기셨을 뿐 아니라 또한 그가 받은 형벌을 받는 자들로 여기셨다. 언약적 조상됨이라는 관점을 고수하는 자들조차 아담이 육체적으로 인류의 자연적 조상임을 인정하지 않을 수 없

65_ Wenham, *Genesis 1-15*, WBC, 146.

66_ C. L. Crouch, "Genesis 1:26-7 as a Statement of Humanity's Divine Parentage," *JTSNS* 61 (April 2010): 10.

다. 쟁점은 영적 측면에서의 관계다.[67]

아담부터 시작되는 족보는 하나님의 형상을 가리켜 한 개인이 인간임을 보여주는 특징으로 간주한다. 그것은 모든 인간이 한 쌍의 최초 부부에게서 유래했음을 알려준다. 한 인물마다 짧게 반복해서 나타나는 "그가 죽었더라"라는 표현은 독자들에게 세상에 죽음이 머물러 있음을 거듭 상기시킨다. 이 족보는 에녹(5:21-24)을 유일한 예외로 제시하는데, 이것은 인간이 그에게 의도된 대로 창조주 하나님을 예배하고 그분에게 복종하는 것이 여전히 가능함을 보여준다. 아벨은 예배하는 삶을 살고자 했던 첫 번째 사람이었으나, 그의 형이 그를 죽였다. 에녹은 자신보다 하나님을 위해서 살고자 하는 두 번째 사람으로 등장한다. 그리고 하나님은 그를 자기 곁에 두시기 위해 땅에서 데려가신다. 이와 같은 대조는 타락한 세상에서 영위하는 삶의 현실과 이 세상 밖에서 하나님과 함께 사는 삶을 포함하는 희망을 모두 보여 준다.

구약성서의 나머지 부분에 등장하는 증거들

히브리어 성서 전반에서 저자들은 창조, 결혼, 안식일, 그리고 타락과 같은 주제들을 다루기 위해 이런 사건들이 최초로 일어났던 창세기 본문을 제시하곤 한다. 출애굽기 20:11은 이스라엘 백성이 안식일을 준수하게 하기 위해 창조의 6일을 핵심 본보기로 제시한다. 모세오경 후반부에 속하는 신명기 4:32는 창세기 1:27의 어휘를 사용해 하나님이 인간(정관사 없는 'ādām)을 창조하신(bārā') 행위에 대해 말한다. 예언서 가운데 한 구절인

67_ John A. Witmer, "Romans," in *The Bible Knowledge Commentary: An Exposition of the Scriptures*, 2 vols., ed. John F. Walvoord, Roy B. Zuck, and Dallas Theological Seminary (Wheaton, IL: Victor Books, 1985), 2:458.

이사야 42:5은 "바라"(bārā')라는 단어를 사용할 뿐 아니라, 또한 창조주를 땅 위의 백성에게 "숨결을 주시는"(공동번역, 비교. 창 2:7) 분으로 묘사한다.

에덴동산에 대한 언급은 에스겔 28:11-19에 등장한다. 말라기 2:15의 배경은 분명히 창세기 2:24이다. 한편 수많은 영어 번역 성서가 호세아 6:7에 등장하는 "아담"을 개인의 이름으로 번역한다(ASV, NASB[1995년 판], ESV, HCSB, NLT, NIV[1984년 판]; 비교. 이 단어를 "아담에서"[at Adam, 이때 아담은, 이를테면 수 3:16에 언급된, 지명으로 간주된다—역자 주]로 번역하는 영어 번역본들로는 NRSV, NIV[2011년 판], TNIV, NET 등이 있다).[68] 듀에인 게릿(Duane Garrett)은 아담이 가진 지리학적·신학적 연관성을 둘 다 허용할 가능성이 있는 한 가지 해석을 제공한다. "예언자는 그 마을의 이름과 최초의 범죄자의 이름으로 일종의 언어유희를 했다. 그가 의미하고자 했던 것은 '그들은 아담[그 남자]처럼 언약을 깨뜨렸다. 그리고 그곳에서[아담이라는 마을에서] 나에게 반역했다'는 것이다."[69]

히브리어 성서의 나머지 부분에 등장하는 창세기 1-11장에 대한 또 다른 언급들은 이 글 전체에 할당된 것만큼의 공간을 채울 수 있을 정도로 많을 것이다(예. 신 32:8; 사 45:12, 18; 말 2:10; 전 3:20; 7:20, 29; 12:7; 욥 31:33; 잠 3:18; 11:30; 13:12 등). 이 모든 언급은 히브리어 성서 기자들이 창세기의 처음 장들에 기록된 사건들의 역사적 실재성을 수용하고 있음을 보여 준다.

아담에 대한 한 가지 주목할 만한 언급이 히브리어 성서의 마지막 책인 역대상 첫머리에 등장한다(히브리어 성서는 순서상 역대기가 마지막에 등장한다—역자 주). 아담과 함께 시작되는 족보들이 히브리어 성서를 열어주

68_ Collins, *Genesis 1-4*, 113을 보라. Francis I. Andersen and David Noel Freedman, in *Hosea: A New Translations with Introduction and Commentary*, AYBS 24 (New Haven: Yale University Press, 2008), 437-39는 "아담처럼"에 맞서는 상세한 논증을 제공한다.

69_ Duane A. Garrett, *Hosea, Joel*, NAC (Nashville: Broadman & Holman, 1997), 163.

고(창 1:26-27, 특히 5:1) 또한 닫고 있다(대상 1:1). 히브리어 성서의 최종 편집자는 분명히 이런 요소가 성서 기록의 전체 구조에 기여하리라는 것을 알고 있었음이 분명하다. 예수 자신도 아벨의 죽음과 스가랴의 죽음을 언급하셨을 때(눅 11:50-51) 히브리어 성서가 이렇게 뚜렷한 평행문에 의해 둘러싸여 있는 것에 주목하셨을 것이다. 심지어 예수는 히브리어 성서가 "창세 이후로"(50절, 이것은 창세기 앞장에 등장하는 창조가 최초의 살인 사건과 시기상 가까웠다고 여기는 발언이다) 예언자들의 죽음에 대한 정확한 역사 기록을 간직하고 있다고 간주한다. 유진 메릴(Eugene Merrill)이 지적하듯, 창세기와 역대상이 아담을 이스라엘과 연결시키는 이유는 "이스라엘은 오직 자신의 위치를 최초 부모와의 관계뿐 아니라 사실상 창조 자체와의 관계 속에서 이해함으로써 정확한 자기 이해에 이를 수 있기 때문이다."[70]

신약성서의 증거

빅터 해밀튼(Victor Hamilton)은 "신약성서의 전유"(The New Testament Appropriation)라는 제목의 글에서 창세기 1-11장이 신약성서의 여러 본문에 끼친 영향을 조사한다. 그러면서 그는 거듭 신약성서 저자들이 인류의 역사 초기에 발생한 그 사건들에 신학적으로 의존한다는 점에 주목한다.[71]

마태복음이 족보이야기로 시작할 뿐 아니라 기본적으로 "예수의 계보에 관한 책/기록"(1:1; *biblos geneseōs 'Iēsou Christou*)이라는 표제 어구로 시작하고 있음을 고려해야 한다. 정확하게 이것은 창세기 5:1에서 첫 번째 아담의 족보가 시작되는 방식이다. "이것은 아담의 계보를 적은 책이니

70_ Eugene H. Merrill, *Everlasting Dominion: A Theology of the Old Testament* (Nashville: B&H Publishing Group, 2006), 167.

71_ Hamilton, *The Book of Genesis Chapters 1-11*, NICOT, 144-50, 182-85, 그리고 창 1-3장만 관련해서는 212-18을 보라.

라"(zeh sēpher tōlĕdōt 'ādām). 창세기의 어떠한 톨레도트 공식도 "책"에 대한 언급을 포함하지 않는다. 그리고 그 톨레도트는 아주 철저하게 창조 및 첫 번째 사람과 연관되어 있다. 마태가 그런 연관성을 제시하고 있으므로, 바울이 예수를 "마지막 아담"(고전 15:45)으로 여기는 것은 놀랄 일이 아니다. 누가복음 3:38 역시 그리스도의 족보 안에서 아담의 이름을 직접 부르면서 이렇게 결론짓는다. "그 위는 에노스요 그 위는 셋이요 그 위는 아담이요 그 위는 하나님이시니라." 여기서 우리가 아담이라는 이름을 족보에 들어 있는 다른 이름들(하나님 자신을 포함해)과 다르게 취급하여 실제 사람이 아닌 다른 누군가로 여겨야 할 이유는 없다.

아레오바고 언덕에서 행한 바울의 설교는 하나님이 땅 위에 사는 모든 족속을 한 사람으로부터 만드셨음을 분명하게 밝히고 있다(행 17:26). 바울 선언의 진실성을 부정하는 것은 곧 바울의 모든 언급을 의심하는 행위이며, 보편적인 죄 및 하나님의 구속 계획과 관련된 그의 가르침의 토대를 의심하는 것이나 다름없다.[72] 아담이 인류의 조상으로서 역사적 개

72_ 독자들은 바울이 아담 대신 노아에 대해 말했다고 주장할 수도 있을 것이다. 결국 홍수 이후의 모든 민족은 아담이 아니라 노아로부터 일어났기 때문이다. 그러나 무수히 많은 주석가들이 압도적으로 그것을 아담에 대한 언급으로 간주한다. 왜냐하면 (1) 바울은 세계와 그 안에 있는 모든 것의 창조에 관한 이야기로 시작했다(행 17:24). (2) 사도는 하나님을 가리켜 "만민에게 생명과 호흡을 주시는"(25절, 참조. 창 2:7) 분으로 묘사한다. (3) "온 땅에"(26절)는 창 2:6과 11:8에서 사용된 히브리어에 해당한다. (4) 하나님은 계절과 사람들이 거주할 수 있는 땅의 경계를 정하셨다(26절, 참조. 창 1:14). (5) "우리가 하나님의 소생[genos]이 되었다"(29절)라는 표현은 누가의 족보에 등장하는 표현("그 위는 아담이요 그 위는 하나님이시라," 눅 3:38)과 긴밀하게 개념상 평행을 이룬다. 바울의 연설은 하나님이 모든 민족을 지으신 분이라고 주장하는데, 이는 "그들이 공통 조상 안에서 하나이며, 창조주가 그들과 맺은 관계 안에서 하나이기 때문이다."—John B. Polhill, Acts, NAC 26 (Nashville: Broadman & Holman, 1995), 374. 또한 Joseph A. Fitzmyer, The Acts of the Apostles: A New Translation with Introduction and Commentary, AYBS 31 (New Haven: Yale University Press, 2008), 607-11.

인이라는 사실은 신약 성서신학의 기초를 이룬다. 단순한 원형[73]은 본문의 문맥뿐 아니라 신학적으로도 동등하게 중요한 역할을 하지 못한다.

해밀튼이 주장하듯 로마서 5:12-21과 고린도전서 15:21-22, 45-49은 "아담과 그리스도를 분명하게 연결한다."[74] 바울의 논증은 본질적으로 일관성 있게 역사에 호소하는 듯하다. 다시 말해 바울은 자신이 창세기에서 읽는 바로 그 역사적 사실에 기대어 호소한다. 도널드 맥도널드(Donald MacDonald)는 신약성서의 주장들에 대한 전통적 이해를 다음과 같이 표현한다.

그러나 신약성서는 인류의 일치를 단지 역사적 사실로만 간주하지는 않는다. 오히려 그것은 기독교 핵심 교리—그리스도를 통한 속죄(atonement)—의 토대다. 두 번째 아담, 즉 인류의 새로운 조상(롬 5:14, 19)에 의해 속죄가 이루어지고 죄인들에게 복이 주어지는 것은 모든 사람이 첫 번째 아담에게서 유래하고 그의 죄책에 개입했다는 가정 위에서 가능하다. 그러므로 이 교리를 부정하는 것은 단순히 소위 히브리인들의 신화들을 거부하는 것 이상을 의미한다. 그것은 실제로 기독교를 거부하는 것이며, 개인적 관점으로 보면, 이 이론에 근거해 해결책을 찾을 수 없는 그런 신화들의 본성에서 나오는 의문들을 제기하는 행위다. 그 이유는 이렇다. 만약 아담에게서 유래하지 않은 어떤 부족이 있다면, 그들이 어떻게 자신이나 혹은 주변 사람들에게 이런 연관성에 대해서뿐 아니라, 복음이 전하는 복에 참여할 자격에 대해 확신을 심어줄 수 있겠는가?[75]

73_ 창세기 2-3장에 있는 아담과 하와에 대한 언급에 대해서는 John H. Walton, "Genesis," in ZIBBC, 5 vols., ed. by John H. Walton (Grand Rapids: Zondervan, 2009), 1:27의 견해를 참조하라.

74_ Hamilton, *The Book of Genesis Chapters 1-7*, NICOT, 212.

75_ Donald MacDonald, *Creation and Fall: A Defence and Exposition of the First Three Chapters of Genesis* (Edinburgh: Thomas Constable and Co., 1856), 373.

로마서 5장의 쟁점 중에는 죄와 죽음에 대한 성서의 개념이 포함되어 있다. 우리는 그 문제를 살피기에 앞서 우리가 혹은 성서가 "죄"라는 단어를 통해 의미하는 바에 대한 정의부터 내려야 한다. 죄에 해당하는 그리스어 성서 용어들에 대한 간략한 분석에 따르면, 그것은 "불법"(anomia, 요일 3:4), "불의"(adikia, 롬 3:5), "경건치 않음" 혹은 "하나님 없음"(asebeia, 롬 11:26), 고의적인 "무지"(agnoia, 엡 4:18), "과녁에서 벗어남" 혹은 "죄"(hamartia, 롬 3:23), "범죄"(paraptoma, 롬 5:15), "범법"(parabasis, 롬 4:15), 그리고 "불순종"(parakoē, 롬 5:19) 등으로 이루어져 있다. 처음 네 단어(anomia, adikia, asebeia, agnoia)에 부정을 나타내는 접두사 "a-"가 쓰이는 것에 주목하라. 이 네 단어는 거룩하신 하나님의 성품 혹은 뜻과 대조되는 죄의 본성에 초점을 맞춘다. 죄는 본질적으로 하나님과 다르며 하나님에게 대항하는(anti-God) 것이다. 마지막 세 단어에 들어 있는 접두사 "para-"는 하나님과 그분의 말씀이 설정한 도덕적 경계를 고의로 넘어서는 불순한 행위의 양상을 강조한다. 죄는 분명하게 이해되는 하나님의 명령에 대한 반역이다. 성서는 다음과 같이 가르친다.[76]

- 죄는 하나님을 영화롭게 하는 데 실패했음을 뜻한다.
- 죄는 하나님이 정하신 기준에 대한 적극적인 반역이다.
- 죄는 존재의 상태인 동시에 인간 의지의 행위다.
- 죄는 도덕적 악이다.
- 죄는 성서의 하나님과 그분의 성품이라는 맥락 속에서만 규정될 수 있다.
- 죄는 창조 질서의 본래 측면이 아니다.

76_ 이하 제시되는 강조점들은 Mahoney, "Why an Historical Adam Matters for a Biblical Doctrine of Sin," 61-64에서 빌려와 각색한 것이다.

죄와 그로 인한 결과들(영적·육체적 죽음과 영원한 죽음을 포함한다)은 아담이 고의로 저지른 범죄행위로 인해 창조 질서 안으로 들어왔다(롬 5:12). 따라서 **성서는 아담의 역사성에 전적으로 의존하여 죄를 묘사한다.** 아담은 실제 장소에서 실제로 특정한 순간에 분명한 하나님의 지시에 맞서 반역했던 실제 인간이었음이 분명하다.

그와 대조적으로 일부 학자들은 아담에 대한 바울의 관점이 "당시에 다른 유대인 해석자들이 견지했던 가정들과 관례들"[77]에 의존하고 있다고 주장한다. 그들의 논의가 진행됨에 따라, 바울의 구약성서 해석에 끼친 유대 전통의 영향은 마치 현대 기독교인들이 성서 이야기에서 실제로는 발견되지 않는 요소들을 가미한 성탄절 이야기를 전통적으로 받아들이는 방식과 비교될 수 있다.[78] 하지만 이런 접근방식은 성서를 기록하는 일을 감독하고, 그 책들을 그와 같은 오류에서 보호하는 성령의 역할에 적절하게 주목하는 데 실패한다.

사실 바울은 실제로는 당대의 유대교 랍비들이 절대로 받아들일 수 없었던 어떤 메시지를 선포하고 있었다. 그렇지 않았다면 그들은 그를 침묵시키려 하지 않았을 것이다. 바울은 당대 랍비들의 잘못된 가르침에 물들지 않았다. 예수처럼[79] 바울 역시, 1세기의 유대교와는 달리, 성서의 창조 이야기와 메시아에 대한 예언이 갖는 정확성과 진실성에 대해 말했다.

77_ Enns, *The Evolution of Adam*, 95.

78_ Ibid., 114.

79_ 일부 학자들은 복음서 기자들이 당대의 유대교적 사고방식에 의해 동등하게 영향을 받은 과학 이전 세계에서 살았던 이들로서 그들의 이야기를 전한 것이라고 반론을 제시할 수도 있다. 하지만 만약 복음서 기자들이 아담이 인류의 조상이었다고 믿은 것이 잘못이라면, 어째서 우리가 그들이 예수와 관련해 보도하는 것들을 믿어야 하는가? 그것은 우리로 하여금 예수의 족보, 그분이 행하신 기적들, 그분의 가르침들, 그리고 그분의 부활에 대한 그들의 보도를 의심하게 한다. 과학은 기적과 초자연적 양상을 부정한다. 그러므로 성서에 기록된 예수에 관한 모든 역사는 의심의 대상이 되고 또한 비신화화(demythologization) 된다.

더 나아가 아담은 하나님의 형상을 지녔고 완전하게 의로웠던 사람이지만, 자신의 외부에서 온 어떤 특별한 유혹에 굴복했던 사람이며, 온 인류를 대표하는 사람이어야 한다.[80] 이런 설명은 창세기 1-3장에 등장하는 사건과 사람들을 원형적인 것, 즉 오직 우리를 위한 신학적 교훈으로만 간주하는 것 이상의 무언가로 이루어진다.[81] 많은 기독교인이 아담과 하와가 역사적 인물이든 단순한 원형이든 별 차이가 없다고 주장한다. 왜냐하면 그들은 어느 쪽이든 상관없이 신학적 결과는 같다고 믿기 때문이다.[82] 아마도 어느 쪽이든 상관없이 인간에 대한 교리는 그대로 남아 있을 것이다. 하지만 그런 식의 접근법은 성서와 그리스도에 관한 교리에는 심각한 영향을 끼친다.

하나님은 그분의 말씀을 통해 자신이 두 번째 아담(예수 그리스도)의 대속적 희생을 통해 첫 번째 아담의 후손을 회복시키겠노라고 약속하신다. 그러므로 아담의 역사성 문제는 구원론적 의미를 갖는다. 사도 바울은 이렇게 말한다.

그러므로 한 사람으로 말미암아 죄가 세상에 들어오고 죄로 말미암아 사망이 들어왔나니, 이와 같이 모든 사람이 죄를 지었으므로 사망이 모든 사람에게 이르렀느니라. 죄가 율법 있기 전에도 세상에 있었으나 율법이 없었을 때에는 죄를 죄로 여기지 아니하였느니라. 그러나 아담으로부터 모세까지 아담의 범죄와 같은 죄를 짓지 아니한 자들까지도 사망이 왕 노릇 하였나니 아담

80_ 아담의 역사성과 관련된 이런 문제들을 다루는 훌륭하고도 상세한 논의는 Mahoney, "Why an Historical Adam Matters for a Bible Doctrine of Sin," 71-75을 보라.

81_ Gowan, in *From Eden to Babel*, 36에 따르면, J문서의 저자/편집자는 창 2-3장에 대해 원형적 관점을 가졌을 수도 있다.

82_ 예. Gareth Weldon Icenogle, *Biblical Foundations for Small Group Ministry: An Integrative Approach* (Downers Grove, IL: InterVarsity Press, 1993), 276.

은 오실 자의 모형이라. 그러나 이 은사는 그 범죄와 같지 아니하니, 곧 한 사람의 범죄를 인하여 많은 사람이 죽었은즉 더욱 하나님의 은혜와 또한 한 사람 예수 그리스도의 은혜로 말미암은 선물은 많은 사람에게 넘쳤느니라(롬 5:12-15).

존 마호니(John Mahoney)는 그 문제를 다음과 같이 설명한다. "만약 첫 번째 사람이 역사적 인물이 아니고 또한 타락으로 인해 죄에 빠졌다는 사실이 실제 역사가 아니라면, 우리는 도대체 왜 우리 주님이 오셔서 첫 번째 사람의 행위를 무효로 만들어야 했는지 의심하지 않을 수 없을 것이다."[83] **바로 이것이 아담의 역사성을 복음의 문제로 만든다.** 또한 많은 학자는 기본적으로 역사적 아담에 맞서 사용된 것과 같은 주장을 통해 예수가 죽음에서 육체적으로 부활했다는 사실에 대해서도 의심을 제기한다. 그들은 부활은 과학적으로 불가능하며 이성적인 사람이라면 그런 종교적인 개념을 받아들일 수 없다고 주장한다. 바울이 그리스도의 부활을 거부하는 사람들에게 해야 했던 말을 들어보라.

그리스도께서 만일 다시 살아나지 못하셨으면 우리가 전파하는 것도 헛것이요 또 너희 믿음도 헛것이며 또 우리가 하나님의 거짓 증인으로 발견되리니 우리가 하나님이 그리스도를 다시 살리셨다고 증언하였음이라. 만일 죽은 자가 다시 살아나는 일이 없으면 하나님이 그리스도를 다시 살리지 아니하셨으리라. 만일 죽은 자가 다시 살아나는 일이 없으면 그리스도도 다시 살아나신 일이 없었을 터이요, 그리스도께서 다시 살아나신 일이 없으면 너희의 믿음도 헛되고 너희가 여전히 죄 가운데 있을 것이요, 또한 그리스도 안에서 잠자는 자

83_ Mahoney, "Why an Historical Adam Matters for a Biblical Doctrine of Sin," 76.

도 망하였으리니, 만일 그리스도 안에서 우리가 바라는 것이 다만 이 세상의 삶뿐이면 모든 사람 가운데 우리가 더욱 불쌍한 자이리라(고전 15:14-19).

같은 문맥에서 바울이 아담의 문제를 다루는 것은 우발적이거나 혹은 단순히 우연한 일치가 아니다(고전 15:21-22, 45-49). 이것의 함의는 분명하다. **그리스도의 부활의 역사성을 부정하는 것과 마찬가지로, 아담의 역사성을 부정하는 것은 기독교 신앙의 토대를 파괴한다.**

결론

성서를 연구하는 사람 중 일부가 아담에 대한 전통적 관점을 포기하고 성서 본문의 증거를 역사적으로 정확한 것으로 받아들이지 않는 이유는 무엇일까? 한 마디로 그것은, 우주의 물질적 기원과 우리 행성에 거주하는 모든 생명체의 기원에 관한 과학 이론인 진화론 때문이다.[84] 엔즈(Enns)의

84_ Enns, in *The Evolution of Adam*, xiv에 따르면, "그러나 진화는 판세를 바꿀 수 있는 결정적인 패(game changer)다. 과학과 신앙의 화해는, 진화가 특히 기독교 신앙의 핵심 부분을 공격하기 때문에 적절하지 않다." 나는 Enns의 관점("진화로 인해 우리는 성서가 인간의 기원에 관해 고려하는 방식을 재고해야 한다"; ibid., 82)을 취하기보다는 오히려 성서로 인해 우리가 진화를 다시 생각해야 한다고 주장하는 편이다. 차이점은 서로 다른 우선권에 있다. Enns는 현대 과학의 우선권을 고수하고 있다는—때때로 부인하기는 하지만—인상을 준다.
　쟁점은 **으뜸가는** 권위에 관한 것이다. 진화에 관한 **이론**(오늘날 우리는 진화가 단지 이론임을 거의 기억하지 않고 있다)에 대한 젊은 지구 창조론자들의 기본적인 반대는 **성서를 최고 권위로 간주하는 관점**(a high view of Scripture)에서 나온다. 우리의 신학적 추론은 다음과 같다. 하나님은 참되시며, 따라서 하나님의 말씀 역시 참되다. 하나님은 신뢰할 만하며, 따라서 하나님의 말씀 역시 신뢰할 만하다. 하나님은 오류가 없으시며, 따라서 하나님의 말씀 역시 오류가 없다.
　한편으로 과학은 어떠한가? (1) 과학적 방법론이 진리 주장(truth-claim)을 합리화하지

말을 따른다면, "만약 진화가 옳다면, 더 이상 우리는 '역사적'이라는 말이 갖는 어떠한 참된 의미에서도 창세기, 특히 그 중에서도 1:26-31과 2:7, 22에 묘사된 인간의 즉각적이고 특별한 창조를 받아들일 수 없다."[85]

어떤 이들이 인류의 기원에 관한 성서의 기록을 포기하라고 제안하는 또 다른 이유는 학자들이 고대 근동의 신화들을(예컨대 「에누마 엘리쉬」 같은) 이스라엘의 창조 이야기의 원형으로 간주하기를 선호하기 때문이다.[86] 하지만 그런 학자들은 성서의 이야기가 모세에게서 유래했다고 가정하는데, 종종 그들은 모세가 메소포타미아의 신화들과 아무런 상관이 없는 더 오래된 기록들을 이용했으리라는 생각[87]을 간단하게 거부해 버린다. 그런데 만약 창세기 1-3장이 원래 창조 기사여서 훗날 메소포타미아 자료들이 사실에 대한 기록을 재작성하는 과정에서 창세기의 창조 기사를 곁눈질하고 그들 자신의 특별한 목적을 위해 가공했었다고 생각하는 것은 불가능할까?[88]

않는다. 과학적 방법론을 사용하는 인간은 진리 주장을 제시하는 존재다. 그 경우 해석자들은 실수할 수 있다. (2) 기원 과학(origin science)은 작용 과학(operation science, 작용 과학은 사물이 현재 계속해서 작용하는 원리를 다룬다—편집자 주)과 다르다. 기원 과학은 범죄 수사에서 사용되는 과학 수사와 같은 역할을 한다. 범죄 수사 때 우리는 환경의 증거들을 적절하게 해석해야 한다. (3) 동일과정설(uniformitarian, 과거의 지질 현상도 오늘날의 그것과 같다는 주장—역자 주)의 추론들이 세속 지질학자들에게 큰 영향을 주고 있다. 그런 학자들은 증거를 반성서적이고 진화론을 찬성하는 렌즈를 통해 해석한다. (4) 과학은 변한다. 그것은 지속적이지 않고 역동적이다. 오늘날의 과학은 당신의 증조할아버지 때의 과학이 아니며, 당신의 증손자 시대의 과학은 오늘날 당신이 아는 과학이 아닐 것이다. 하지만 성서는 창조의 유일한 증인인 창조주 자신의 변하지 않는 증거를 제시한다. 오직 하나님의 관점만이 객관적으로 참되고 완벽하다.

85_ Ibid.

86_ Ibid., 39.

87_ Nahum M. Sarna, in *Genesis*, JPS Torah Commentary (Philadelphia: Jewish Publication Society, 1989), 41, 그리고 Ross, in *Creation and Blessing*, 35은 창세기의 저자(Ross는 저자를 모세로 한정한다)가 고대 자료들을 사용했다는 것을 합당하게 여긴다.

88_ Walton, in *Genesis*, NIVAC, 319은 성서 외부의 문헌에 등장하는 홍수 이야기들과

이스라엘 자료와 메소포타미아 자료가 서로 비슷하다는 것은 반드시 이스라엘 자료가 메소포타미아 자료에 의존함을 의미하지는 않는다. 고금을 막론하고 학자들은 때때로 둘 사이의 차이점을 알면서도 유사성을 과장하는 경향이 있다. 창세기 1장은 특정한 혹은 직접적인 이데올로기 논쟁을 제시하지 않는다. 성서의 창조 이야기는 우리가 고대 근동 신화에서 발견하듯 신들 사이에서 벌어지는 우주적 싸움에 개입하는 하나님이나 혹은 그 싸움에서 승리한 후 거행되는 즉위식과 같은 주제(motif)를 전혀 묘사하지 않는다.[89] 빌 아놀드(Bill T. Arnold)는 이런 요소들의 부재에 유의하면서 다음과 같은 결론을 내린다. "이스라엘의 하나님에게는 적수가 없다.…여기에는 즉위식에 대한 묘사가 있을 수 없다. 왜냐하면 하나님은 주권자가 **되신** 적이 없었기 때문이다. 그분은 주권자**보다 못한** 존재이셨던 적이 결코 없었다."[90] 아담의 역사성과 관련하여 창세기 기사는 고대 근동 지역의 다른 민족들이 가진 다원발생설적(polygenistic) 믿음과는 반대로 하나님이 오직 한 쌍의 인간 부부를 창조하셨다고 분명하게 선언(단일기원설[monogenesis])함으로써 그 자체가 다른 고대 근동 이야기들과

관련하여 유사한 주장을 제시한다. "그러나 창세기가 노아 시대의 홍수 사건에 관한 최초의 기록일─전달되는 과정에서 다른 문화의 손에 의해 부패를 겪었을 수 있는─가능성이 배제되어서는 안 된다."

89_ 창조에 관한 고대 근동 이야기를 성서 이야기의 특징들과 반대되는 신화로 만드는 특징들은 다음과 같다. (1) 다신론 vs 유일신론 (2) 신들을 물리적 형상으로 표현함 vs 성상숭배금지(iconoclasm) (3) 영원한 재료의 존재 vs 최초 원리인 성령 강조 (4) 신들을 인간처럼 간주함 vs 하나님만을 신으로 높임 (5) 혼돈 세력과 건설 세력 사이의 영원한 갈등 vs 원래 창조 시의 갈등 부재 (6) 인간을 신의 노예로 간주함 vs 인간을 하나님의 형상으로 높임 (7) 한결같은 윤리 기준의 결여 vs 한결같은 기준에 대한 윤리적 순종을 기대함. 이상은 John N. Oswalt, *The Bible among the Myths* (Grand Rapids: Zondervan, 2009), 57-84에 제시된 특징 중에서 몇 가지를 각색하고 요약했다.

90_ Arnold, *Genesis*, NCBC, 32. Collins, in *Did Adam and Eve Really Exist?*, 153-57은 이 문제를 상세하게 논한다. 또한 Kitchen, *On the Reliability of the Old Testament*, 424-25을 보라.

구별됨을 보여준다.[91] 복음주의자들은 이런 독특성이야말로 창세기 기록이 원시 역사에 관한 모든 논의에서 다른 문헌들보다 우선권을 지니고 있음을 알려주는 핵심 지표 가운데 하나임을 지지하고 옹호해야 한다.

어째서 우리는 계속해서 성서 자료들과 성서 외적 자료 사이의 명백한 유사성을 모종의 문학적 차용으로 여기는 것일까? 어째서 우리는 계속해서 성서 이야기를 메소포타미아 문화의 개념적 환경과 그토록 긴밀하게 연관시키는 것일까?[92] 그런 유사성이 공통(원래는 단일한) 계시에 기초를 둔 공통 역사 기억에 대한 증거를 제공해주는가? 만약 그렇다면, 그때 메소포타미아 문화의 신화들은 핵심 개념을 하나님의 계시에서 끌어왔을 수도 있다.[93] 엔즈가 주장하듯, 창조와 홍수 모두에 대한 성서 밖의 신화들과 성서 이야기 사이의 차이는 사실상 신학적 차이를 반영한다.[94] 그러나 주된 신학적 부조화의 원인 중에는 성경이 하나님의 직접적인 계시라는 개념과 하나님의 초자연적인 계시가 어떤 인간 증인도 없었던 사건들에 대한 그분 자신의 증언을 보존한다는 성서 저자들의 확신이 포함되어 있다.[95] 이스라엘의 하나님이 열방의 신들보다 위대한 이유 중 하나

91_ Walton, "Genesis," in *ZIBBC*, 1:26.

92_ 예. Enns, *The Evolution of Adam*, 40-41.

93_ Jeffrey J. Niehaus, in *Ancient Near Eastern Themes in Biblical Theology* (Grand Rapids: Kregel Academic & Professional, 2008), 21-33은 창조와 홍수에 관한 고대 근동 이야기와 성서 이야기는 둘 다 공통 자료에서 온 것이라고 주장한다.

94_ Enns, *The Evolution of Adam*, 50.

95_ 이렇게 특별 계시를 통해 증언되는 하나님의 이야기에 집중하기를 거부하는 이들은 자연적인 혹은 물리적인 법칙들에 대해 더 기계론적인 접근법에 기초하는 다른 세계관을 지닌다. 전통적인 젊은 지구 창조론자들의 세계관은 과학자들이 탐구하는 질서보다 우월하시고 자연 과정에 개입하거나 자신의 지혜로 자연 질서를 초월하는 쪽을 택하시는 방식으로 세계를 다스리시는 인격적인 하나님이라는 개념을 고수한다. 과학과 성서 사이의 세계관 갈등에 관한 토론은 Vern Sheridan Poythress, in *Inerrancy and Worldview: Answering Modern Challenges to the Bible* (Wheaton, IL: Crossway, 2012), 34-42을 보라.

는 그분이 초자연적인 능력으로 아주 먼 과거와 아주 먼 미래의 역사적 진실―두 가지 모두 계시의 수령자인 인간에게는 알려지지 않는다―을 계시하신다는 점에 있다(참조. 사 45:12, 18-19; 46:10-11; 48:3-8, 12-16).[96]

월튼은 방대한 성서 외적 자료들이 아담과 하와의 역사성을 옹호하거나 반박하는 데 별다른 도움이 되지 않으며,[97] 따라서 당면한 문제와 관련해 그런 자료들에 호소하는 것은 별다른 소용이 없다고 주장한다. 다시 말해 역사적 아담에 대한 전통적 견해를 반박하는 모든 관점은 그저 성서를 오늘날 대다수 과학자들이 견지하는 진화론적 관점과 조화시키기 위한 추측에 지나지 않는다는 것이다.

성서 독자들이 성서 외적 증거를―그것이 고대 근동 문서에서 온 것이든 정황 증거에 대한 현대 과학자들의 해석에서 온 것이든―성서 기록보다 중시하는 태도는 성서 기록을 모욕하는 행동이며, 또한 성서 기록을 자명한(prima facie) 증거로 여기지 않고 회의적으로 다루는 행위다. 다시 말해 만약 우리가 어떤 중요한 해석상의 문제가 본문 자체의 내용이 정확하지 않기 때문으로 여긴다면, 그것은 잘못된 태도다. 성서와 동등하게 정확하고, 동등하게 참이며, 동등하게 오래된 증거에 의해 달리 입증되기 전까지 우리는 성서를 정확한 기록으로 간주해야 한다.

장르 문제는 인류의 창조와 관련된 창세기 이야기의 역사성에 영향을 주는가? 엔즈가 자신의 독자들에게 다음과 같이 상기시키는 것은 옳다.

96_ 물론 이런 이해에 대해 의구심을 갖고 있는 학자들은 이런 말들이 사실은 이사야가 한 것이 아니라 먼저 사실이 드러난 이후에 후대의 저자들이 예언 형태로 발전시킨 것이라고 주장한다(사후 예언[vaticinia ex eventu]). 하나님의 전능하심과 전지하심을 부정하는 태도(a low view)는 창 1-11장의 내용은 물론이고 이사야의 예언에 대한 재해석과도 연관되어 있다. 하지만 여전히 미래 사건을 다루는 참된 예언 계시의 진실성을 주장하는 학자들은, 이사야서에 나오는 이런 진술들에는 문자적으로 해석하면 안 되는 과장의 기미가 있다고 주장할 수도 있다.

97_ Walton, *Genesis*, NIVAC, 47.

"이야기가—그것이 성서에 있든 다른 문학에 있든, 혹은 고대의 것이든 현대의 것이든 상관없이—반드시 역사적으로 정확함을 보여주는 무의식적인 지표인 것은 아니다."[98] 마찬가지로 우리는 시가 역사적으로 정확하지 않다고 반사적으로 확신할 수도 없다. 콜린스는, 어떤 이야기 안에 시대착오(anachronism)가 있다는 사실이 곧 그 본문이 역사 속에서 발생한 실제 사건들을 가리키는 것을 방해하지는 않는다고 말하기까지 한다.[99]

역사적 정확성이 없으며 성서 밖에서 발견되는 내러티브 산문 문학의 예로는 소설을 들 수 있다. 그리고 실제 일어난 사건을 정확하게 역사적으로 묘사하는 성서의 시들은 무엇보다 출애굽기 15장("모세의 노래")과 사사기 5장("드보라의 노래") 등이 있다.

논쟁의 여지없이 시편 104편은 창조 사건에 관한 시적 묘사를 포함한다. 그런 시들의 비유와 은유는 그것 자체로 이해되어야 한다. 사실 우리 중 아무도 "바람 날개로 다니시며"(시 104:3) 같은 상징적 표현을 하나님이 실제로 다리를 갖고 있거나, 바람이 실제로 날개를 갖고 있음을 의미한다고 생각하지 않는다. 그런 표현을 적절하게 해석하기 위해서 비유적 표현에 대한 인식이 필요하다.

이런 역사적 성격을 지닌 시들은 실제적·역사적 사건 자체를 촉매로 한다. 심지어 고대의 신화들조차 역사적 진실의 근원을 표현하곤 한다. 하나 이상의 역사적 사건들이 그런 작문을 위한 기초를 제공한다. 그러나 신화들은 애초의 사건들을 곁눈질하고 그것들을 타락한 인간들이 가진 타락한 상상력에 맞춰 개정한다. 하나님이 주신 진리를 말하는 것이 성서 기록을 그런 이방 신화들과 구별해준다.

이 모든 견해에 유념한다면, 사실상 장르 문제는 이 논의에서 우리의

98_ Enns, *The Evolution of Adam*, 53.

99_ Collins, *Did Adam and Eve Really Exist?*, 113-14.

주의를 딴 곳으로 돌리게 하는 역할을 한다. 창세기 1장이 시든 이야기든 상관없이, 그것은 정확한 역사적 사실을 전달하며, 실제적·역사적인 사건이 그것을 위한 기초를 이룬다. 물론 전통주의자 중에서 어떤 이들은 장르를 규정하고 확인할 때 주관적이 될 위험이 있고 종종 세속적 동기에 의해 이끌릴 수 있다고 주장할 것이다.[100] 그러나 우리가 아담이 실재했던 역사적 인물, 즉 최초 인간이자 온 인류의 조상이라는 결론에 이르기 위해 서로 다른 형태의 문학을 타당하게 문학적으로 분석하고 그것들을 인식하는 것까지 포기할 필요는 없다.

아담의 역사성에 관한 전통적 관점은 주로 성서 본문의 증거에 집중하는 쪽을 택한다. 그러나 우리는 성서 본문에 대한 해석을 현대 과학의 견해에 맞추려는 사람들이 사용하는 논증 때문에 전통적 관점이 그런 것들에 대응할 필요가 있다고 믿는다. 만약 전통적 관점에 대한 반대가 과학에 호소한다면, 그때는 전통주의자들 역시 그런 식으로(즉 과학의 영역에서) 제기된 문제들을 다뤄야 한다. 우리는 과학자들의 선포가 증거 그 자체가 아닌, 증거에 대한 그들의 해석을 나타낸다는 점을 기억해야 한다. 과학은 변하지만, 성서는 변하지 않는다(그러나 이것은 또 다른 글이나 책을 위한 주제일 것이다).

월튼은 이 글을 마치기에 가장 적합한 표현을 제공한다. "우리가 보호할 필요가 있는 것은 성서 본문이지, 그 본문에 대한 과학적 재구성이나 그 본문의 행간에서 발견되는 진술들이 아니다."[101]

100_ 예. Jeremiah Loubet, "Genre Override in Genesis 1-2," *Journal of Dispensational Theology* 15 (Dec. 2011): 79.

101_ 참조. Walton, *Genesis*, NIVAC, 100. 나는 이 금언이 양쪽 모두, 즉 오래된 지구 창조론자들과 젊은 지구 창조론자들의 주장 모두에 해당된다고 생각한다.

진화적 창조론
데니스 O. 라무뤼

나는 아직 배릭을 만나는 기쁨을 누리지 못했으나, 조만간 그런 날이 오기를 바란다. 그의 글을 읽으면서 나는 주님과 성서에 대한 그의 사랑이 분명하다는 것을 알게 되었다. 또한 그는 내가 젊은 지구 창조론자로 지내던 시절을 떠올리게 했다. 그 무렵 나는 지금 그가 하는 주장 가운데 거의 90% 정도를 내 입으로 하고 다녔다. 물론 그 후로 내 견해는 바뀌었다. 하지만 그것은 "진화론을 수용하려는 태도"(303쪽) 때문이 아니었다. 나는 젊은 지구 창조론을 거부했을 때조차 여전히 충실한 반진화론자로 남아 있었다. 나는 『진화적 창조』(*Evolutionary Creation*)라는 책에서 이렇게 밝힌 바 있다. "역설적으로, 성서에 있는 증거들은 창조 과학자가 되려는 내 꿈을 허물어뜨렸다. [신학교에서] 창세기 1-11장에 초점을 맞춰 3년간 공부한 후, 나는 젊은 지구 창조론이 성서에 근거하지 않는다는(un-biblical) 결론을 내렸다."[102]

---

[102]_ *Evolutionary Creation: A Christian Approach to Evolution* (Eugene, OR: Wipf & Stock, 2008), 351.

죄 문제와 역사적 아담

배릭은 죄의 실재와 의미에 대한 탁월한 요약을 제시한다. 그는 이렇게 열거한다.

- 죄는 하나님을 영화롭게 하는 데 실패했음을 뜻한다.
- 죄는 하나님이 정하신 기준에 대한 적극적인 반역이다.
- 죄는 존재의 상태인 동시에 인간 의지의 행위다.
- 죄는 도덕적 악이다.
- 죄는 성서의 하나님과 그분의 성품이라는 맥락 속에서만 규정될 수 있다.
- 죄는 창조 질서의 본래 측면이 아니다(336쪽).

배릭은 이렇게 결론짓는다. "죄와 그로 인한 결과들(영적·육체적 죽음과 영원한 죽음을 포함한다)은 아담이 고의로 저지른 범죄행위로 인해 창조 질서 안으로 들어왔다(롬 5:12). 따라서 **성서는 아담의 역사성에 전적으로 의존하여 죄를 묘사한다**"(337쪽, 강조는 원래의 것임). 하지만 참으로 죄의 실재가 역사적 아담에게 "전적으로 의존"하고 있는가? 나의 대답은 "아니오"다. 실제로는 인용한 배릭의 목록 중에는 아담에 대한 언급이 없음을 주목해야 한다. 내 글에서 말했듯이, 나는 죄가 들어온 것은 "현대의 우리와 비슷하게 행동했던 인간이 약 5만 년 전에 비로소 출현했다는 사실과 일치하는 게 아닌가 추정하고 있다"(91-92쪽). 다시 말해 나는 죄의 실재와 그것이 세상에 들어왔음을 믿지만, 그것이 아담을 통해서 들어왔다고 믿지는 않는다.

또한 배릭은 "만약 첫 번째 아담이 역사적으로 존재하지 않았다면, 두 번째 아담인 예수가 첫 번째 아담이 지은 죄와 그로 인해 나타난 결과를 해소할 이유 역시 없다"(303쪽)고 주장한다. 나중에 그는 이렇게 결론짓는다. **"바로 이것이 아담의 역사성을 복음의 문제로 만든다.…이것의 함의는 분명하다. 그리스도의 부활의 역사성을 부정하는 것과 마찬가지로, 아담의 역사성을 부정하는 것은 기독교 신앙의 토대를 파괴한다"**(339-40쪽, 강조는 그의 것임).

아마도 대부분의 독자는 배릭의 전략을 알아차릴 수 있을 것이다. 그는 "아담의 역사성"을 "그리스도의 부활의 역사성"과 융합하려 한다. 하지만 그 둘은 완전히 다른 문제다. 나는 내 글에서 이렇게 썼다. "복음서는 주님의 가르침과 기적들 그리고 특히 그분이 죽음에서 육체적으로 부활하셨다는 사실을 포함해 실제로 발생한 역사적 사건들에 대한 목격자들의 증언을 담고 있는 것일까? **물론 그렇다!** 나는 아담이 역사적 인물이라고 믿지는 않으나, 예수의 역사성과 그분의 삶에 대한 성서의 증언은 철저하게 믿는다"(62쪽).

배릭은 독자들에게 "바울이 그리스도의 부활을 거부하는 사람들에게 해야 했던 말을 들어보라"(339쪽)라고 말하면서 그런 융합을 확대해간다. 이어서 그는 고린도전서 15:14-19을 인용한다. 하지만, 만약 배릭이 바로 같은 장에서 복음을 구성하는 것과 관련해 "바울이 해야 했던 말을" 들었더라면, 그는 아담의 역사성이 복음의 문제가 **아님**을 인식했을 것이다. 바울은 이렇게 말한다. "형제들아 내가 너희에게 전한 **복음**을 너희에게 알게 하노니…이는 성경대로 그리스도께서 우리 죄를 위하여 죽으시고 장사 지낸 바 되셨다가 성경대로 사흘 만에 다시 살아나사 게바에게 보이시고 후에 열두 제자에게와"(고전 15:1, 3-5, 강조는 내 것임).

복음은 예수 그리스도에 관한 것이지, 아담에 관한 것이 아니다. 복음은 죄의 실재에 관한 것이지, 죄가 어떻게 세상 속으로 들어왔느냐에 관한 것이 아니다. 복음은 우리의 죄를 위해 십자가에서 죽으신 예수에 관한 것이지, 특별히 아담의 죄에 관한 것이 아니다. 그리고 우리는 "아담의 자손들"(Adam-ites)이라고 불리지 않고, 바로 이 복음 때문에 "그리스도인들"(Christ-ians)이라고 불린다.

기원에 관한 "객관적 설명"

배릭에 따르면, "성령께서 창세기 저자를 감독하시어 그에게 6일간의 연속된 기간, 즉 문자적인 6일 동안 일어난 하나님의 창조 활동을 **객관적으로** 묘사하게 하셨다.···다시 말해 저자는 상세하고, 점진적이며, **객관적인** 어조를 유지함으로써 모든 일이 실제로 발생한 것처럼 묘사한다"(303, 311쪽, 강조는 내 것임). 분명히 배릭은 과학적 일치주의자다. 그리고 그에게 성서는 과학책이다.

성서를 현대의 과학적 사실들과 일치시키는 것은 한 가지 단순한 이유로 불가능하다. 그 이유란, 성서는 과학을 고대의 방식으로 이해했다는 점이다. 이를 가장 잘 보여주는 예는 창세기 1장이 전하는 창조의 둘째 날과 넷째 날에 있었던 하늘의 창조다. 성서는 하나님이 하늘의 물을 땅의 물과 분리하시기 위해 궁창을 지으셨고(둘째 날), 그 궁창에 해와 달과 별들을 심으셨다고 전한다(넷째 날). 물론 오늘날 이것이 우주의 실제 구조라고 믿는 사람은 아무도 없다. 그러므로 이런 성서 구절은 하늘을 지으시는 "하나님의 창조 활동을 객관적으로 묘사"하지 않는다.

배릭은 창조의 둘째 날과 넷째 날에 있었던 하나님의 창조 사건들에 대해 아무 언급도 하지 않는다. 또한 그는 궁창 혹은 하늘의 물을 언급하는 하나님의 말씀 안에 있는 말들을 직접 다루지도 않는다. 배릭은 이 주제에 대한 내 논문을 인용한 후 그것을 단 한 문장으로 일축해 버린다(308

쪽, 각주 11번). 피터 엔즈에 대한 그의 신랄한 비판은 결국 내 견해에 대한 비판이기도 하다.

> 이스라엘인들의 믿음에 대한 엔즈의 묘사(이를테면 "편평한 지구")는 고대 이
> 스라엘의 참된 신자들과 오늘날의 성서 본문을 둘 다 모욕하는 과도한 단순
> 화이며 잘못된 해석일 뿐이다. 더구나 엔즈가 고대 근동의 개념 세계를 과학
> 발달 이전의 오류들로 가득 찬 것으로 특징지으면서 하나님의 영감으로 기록
> 된 성서 안에 있는 하나님 자신이 채택하신 것들에 그러한 오류가 있다고 지
> 적하는 것은 **하나님께서 도덕적으로 완전하시다는 사실을 의심하는 것이다**
> (309-10쪽, 강조는 내 것임).

이런 식의 발언은 존중할 만한 대화를 이끌어내지 못한다. 이것은 논리적 주장이 아니라 일종의 감정 폭발이다. 만약 성령께서 성서 저자들의 수준으로 내려오셔서 그들의 고대 과학을 무오한 영적 진리를 전달하기 위한 부수적 도구로 사용하셨다면, 그것은 우리의 호불호와 상관없는 주님의 선택이다. 이러한 맞추심(accommodation)은 성서나 고대 신자들을 "모욕"하지 않으며, "하나님께서 도덕적으로 완전하시다는 사실을 의심"하게 하지도 않는다. 오히려 하나님이 그렇게 맞추셨다는 사실은 유한하고 죄로 가득 찬 피조물과 소통하시는 창조주의 놀라운 은혜를 보여줄 따름이다.

젊은 지구 창조론의 화석 패턴 예상

과학에는 이론을 형성하고 그것을 사실과 관련해 시험하는 과정이 들어있다. 배릭은 창세기 1장이 기원에 관한 "객관적 설명"이라고 주장한다. 그

러므로 우리는 기원에 대한 그의 관점이 예상하는 화석 패턴을 실제로 지질학 기록에서 나타나는 화석 패턴과 비교해볼 수 있을 것이다. 이 테스트는 지구의 나이에 관한 어떤 추측도 요구하지 않으며, 단지 지각(the crust of the earth)에서 서로 다른 화석들이 나타나는 순차를 사용할 뿐이다.

그림 1의 상단은 젊은 지구 창조론이 예상하는 화석 패턴을 보여준다. 이 관점은 우주와 생명이 일주일 동안 창조되었다고 단언한다. 그 후에 곧바로 죄가 세상에 들어왔고, 또한 그와 더불어 인간과 다른 모든 살아 있는 유기체의 육체적 죽음이 발생했다. 그러므로 지질학 기록의 맨 아래에는 멸절한 동물들을 포함해 모든 피조물의 유해가 있어야 한다. 특히 공룡과 인간이 화석 기록의 최저층에서 동시에 나타나야 한다. 젊은 지구 창조론은 창조의 기저층(Creation Basal Layer)을 예상한다.

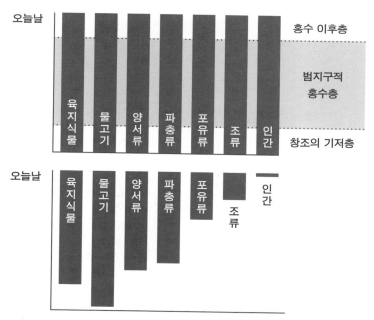

그림 1. 젊은 지구 창조론의 화석 패턴 예상도(상단)와 실제 화석 기록(하단)

젊은 지구 창조론자들은 노아의 홍수가 범세계적이었음을 믿는다. 결과적으로 이런 관점은 지질학 기록의 한가운데 지금까지 창조된 모든 동물과 식물이 함께 섞여 있는 범지구적 홍수층(Global Flood Layer)이 있다고 예상한다.

홍수 후에 하나님은 노아의 가족과 모든 동물들에게 "생육하고 땅에서 번성하리라"라고 말씀하셨다(창 8:17). 하나님이 공룡에게 "방주를 떠나 멸절하라"라고 말씀하지 않으셨음에 주목하라. 다시 말해 공룡은 오늘날 우리와 함께 여기에 있어야 한다. 또한 죽음이 여전히 세상에 있으므로, 젊은 지구 창조론은 홍수 이후층(Post Flood Layer)에 지금까지 창조된 모든 피조물의 뼈가 축적되어 있다고 예상한다.

그림 1의 하단은 지각에서 발견되는 화석들의 실제 패턴을 보여 준다. 이에 따르면, 화석 패턴에 대한 젊은 지구 창조론의 예상은 과학적 사실에 근접하지 않는다. 사실상 지질학 기록은 물고기, 그다음으로 양서류, 그리고 그다음으로 파충류(조류가 파충류에서 유래한다), 그리고 그 다음으로 포유류 및 마지막으로 인간으로 이어지는 진화의 순차를 보여준다.

창세기 1장과 고대 시

창세기 1장은 고대의 시적 구조 위에 세워져 있는데, 그것은 이 장이 "하나님의 창조 활동을 객관적으로 묘사"(303쪽)한다는 믿음에 의문을 제기한다. 그림 2는 한 쌍의 평행 패널들(parallel panels)을 보여준다. 창조의 처음 3일 동안 하나님은 우주의 경계들을 정하신다. 이후 3일 동안 그분은 세상을 천체와 생명체로 채우신다. 평행은 패널들 사이에서 발생한다. 하나님은 첫째 날에 빛을 창조하시는데, 이는 넷째 날에 해를 궁창에 두

신 것과 나란하다. 그분은 둘째 날에 아랫물과 윗물을 분리하셔서 새를 위한 창공과 수생 생물을 위한 바다를 제공하는데, 그 두 종류의 생물은 모두 다섯째 날에 창조된다. 셋째 날에 하나님은 여섯째 날에 있을 육지 동물과 인간의 탄생을 예견하시면서 땅이 드러나도록 명령하신다.

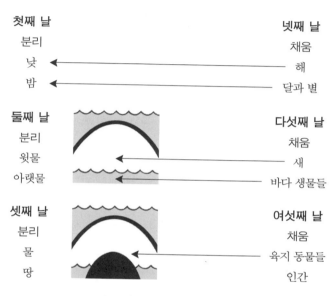

첫째 날
분리
낮
밤

넷째 날
채움
해
달과 별

둘째 날
분리
윗물
아랫물

다섯째 날
채움
새
바다 생물들

셋째 날
분리
물
땅

여섯째 날
채움
육지 동물들
인간

그림 2. 창세기 1장의 평행 패널들

창세기 1장에 등장하는 이런 병렬 패널들을 인식하고 인정하는 것이야말로 해보다 먼저 빛이 창조된 소위 "모순"을 해결해준다. 우리는 배릭이 했던 다음과 같은 변명을 할 필요가 없다. "땅은 아직 햇빛이 필요하지 않았다. 셋째 날에 창조된 식물들은 그들이 존재했던 첫날을 온전히 살아남기 위해 빛의 근원 외에 달리 필요한 것이 없었다"(316쪽). 창세기 1장의 평행 패널들은 시적 허용에 대한 **성서 자체**의 증거들이다. 또한 그것들은 성서 저자가—배릭이 주장하는 것처럼—하나님의 창조 행위를 연대기적 순차를 따라 제시하려 하지 않았음을 보여준다.

기독교 전통은 무오하지 "않다"

배릭은 거듭해서 "전통적인" 기독교 관점이 역사적 아담을 지지한다고 주장한다. 나는 기독교 전통을 높이 평가한다. 하지만 전통은 무오하지 않다. 오직 성서만이 무오하다.

한 가지 예를 들어보자. 프로테스탄트 종교개혁자인 마르틴 루터(Martin Luther)는 복음주의 기독교의 발전에 큰 공헌을 했다. 젊은 지구 창조론자였던 그는 다음과 같이 말했다. "우리는 모세를 통해 세상이 존재하게 된 것이 6천여 년 전이었음을 알고 있다.…[세상은] 6일에 걸쳐 창조되었다."[103] 루터가 1534년에 펴낸 성서 번역본은 창세기 1장 맞은편에 우주의 모습을 보여주는 도해를 하나 싣고 있다. 그림 3은 루터가 우주의 중심에 있는 둥근 지구(천동설), 해와 달과 별들이 박혀 있는 둥근 궁창, 그리고 궁창 위의 물과 같은 개념을 받아들였음을 보여준다.

분명히 루터는 이것이 우주의 참된 구조라고 믿었다. 그는 다음과 같이 주장했다.

> 성서는…해와 달과 별들이…하늘의 궁창에 (그 위와 아래에는 물이 있다) 위치한다고 분명하게 말씀한다.…천체는 해와 마찬가지로 둥글다. 그리고 그것들은 불덩어리 구체(globe)들처럼 궁창에 고정되어 있다.…그러므로 우리 기독교인들은 사물의 원인에 관해 생각하는 방식에서 철학자들과는 구별되어

103_ Martin Luther, *Luther's Works: Lectures on Genesis*, ed. and trans. J. Pelikan (1536; St. Louis: Concordia, 1958), 3, 5.

야 한다. 그리고 비록 어떤 것들이 우리의 이해 범위를 넘어설지라도(하늘 위에 있는 물과 관련해 우리가 살펴본 것처럼), 우리는 그것들을 **사악하게** 부정하거나 우리의 이해에 맞추어 **주제넘게** 해석하려 할 것이 아니라…그것들을 믿어야 한다.[104]

그림 3. 마르틴 루터의 우주

104_ Ibid., 30, 42-3; 강조는 내 것임.

그렇다면 오늘날의 기독교인들은 하늘의 바다를 믿지 않기에 "사악하거나" "주제넘은" 것인가? **전통적인** 기독교는 하늘의 구조에 관해 그것이 궁창과 그 위에 있는 물을 포함하고 있다는 견해를 1500년이 넘도록 수용해왔다. 만약 배릭이 아담에 관한 전통에 호소하고자 한다면, 그는 또한 일관성을 유지하기 위해 이런 고대의 천문학도 믿어야 할 것이다.

그러나 만약 기독교 전통이 고대 과학을 포함하고 있다는 점에서 성서와 유사하다는 사실을 인식한다면, 우리는 무오한 영적 진리를 그것을 전달하는 부수적인 고대의 도구들과 분리할 수 있다. 이러한 방식으로 우리는 기독교 전통이 말하는 역사적 아담을 성서의 계시―하나님이 우리를 자신의 형상으로 창조하셨고 우리는 구세주를 필요로 하는 죄인이라는 사실―와 뒤섞는 오류를 다시는 범하지 않게 될 것이다.

논평
원형적 창조론

존 H. 월튼

나는 윌리엄 배릭의 주장 중 많은 것에 동의한다. 나는 아담과 하와가 실제 과거에 살았던 실제 인간들이었으며 타락이 역사적 사건이었음을 확신한다. 나는 확고한 복음주의 성서 교리의 다른 모든 측면은 물론이고 성서의 무오성까지도 강력하게 지지한다. 나는 과학과 고대 근동 문헌들보다 성서 본문에 우선권을 부여한다. 그렇지만 논평은 우리의 견해차를 드러내는 요소들을 더 많이 다루기를 요청한다. 이제 나는 그 과제로 돌아서려 한다.

나는 주로 방법론과 수사학적 측면에서 그와는 견해가 다르다는 점을 보일 것이다. 이를 위해 나는 10가지 범주를 제시하고자 한다.

1. 배릭은 자신의 주장을 입증하기 위한 증거를 제시하기보다는 다른 이들을 논박하는 데 더 많은 시간을 쓴다.

많은 경우, 그가 논박하는 견해들은 이 책에서 제기된 것들이 아니다. 따라서 그의 논박은 이 책에서 진행되는 대화를 진척시키지 않는다. 그가 자신에게 동의하지 않는 모든 사람을 하나로 묶으려는 것처럼 보인다는 점도 유감이거니와, 심지어 도대체 이 책의 필진 중 누가 그가 반박하는 견해와 같은 것을 주장하고 있는지에 대한 의문이 들 때는 특히 더 그렇게 느껴진다. 예컨대 이 책의 필진 중 대부분은 "진화론에 동조하지" 않으며, 또한 우리 중 성령의 역할을 부정하는 사람은 없다. 이 두 가지는 그의 견해를 밝히는 서론의 요약에서 특히 두드러진다.

이런 범주 안에서 문서 가설에 대한 그의 논박(307쪽)은 이 책의 논의에서 아무런 역할도 하지 않는다. 왜냐하면 우리 중 아무도 그런 가설에 의존하지 않기 때문이다. 또 다른 예는 전통주의(traditionalism)에 대한 그의 두 번째 묘사에서 확인할 수 있다. 그는 이렇게 말한다. "성서 창조 이야기의 정확성은 성서에 등장하는 사건들에 대한 성서 외적 자료들의 승인에 의존하지 않는다"(308쪽). 우리 중 아무도 그런 승인이 필요하다고 주장하지 않는다. 우리는 때때로 성서의 인지 환경이 고대 세계의 그것을 반영할 수도 있다고 생각하지만, 그런 경우에도 우리는 그것들이 서로 부합하는 방식을 밝히고 있으며, 그것은 배릭의 주장과 아무 상관이 없다. 또한 배릭은 "그들의 접근법에 따르면, 과학과 고대 근동 본문들은 창세기 처음 장들의 충분성과 역사적 정확성을 온전하게 수용하는 일보다 우선한다"(312쪽)고 말한다. 이것은 잘못된 진술이다. 물론 과학이나 고대 근동 문헌들이 성서 본문보다 우선한다고 주장하는 이들도 있을 것이다. 하지만 어떤 이들이 배릭과 다른 결론을 내리는 유일한 원인은 그것만이 아닐 것이다. 자신에게 동의하지 않는 모든 이들이 과학이나 고대 근동의 문헌을 성서보다 우선시한다고 주장하는 것은 간단히 말하면 지나치게 피상적인 사고라 할 수 있다.

배릭은 피터 엔즈뿐 아니라 그보다 더 급진적인 다른 이들을 논박하는 데 많은 시간을 들인다. 물론 이 책의 필진인 우리는 각자 자신의 견해와 상충하는 모든 종류의 견해를 반박하는 나름의 주장을 제시할 자유가 있다. 하지만 만약 독자들이 엔즈에 대한 배릭의 반박이 이 책의 논의를 위해 다소간 중요하다고 여긴다면, 그것은 잘못이다. 오히려 그는 자신의 관점에 대한 증거를 제시하는 데 시간을 쏟는 편이 나았을 것이다.

가장 유감스러운 것은 다른 관점들에 대한 그의 논박이 그가 논박하는 관점들에 대한 배릭 자신의 오해를 보여준다는 점이다. 예컨대 진화와 진화적 창조에 대한 그의 논의(321쪽 이하)는 그가 그런 관점을 가진 학자들이 견지하는 주장을 심각하게 오해하고 있음을 보여준다. 만약 그가 자신이 논박하고자 하는 관점 자체를 오해하고 있거나 잘못 설명하고 있다면, 그것에 대한 효과적인 논박은 애초에 불가능하다.

2. 배릭은 원형이라는 개념을 계속해서 오해하고 있거나 혹은 잘못 설명하고 있다.

그의 오해와 잘못된 설명은 그가 나의 "원형적" 관점을 다루는 방식에서 가장 분명하게 드러난다. 305쪽에서 그는 "원형적"(archetypal)과 "알레고리적"(allegorical)을 동일시하는데, 이것은 심각한 오해다. 알레고리 해석은 해석자 자신의 상상력을 통해 **하나님**이 의도하셨던 바를 말하려 함으로써 성서를 기록한 **인간** 저자의 원래 의도를 고의적으로 무시한다. 그와는 대조적으로 내 원형적 방법론은 오로지 그것이 성서 저자가 이해한 방식이었을 경우에만 타당성을 가진다. 그리고 그동안 나는 그것이 참으로 성서 저자가 이해했던 방식임을 입증하려고 애써왔다. 시편 기자와 바울은 우리가 모두 흙으로 지음 받았다고 주장한다. 그러므로 원형론을 제시하는 것은 내가 아니라 성서 저자들이다. 그리고 물론 나는 "원형적"이라는 용어를 "역사적" 아담과 하와라는 개념에 대한 대안으로 사용하지 않는다. 이와 관련해 알레고리적인 것은 아무것도 없다.

또 하나 주목할 것은 배릭 자신이 이야기 속의 사건들이 모든 사람에게 일어나지 않음을 지적하는 것을 통해 원형적 관점을 논박하고 있다고 믿는다는 점이다(339쪽). 원형적 연관성은 그 본질상 어떤 일이 모두에게 **일어난다**고 주장하지 않는다. 오히려 그것은 모든 사람의 **본질**을 묘사한다. 우리는 성별로 나뉜다. 이것은 원래 온전히 하나였던 것이 절반으로 나뉜 것이다. 배릭은 모든 인간이 아니라 개인들을 가리키는 것이 분명한 모든 부분을 열거함으로써 원형적 관점에 대한 그의 이해가 부족함을 드러낸다. 특별히 내가 제시하는 관점은 "형성" 이야기를―창조 기사의 모든 것이 아니라―원형적인 것으로 여긴다.

우리가 무엇이 원형적이고 무엇이 그렇지 않은지에 대해 판단하려면 그것이 모두를 가리키는지 아닌지를 물어야 한다. 만약 그것이 모두를 지칭하지 않는다면, 그것은 원형적인 것이 아니다. 이 경우에 배릭의 주장은 아무것도 이루지 못한다. 성서는 모든 사람이 흙으로 창조되었다고 말한다(시 103:14; 고전 15:48). 그리고 창세기 2:24의 언어는 분명히 원형적 적용을 드러낸다.

배릭은 "단순한 원형은 본문의 문맥뿐 아니라 신학적으로도 동등하게 중요한 역할을 하지 못한다"(335쪽)라고 말하는데, 그것 역시 내 견해를 잘못 설명하는 것이다. 나는 아담이 "단순한" 원형이라고 주장한 적이 결코 없다. 오히려 나는 그의 어떤 측면들이 원형적이라고 주장할 뿐이다. 바울의 관점 역시 나와 다르지 않다. "첫 번째 아담"에 대해 말할 때, 그는 아담이 우리 모두를 대표한다는 의미에서 아담을 원형적으로 다루고 있다.

338쪽에 이르러서야 배릭은 원형적 해석이 "오직 우리를 위한 신학적 교훈"만을 제공한다고 주장한다. 그는 원형적 문제가 본질상 존재론의 문제이며, 그로 인해 결국 그것이 신학적 교훈 이상의 문제라는 점을 전혀 이해하지 못했다. 계속해서 그는 "많은 기독교인이 아담과 하와가 역사적 인물이든 단순한 원형이든 별 차이가 없다고 주장한다. 왜냐하면 그들은 어느 쪽이든 상관없이 신학적 결과는 같다고 믿기 때문이다"(338쪽)라고 말한다. 이때도 그는 내가 원형이라는 말을 사용한 의도를 제대로 설명하지 못한다. 원형론적 관점은 역사성을 상호배타적인 것으로 다루지 않는다. 만약 우리가 어떤 주장을 논박하고자 한다면, 무엇보다도 그 주장 자체를 잘못 설명하지 않도록 조심해야 한다.

3. 배릭은 때때로 소위 말하는 "미끄러운 비탈길 전략"(slippery slope scare tactics)에 의존한다.

나는 이 문제에 대해서는 상세히 말하지 않을 것이다. 하지만 "만약 당신이 X를 받아들인다면, 그 다음에 X는 불가피하게 Y로 이어지고, 결국에는 Z로까지 이어질 것이다"라는 주장은 지나친 단순화일 수 있다. 종종 이러한 사슬 전체가 펼쳐지는 것을 방해하는 여러 가지 장애물과 방법론상의 차이들이 있다. 만약 당신이 X를 믿는다면, 당신은 곧 부활을 부정하게 될 것이고, 그럴 경우 당신은 기독교인으로 불릴 수 없을 것이라고 주장하는 것은 지나친 과장이다. 학문 논쟁은 그런 식의 공포 전략과 중상모략에 의존해서는 안 된다.

4. 배릭은 마치 자신의 결론만이 가능성 있는 견해이며 누구에게나 분명한 것처럼 진술하는 경향을 보이면서도 그에 대한 증거는 제시하지 않는다.

나는 이것이야말로 그의 글이 가진 가장 분명하면서도 문제를 일으키는 결점이라고 생각한다. 그렇게 보이는 이유 중 하나는 그가 주관적인 용어("~처럼 보인다" 혹은 "~인 듯하다")를 자주 사용하는 데 있다. 학문적인 대화에서는 옳은 것처럼 보이거나 혹은 정확한 것처럼 보인다는 점을 지적하는 것만으로는 충분하지 않다. 그런 대화에 참여하는 이는 다른 이들이 자기가 주관적으로 느끼는 것에 동의해야 할 이유를 제시할 의무가 있다. 즉 주장에 대한 증거가 필요하다.

예 1) 배릭은 "그런 관심사들이 창세기 1장이 묘사하는 지구 전체의 환경과 함께 나타난다는 점에서 볼 때, 그것들은 창조 기사를 이스라엘 민족의 기원에 관한 이야기로 한정하기보다는 아담을 인류의 조상으로 관련짓는 데 더 적합한 듯하다"(318쪽)라고 말한다. 하지만 그의 그런 주장을 입증할 증거는 어디에 있는가? 창세기 2장은 후손을 낳는 것에 대해 아무것도 말하지 않는다. 그는 아담이 혼자라는 사실을 그가 자식을 낳을 수 없다는 점과 동일시하는 듯하다. 그것이 타당해 보이지 않는 것은, 하나님과 아담이 먼저 풀고자 했던 문제는 하나님이 아담 앞으로 동물들을 이끌어 오시는 것을 통해 얼마간 드러나기 때문이다. 그러므로 우리는 그가 자손을 낳기 위해 파트너를 구하고 있었다고 상상해서는 안 된다. 본문을 신중하게 읽어보면, 우리는 15절에서 아담이 한 가지 과업을 부여받는 것을 알 수 있는데, 그것은 다름 아닌 성소를 돌보는 일이었다. 그리고 그는 그 일을 함께할 협력자가 필요했다. 배릭이 보기에 "적절해 보이는" 것은 그 장에 있는 증거에 의해 논박될 수 있다.

예 2) "이어지는 본문들(예. 창 2:24, 25; 3:1, 4, 6, 7)에서 나타나는 한 명의 남자(아담)와 그의 유일한 아내(하와)에 대한 언급은, 성서 저자가 그의 독자들에게 그 두 사람이 온 인류의 조상이며 그들이 자식들을 낳기 전까지는(4:1-2) 그와 같은 다른 어떤 이들도 존재하지 않았음을 이해시키려 하고 있음을 보여준다. 더 나아가 이 최초 사람들은 진화 과정의 산물일 수 없다. 그런 유기체들(인간들)을 '직접 행동하며 목적을 지닌 지성의 산물로 이해하지 않는다면, 달리 이해할 방법이 없다'"(324쪽). 이 경우에 그의 결론은 그의 "증거"에서 논리적으로 도출된 것이 아니다. 다만 그는 사람들의 의견들을 마치 그것들이 사실로 수용되어야 하는 것처럼 진술하고 있을 뿐이다.

예 3) 때때로 우리는 배릭이 아무런 증거도 제시하지 않은 채 그저 자기주장만 하고 있음을 발견한다. "모든 인류는 아담과 하와에게서 유래했으므로 아담의 후손이다. 아담 이전에 존재했거나 혹은 그와 관계없는 사람(들)은 없다. 인류의 생식적 머리(seminal head, 혹은 육체적[physical] 머리)인 아담은 또한 인류의 언약적 머리(federal head, 법적 대표)라는 지위를 갖고 있다. 최초의 여성조차 아담에게서 왔다. 하와는 하나님이 그녀를 지으실 때 그분에 의해 변경된 아담의 DNA를 갖고 있다"(326쪽). 하지만 그는 성서가 실제로 그가 단언하는 이런 주장을 하고 있음을 보여주는 증거를 전혀 제시하지 않는다.

예 4) 또다시 배릭은 마치 어떤 이의 의견을 진술하는 것이 그것을 옳은 것으로 만들어주기라도 하는 것처럼 다른 사람들의 견해를 단지 인용만 한다. "콜린스가 주장하듯, 인간이 죄에 대해 책임을 지기 위해서는 애초에 선했던 온 인류의 공통 기원이 자발적 반역으로 인해 어지럽혀진 상태에 있어야 할 필요가 있다"(328쪽). 그렇다면 "율법이 없는 곳에는 범법도 없느니라"(롬 4:15)라는 바울의 진술은 어떠한가? 아마도 배릭은 그 진술을 완화할 방법을 갖고 있을지 모른다. 하지만 그는 단순히 누군가의 진술에 의존하는 대신 증거를 제시해야 한다. 이런 식의 진술은 논쟁을 하는 방식이 아니다.

예 5) 이 범주의 마지막으로, 328-39쪽에서 배릭은 그가 창세기 1-3장이 계시한다고 믿는 10가지 요점을 열거한다. 나는 그 중 많은 것에 동의한다. 하지만 우리는 단지 어떤 이가 자신의 의견을 진술하는 것만으로 그 진술이 참됨을 입증했다고 여겨서는 안 된다. 다른 이들은 신중한 성서 주석과 적절한 정통 신학의 도움을 받으면서 그와는 전혀 다른 결론에 이르기도 하기 때문이다. 거드름을 피우며 말한다고 해서, 그것이 곧 성공적인 논증이 되는 것은 아니다.

5. 때때로 배릭은 어떤 연구 분야의 결과물들에 대해 섬세하지 못한 이해를 보여준다.

여기서 나는 배릭이 고대 근동 증거들을 참고하는 방식에서 분명하게 드러나는 한 가지 예에 대해서만 언급할 것이다. 그는 고대 근동 자료들이 성서 자료보다 앞서지 않는다고 단언한다(예. 341쪽). 나는 그의 주장에 동의한다. 하지만 그것은 고대 근동 문헌들이 우리가 성서 본문을 이해하는 데 아무런 역할도 하지 않는다는 뜻이 아니다. 문제는 성서 본문이 정확하냐 아니냐가 아니다(물론 그것은 정확하다). 오히려 문제는 우리가 성서 본문을 우리의 현대적인 (그리고 그로 인해 필연적으로 시대착오적인) 기준으로 읽지 않느냐다. 대체로 배릭은 고대 근동 문헌을 다루는 이는 누구나 성서의 가치를 훼손하는 것처럼 말한다. 그는 고대 근동 문헌을 섬세한 방식으로 사용하는 것이 곧 그 문서에 문학적으로 의존하는 것은 아니라는 점을 인식하지 못하고 있다.

6. 배릭은 논리상 필연적으로 연결되어 있지 않은 문제들을 한데 묶거나, 혹은 중요한 대안들을 간과하면서 논리적 비약을 시도하는 문제들을 하나로 뭉뚱그린다.

그는 아담과 하와의 역사성과 타락의 역사성 문제를 인간의 유전적 기원과 물질적 불연속성의 문제와 뒤섞는다. 하지만 그런 문제들이 반드시 생사를 함께하는 것은 아니다. 아담과 타락의 역사성은 배릭이 306쪽에서 열거하는 모든 문제의 토대가 될지는 모르지만, 모든 인간이 아담에게서 유래했다는 것이 그 모든 문제의 토대가 되는 것은 아니다.

비슷하게도 306쪽 이하에서 배릭은 오래된 지구 창조론은 오직 성서를 과학에 맞추려는 시도에서 온다고 가정한다. 그러나 그보다 앞서는 질문이 하나 있다. 그것은 과연 성서가 실제로 지구가 젊다고 주장하는가 하는 것이다. 마찬가지로 배릭은 유혹과 타락에서 하와의 역할 문제를 다루면서 즉각 성적 위계의 문제로 비약한다(325-26쪽). 하나님이 아담에게 하신 부수적인 말씀에서 사회의 온전한 구조와 남자와 여자의 존재론적 관계를 추론해 내는 것은 어려운 일이다. 사소하고 의심스러운 관찰에 기초해 이처럼 광범위한 결론으로 비약하는 것은 배릭의 논증에서 너무 자주 나타나는 방법론상의 결함이다.

배릭이 역사적 아담에 관해 주장하는 여러 가지 내용들과 관련해(예. 314쪽), 나는 바울이 아담과 예수를 관련짓고 있으며 그것이 역사적 아담을 지지하고 있다는 데 이견이 없다. 문제는 과연 바울이 그의 서신에서 하는 말 중에서 어떤 것이 아담의 물질적 불연속성을 주장하거나 아담이 최초의 혹은 유일한 인간이었음을 가리키느냐 하는 것이다. 지금 나는 아담이 최초의 혹은 유일한 인간이 **아니었다**고 주장하는 것이 아니다. 또한 나는 아담의 물질적 연속성을 주장하는 것도 아니다. 다만 나는 바울이 무슨 주장을 하는지 혹은 하지 않는지 묻고 있을 뿐이다. 나는 바울이 무엇을 믿었는지 혹은 믿지 않았는지에 대해서는 관심이 없다. 내가 알고 싶은 것은 그가 하나님이 주신 권위를 통해 주장하는 내용이다. 이 문제의 복잡성은 우리가 어떤 주장을 할 때 신중을 기해야 함을 요구한다. 그저 당신과 의견을 같이 하는 누군가의 말을 인용하는 것은 건강한 논증이 아니다(예. 335쪽에 인용된 맥도널드의 견해).

7. 배릭은 불합리한 추론을 반복한다.

예 1) 남자와 여자 사이의 관계가 아담과 하와에게만 적용된다는 배릭의 논리(324쪽)를 따른다면, 우리는 아주 쉽게 아담과 하와에게 부모가 있었다는 결론에 이를 수 있다(창 2:24)—왜냐하면 이것은 분명히 그들만을 가리키는 말이기 때문이다. 만약 대조적으로, 이 구절이 모든 사람을 가리킨다면, 이것은 그 이야기의 원형적 특성을 나타낸다.

예 2) 배릭은 셋이 받은 "형상"과 "모양"은 "아담이 셋을 낳았기에 그에게 전해졌다"고 주장한다(330쪽). 그리고 이것은 실제로 본문의 지지를 얻고 있다. 그는 계속해서 말한다. "그러한 부모됨(좀 더 구체적으로 말하자면, 아버지됨)이 또한 아담의 죄를 전달하는 통로가 될 수도 있었을까? 부모됨이 하나님의 형상을 전달하는 데 분명하게 연관되어 있다는 것은 언약적 머리됨(federal headship)보다 생식적 머리됨(seminal headship)이라는 개념에 더 적합하다"(330쪽). 그러나 사실상 이것은 아주 허약한 논증이다. 왜냐하면 그것은 처음에는 수사학적 질문에, 그리고 그 다음에는 추측을 통한 논리적 비약에 의존하고 있기 때문이다.

예 3) "아담부터 시작되는 족보는 하나님의 형상을 가리켜 한 개인이 인간임을 보여주는 특징으로 간주한다. 그것은 모든 인간이 한 쌍의 최초 부부에게서 유래했음을 알려준다"(331쪽). 그렇다, 하나님의 형상은 모든 인간의 특징이다. 족보들은 이 사실을 보강해주지만, 창세기 1장은 그것을 입증해 준다. 그럼에도 족보는 모든 인간이 아담에게서 유래했음을 알려주지는 않는다. 그것은 단지 "아담의 후손들"이 아담에게서 유래했음을 가리킬 뿐이다.

예 4) 이 범주와 관련해 마지막으로 배릭은 내가 앞선 책들에서 했던 진술을 하나 언급하는데, 유감스럽게도 그것을 잘못 적용한다. "월튼은 방대한 성서 외적 자료들이 아담과 하와의 역사성을 옹호하거나 반박하는 데 별다른 도움이 되지 않으며, 따라서 당면한 문제와 관련해 그런 자료들에 호소하는 것은 별다른 소용이 없다고 주장한다. 다시 말해 역사적 아담에 대한 전통적 견해를 반박하는 모든 관점은 그저 성서를 오늘날 대다수 과학자들이 견지하는 진화론적 관점과 조화시키기 위한 추측에 지나지 않는다는 것이다"(344쪽). 그는 "다시 말해"라고 말하는데, 이때 그는 마치 내가 한 것처럼 인용한 진술에서 부적절한 결론을 이끌어낸다. 이것은 불합리한 추론의 한 형태다.

8. 배릭은 몇 가지 해석학적 실수를 저지른다.

나는 이 범주 안에 배릭이 장르에 관해서 했던 언급뿐 아니라 부수성과 성서의 무오성 교리와의 관계에 대해 했던 언급을 포함하려고 한다. 그의 말은 마치 무오성 안에 부수성이 포함되어 있을 가능성을 거부하는 것처럼 들린다. 하지만 성서의 무오성이 본문 안에 있는 부수적인 요소에 까지 적용된다고 믿는 사람은 아무도 없다. 느부갓네살(Nebuchadnezzar)에 대한 성서의 철자(spelling)는 부수적인 것이며 성서의 무오성을 가리키는 대상이 아니다(이것은 좋은 예가 되는데, 히브리어 성서 예레미야서에서 그것은 느부갓레살[Nebuchadrezzar, 렘 39:1, KJV, NSAB—역자 주]로 표기되어 있기 때문이다). 모든 사람은 성서에 부수적인 면이 있다고 간주한다. 문제는 우리가 무엇을 부수적인 것으로 여기는가에 관련된다. 우리의 해석학은 언제나 같다. 우리는 활용할 수 있는 모든 도구를 사용해 저자가 소통하려 했던 의도를 파악하기 위해 최선을 다해야 한다.

배릭은 장르에 대해 논하면서 마치 장르 문제 및 창세기 1-11장과 12-50장 사이의 연속성 문제가 모든 것을 해결해주는 것처럼 말한다(312쪽). 내가 주장하는 요점은 장르 표시는 몇 가지의 문헌들이 형태와 기능의 측면에서 공통으로 가진 특징들에 기초해 이루어진다는 점이다. "역사성"은 장르가 아니다. 그것은 제시된 문헌의 실재성에 대한 믿음을 표현하는 것이다. 물론 실재성은 여러 가지 문학적 형태를 가질 수 있다.

9. 배릭은 모호하고 주관적인 표현을 사용한다.

309쪽에서 배릭은 이렇게 말한다. "넷째, 신구약 성서의 저자들은 창세기 1-11장과 관련된 주제를 다룰 때마다 아담 안에 있는 모든 인간의 공통 기원을 당연한 것으로 간주하는 것처럼 보인다(예. 말 2:10; 롬 5:12-14)." 나는 "~처럼 보이는 것"에는 관심이 없다. 겉모양은 우리를 오도할 수 있다. 우리는 성서 본문이 그 자체의 권위를 통해 제시하는 어떤 특정한 주장이 무엇인지 판단할 필요가 있다. 성서는 지구가 우주의 중심이라고 인정하는 "것처럼 보인다." 다행히도 그것은 성서가 권위를 갖고 주장하려는 내용이 아니다. 우리는 성서 저자들이 믿는 것을 믿으려 할 것이 아니라, 성서 본문이 확언하는 것을 믿어야 한다.

10. 배릭은 해석을 위한 중요한 증거를 무시한다. 지면상의 이유로 이에 대한 논의는 하지 않을 것이다.

결론적으로 나는 배릭이 그의 논증을 수행하는 방식뿐 아니라 그가 주장하는 견해를 뒷받침하는 구체적인 증거가 부족하다는 점을 주로 반대한다고 할 수 있다.

오래된 지구 창조론
C. 존 콜린스

배릭은 무엇보다도 우리가 창세기 1-2장의 이야기를 역사적 사건에 관한 이야기로 읽을 필요가 있다고 주장한다. 그는 이것이 창세기 1-11장과 창세기의 나머지 장들 사이의 관계에서 나타난 자연스러운 결과로 생각한다. 또한 그는 신약성서 저자들이 이런 이야기들 속에 등장하는 사건들을 실제로 일어난 것으로 여긴다고 확신한다. 그런 맥락에서 그는 우리가 아담과 하와를 실제 역사적 인물이자 또한 온 인류의 조상으로 간주해야 한다고 주장한다. 그의 견해는 세부사항에 주목한다는 점이 장점이라 할 수 있다. 이에 대한 좋은 예는 그가 창세기 1:27(과 다른 구절들)에 등장하는 정관사를 다루는 방식인데, 이것은 내 안에 있는 문법학자로서의 성향을 충족시켜 주었다.

물론 이것은 내 자신의 견해와 매우 유사하다. 사실 그는 여러 차례 내 견해를 동의의 의미로 인용한다! 그러므로 만약 이것이 그가 주장하는 내용의 전부라면, 그저 나는 그에 대해 고개를 끄덕임으로써 전적인 동의와 긍정을 표시했을 것이다.

하지만 배릭의 전반적인 주장에는 내가 거론하지 않을 수 없는 몇 가지 결점이 있다. 그리고 이 책은 차이를 부각하도록 기획되었으므로 나는 이 논평을 통해 그런 차이들에 집중할 것이다. 하지만 나는 그와 나 사이의 일치점 역시 차이점만큼이나 분명하게 알려지기를 바란다.

기본적으로 배릭은 "역사성"과 "문자적 해석학"이 서로 긴밀하게—라무뤼가 그렇게 하는 것만큼이나 철저하게—연결된다고 가정하는 듯하다. 그리고 나는 이런 가정이 지나칠 만큼 과도하게 단순한 생각이라고 본다. 또한 그는 이런 문자주의를 "무오성"에 대한 자신의 개념과 연결하고 있다. 더 나아가 그는 "과학"에 대해 몇 가지 발언을 제시하는데, 사실 그런 발언에는 좀 더 많은 섬세함이 요구된다.

배릭은 젊은 지구 창조론을 대표한다. 그리고 그는 자신이 그것을 지지하는 이유를 간략하게 제시한다. 나는 젊은 지구 창조론을 지지하지 않는 이유를 이미 다른 곳에서 밝힌 바 있으므로,[105] 이 글에서 그 이유를 다시 거론하지는 않을 것이다.

성서의 진실성 혹은 "무오성"의 문제부터 시작해보자. 한 가지 어려움은 우리가 말하고자 하는 무오성의 특성이 무엇인지 인식하는 것이다. 배릭이 폴 파인베르크(Paul Feinberg)의 글에서 인용하는 정의에는 몇 가지 심각한 결함이 있다.

> 무오성은, 모든 요소가 드러났을 때, 육필(autograph)로 쓰인 최초의 성서와 적절하게 해석된 성서의 내용이 확언하는 모든 것이—그것이 교리나 도덕과 관련되든, 혹은 사회과학이나 물리학이나 생명과학과 관련되든—전적으로 참임이 드러날 것을 의미한다(306쪽).

105_ 예컨대 Collins, *Science and Faith: Friends or Foes?* (Wheaton, IL: Crossway, 2003), chs. 5-7, 15; *Genesis 1-4: A Linguistic, Literary, and Theological Commentary* (Phillipsburg, NJ: P&R Publishing, 2006), 122-29; "Reading Genesis 1-2 with the Grain: Analogical days," in J. Daryl Charles, ed., *Reading Genesis 1-2: An Evangelical Conversation* (Peabody: Hendrickson, 2013), 73-92을 보라.

나는 파인베르크가 어째서 이 정의에 성서의 주장에 대한 인간의 확언을 포함시키는지 모르겠다. 이 정의는 성서 자료들이 수사학을 통해 독자의 마음을 움직이려 하는 의도에 대해서는 거의 아무것도 말하지 않은 채 정의 자체를 "사실들"에 한정시킨다. 감사하게도 「성서의 무오성에 관한 시카고 선언」(Chicago Statement on Biblical Inerrancy)은 이런 결점에서 자유롭다.[106] 우리는 「시카고 선언」의 요약 진술을 통해 무오성을 개진하는 다음과 같은 유용한 방법을 발견한다.

> 온전하게 그리고 축자적으로 하나님이 주신 성서는 그 모든 가르침에서, 즉 개인의 삶에서 나타나는 하나님의 구원하시는 은혜에 대한 증언에서뿐만 아니라, 하나님의 창조 활동에 관해서, 세계 역사의 사건들에 관해서, 그리고 하나님의 섭리 아래 있는 성서 자체의 기원에 관해서 진술하는 내용의 측면에서도 오류나 잘못이 전혀 없다.

내 글의 각주들에서 언급했듯 「시카고 선언」 13항은 현명하게도 이렇게 인정한다. "우리는 성서를 성서 자체의 용법이나 목적과는 낯선 진리와 오류의 기준을 따라 평가하는 것이 적절하다는 주장을 거부한다." 그리고 18항은 "성서의 문학적 형태와 장치들을 고려해야 한다"고 주장한다.

「시카고 선언」의 입안자들이 하나의 통합 문서를 목표로 했음을 고려한다면, 우리는 이런 진술 중 어느 것도 놀랍지 않다고 할 수 있을 것이다. 입안자들은 "오래된 지구" 창조론자들은 물론이고 일종의 "유신 진화론"에 근접한 경향을 보이는 이들까지 기꺼이 포용했다. 그러므로 우리는

106_ 나는 이 선언을 어느 정도는 만족스럽게 여긴다. 하지만 한두 가지 달리 말하고 싶은 것도 있다. 내 글에서 분명하게 밝혔듯이, 나는 이야기와 그것의 효과적인 형성적 기능에 더욱 중점을 두는 편이다. 하지만 이 진술은 내 관심사를 포함할 만큼 충분히 넓다.

「시카고 선언」이 젊은 지구 창조론만을 전체적인 견해와 더 잘 어울리는 것으로 채택했으리라고는 상상할 수 없다.

일반적으로 벤자민 워필드(Benjamin Warfield)가 **무오성**이라는 용어를 복음주의자들에게 소개한 것으로 알려져 있기에, 나는 워필드를 통해 우리가 그 개념에 관해 생각해야 할 방식에 대해 말하는 것이 옳다고 생각한다. 워필드는 어떤 의미로도 젊은 지구 창조론자가 아니었다. 오히려 그는 하나님이 우리의 첫 번째 조상들을 창조하기 위해 일종의 유전적 과정을 사용하셨을 수도 있음을 인정하는 편이었다. 창세기의 족보들에 대해 언급하면서 그는 이렇게 주장했다.[107]

> 이런 족보들은, 그것들이 기록된 목적을 위해서라면 신뢰할 만한 것으로 간주되어야 한다. 하지만 그것들은 **의도되지 않은 다른 목적을 위해서 순조롭게 사용될 수 없을 뿐 아니라**, 맞춰지지 않은 다른 목적을 위해서도 그러하다.

바로 이 워필드가 최초 사람의 형성에 다소간 중간적 성격의 유전 단계들이 포함되어 있을 가능성을 인정했다. 비록 하나님이, 자신이 사용하신 모든 과정 안에 초자연적인 요소를 덧붙이셔서 그 최종 결과인 최초 인간을 출현하게 하신 것이 틀림없지만 말이다(워필드는 이것을 "중재 창조"[mediate creation]라고 불렀다).[108]

107_ Benjamin Warfield, "On the Antiquity and Unity of the Human Race," in Warfield, *Biblical and Theological Studies*; ed. Samuel Craig (Philadelphia: Presbyterian and Reformed, 1968), 240 [orig. *Princeton Theological Review* 9 (1911)]; 강조는 내 것임.

108_ Benjamin Warfield, *Evolution, Scripture, and Science: Selected Writings*; ed. Mark Noll and David Livingstone (Grand Rapids: Baker, 2000), 216 [orig. *The Bible Student* n.s. 8:5 (November 1903)]. 또한 Fred Zaspel, "B. B. Warfield on Creation and Evolution," *Themelios* 35:2 (July 2010), 198–211을 보라.

현대 [진화론] 이론가들이 진화의 과정—만약 이를 실제 일어난 것으로 간주한다면—속에 복합 효과에 포함되며 뭔가 완전히 새로운 것을 산출하는 행위로서 순수하게 초자연적인 행위의 유입을 하나의 새로운 특성으로 기꺼이 수용하기 전까지는, 혹은 전혀 그렇게 하지 않는다면, 그들과 성서주의자들과의 차이는 좁혀질 수 없을 것이다. 그러나 그 이론가들이 교리상으로 반초자연주의적인 관점을 갖고 있지 않은 한, 이것을 인정하지 않을 이유는 없어 보인다.

분명히 해두자. 지금 나는 오래된 지구 창조론을 수용하는 사람은 누구나 진화론에 대해 워필드와 같은 관점을 갖고 있다고 주장하는 것이 아니다. 오히려 나는, 첫째, 무오성에 대한 호소가 젊은 지구 창조론이 옳다는 사실을 알려 주지 않으며, 둘째, 워필드가 내가 옹호해 온 자유와 한계의 접근법을 예증해 준다는 것을 보여주고자 할 뿐이다.

성서의 무오성을 주장하는 이들 사이에서조차 신학 논쟁을 판단할 때 그 교리를 어떻게 사용해야 하는지에 대해 논란이 벌어지고 있다. 사실 나로서는 이것이 성서의 무오성 교리를 사용하는 최선의 방식임을 확신하지 못한다. 오히려 우리는 제임스 패커(J. I. Packer)와 함께 다음과 같이 말하는 편이 나을 것이다.[109]

신자들은 무엇보다도 성령의 가르침이 우리의 마음을 겸손하면서도 열렬하게 성서 곧 신성한 교과서로 향하게 하는 역할을 한다고 간주해야 하며, 그리하여 성서가 우리의 잘못을 지적하는 부분에서 기꺼이 그것이 우리의 마음을 돌릴 수 있게 해야 한다.

109_ J. I. Packer, *Truth and Power: The Place of Scripture in the Christian Life* (Downers Grove, IL: InterVarsity Press, 1996), 27.

혹은 워필드와 함께 이렇게 말하는 편이 나을 것이다.[110]

불멸이라는 지복(bliss)에 대한 소망과 그리스도 안에 있는 하나님의 사랑의 현재적 실현을 통해 우리의 삶을 복되게 하는 모든 것이 실제적으로 그리고 사실상 완전하게 영감된 성서 덕분이라고—겸손하게 그렇다고 신뢰하면서—말하는 것으로 만족하자.…당신과 내가 그리스도라는 존재(a Christ)를—사랑하고, 신뢰하고 따라야 할 그리스도시고 우리의 외부에서 연유한 구원의 근거이신 그리스도시며 우리 안에 있는 영광의 소망이신 그리스도를—소유하게 된 것은 사실상 성서 덕분이다.

다시 말해 우리는 해석학적 토론을 회피하기 위해 "무오성"의 문제를 제기해서는 안 된다. 그런 이유로 우리는 역사(history)와 해석적 문자주의(interpretive literalism)의 문제로 돌아간다. 내 글에서 "역사적"이라는 단어의 의미를 논했던 것처럼, 나는 그 단어를 어떤 이야기가 **실제 인물**과 **실제 사건**에 관한 것임을 의미하는 데 사용한다. 그것은 어떤 문학 장르를 의미하지 않는다. 따라서 그것은 해석학적 세부사항에 대해서는 아무것도 말하지 않는다. 오히려 그것은 어떤 장르 형태의 본문이 실제 세계에 속한 것들을 가리킬 수 있는지에 관한 것이다. 이것은 적절한 대조가 **문자적-역사적인 것**과 **상징적인 것** 사이에 있는 것이 아니라, **역사적으로** (일어났던 어떤 일을) **지시하는**(referential) **것**과 **지시하지 않는 것** 사이에 있음을 의미한다. 지시적인 본문의 경우, 우리는 본문(역사적 문맥, 장르, 문체상의 특성들을 포함하는)을 통해 저자가 자신이 지시하고자 하는 대상에 관해 말하는 내용에 어떻게 반응할 것인지 판단해야 한다.

110_ Michael D. Williams, "The Church, a Pillar of Truth: B. B. Warfield's Christian Doctrine of Inspiration," *Presbyterion* 37/2 (2011): 65-84(83에서 인용됨).

배릭은 창세기 1-11장 전체가(창세기 1장을 포함해) 중요한 스토리라인을 나타내기 위해 바이크톨(*Wayyiqtol*) 시제라는 표준화된 용법을 사용하는 이야기 형태를 취한다고 지적하는데, 나는 그런 지적에 동의한다. 사실 나는 이런 주장에 이의를 제기하는 사람들을 어떻게 진지하게 대해야 할지 알지 못한다(당연한 문법적 사실이므로 이 주장에 이의를 제기할 사람이 거의 없다는 의미다—편집자 주). 그럼에도 그것은 창세기 전체의 모든 내용이 같은 종류의 장르임을 요구하지 않는다. 예컨대 나는 창세기 1-11장과 12-50장 사이에 식별 가능한 **문법적** 단절이 없다는 주장에 동의한다. 동시에 창세기 본문의 문학적 분위기는 우리가 어떤 구분을 할 것을 요구한다. 설령 다른 이유가 없을지라도, 적어도 아브라함 이야기에서 화자의 진술 속도가 늦춰지고 있는 것만으로도 우리는 그런 구분을 할 수 있다.

하지만 또 다른 이유가 **있음이** 드러난다. 그것은 창세기 1-11장과 아시리아학 학자들이 메소포타미아의 문헌들에서 나온 "선역사"(prehistory)와 "원역사"(protohistory)라고 부르는 것 사이의 평행하는 내용들이다. 배릭이 고대 근동 평행문의 **오용**에 대해 제기하는 반대는 정당한 것일 수 있다. 하지만 그런 반대가 평행문들에 대한 **적절한 사용**, 즉 그것들이 우리가 최초의 청중에게 익숙했을 문학적·수사적 관습들을 이해하도록 돕는 것까지 부정하게 해서는 안 된다(배릭은 이 문제를 고려하지 않는 듯하다).[111]

이렇게 보았을 때, 정당한 근거가 있는 평행문들은 사실상 우리가 저자의 의도에 협력하도록 돕는다. 우리는 그런 도움을 환영하며 수용해야 한다. 이런 관습들은 그 본문들이 역사적 주장을 하고 있으며, 따라서 우

111_ 더 나아가 Barrick은 "창세기 기사는 하나님이 오직 한 쌍의 인간 부부를 창조하셨다고 분명하게 선언(단일기원설[monogenesis])함으로써 그 자체가 다른 고대 근동 이야기들과 구별됨을 보여준다"라고 말함으로써 창세기가 이런 다른 이야기들의 맞은편에 있으며, 따라서 그 이야기들이 하는 말이 유의미하다는 것을 암묵적으로 인정한다.

리가 그것들을 (수메르 왕들의 통치 기간을 문자적으로 다루지 않듯) 문자적으로 취급해서는 안 된다는 것을 알려준다.

더 나아가 나는 창세기 1장이 나름의 독특한 문체상 특성을 보인다고 생각한다. 그동안 나는 그것을 "고양된 산문 내러티브"(exalted prose narrative)라고 불러왔는데, 이 용어는 내가 언어학자 로버트 롱에이커(Robert Longacre)의 영향을 받아 만들었다.[112] (나보다 앞서 어떤 학자들은 창세기 1장을—그것의 형태가 아니라 문체적 특성을 지적하면서—"시적"인 것으로 잘못 간주하였다.) 창세기 2:5에서 시작되는 이야기는 더욱 "평범하다." 하지만 그것은 여전히 그 이야기의 최초 독자들과 기록된 사건들 사이의 거리, 즉 그 역사가가 아마도 우리가 "고서를 수집하려는"(antiquarian) 목적이라고 부를 수도 있는 의도로 쓴 것이 아니기에 얼마간의 이상화와 시대착오를 허락하는 거리에 기인하는 그 나름의 특징을 갖고 있다.[113]

히브리어 성서에서 이야기의 주된 용도는 실제 사건을 보고하는 것이다. 하지만 성서 역사 기술 분야의 최고 작품들은 우리가 "평범한" 이야기들 속에서조차 지시 대상과 저자의 표현 사이에 늘 직접적인 연관성을 발견할 수 있는 것은 아님을 알려준다. 즉 그것들은 문학적 기교를 사용한다.[114] 그러나 그것은 그런 작품들의 역사성을 감소시키지 않는다(적어도 역사성이라는 단어에 대한 내 정의를 따른다면 그렇다). 이런 우려는 창세기 1-11장의 경우에, 특히 그중에서도 1장에 더욱 날카롭게 적용된다(이와 관련해 좀 더 알고자 하는 독자들은 내가 라무뤼의 글에 대한 내 논평에서 C. S. 루이

112_ 참조. 내 책 *Genesis 1-4*, 44.

113_ 시대착오의 문학적 역할에 관해서는 Collins, *Did Adam and Eve Really Exist? Who They Were and Why You Should Care* (Wheaton, IL: Crossway, 2011), 113-14을 보라(이것에 대해 Barrick은 분명히 어느 정도 동의하며 언급한다).

114_ 예컨대 Iain Provan, V. Philips Long, and Tremper Longman III, *A Biblical History of Israel* (Louisville: Westminster John Knox, 2003) 중 Long이 쓴 4장을 보라.

스의 「종교의 언어」를 인용하면서 언급한 부분을 살펴보기 바란다).

배릭은 "전지적 화자"(omniscient narrator)라는 문학적 현상에 대해 적절히 지적한다. 하지만 나는 그가 해당 용어를 문학 이론가들의 방식에 따라 사용하는지에 대해서는 확신이 서지 않는다. 전지적 화자 개념은 "성서 저자들이 하나님에게서 유래한 먼 과거, 사적인 장면들, 등장인물들의 생각에 대해 특권적 지식을 갖고 있다"는 것을 의미한다.[115] 우리는 화자를 "믿을 만한" 존재로 여긴다. 즉 그의 관점이 하나님의 관점을 대리한다고 간주한다.[116] 그런 점에서 초점은 인간 화자가 아니라 이야기에 있다. 어떤 상황에서도 이것은 어떤 서술이 내용적으로 철저하거나, 엄격하게 순차적이거나, 수사적 혹은 시적 장치들을 사용하지 않는다는 것을 의미하지 않는다. 이러한 점에서 배릭이 자주 "정확한"이라는 한정어를 사용하는 것은, 만약 우리가 「시카고 선언」과 함께 장르라는 전통적인 방식에 계속해서 조심스럽게 주목하지 않는다면, 자칫 오해를 초래할 수도 있다. 그러므로 창세기 1장의 담화 방식을 (배릭이 그렇게 하듯이) "상세하고, 점진적이며, 객관적인 어조"라고 설명하는 것은 결코 창세기 1장 자체의 문학적 특성에서 나오는 것이 아니다. 그리고 또한 그것은 창세기 1장이 갖는 경축의 어조와도 어울리지 않아 보인다.

이것은 성서의 나머지 부분이 창세기의 이런 장들에 등장하는 사건 및 사람들을 언급하는 방식과도 일치한다. 톰 라이트(N. T. Wright)는 바울이 로마서 5장에서 아담을 언급하는 것과 관련하여 다음과 같이 주장한다.[117]

115_ Meir Sternberg, *The Poetics of Biblical Narrative: Ideological Literature and the Drama of Reading* (Bloomington: Indiana University Press, 1985), 12.

116_ 믿을 만하지 않은 화자에 대한 한 예는 E. Nesbit의 이야기들에 등장하는 Oswald Bastable이다. 주의 깊은 독자는 Oswald의 관점이 늘 최선인지에 대해 의심하게 될 것이다.

117_ N. T. Wright, "Romans," in Leander Keck et al., eds, *New Interpreter's Bible, Volume X* (Nashville: Abingdon, 2002), 524ab(「로마서」, 장용량, 최현만 공역, 에클레시아북스,

바울은 한 부부가 존재했으며 그 중 남자인 아담이 계명을 받았고 그 계명을 어겼다고 믿었다는 것이 확실하다. 바울은 우리가 그 이야기의 신화적 혹은 비유적 차원이라고 부를 수 있는 내용을 인식하고 있었던 것이 분명하다고 할 수 있지만, 그렇다고 해서 그 내용 때문에 역사상 최초의 부부의 존재 자체나, 그 부부의 원죄에 의구심을 가졌던 것은 아니다.…"죄"가 인류 초기의 여명기에 무슨 의미였는지 말하는 것은 불가능하다. 하지만 사랑하는 창조주와의 개방적이고 순종적인 관계로부터 돌아서서, 그를 대신하여 아름답고 유혹적이지만 하나님이 아닌 대상으로 향하는 일은 너무나 다방면으로 발생하는 현상이어서, 인류의 발달 단계 어디에서든 그 현상을 상상하는 일은 그다지 어렵지 않다.

배릭은 "성서 독자들이 성서 외적 증거를—그것이 고대 근동 문서에서 온 것이든 정황 증거에 대한 현대 과학자들의 해석에서 온 것이든—성서 기록보다 중시하는 태도는" 필연적으로 "성서 기록을 모욕하는 행동이며, 또한 성서 기록을 자명한(prima facie) 증거로 여기지 않고 회의적으로 다루는 행위"라고 걱정한다. 이것은 다소 놀라운 발언이다. 성서에서 발견하는 자료를 이스라엘의 주변 문화들에서 발견하는 자료들과 **비교해야 하는가**에 대한 질문의 답은 "당연히 그렇게 해야 한다"이다. 성서 저자들은 특정한 상황 속에서 말했으며 그들의 청중에게 이웃의 경쟁하는 세계관들의 감언이설에 대해 어김없이 경고해야 했다. 구약성서의 예언자들이 우상숭배와 종교혼합을 통렬히 비난하는 경우든, 아니면 신약성서의 사도들이 사람들에게 그리스-로마 사회의 악행을 상기시키는 경우든, 그런 경고들은 아주 일반적으로 나타난다. 분명히 양식 있는 해석자는 이런

2014년, 231쪽에서 인용함).

위험들이 무엇이었는지 알아내기 위해 자기가 할 수 있는 일을 할 것이다. 내가 이미 주장했던 것처럼, 올바른 관점은 이런 성서 외적 자료들을 선하고 지혜롭게 사용하기 위해 노력한다.

배릭은 "진화"는 성서의 창조 이야기에 역사성을 부여하는 것과 양립할 수 없다는 피터 엔즈의 주장에 동의한다. 그러나 "진화"가 무엇을 의미하는지에 관한 배릭과 엔즈의 견해가 둘 다 분명하지 않다는 점은 그들의 강력한 주장을 손상시킨다. 엔즈와 관련해 나는, 그가 "진화"가 무엇인지에 대해 특별히 언급했는지, 혹은 그에게는 진화가 "우주와 지구의 고대성 및 오랜 기간에 걸친 생명의 발전과 관련하여 현대 과학이 취하는 관점"에 대한 일반적인 표현인지 아니면 다른 몇 가지의 조합을 의미하는지 알 수가 없다. 심지어 나는 그가 내 질문을 의미 있는 질문으로 인식하고 있는지조차 알 수가 없다. 더 나아가 엔즈는 역사성과 문자주의를 강하게 동일시하는데, 나는 그것을 정당하지 않다고 생각한다.

같은 맥락에서 나는 배릭이 "진화"의 의미에 어떤 섬세한 차이가 있음을 인정하는지, 혹은 그가 젊은 지구 창조론이 아닌 다른 모든 관점을 "진화론적인 것"으로 치부하는 젊은 지구 창조론의 일반적인 관습을 따르고 있는지에 대해 알지 못한다. 다만 나는 그런 구분에 좀 더 주목할 것을 촉구할 뿐이다.

더 나아가 놀랍게도 배릭은 각주를 통해 이렇게 주장한다. "과학은 기적과 초자연적 양상을 부정한다. 그러므로 성서에 기록된 예수에 관한 모든 역사는 의심의 대상이 되고 또한 비신화화(demythologization) 된다"(337쪽, 각주 79번). 과학과 과학자들에 대해 이렇게 언급하는 것은 심각한 논쟁으로 이어질 수 있다. 나는 이미 이런 문제 중에서 몇 가지를 다른 책에서 다뤘으므로, 여기에서 그것들을 더 자세하게 논의하지는 않겠다.[118] 그 대신 나는 내가 앞서 설명했던 과학과 기독교 신앙의 관계를 다시 한 번 거론하고자 한다.

> 성서해석자나 신학자가 유전학자에게 자신이 게놈(genome) 안에서 발견하거나 발견할 수 없는 무언가에 관해 말하거나 고생물학자에게 자기가 화석에서 발견하거나 발견할 수 없는 무언가에 관해 말하는 것은 부적절하다! 그와 동시에, 그 유전학자나 고생물학자가 자기들이 발견한 것을 인간의 이야기를 전하는 더욱 큰 이론 속으로 통합하고자 할 경우, 그때 그들은 한 인간으로서 그렇게 추론하는 것이며, 그들의 추론은 과연 그것이 건전한 비판적 사고에 부응하는지를 알기 위해 검토의 대상이 된다(257쪽).

나는 이것이야말로 성서 자료의 특성에 대해, 포괄적인 성서 이야기에 대해, 그리고 하나님의 섭리 안에서 역사적 과학의 적절한 자리에 대해 가장 공정한 관점을 취하는 것이라고 믿는다.

118_ 예컨대 Collins, *Science and Faith*, chs. 2-3을 보라.

논평에 대한 응답

윌리엄 D. 배릭

서로 크게 다른 관점을 지닌 이들이 아담의 역사성 같은 중요한 문제를 두고 토론을 벌이는 경우에는 서로에게 얼마간 관용을 베푸는 것이 필요하다. 혹시라도 내가 논평자들의 관점을 무의식중에 잘못 설명한 것이 있다면, 그들이 나를 너그럽게 용서해주길 바란다. 마찬가지로 나 역시 그들 중 누군가가 나의 관점을 잘못 비판할 경우에—예컨대 내 글이 실제로는 화석에 대해 언급조차 하지 않음에도, 이 책의 서론에서 화석 기록에 대한 내 관점을 가정하는 것처럼(42-44쪽)—똑같이 그를 용서하려 할 것이다. 화석 기록에 대한 젊은 지구 창조론의 해석을 과도하게 단순화하여 설명하는 것은 내 견해를 정확하게 반영하지 못한다.

나는 이 마지막 응답의 초점을 아담의 역사성과 관련해 오래된 지구 창조론과 젊은 지구 창조론의 관점이 가진 가장 큰 차이에 맞추려 한다. 그 차이는 몇몇 성서학자들이 성서 본문의 역사적 정확성을 축소하거나 혹은 최소화하기 위해 택하는 여러 가지 방식을 통해 나타난다. 최소주의자들(minimalists)은 성서의 신적 권위보다 자신들의 주장을 펴는 데 중요한 근거가 되는 인간의 권위에 더 많이 의존한다. 예컨대 라무뤼는 이런 주장의 한 가지 정교한 형태를 사용해 다음과 같이 말한다. "물론 오늘날 이것이 우주의 실제 구조라고 믿는 사람은 아무도 없다"(351쪽). 월튼은 그 문제를 더욱 직접 다루면서 유사한 주장을 제시한다. "성서의 무오성이 본문 안에 있는 부수적인 요소에까지 적용된다고 믿는 사람은 아무도 없다"(370쪽). 그들의 진술은 그들이 성서의 진실성을 결정하는 데 사용하는 잣대가 객관적인 성서의 계시가 아니라 최근의 과학에 기반을 둔 믿음임을 보여준다. 그뿐만 아니라 이 두 진술은 성서의 전체적인 역사적 정확성에 대한 젊은 지구 창조론자들의 최대주의적(maximalist) 관점을 고립시키고 훼손하려 한다.

라무뤼 같은 오래 된 지구 옹호자들은 성서 안에 있는 인간의 오해와 고대 과학의 오류가 하나님의 은혜를 드러낸다고 주장한다(352쪽). 성서의 무오성에 대한 이런 식의 접근법은 성서에 있는 그러한 진술들을 성서의 영적 진리를 담아내는 부수적인 도구로 여긴다. 월튼에게는 구약성서 기자들이 느부갓네살에 대해 두 개의 다른 철자를 사용했던 경우가 바로 그런 부수적인 경우에 포함된다(370쪽). 그가 제시한 예는 젊은 지구 창조론자들의 확신과 대부분의 오래된 지구 창조론자들의 관점 사이에 존재하는 분열을 보여준다. 프린스턴 신학교의 저명한 신학자인 로버트 딕 윌슨(Rovert Dick Wilson)은 오래전에 느부갓네살에 대한 그 두 가지 철자가 모두 임의적이거나 잘못된 것이 아니라 적합하고 적절한 것임을 입증한 바 있다.[119] 성서 저자들은 각자 본문의 문맥과 내용에 가장 적합한 철자(느부갓네살[Nebuchadnezzar] 혹은 느부갓레살[Nebuchadrezzar])를 사용한다. 이 철자들은 성서의 무오성이 온전함을 지지하는 증거를 제공해 준다.

만약 성서가 온전하게 무오하다면, 우리는 "무오한 영적 진리를 그것을 전달하는 부수적인 고대의 도구들과 분리할 수"(358쪽) 없다. 최소주의

119_ Robert Dick Wilson, *A Scientific Investigation of the Old Testament*, rev. by Edward J. Young (1959; reprint, Birmingham, AL: Solid Ground Christian Books, 2007), 68, 71.

자들은 어떤 성서의 진술과 개념들을 무오하다고 인정해야 할지를 선택한다. 결국 그것은 성서가 부분적으로 무오하다는 견해를 낳고, 그로 인해 독자들에게 하나님의 말씀이 오류를 포함하고 있다는 인식을 남긴다. 젊은 지구 창조론자들은 본문의 역사적 정확성을 의심하는 성서 해석 방법론을 사용하지 않으며, 성서 저자가 잘못된 고대 과학을 수용하고 그것을 의도적으로 선전한다는 견해에 의존하지 않는다.

아담의 역사성에 대한 젊은 지구 창조론의 증거는 성서 자체에서 나올 뿐 아니라 성서의 직접적인 진술에서 나온다. 그러한 성서의 증거는 성서 밖의 과학적, 역사적 혹은 사회학적 증거의 확증을 전혀 요구하지 않는다. 창세기가 하나님이 아담에게서 취하신 물질로 여자를 만드셨다고 선언할 때, 우리는 그들이 DNA를 공유했으며 여자가 특별하게 창조되었다는 결론을 내리기 위해 다른 증거를 요구하지 않는다. 성서가 분명하게 첫 번째 남자와 첫 번째 여자에 대해 말씀하고 있으며, 또한 그들을 온 인류의 실제 역사적 조상으로 제시하고 있다는 사실이야말로 그런 진리들을 믿을 수 있는 충분한 증거다.

내 젊은 지구 창조론이 묘사되는 방식과는 달리(351-52쪽을 보라), 나는 성서가 과학책이라고 믿지 않는다. 사실 이것은 젊은 지구 창조론자들을 향해 너무나 자주 제기되는 그릇된 비난이다. 성서는 신학적이고 역사적인 진리들을 하나님의 관점에서, 그리고 하나님 자신의 지혜와 지식을 따라서 제시한다. 성서 저자들의 세계관은 하나님의 세계관이며, 하나님은 그들이 그것을 정확하게 제시하기를 기대하신다. 성서가 하나님이 실제로 6일에 걸쳐 천지와 그 안에 포함된 모든 것을 지으셨다고 (한 번 이상) 말할 때, 그것은 인간의 관점이 아니라 하나님의 관점을 나타낸다. 하나님은 늘 진리를 말씀하시고 늘 자신의 종들이 진리를 말하고 쓰기를 기대하신다. 특히 그분이 성서를 쓰게 하기 위해 택하신 자들이 그렇게 하기를 기대하신다.

만약 성서가 과학책이라면, 그것은 과학에 관한 다른 책들이나 저널들처럼 과학자들이 알아낸 증거에 대한 그들의 해석을 제시할 것이다. 만약 성서가 과학 교과서라면, 그것은 이론들을 제시하고 그 이론들에 대한 실험 결과를 언급할 것이다. 그러나 성서는 과학책과는 달리 하나님 자신이 제공하신 직접 계시를 교리를 통해 전달한다. 오직 하나님만이 창조의 6일을 목도하셨다. 따라서 어떤 인간도, 그가 창조주 자신에게서 직접 계시를 받지 않은 한, 자기가 그 일련의 사건에 대해 말할 수 있다고 주장할 수 없다. 어떠한 과학 책도 그렇게 할 수 없으며, 그렇게 하려고 하지도 않는다.

분명히 해두자. 나는 일치주의자(concordist)가 아니다. 왜냐하면 진화론과 하나님의 계시 사이에는 어떤 일치도 존재하지 않기 때문이다. 일치가 있을 수 없는 이유는 성서가 과학을 고대의 방식으로 이해한다는 점에 있지 않다. 성서 저자들은 주관적으로 과학에 대해 말하려 하지 않았다. 오히려 그들은 객관적인 신적 계시를 전달하고 있었다(벧후 1:20-21). 하나님의 감독 아래 기록된 성서는 고대의 이방인 과학자들이나 학자들의 세계관과 전혀 일치하지 않았다. 성서는, 오늘날 그것이 현대 과학자들과 세속 학자들의 주관적인 해석과 세계관과 맞서고 또한 그것을 반박하듯, 고대 이방인의 관점 및 세속적인 관점과 맞서고 또한 그것을 반박했다. 성서 기록이 갖는 독특한 계시성과 무오성의 본질을 이해하고 보존하는 한, 우리는 성서와 고대 근동 자료에 대한 비교 분석을 통해 유익을 얻을 수 있다.

오래된 지구 창조론의 관점은 관찰 가능한 물리적 데이터에 대한 현대 과학자들의 해석을 받아들인다. 즉 그런 해석들이 오래된 지구 창조론의 관점에 영향을 준 방식을 받아들인다. 비록 오래된 지구를 옹호하는 이들이 진화론을 거부한다 하더라도, 그들은 인간의 과학적 권위에 의존하면서 결국 성서의 무오성을 부분적으로만 인정하는 데 집착한다. 바로 그것이 우리의 주된 차이점이다.

목회적 성찰 1

▶ 역사적 아담이 있든 없든, 우리의 믿음은 안전하다
▶ 그레고리 A. 보이드

지난 몇 년간 아담의 역사성에 찬동하거나 반대하는 주장들을 살펴본 끝에, 지금 나는 아담이 실제로 역사적 인물이었다는 쪽으로 기울어져 있다. 한편 내가 그런 견해 쪽으로 "기울어져 있다"고 말하는 것은, 내가 그 믿음을 정통 기독교 신앙의 핵심 요소로 여기지 **않음**을 의미한다. 아마도 나는 삼위일체, 그리스도의 신성, 죽은 자의 최후의 부활, 혹은 다른 핵심적인 기독교의 가르침들을 믿는 것과 관련해서라면 "기울어져 있다"라는 식의 말을 하지 않았을 것이다. 어떤 식으로든 이 논쟁의 중요성을 폄하할 생각은 없지만, 나는 우리가 그것을 기독교의 핵심 교리에 관한 논쟁으로 여겨야 한다고 생각하지 않는다.

이 글에서 나는 내가 지금과 같은 관점에 이르게 된 과정 전체를 포괄적으로 회고하지는 않을 것이다. 그 대신에 나는, 본서의 편집자들로부터 내가 역사적 아담을 기독교 신앙의 핵심 요소로 여기지 않는 이유를 목회자의 관점에서 말해달라는 부탁을 받았으므로, 진보 복음주의/재세례파 교회[1]의 목사로서 내 견해와 관련된 네 가지 이유에 초점을 맞출 것이다.

1_ 내가 담임하는 교회(미네소타주 메이플우드에 있는 우드랜드힐즈교회)는 침례교 총회

내 경험의 역할

우리의 개인적 경험은 목회자가 된다는 것의 의미에 대한 우리의 이해뿐
아니라 우리의 신학적 견해에도 영향을 준다. 따라서 나는 이 글을 내가
아담의 역사성에 대한 논쟁을 기독교 신앙의 핵심 요소로 간주하지 않도
록 영향을 준 개인적 경험을 소개하면서 시작해 볼까 한다. 나는 17살 때
어느 근본주의 오순절 교회에서 그리스도를 영접했다. 그 교회는 아담을
역사적인 인물로 간주했을 뿐 아니라, 창조와 인간의 타락에 관한 창세기
이야기의 모든 측면을 문자 그대로 해석해야 한다고 가르쳤다. 그 교회는
그런 식으로 젊은 지구 창조론을 신봉했다. 나는 그때 우리 교회의 열정
적인 목회자가 이렇게 가르쳤던 것을 기억한다. "만약 창조와 타락이 인
간의 창조와 타락에 대한 문자적인 설명이 아니라면, 그때는 성서 전체가
거짓말로 가득 찬 책이 될 겁니다!"[2]

비록 그 오순절 교회에 속한 새로운 친구들은 나를 만류했으나, 나는
회심한 이듬해에 미네소타 대학교에 입학했다. 나는 1학년 여름학기에
첫 번째 수업으로 "진화생물학 개론"이라는 과목을 택했다. 그 전에 나는
진화론에 맞서 창조론을 옹호하는 세 권의 책들을 전부 다 읽은 바 있었
다. 그 중에는 존 위트콤(John Whitcomb)과 헨리 모리스(Henry Morris)가
쓴 『창세기의 홍수 이야기』(The Genesis Flood)가 있었다.[3] 그때까지 나는 어

교회(Baptist General Conference Church)로 설립되었는데, 지금은 미국 메노파 교회
(Mennonite Church U.S.A.) 및 (혹은) 그리스도 형제단(Brethren in Christ)과 통합의 길을
모색하고 있다.

2_ 나는 내 회심과 회심 이후에 내가 성서적 신앙의 중요한 신학적 차원을 드러내기 위해
기독교 신앙을 붙들고 씨름했던 일에 관한 더욱 상세한 이야기를 Gregory A. Boyd, *The
Benefit of the Doubt: Dismantling the Idol of Creation* (Grand Rapids: Baker, 2013)에
실어놓았다.

3_ John C. Whitcomb Jr. and Henry M. Morris, *The Genesis Flood: The Biblical Record*

느 한 주제와 관련해 그렇게 많은 책을 읽어본 적이 없었다. 그런 까닭에 순진하게도 나는, 내가 이만큼 준비했으니, 이제 진화론이라는 거짓말에 쉽게 공략당할 수 있는 학생들을 보호하는 것은 물론이고, 어쩌면 교수까지도 회심시킬 수 있을 거라고 과도하게 확신하게 되었다. 그러나 상황은 내가 계획했던 대로 진행되지 않았다.

첫 시간에 나는 교수가 내가 읽었던 책들에서 "논박되었던" 주장을 할 때마다 끼어들어 그에게 반론을 제기했다. 그런데 유감스러울 뿐 아니라 놀랍게도, 그때마다 교수는 아주 부드럽게 응수하면서 내 주장을 무력화 시켰다. 심지어 어떤 경우에는 내가 동료들 앞에서 바보처럼 보이게 하지 않기 위해 일부러 말을 돌리면서 그렇게 했다. 그 교수가 최초로 만났던 열정적인 젊은 지구 창조론자는 내가 아니었음이 분명하다!

그 수업을 함께 들었던 기독교인 친구 두 명이 그런 무모한 반대에 찬 사를 보내기는 했으나, 그해 여름 학기의 두 번째 혹은 세 번째 주 즈음에 는 그 수업을 듣는 학생들 대부분이 내 반대에 대해 슬슬 짜증을 내기 시 작했다. 하지만 놀랍게도 그 교수는 그들의 불만에 맞서 나를 옹호했다. 그리고 참으로 과학적인 정신이란 다른 모든 사람이 당연하게 여기는 가 정들에 대해 기꺼이 질문을 제기하는 태도라고 말했다. 내가 제기했던 창 조론의 주장들을 모두 완전히 논파할 때조차 그 교수가 내게 했던 친절하 고 존경할 만한 태도는, 내 주장에 대한 그의 논박을 더더욱 강력하게 만 들었다. 그의 태도는 내 머리로 만들어낸 진화론자들의 모습, 즉 인간은 시간과 우연이 만들어 낸 산물일 뿐이라는 주장을 펼치면서 사탄의 명령 을 이행하는 불경한 자유주의자들의 모습과 대조되었다.

그 학기 중반 즈음에 나는 진화론에 반대하기 위해 세 권의 책을 읽으 며 비축했던 탄약을 모두 소진하고 말았다. 낙심한 나는 추가로 도움을 얻

---

and Its Scientific Implications (Phillipsburg, NJ: P&R Publishing, 1960).

기 위해 몇몇 기독교 서점들과 도서관들을 순례하기 시작했다. 하지만 이전의 내 주장들을 그렇게 했던 것처럼, 그 교수는 내가 그렇게 해서 겨우 찾아낸 몇 가지 새로운 주장들마저 여지없이 무력화시키고 쓸모없게 만들어버렸다. 그런 식으로 그 학기가 끝날 무렵, 젊은 지구 창조론과 아담과 하와의 역사성에 대한 나의 근본주의적인 믿음은 완전히 흔들리고 말았다. 그때 나는 단순히 오래된 지구와 인류의 탄생으로 이어지는 모종의 진화 과정을 지지하는 증거들이 압도적으로 강하다는 사실만 부인하지 못했던 것이 아니다. 내가 젊은 지구 창조론을 옹호하고 진화론을 반대하면서 펼쳤던 모든 주장이 그 교수에 의해 철저하게 논박되었다는 사실도 부인할 수 없었다. 믿음을 계속해서 붙들고 있을 수 있었던 유일한 생명줄은 내가 회심 후부터 누려왔던 부인할 수 없을 만큼 분명한 몇 가지 심원한 영적 경험뿐이었다.

하지만 당시에 내가 받고 있던 교육이 내 신앙에 대해 제기하는 지적 도전의 무게가 그 생명줄이 지탱할 수 있는 정도를 넘어서는 데는 그리 오랜 시간이 걸리지 않았다. 실제로 내가 새로이 발견한 신앙이 완전히 부서지는 데는 미네소타 대학교에서 단지 한 과목을 더 듣는 것만으로도 충분했다. 그 과목은 "문학으로서의 구약성서"라는 과목이었다. 나는 하나님과 예수님 그리고 성서를 정말 **간절히** 믿고 싶었다. 신앙이 내게 주었던 심원한 성취감, 의미, 그리고 목적의식을 진심으로 사랑했다. 그리고 회심한 후 한 해 동안 가졌던 그리스도에 대한 경험은 때로는 황홀함 그 자체였다. 하지만 만약 지적으로 성실하고자 한다면, 이제 나는 창조, 타락, 그리고 성서의 다른 여러 가지 이야기들이 문자적 사실로 보이지 않는다는 것을 더는 부인할 수 없었다. 그리고 그것은, 그 시절의 내가 기독교 신앙과 동일시했던 근본주의의 틀에서 보았을 때, "성서 전체가 거짓말로 가득 찬 책"이라는 것을 받아들일 수밖에 없음을 의미했다.

하지만 그렇게 신앙을 잃어버린 후에 경험한 시간은 내 삶에서 가장 불행한 시간이 아니었다. 나는 그리스도를 영접하기 전에 이미 동방 신비주의(eastern mysticism)를 통해, 또한 LSD를 비롯한 다른 약물을 통해 "진리"를 발견할 가능성을 탐색했던 적이 있었다.[4] 일단 기독교가 진리가 아니라는 결론을 내리고 나자, 내가 찾을 수 있었던 유일한 대안은 실존적 허무주의뿐이었다. 그래서 나는 프리드리히 니체(Friedrich Nietzsche), 장 폴 사르트르(Jean-Paul Sartre), 알베르 카뮈(Albert Camus) 같은 작가들의 책에 빠져들었고, 그들과 함께 실존의 무의미한 부조리를 용감하게 끌어안으려 했다. 하지만 솔직하게 말하자면, 결국 그것은 나를 철저한 절망으로 몰아갔을 뿐이다.

내가 이 짧은 글을 통해 점차 나를 기독교 신앙으로 되돌아가도록 이끌던 숱한 생각들을 일일이 설명할 수는 없다. 다만 내가 기독교에 다시 눈길을 주게 된 이유가 강렬한 실존적 고뇌 때문이었다는 것만 말해두고자 한다. 나는 만약 허무주의가 참이라면 그것을 받아들이는 것이 어째서 그토록 절묘하게 고통스러우며 또한 어째서 그것이 그렇게 완벽하게 부자연스럽게 느껴지는지 궁금했다. 도대체 어떻게 진화라는 자연적 과정이 사실상 존재하지도 않는 궁극적 의미를 그토록 절망적으로 갈망하는 피조물을 만들어낼 수 있었던 것일까? 그래서 나는, 설령 창조와 타락처럼 성서의 어떤 이야기들이 비록 문자적으로 사실은 아니더라도, "성서 전체가 거짓말로 가득 찬 책"이라고 결론짓도록 요구하지 않는 형태의 기독교 신앙을 포용하는 방법을 찾기 시작했다.

오늘날의 많은 기독교인들이 그러하듯, 나 역시 기독교 신앙으로 되돌아가는 길을 발견하는 과정에서 C. S. 루이스(C. S. Lewis)에게 큰 도움을

4_ 나는 *Benefit of the Doubt*에서 내 영적 여행에 대해 길게 논한 바 있다.

받았다. 지금 나는 고뇌에 찬 대학 2학년 시절에 어느 카페에 앉아 루이스의 『고통의 문제』(*The Problem of Pain*)라는 책을 읽다가 받았던 희망의 느낌을 떠올리고 있다. 나는 어디에선가 루이스가 미국 복음주의자들 사이에서 가장 존경받는 기독교 변증가라는 글을 읽은 적이 있었다. 하지만 나는 루이스를 통해 내게 진화를 거부하라고 강요하거나 혹은 성서의 모든 이야기를 문자적으로 받아들여야 한다고 요구하지 않는 형태의 성서의 영감을 인정하는 방법을 알게 되었다.

그 책에서 루이스는 "창세기에는 지식을 주는 마법의 열매에 관한 이야기(가장 심오한 암시로 가득 찬 이야기)가 나옵니다. 그러나 교리의 발전과 함께 열매에 들어 있던 마법의 요소가 사라지면서, 이것은 단순히 인간의 불순종에 관한 이야기가 되어 버렸습니다"라고 썼다. 놀랍게도 루이스는 계속해서 이렇게 고백한다.

> 이교 신화에도 지극한 관심을 가지고 있는 제가 **성경에 나오는 신화에 더 지극한 관심을 갖는 것은 당연한 일입니다.** 그렇기 때문에 저는 이 열매를 그저 유일한 순종의 담보물로 취급하는 쪽의 이야기보다는, 마법의 열매를 강조하여 지식의 나무와 생명 나무를 접합시키는 쪽의 이야기에 더 깊고 미묘한 진리가 담겨 있음을 의심치 않습니다. 그러나 순종을 강조하는 쪽의 이야기 역시 그것대로 참되며 유용하지 않았다면, 지금처럼 교회 안에서 발전되어 위대한 학자들의 승인을 얻도록 성령께서 허용치 않으셨으리라고 생각합니다.[5]

이어서 루이스는 자신이 『고통의 문제』에서 다루고자 하는 것이 성서 안에 있는 "원시적"이고 신화적인 이야기가 아니라 타락에 관한 교회의

5_ C. S. Lewis, *The Problem of Pain* (New York: Simon & Schuster, 1996), 63-64, 강조는 내 것임(『고통의 문제』, 홍성사 역간, 109).

교리에 초점을 맞추는 것이라고 결론짓는다. 그는 이렇게 덧붙인다. "발전되기 전의 옛 이야기 쪽이 훨씬 더 심오하지 않을까 싶기는 하지만", 참으로 그것은 너무나 심오하기에 루이스는 "저로서는 그 심오한 깊이를 꿰뚫어볼 수 없다"고 고백한다.[6]

그러나 루이스에게, 성서의 이야기에 "신화"라는 이름을 붙이는 것은 그것이 실제 역사상의 사건을 표현하지 않음을 의미하지 않았다. 오히려 루이스는, 우리가 원시 과거의 어느 시점에 무언가가 크게 잘못되었음을 인정하지 않는다면 타락에 관한 성서 이야기를 이해할 수 없다고 확신했다. 하지만 루이스는 "인간이 타락했을 때 정확히 어떤 일이 일어났는지 우리는 모릅니다"라고 말한다. 우리는 "[스스로 자신의 주인이 되겠다는] 이처럼 모순되고 실현 불가능한 소원이 구체적으로 어떤 하나의 행위 또는 일련의 행위로 표출되었는지"와 관련하여 무언가 믿을 만한 "개념"을 얻기 위해 필요한 역사적 정보에 결코 접근하지 못한다. 하지만 루이스에 따르면 그것은 "중요한 문제가 아니"다. 우리가 이 역사적 타락의 **의미**가 성서에서 발견되는 하나님의 영감으로 기록된 신화를 통해 나타난다는 사실을 받아들이는 한 그렇다는 말이다.[7]

내가 기독교 신앙을 다시 끌어안기 위해 통과해야 했던 장애물이 여럿 있었지만, 이것이야말로 가장 중요한 것 가운데 하나였다. 만약 내가 하나님의 말씀인 성서에 대한 믿음을 성서와 다른 고대 근동 문헌이 공유하는 신화들에 관해 배웠던 다른 것들은 물론이고 모종의 진화론을 수용하는 문제와 화해시키는 방법을 발견하지 못했더라면, 아마도 나는 복음

6_ Ibid.

7_ Ibid. Lewis는 다른 곳에서 비슷한 불가지론(agnosticism)을 표현한다. 그는 이렇게 말한다. "우리는 하나님이 이런 다른 피조물들을 얼마나 많이 만드셨는지에 대해서도, 그리고 그들이 낙원에서 얼마나 오랫동안 살았는지에 대해서도 알지 못한다. 머지않아 그들은 타락했다"(A. N. Wilson, *C. S. Lewis: A Biography* [New York: W. W. Norton, 1990], 210).

주의 형태의 기독교 신앙으로 되돌아가는 길을 발견하지 못했을 것이다.

바로 이 경험이 복음주의자이자 재세례파 교회의 목회자인 내가 아담의 역사성 문제에 접근하는 방식을 알려준다. 내가 무의미한 허무주의의 절망적인 세계를 영원히 떠나 우리에게 생명을 주시는 예수 그리스도와의 관계를 다시 한 번 받아들일 수 있었던 것은 내가 진화론을 부정하거나 문자적 아담을 긍정할 필요 없이 성서를 수용하도록 루이스가 도왔기 때문이었다. 그러므로 비록 지금 내가 아담을 역사적 인물로 인정하는 쪽으로 기울어져 있지만, 만약 내가 삶의 형성기에 아담의 역사성을 수용할 수 없어서 이처럼 생명을 제공하는 관계를 얻지 못했더라면, 아마도 내 삶은 끔찍한 비극이 되었을 것이다. 간혹 나는, 어쩌면 내가 단지 지적 성실성 때문에 역사적 아담을 긍정할 수 없다는 이유만으로 부조리하고 무의미한 세상에서 공허하고 무의미한 삶을 살거나 죽은 후에 내가 어떻게 될지에 대해 아무것도 알지 못한 채 살도록 정죄 되었을 수도 있다고 생각하면, 정말로 몸서리쳐진다!

바로 이것이 복음주의 재세례파 교회 목회자인 내가 아담의 역사성을 기독교 신앙의 핵심 요소로 여기지 **않는 것이** 중요하다고 여기는 주된 이유 가운데 하나다. 분명히 나는 이 주제에 관한 토론을 아주 즐긴다. 또한 나는 아담의 역사성을 긍정하는 것이 성서적 추론과 기독교 메시지의 전반적인 통일성을 위한 핵심이라고 확신하는 이들과도 큰 문제 없이 지낼 수 있다. 그들이 "정통"이라는 넓은 천막 아래 다른 이들이 그들에게 동의하지 않을 여지를 허락하기만 한다면 말이다. 비록 그들이 그리스도 안에 있는 다른 형제나 자매들이 어떻게 성서의 영감을 긍정하면서도 혹은 기독교 메시지의 일관성을 해치지 않으면서도 아담의 역사성을 부정할 수 있는지를 이해하지 못할지라도, 나는 그들에게 이 문제와 관련해 교조적이 되지 않기를 바라고, 또한 자기들과 의견을 달리하는 이들의 진정성을 믿어주기를 간청한다. 사실 이 문제와 관련된 교조주의는, 비통하게도 루이스, 나 자신, 그리고 다른 많은 이들이 생명을 제공하는 나라 안으로 들어가지 못하도록 가로막는 것이 될 수도 있다.

순전한 기독교

기독교 목사인 내가 루이스를 언급하면서 아담의 역사성을 기독교 신앙의 핵심 요소로 여기지 말자고 촉구하는 두 번째 이유가 있다. 그것은 아담의 역사성을 긍정하는 것이 루이스가 "순전한 기독교"(mere Christianity)라고 부르는 것의 일부가 아니라고 믿기 때문이다.[8] 기본적으로 교회의 에큐메니컬 신조들은 하나같이 인간과 창조 세계가 타락한 상태에 있음을 전제하고 인간의 역사적 타락에 대해 증언한다. 그렇지만 이러한 신조 중에서, 역사적 아담에 대한 긍정을 기반으로 이러한 확신을 전개하는 신조는 없다. 그러므로 오늘날 어떤 이들이 역사적 아담에 대한 긍정을 신앙의 정통성에 대한 시금석으로 여긴다면, 그들은 "정통"의 정의를 역사적-정통 교회가 취하는 견해 이상으로 불필요할 뿐 아니라 현명하지 못하게 경화시키고 있는 셈이다. 그런 식으로 그들은 사람들이 하나님 나라 안으로 들어가는 것을 가로막는 장애물을 설치하는데, 사실 그것은 "정통"에 대한 역사적 정의가 요구하는 것이 아니다.

이런 주장은 나와 내 교회가 공감하는 "순전한 기독교"의 특별한 전통 안에서 형성된 신앙고백서들에 의해 강화된다. 「슐라이타임 신앙고백서」(Schleitheim Confession, 1527)와 「리데만의 변명서」(Ridemann's Rechenshaft,

---

8_ C. S. Lewis, *Mere Christianity* (1943; New York: Simon & Schuster, 1996).

1540)를 필두로, 「도르트레흐트 신앙고백서」(Dordrecht Confession, 1632)를 거쳐서, 더욱 현대적인 「메노파 신앙고백서」(Mennonite Confession of Faith, 1963)와 「메노파 관점에서 본 신앙고백서」(Confession of Faith in a Mennonite Perspective, 1995)에 이르기까지, 우리는 인간이 타락했으며 따라서 구속이 필요하다는 통일된 확언을 발견하지만, 그런 확언과 역사적 아담에 대한 믿음 사이에 필연적인 연관성이 있음을 발견하지는 못한다.

그러므로 내가 고수하는 더욱 폭넓은 에큐메니컬 신조들과 더욱 특별한 재세례파 신앙고백서들은, 우리가 아담의 역사성을 정통 기독교 신앙의 핵심 요소로 여기는 태도야말로 곧 우리가 사람들 앞에 그들이 정통 기독교를 수용하기 위해 뛰어넘어야 하는 지적 장애물을 설치하는 것임을 분명하게 알려준다. 그리고 내가 말했듯, 그것은 오늘날 지적 성실성을 지닌 많은 이들이 간단히 뛰어넘기 어려운 장애물이다.

신앙과 과학의 싸움

아담의 역사성에 관한 토론이 기독교 신앙의 핵심 요소가 아니라는 내 목회 관점의 특징을 이루는 세 번째 요소는 서구 교회가 과학과의 싸움을 전개해온 역사와 관련되어 있다. 복음전도자의 마음을 지닌 목회자인 나는 우리 문화 안에 있는 불신자들에게 지적으로 신뢰할 만한 방식으로 복음을 제시하는 문제에 깊은 관심을 두고 있다. 그런 이유로 나는 갈릴레오 갈릴레이에 대한 종교재판(Galileo's Inquisition)으로부터 스콥스 재판(Scope's Trial)과 현재의 진화론 논쟁에 이르기까지 교회가 과학계의 합의에 대해 엄격한 반대 관점을 취할 때마다 결국 그것이 더 넓은 문화에 속한 이들이 보기에 교회의 신뢰성을 훼손했을 뿐이라는 의미심장한 사실에 크게 주목하고 있다. 이런 불행한 역사에 비추어 볼 때, 그리스도의 교회의 리더로 부르심을 받은 우리는, 우리의 신앙과 과학계가 제기하는 다양한 주장 사이에서 잠재적인 긴장을 발견할 경우, **최대한의 유연성** (maximal flexibility)이라 부를 수 있는 겸손한 태도를 보여야 한다는 교훈을 배워야 한다.

지금 나는 기독교 지도자들이 과학계의 주장을 거부하면 안 된다고 주장하려는 것이 아니다. 예컨대 리처드 도킨스(Richard Dawkins)처럼 과학계의 대변인을 자처하는 이들이 과학의 경계를 넘어서 기독교 신앙의 핵심 요소들과 갈등을 일으키는 형이상학적 결론을 이끌어낼 때, 우리는 반드시 그런 유사–과학적(pseudo-scientific) 결론을 거부하고 그런 견해들이 부적절함을 알려야 한다.[9] 하지만 그저 성서의 특정한 구절을 해석하는 방식에 영향을 줄 뿐인 문제들—예컨대 진화론과 아담의 역사성 사이의 잠재적 불일치와 관련된 문제들—과 관련해 과학계의 합의가 있을 경우, 우리는 과학과 교회 사이에 불거진 갈등의 역사를 통해 우리가 취할 수 있는 가장 현명한 접근법이 성서를 해석하는 다양한 방식들을 용인하는 유연한 태도를 보임으로써 그런 방식들이 현재의 과학 이론과 갈등을 일으키지 않게 하는 것임을 알아야 한다. 실제로 교회와 과학계 사이의 이전 싸움들이 그것을 가르쳐줄 뿐 아니라, 아우구스티누스와 칼뱅 그리고 다른 교부들이 성서와 그들 시대의 과학 사이에서 감지된 갈등을 다루면서 취했던 지혜로운 방식들 역시 그것에 대해 많은 가르침을 준다.[10]

9_ 예컨대 Richard Dawkins, *The Selfish Gene* (Oxford: Oxford University Press, 2006); idem, *The God Delusion* (London: Bantam Press, 2006)을 보라. 이에 대한 기독교의 탁월한 대응은 Alister McGrath, *Dawkin's God: Genes, Memes, and the Meaning of Life* (Oxford: Blackwell, 2005)를 보라.

10_ Kenton L. Sparks, http://biologos.org/blog/scripture-evolution-and-the-problem-of-science-pt-1 (2013년 6월 10일에 접속함)을 보라. Augustine의 관점에 대한 서론은 Matt Rosssano, "Augustine of Hippo: A Role Model for Intelligent Faith," http://

진화론과 역사적 아담에 대한 믿음을 화해시킬 수 있는 여러 가지 방법이 있다. 그리고 그 중 몇 가지는 이 책에서 이미 논의되었다. 어떤 이들은 가능성 있는 이런 해결책 중에서 한두 가지를 그럴듯하다고 여길 것이고, 다른 이들은 그렇지 않다고 여길 것이다. 목회자로서 나는 신앙과 과학의 조화를 위해 아담을 비역사적인 방식으로 해석해야 한다고 느끼는 이들이, 단지 그렇게 느낀다는 이유 하나만으로 하나님 나라 밖으로 쫓겨나거나 혹은 적어도 정통 기독교 신앙의 울타리 밖으로 쫓겨나는 것이 불합리하다고 생각한다. 바로 이것이 내가 성서와 과학을 조화시키는 문제와 관련해 **최대한의** 유연성이라는 태도를 옹호하는 이유다.

만약 우리가 신앙의 신뢰성을 성서와 과학을 화해시키는 단 하나의 방식 위에 올려놓는 것을 자제한다면, 나는 그런 태도를 통해 기독교 신앙에 대한 신뢰와 기독교인들이 지적으로 열려 있는 사람들이라는 인식을 둘 다 확장시킬 수 있으리라 확신한다. 우리가 그렇게 할 때, 복음의 신뢰성과 세상에 대한 우리 증언의 신뢰성은 더욱 크게 증진될 것이다. 개인적으로 우리는 다른 것들보다 어느 한 해결책을 더 좋아할 수 있다. 하지만 사실은 성서와 과학계의 합의 두 가지를 다 끌어안을 수 있는 여러 가지 방법이 있다.

역사적 아담과 성서의 권위

이 문제에 대한 내 목회 관점의 특징을 이루는 네 번째이자 마지막 요소는 성서의 권위가 가진 본질과 관련되어 있다. 복음주의자들은 성서를 경

---

www.huffingtonpost.com/matt-j-rossano/augustine-of-hippo-a-role_b_659195.html
(2013년 6월 10일에 접속함)을 보라.

험이나 이성 혹은 전통보다 우선시하므로, 이 요소는 청중에게는 단연코 가장 중요한 것이라 하겠다. 실제로 이 문제가 오늘날 중요한 이유는, 이 책에 실린 몇 개의 글이 분명하게 보여주듯, 많은 복음주의자가 아담의 역사성을 부정하는 것은 곧 성서의 권위를 해치는 것이라고 믿기 때문이다. 예컨대 만약 아담이 역사적 인물이 아니라면, 우리는 예수님과 바울이 그를 거론하면서 오류를 범하고 있다고 여겨야 한다는 것이다. 또한 만약 우리가 첫 번째 아담을 역사적 인물로 여기지 않는다면, 어떻게 우리가 두 번째 아담인 예수를 역사적 인물로 여길 수 있겠는가 하는 것이다. 또한 그것과 관련된 문제로서, 만약 우리가 문자적·역사적 타락을 인정하지 않는다면, 어떻게 우리가 문자적·역사적 구속을 긍정할 수 있겠는가 하는 것이다.

나는 이런 식의 질문에 깊이 공감한다. 실제로 지금 내가 아담이 역사적 인물이었다는 믿음 쪽으로 기울어져 있는 이유가 바로 그런 우려 때문이다. 그러나 내가 이미 언급했던 세 가지 이유 외에도, 우리가 우리의 결론에 대해 교조적이 되지 않도록 경고하면서 그로 인해 왜 내가 아담이 한 명의 역사적 인물이었다는 관점으로 단지 **기울어지고** 있는지 설명해 주는 특별히 성서적인 세 가지 이유가 있다고 생각한다.

첫째, 루이스의 경우 및 초대 교회 역사 전반을 통해 나타나듯, 우리는 타락이 창세기 3장에서 문자적으로 그리고 마치 스냅사진을 찍는 듯한 방식으로 묘사되고 있다는 관점에 의지하지 않고서도 타락의 역사성을 긍정할 수 있다. 초대 교회에 속한 많은 이들이 창세기 이야기를 전체적으로나 혹은 부분적으로 원시 시대에 있었던 하나님에 대한 인간의 반역을 묘사하는 알레고리 혹은 신화적 표현으로 해석했다. 예컨대 오리게네스는 3세기경에 이 이야기에 대한 비문자적인 해석이 (적어도 그가 살던 지역에서라도) 얼마나 광범위하게 퍼져 있었는지 보여준다. 그는 그 이야기를 문자적으로 해석하는 것을 넌지시 조롱하면서 다음과 같이 말한다.

> 하나님이 마치 농부가 그렇게 하듯 "동쪽 땅 에덴 안에 낙원을 세우시고", 그
> 안에 눈으로 볼 수 있고 손으로 만질 수 있는 "생명나무"를 심으시며, 자신의
> 치아로 그 열매를 맛보는 사람은 누구나 생명을 얻게 하시고, 또한 "선과 악"
> 이라는 이름을 지닌 나무로부터 취한 열매를 씹음으로써 선과 악을 알게 하
> 셨다고 믿을 만큼 어리석은 자가 있을까? 하나님이 "그날 서늘한 때에 동산을
> 거니셨고" 아담이 나무 뒤로 몸을 숨겼다고 성서가 전할 때, 나는 그것이 어
> 떤 신비들을 실제 사건이 아니라 역사와 유사한 형태를 통해 보여주는 상징
> 적 표현임을 의심할 사람이 없으리라 생각한다.[11]

이런 맥락에서, 솔직히 나는 아담의 역사성을 부인하는 것이 곧 타락
의 역사성이나 우리 구속의 역사성을 훼손하는 것이라는 교조적 주장의
타당성을 보여주는 어떤 근거도 발견할 수 없다.

그뿐 아니라 역사를 통해 대부분의 성서 해석가들은, 우리가 성서에
서 발견하는 내용 중 많은 것이, 데니스 라무뤼와 존 월튼이 그들의 글에
서 강조하듯, 하나님이 자신의 계시를 그것을 받는 이들의 제한되고 타
락한 정신에 맞추고 계심을 알려준다는 점을 인정해왔다. 그러므로 해
석자들은 언제나 성서의 많은 부분을 기꺼이 비문자적인 방식으로 해석
해 왔으며, 심지어는 원저자가 자신의 작품이 문자적으로 읽히기를 바랐
던 것이 분명한 부분에서조차 그렇게 해왔다. 그런 맥락에서, 만약 어떤
이가 에덴동산의 아담 이야기가 하나님이 역사 전반을 통해 독자들(지극
히 다양한 문화적 환경에 속한 독자들)이 역사적 반역의 의미를—그것에 대

11_ Origen, *On Frist Principles*, trans. G. W. Butterworth (New York: Harper & Row, 1966), Bk. IV.3.1, 288.

한 상세한 문자적 기술은 너무 어려워서 이해하는 데 별 도움이 되지 않을 수도 있다―이해하도록 돕기 위해 행하신 하나님의 맞추심(a divine accommodation)의 일환으로 영감을 받아 기록된 신화일 **가능성**을 교조적 관점에서 부인한다면, 그것은 얼마간 독단적 태도이며 교회의 지배적인 해석 전통에 정면으로 반하는 행위로 보인다. 그리고 설령 어떤 이들이 개인적으로 타락에 관한 이야기를 문자적으로 해석해야 한다고 확신하고 있을지라도, 교회의 오랜 해석 전통에 비추어볼 때, 어째서 그들이 그 문제와 관련해 자기들에게 동의하지 않는 그리스도 안에 있는 (루이스와 같은) 형제나 자매들에게 문을 닫는 행동이 허락되어야 하는가?

둘째, 그리고 이와 밀접하게 관련해 우리가 아담을 역사적 인물로 보든 그렇지 않든, 예수님과 바울이 아담에 관해 말한 방식은 창세기 2장과 3장에서 아담이 묘사되는 방식과 일치하며 본질상 전형적 혹은 원형적이다. 다시 말해 월튼이 이 책에 실린 그의 글에서 효과적으로 주장하듯, 아담은 한명의 대표 인간(a representative human)인 셈이다.[12] 물론 우리는 아담이 이런 문학적 역할을 하는 것은 사실상 그가 최초의 실제 인간이었기 때문이라고 주장할 수도 있다. 그리고 지금 나는 그런 주장에 동의하는 쪽으로 기울어져 있다. 하지만 그럼에도 나는 우리가 원칙적으로 예수님과 바울이 아담에 관해 한 말에 담긴 **메시지**를 긍정하면서도 여전히 그가 최초의 실제 인간이었음을 부인할 수 있다고 여긴다.

만약 어떤 이가 이에 맞서 예수와 바울은 1세기의 거의 모든 유대인들처럼 역사적 아담을 믿었다고 주장한다면, 우리는 그에게 앞서 언급한

12_ Peter Enns 역시 이런 주장들에 동조하면서 대략 예수 및 바울과 동시대의 문헌에서 "아담"이 수행했던 문학적 역할에 관해 주로 논한다. *The Evolution of Adam: What the Bible Does and Doesn't Say about Human Origins* (Grand Rapids: Brazos Press, 2012)를 보라.

"하나님의 맞추심"이라는 원리를 제시함으로써 맞대응할 수 있다. 오늘날 우리가 성서를 통해 그분이 하시는 일을 보듯, 우리는 하나님이 자신을 낮춰 당시의 사람들에게 맞추시고 그들의 세계관을 통해 역사하셨다고 주장할 수 있다. 그런 의미에서 아담에 대한 예수님과 바울의 언급은 모든 씨 중 가장 작은 겨자씨에 대한 예수님의 언급(겨자씨는 사실 가장 작은 씨가 아니다—역자 주)이나 몸의 등불인 눈에 대한 그분의 언급(눅 11:34, 이 것은 시력이 눈을 통해 들어오는 빛을 포함한다는 고대 근동에 널리 퍼져 있었던 믿음을 가리킨다)과 같은 맥락에서 해석될 수 있다. 예수님이 하나님의 영감을 통해 가르치신 내용의 핵심은 그분의 진술들이 이런 측면에서 과학적으로 정확하지 않은 세계관을 가정하고 있다는 사실로 인해 영향을 받지 않는다.

다시 말하지만, 내 요점은 이런저런 특정한 견해들을 옹호하는 것이 아니라, 우리가 자신의 지적 성실성 때문에 이런 관점을 견지할 수밖에 없는 이들을 정당한 자격을 갖고서 정통적·복음주의적 신앙의 울타리에 속해 있는 형제와 자매로 여겨야 한다는 내 개인적 확신을 드러낸다. 설령 우리가 동료 기독교인 중에서 어떤 이가 역사적 아담을 부인하면서도 여전히 논리적 일관성을 지니고 성서의 권위와 신앙의 다른 핵심 측면들을 긍정할 수 있는 이유를 이해하기 어렵다 하더라도, 우리가 그의 견해를 구실로 그가 하는 말들이 논리적으로 일관성이 없다고 말한다면 그것은 최악의 행동이다. 사실 감사하게도 논리적 일관성은 정통의 시금석 역할을 한 적이 결코 없었다.

결론

아담의 역사성에 관한 논쟁은 기독교인들이 해볼 만한 가치가 있는 훌륭하고 건전한 논쟁이다. 이 글에서 나는 우리가 이 논쟁을 어떤 이가 정통 기독교인인지 아닌지를 결정하는 논쟁이 아니라, 정통 기독교인들 사이의 논쟁으로 이해해야 한다는 주장을 펼쳤다. 만약 내가 역사적 아담의 존재를 확신하는 것이 정통 기독교 신앙을 끌어안기 위한 전제조건이라고 믿었더라면, 아마도 나는 지금과 같은 기독교인이 되지 못했을 것이다. 이는 루이스를 비롯해 다른 많은 기독교인에게도 해당된다. 그뿐 아니라, 가장 이른 시기에 형성된 교회의 에큐메니컬 신조 중에서 어떤 것도 이러한 확신을 요구하지 않는다.[13]

아우구스티누스와 칼뱅 그리고 다른 교부들이 그들 당대의 과학과 맞서 수행했던 논쟁의 역사는 우리가 과학 공동체의 합의에 반하는 엄격한 태도를 보일 때 신중을 기할 필요가 있음을 알려준다.

마지막으로 학자들이 성서의 영감을 비롯해 기독교 신앙의 모든 핵심 요소를 긍정하면서도 아담의 역사성을 부인하는 것은 가능한 일이다.

비록 많은 기독교인이 아담의 역사성을 부인하는 이들의 해석을 받아들이기 어렵다고 느낄지라도, 만약 그 해석이 논리적으로 일관성이 없는 것이 아니라면, 그들의 해석이 그들의 정통성을 의심하는 이유가 되어서는 안 된다. 바울은 사랑은 다른 이들에게 있는 최선의 것을 믿고 그들을 위해 최선의 것을 바란다고 가르친다(고전 13:7). 우리는 무엇보다 서로에게 사랑을 드러내는 공동체가 되도록 부르심을 받았다. 그러므로 나는 우

13_ 지금 나는 「니케아 신조」(Nicene Creed, 325년), 「니케아-콘스탄티노플 신조」(Nicento-Constantinopolitan Creed, 381년), 그리고 「사도신경」(Apostles' Creed, 700년) 등을 언급하고 있다.

리가 아담의 역사성을 부인할 필요가 있다고 느끼는 이들의 진심과 정직성을 인정하고 그들을 정통이라는 울타리 안으로 환영해야 한다고 주장한다. 비록 어떤 이들은 결국 자기들이 그들에게 확신을 주어 그들이 지금과는 달리 생각하도록 만들 수 있다는 소망을 품고서 그렇게 할지도 모르지만 말이다.

▶ 실제적이고 역사적인 아담이 없다면,
◢ 우리는 세계와 우리의 믿음을 이해할 수 없다

필립 G. 라이켄

보기 드문 솔직함이 묻어나는 순간이었다. 그 순간 죄로 가득 찬 세계에서 살아가는 삶에 대한 축적된 좌절감이 개인적 적대감의 형태로 자연스럽게 분출되었다. 어린 소녀는 아담과 하와의 그림 앞에 서서 잔뜩 화가 난 표정으로 주먹을 흔들며 소리쳤다. "당신들이 모든 것을 망쳤어!"

아마도 그 소녀가 어느 신학자―휘튼 칼리지에서 가르치는 내 동료 교수 중 한 명―의 딸이었다는 사실은 그다지 놀라운 일이 아닐 것이다. 분명히 그녀는 이미 매우 많은 교리를 배운 터였다. 그녀는 자신의 세계와 관련해 뭔가 잘못되었음을 알았다. 상황은 애초에 기대했던 대로 되지 **않았다.** 또한 그녀는 이런 불행한 상황에 대한 책임이 누구에게 있는지도 알았다. 책임은 아담과 하와에게 있었다!

하지만 그게 전부가 아니다. 그 어린 소녀는 그림 속에 있는 사람들이 단지 이야기책의 등장인물들이 아니라 실제 세계에서 살았던 실제 인물들이었다는 것도 알았다. 그렇지 않다면 어째서 그녀가 그렇게 직접 그들을 향해 말했겠는가? 그녀는 아주 인격적인 방식으로 그 사람들과 연관되어 있었다. 그들의 이야기는 그녀의 이야기 중 일부였고, 그녀의 이야기는 그들의 이야기 중 일부였다. 사실 그녀의 말들은 그녀가 인류의 최초 조상들과 연대하고 있음을 보여주는 증거로서, 그녀 자신도 알아차리지 못한 증거였다. 그녀 앞에 있는 그녀의 조상 아담과 마찬가지로, 그녀는 자신이 타락한 원인이 된 누군가를 비난하고 싶었다.

이 일화가 예시하듯, 아담과 하와의 역사성은 우리의 일상생활과 관련해 심원한 의미를 가진다. 최초 인간들이 창조되었으며 그 후에 그들이 타락하여 죄를 지었다는 말보다 더 큰 설명 능력을 갖춘 것이 달리 있을까? 구속에 대한 우리의 소망뿐 아니라 인간의 위엄과 타락은 아담 이야기와 함께 시작된다.[1]

성서의 아담과 과학

아담의 이야기는 많은 것을 설명해준다. 왜냐하면 그 이야기는 단순히 우리가 고대 신화들 속에서 발견할 수 있을 법한 인간의 상태에 대한 묘사 그 이상을 담고 있기 때문이다. 아담은 역사 속에 살았던 실제 인간이다. 따라서 그의 삶에서 발생한 사건들은 세계에 실제로 영향을 끼치는 원인들이다. 그의 이야기는 우리에게 **과거에 일어난** 일들을 전해주기 때문에 **지금 일어나는** 일들에 대해서도 설명해 준다.

역사적 아담에 대한 탐구는 창세기 1-3장에서 시작되지만 거기서 끝나지 않는다. 그것은 또한 창세기 4장과 5장에서 나타나는 역사적인 이야

1_ 이 글을 쓰는 과정에서 나는 Robert Bishop, Darrell Bock, Don Carson, Bryan Chapell, Jeff Greenman, David Helm, Beth Jones, Tim Keller, Doug Moo, Josh Moody, John Piper, Jim Samra, Richard Schultz, Dan Treier, 그리고 John Walton 등의 제안과 교정에 빚을 졌다.

기들에 근거하고 있다. 거기서 아담과 하와는 살아 숨 쉬는 실제 인간들로 묘사되는데, 그들은 대화를 나누고, 부부관계를 가지며, 자녀들에게 이름을 지어주는 등 현실적인 일을 하면서 살아간다. 그들의 역사성은 역대상 1-9장과 누가복음 3:23-38에 실려 있는 상세한 족보들—인류 역사의 여명에서 시작해 장구한 기간의 기록된 역사를 아우르는 복잡하고 신중한 기록들—을 통해 확증된다. 또한 그들의 역사성은 복음서에서 예수가 그들의 이야기와 관련해 무심코 행하시는 언급(마 19:4-6; 막 10:6-9)과 사도 바울이 기독교 신앙과 실천의 근거를 아담과 하와의 역사에서 찾아내는 조밀한 논증(롬 5; 고전 15; 딤전 2)에도 기초를 두고 있다. 종합하면 이 모든 구절은 우리가 창세기에 있는 이야기체 역사에 관해 해석할 때, 해석학적 기준의 역할을 한다.

이 모든 것은 이 책의 다른 부분에서 상세하게 제시된다. 따라서 나는, 비록 하나님이 아담과 하와를 만드신 방법에 관한 질문들이나 인류의 이 역사적 조상들의 역할에 관한 질문들은 남아 있을지라도, 그들의 역사성에 대한 압도적인 주장은 성서 전반에서 분명하게 나타난다는 점을 주장하려 한다. 역사적 아담을 부인하는 것은 곧 모세, 누가, 예수, 그리고 바울의 가르침을 거부하는 것이나 다름없다.

이것은 아담의 역사성을 기독교 정통 신앙의 핵심 요소로 여기지 않는 기독교인들은 성서를 무시한다는 의미가 아니다. 오늘날 많은 신자들은 성서가 인간의 기원에 관해 주장하거나 혹은 주장하지 않는 것을 아주 진지하고 조심스럽게 이해하려 하고 있다. 그러나 여전히 아담이 특별하게 창조되었다는 관점에 맞서는 대부분의 주장은 성서가 아니라 과학에서 출발한다. 주류 과학계의 합의에 따르면(물론 과학계 안에는 서로 다른 목소리들이 있다), 인류는 한 쌍의 유일한 부부에게서 유래한 것이 아니라 훨씬 많은 수의 사람들과 함께 시작되었다. 어떤 기독교인들은 이렇게 제기되는 합의가 우리에게 실제 사실을 알려준다고 여기면서, 그것이 인간의 기원에 관한 창세기의 설명과 일치하지 않음을 알게 된다. 자연스럽게 그들은 아담을 단순한 모델이나 은유로 여기면서, 그리스도에 대한 자신들의 신앙을 아담에 대한 자신들의 불신과 화해시키는 길들을 찾는다.

다행히도 우리는 성서에 기반을 둔 정통과 과학의 신뢰성 사이에서 선택해야 할 필요가 없다. 일반 계시와 특별 계시는 둘 다 우리에게 진실을 말해준다. 어쩌면 시간이 흐름에 따라 우리는 과학의 진리 주장과 성서가 수렴하는 방식을 더 잘 이해하게 되리라고 기대할 수도 있을 것이다.

그때까지는 과학과 신학 모두가 우리에게 다양한 사실들을 알려줄 뿐 아니라 또한 그런 사실들에 대한 해석도 요구한다는 것을 인정하는 편이 현명하다. 새로운 과학적 발견들은 "있는 그대로의 사실"(brute facts)이 아니라 증거에 따른 신중한 평가를 포함하고 있다(그런 증거들은 나중에 재평가될 수도 있다). 아담과 하와의 경우에서처럼, 때때로 과학을 통해 발견된 것들은 무언가를 본문 안으로 집어넣는 것이 아니라(혹은 본문으로부터 무언가를 짜내는 것이 아니라), 우리를 성서로 돌려보내어 그것을 적절하게 이해하도록 돕기도 한다. 우리의 신앙이 이해를 추구할 경우, 우리는 성서에 대한 연구와 과학의 발전 두 가지 모두에 대해 인내심을 발휘하는 것이 현명하다.

때때로 과학을 필요 이상으로 존중하는 문화에서는 임시적인 과학 이론들이 성서의 분명한 진리들을 헐뜯지 않게 하는 것이 중요하다. 한편으로 성서에 대한 전통적 해석을 고집하면서 과학의 진리에 귀 기울이기를 거부하는 것은 기독교의 신뢰성을 해치고 복음 전도에 불필요한 장애물을 설치하는 행위가 될 수도 있다. 그러므로 모든 면에서 겸손이 요구된다.

기독교인의 삶과 교리에서 아담의 위치

이하에서 나는 기독교의 신앙과 실천에서 아담이 수행하는 중요한 역할을 보여주고자 한다. 다행히도 우리는 아담의 삶이 실제 삶의 문제들과 어떤 상관이 있는지 억측할 필요가 없다. 우리는 성서가 기독교 신앙의 핵심 교리들과 관련해 아담을 언급하는 부분들을 그가 실제 과거에 살았던 실제 인물이었다는 가정(혹은 단언)과 함께 살펴보기만 하면 된다.

아담은 성서 내러티브에서 거듭 나타난다. 그러므로 그의 존재를 부인하는 것에 따르는 논리적·장기적 결과는 우리가 사는 매일의 삶에 영향을 끼치는 성서의 핵심 진리들에 대한 교회의 이해를 약화시키는 것으로 나타난다. 이것은 역사적 아담을 부인하는 것이 결국 기독교 신앙을 부인하는 것으로 귀결된다는 뜻이 아니다. 역사적 아담에 대한 전통적 관점을 포기하는 기독교인들이 필연적으로 혹은 즉각적으로 원죄 교리를 부인하거나, 결혼에 관한 성서의 관점과 결별하거나, 칭의의 토대인 그리스도의 의의 가치를 훼손한다는 뜻은 결코 아니다. 그러나 성서가 역사적 아담을 여러 가지 다른 교리들과 분명하게 연결하고 있으므로, 아담에 대한 우리의 관점은 불가피하게 우리의 신학 전반에 영향을 줄 수밖에 없다.

그렇다면 역사적 아담을 옹호하는 것은 기독교의 어떤 교리들에 영향을 주는가? 지면상의 이유로 여기서 그 질문에 대한 완전한 답을 내놓기는 어렵다. 하지만 역사적 아담이 우리가 인간의 정체성을 이해하고, 기독교적 세계관을 형성하고, 복음 이야기를 전할 때 수행하는 몇 가지 근본 역할을 제시할 수는 있다.

1. 역사적 아담은 성서가 하나님의 말씀이라는 확신을 제공한다.

분명히 아담의 지위를 깎아내리는 이들 역시 성서가 자기들 편이라고 주장한다. 하지만 창세기의 처음 장들을 있는 그대로 직접 읽어보면 우리는 그를 하나의 전설이나 단순한 원형이 아니라 실제 인간으로 여기게 된다. 아담이 인류의 대표자라는 점은 그가 역사적 인물, 즉 역사 내러티브에서 소개되는 인물로서 실존했다는 사실에서 나온다. 예수가 살던 시기에 유대교 학자들도 성서를 그런 식으로 읽었다. 그들은 이렇게 말한다. "오 아담이여, 도대체 당신은 무슨 짓을 한 것인가? 비록 죄를 지은 사람은 바로 당신일지라도, 타락은 당신만의 것이 아니라 당신의 후손들인 우리의 것이기도 하다"(에스라 4서 7:118 RSV). 평범한 사람들은 성서를 읽을 때 기꺼이 아담을 역사상의 인물, 즉 인류의 실제 대표자로 여긴다.

만약 아담이 역사적 인물이 아니라면, 성서를 적절하게 설명하기가 불가능하지는 않더라도 어렵다. 그의 이야기를 다른 방식으로 설명하려는 노력은 대부분 부자연스러워 보인다. 예컨대 부모들은 아담과 하와가 실제 사람이었는지 궁금해 하는 자녀들에게 어떻게 답할 것인가? 만약 그 대답이 "아니다"라면, 우리는 아담의 직계 후손들인 가인과 아벨 혹은 셋과 노아에 대해서는 어떻게 답할 것인가? 창세기의 연속되는 내러티브 속에서 신화는 어디에서 끝나고 역사는 어디에서 시작되는가?

아담의 역사성을 부인하는 것은 실질적으로 구속에 관한 거대 내러티브의 첫 장을 삭제하는 것이나 마찬가지다. 성서 이야기의 서로 다른 모든 곳에서 하나님은 실재했던 사람들에게 관여하면서 역사 속에서 일하신다. 그러나 역사적 아담이 없다면, 인류의 기원은 설명되지 않은 채 남아 있게 되며, 구속은 역사에 근거하지 않은 것이 되고 만다. 이것은 성서의 스토리라인을 왜곡하고 성서의 명확성과 신뢰성을 감소시킨다. 아담을 단순한 개념이나 상징으로 여기는 것은, 한 분이고 참된 하나님에 대한 신앙의 출발점이자 인간을 하나님 앞에서 책임을 가진 존재로 만드는 역사적-관계적(historical-relational) 연결고리를 끊는 행위다. 반면에 역사적 아담을 긍정하는 것은 성서의 스토리라인을 온전하게 유지해주며 독자들에게 성서 전체가 참으로 믿을 만한 것임을 재확인시켜 준다. 인간은 성서가 우리가 그런 존재라고 주장하는 바로 그 존재, 즉 아담과 하와의 자손이다(창 3:20; 시 11:4; 전 1:13을 보라).

2. 역사적 아담은 인간의 사악한 본성을 설명해준다.

성서의 스토리라인에서 중요한 것은 단순히 창조된 아담의 존재만이 아니다. 그보다는 오히려 그가 타락해서 죄에 빠진 사실이 더 중요하다. 우리는 우리 이야기가 시작되는 방식을 아는가, 모르는가? 창세기에 따르면, 하나님은 아담에게 선악을 알게 하는 나무의 열매를 먹지 말라고 말씀하셨다(창 2:16-17). 이것은 순종에 대한 더할 나위 없는 시험이었다. 그 시험에서 인간의 운명은 전적으로 하나님의 말씀에 대한 순종에 달려 있었다.

안타깝게도 아담은 그 시험에서 실패했고, 하나님께 불순종하는 쪽을 택했으며, 그로 인해 온 인류에게 치명적인 결과를 초래했다. 성서는 이렇게 말씀한다. "그러므로 한 사람으로 말미암아 죄가 세상에 들어오고 죄로 말미암아 사망이 들어왔나니 이와 같이 모든 사람이 죄를 지었으므로 사망이 모든 사람에게 이르렀느니라"(롬 5:12). 아담의 원죄로 인해 모든 인간은 하나님의 영광에 이르지 못하게 되었다(롬 3:22-23). 우리는 모두 날 때부터 죄인들이다. 설상가상으로 우리의 사악한 본성은 우리로 하여금 하나님 앞에서 죄책을 지게 한다. "한 사람이 지은 죄로 모든 사람이 죄인이라는 심판을 받게 되었으나", "한 사람이 순종치 않음으로 많은 사람이 죄인이 된 것같이"(롬 5:16, 18; 참조. 요 3:36).

그런데 이런 일이 실제로는 일어난 적이 없다고 가정해 보라. 실제로는 아담이 없었기에 하나님이 그에게 어떤 나무에서든 열매를 따 먹거나 먹지 말라고 말씀하신 적도 없었다고 상상해보라. 인간의 역사에서 아담을 떼어내 보라. 그리고 그와 함께 하나님의 선한 창조를 부패시켰던 아담의 치명적인 선택을 떼어내보라. 그럴 경우 우리는 인간의 보편적인 타락을 어떻게 설명할 것인가?

　아마도 어떠한 역사적 타락도 없었다면, 우리 각자는 자신의 순종이나 불순종에 근거해 하나님 앞에 서게 될 것이다. 우리는 자신의 죄 외에 다른 누군가의 죄에 대한 어떤 죄책도 지지 않게 될 것이다. 확실히 우리는 아담의 죄에 대한 죄책을 지지 않을 것이다. 왜냐하면 그가 존재한 적이 없었기 때문이다. 결국 그렇게 해서 원죄 교리의 역사적 토대가 사라질 것이다. 만약 우리가 죄의 상황에 부닥쳐 있다면, 그것은 우리가 아담의 죄와 연관되어 있어서가 아니라, 우리 자신이 하나님에게 맞서 죄를 짓기로 했기 때문일 것이다.

　이것은 우리를 4세기와 5세기에 아우구스티누스(Augustine)와 펠라기우스(Pelagius)를 분리시켰던 문제로 되돌아가게 한다. 우리는 죄인이기에 죄를 짓는가, 아니면 죄를 짓기에 죄인인가? 일단 아담이 이야기에서 빠져나가면, 우리로서는 우리의 타락이 우발적이라는(coincidental) 결론을 피하기 어렵다. 펠라기우스에 따르면, 우리는 죄의 본성을 지니고 세상 안으로 들어온 것이 아니라, 각자가 하나님께 순종할지 혹은 불순종할지 선택할 수 있는 능력이 있다. 그로 인해 우리는 최초로 죄를 짓기로 하기 전까지는 무죄한 상태에서 살아간다.

　대조적으로 아우구스티누스의 견해에 따르면, 죄의 보편성은 인류 역사에서 기원을 이루는 한 지점을 갖는다. 우리는 모두 한결같이 사악하다. 우리는 모두 첫 번째 사람의 첫 번째 죄책을 갖고 있기 때문이다. 뉴잉글랜드의 초등학교 학생들이 알파벳을 배울 때 암송하는 리듬을 따라 말하자면, "아담의 타락 안에서, 우리 모두가 죄를 지었다"(In Adam's fall, we sinned all). 인류 역사에서 발생한 그 비극적인 사건은 시편 기자의 감정을 움직여 "내가 죄악 중에서 출생하였음이여"(시 51:5)라고 외치게 하고, 언약 파괴자인 아담에 대한 어느 예언자의 호소를 적법하게 하며(호 6:7),

또한 우리가 "본질상 진노의 자녀"라는 사도 바울의 단언을 정당하게 한다(엡 2:3). 우리는 우연히 죄를 지은 정의로운 사람들이 아니다. 우리는 아담 안에서 죄를 지은 죄인들이다.

3. 역사적 아담은 세상에 악이 존재하는 이유를 설명해준다.

역사적 아담을 의심하거나 부인할 때 문제가 되는 교리는 죄뿐만이 아니다. 성서의 거시적 내러티브에서 아담의 역사를 제거하는 것은 또한 악(evil)의 문제에 관한 교리에도 문제를 일으킨다.

분명히 악은 모든 신학에서 문제가 된다. 그 문제와 관련해 아담(혹은 사탄)을 비난하는 이들은 어째서 하나님께서 피조물들이 자신의 하늘 법정을 분열시키도록, 혹은 좋은 것 대신 나쁜 것을 택함으로써 자신의 창조세계를 망쳐놓도록 허락하셨는지 설명할 필요가 있다. 더구나 우리는 십자가 아래에서, 즉 성자 하나님이 우리의 구원을 확보하기 위해 최악의 악을 감당하셨던 곳에서 그런 질문들과 씨름하지 않고서는 악에 관한 우리의 질문들을 결코 풀지 못할 것이다.

그럼에도 역사적 아담은 악의 존재를 그것의 적절한 맥락 속에 위치시킨다. 최소한 아담의 실재는 도덕적 악, 즉 인간의 죄로부터 발생하는 악의 기원을 설명해 준다. 만약 우리의 조상들이 금지된 열매를 먹지 않았더라면, 세계는 인신매매, 성폭력, 테러리즘, 혹은 다른 많은 가증스러운 악들을 결코 알지 못했을 것이다.

다음으로 인간에게 악영향을 미치는 토네이도, 지진, 쓰나미, 허리케인, 그리고 각종 전염병과 치명적인 질병들과 같은 재앙들을 살펴보자. 몇몇 철학자들이 자연 악(natural evil)이라는 범주에 포함하려 하는 이런 자연 재앙들은 하나님이 자기 백성을 창조하실 때 의도하셨던 것일까? 만약 그렇다면, 하나님 자신은 악을 지으신 분이라는 비난에 노출될 수밖에 없을 것이다. 이 문제를 가장 도발적으로 표현해 보자. 만약 아담이 타락하지 않았더라면, 하나님 자신이 인간을 그들이 살아가기에 적대적인 세상 속으로 밀어 넣음으로써 스스로 타락하신 셈이 될 것이다.

다행히도 최초 인간이 처음 지은 죄는 다른 설명을 제시해준다. 아담의 타락은 창조세계에 영향을 주었다. 도덕 악(moral evil)과 자연 악은 하나님의 마음에서 유래한 것이 아니라, 하나님이 인류의 대표자로 창조하신 자유롭고 주체적인 도덕 행위자에게서 유래한 것이다(전 7:29을 보라). 그 첫 남자가 지은 죄악의 결과로, 하나님은 창조세계가 일시적으로 죄에 오염된 상태로 두셔서 마지막 때에 이뤄질 구속을 희망하게 하셨다. 그러므로 역사적 아담은 어떤 실패도 하나님 탓으로 돌리지 않으면서도 인간의 고통과 고난을 설명할 수 있도록 돕는다. 알프레드 테니슨(Alfred Tennyson)이 묘사하듯 우리가 "이빨과 발톱을 피로 물들인 자연"(Nature red in tooth and claw)[2]을 볼 때, 우리는 원래 의도되었던 그대로의 세상이 아니라 아담이 지은 죄의 결과로 그렇게 된 세상을 보게 된다.

이것은 우리가 절망에 처한 이들과 함께할 수 있는 견고한 희망을 제공한다. 타락한 세상의 고통과 관련해 하나님을 비난하는 것이 아무리 매력적일지라도, 결국 우리의 모든 고통의 실제 원인은 아담의 사악한 선택이다. 하나님에 관해 말하자면, 그분은 죄와 그것의 모든 치명적인 결과에 단호하게 맞서신다. 우리가 고통에 처해 하나님께 나아가 도움을 청할 때, 그리고 다른 이들에게도 그렇게 하라고 권할 때, 우리는 그분이 악의 대적이시며 그것을 파멸시킬 계획을 갖고 계시다는 사실에 유념하면서 그분의 선하심을 온전히 신뢰할 수 있다.

4. 역사적 아담(그리고 역사적 하와)은 성 정체성과 가족 관계에 대한 성서의 견해를 밝혀준다.

2_ Alfred Lord Tennyson, *In Memoriam* LVI, 15번째 줄.

우리는 이미 아담이 인류를 대표하는 역할을 맡은 것에 주목한 바 있다. 그것은 어떻게든 그의 역사성과 갈등을 일으키지 않는다. 실제로 그 최초의 사람이 적절한 대표자가 되기 위해서, 그는 어떤 형태로든 그가 대표하는 사람들과 연대해야만 한다. 우리의 운명에 대한 아담의 영향력은 그가 우리와 공유하는 공통 인성에 기초하고 있다.

아담의 특수성과 인류의 나머지에 대한 그의 인물됨과 행위의 보편적 함의 사이의 관계는 성(sexuality), 결혼, 그리고 가정과 교회에서 맺는 우리의 관계들로까지 확대된다. "아담과 하와는 누구였는가?"라는 질문에 대한 답은 "나는 누구인가?"라는 질문에 답하기 위한 핵심 정보를 제공해 준다. 우리의 성은 단순히 진화를 통해 이뤄진 변화의 산물이 아니라, 창조주가 인간과 관련해 세우신 정교한 질서의 일부다. 하나님은 남자와 여자를 동등하게(equal) 만드셨으나 동일하게(identical) 만들지는 않으셨다. 처음부터 그들은 서로 달랐고 상호보완적이었다. 이것은 하나님이 그 둘을 "한 몸"이 되게 하셨을 때처럼(창 2:24) 그들이 결혼할 가능성을 열어놓았다.

아담과 하와가 원형적 의미를 갖는다는 것은 "남자"와 "여자"라는 그들의 이름을 통해 분명하게 드러난다. 그러나 성서가 결혼과 성적 관계를 설명하기 위해 창세기를 언급할 때, 성서는 그 역사적 이야기 속에 들어 있는 구체적인 사항들에 호소한다. 예컨대 예수는 결혼과 이혼에 관한 가르침의 내용을 분명하게 밝히기 위해 아담과 하와를 한 쌍의 부부로 만드신 하나님의 행위와 말씀과 의도—한 남자가 평생 한 여자와 결합해서 살아가는 것—에 대해 언급하셨다(마 19:4-6). 바울은 가정에서 남편과 아내의 관계 및 교회에서 남자와 여자의 관계와 관련해 하나님이 주신 질서를 설명하기 위해, 하나님이 맨 처음에 아담과 하와를 만드신 방법(고전 11:8-10)과 그들이 타락해 죄를 지음으로써 발생한 상황(딤전 2:12-14)에 호소했다.

이런 구절들은 해석하기 매우 어렵다. 특히 우리가 바울의 가르침에서 문화적으로 특별한 것을 보편적인 것에서 구별해내려 할 경우에는 더욱 그렇다. 여기서 주목할 것은 우리가 어떤 해석을 취하든 상관없이 사도의 주장은 창세기의 역사성에—누가 최초로 만들어졌는지(아담) 혹은 누가 뱀의 거짓말에 속았는지(하와)와 같은 상세한 내용에—근거하고 있다는 사실이다. 바울은 아담과 하와를 단순한 상징이 아닌 실제 인간으로 여긴 다. 그리고 그가 역사에 호소하는 것은 그의 교훈들을 규범적으로 만들어 주는 요소 중 일부다. 만약 우리가 아담과 그의 아내 하와를 잃는다면, 남 자와 여자에 대한 성서의 관점 역시 그 토대의 일부를 잃게 될 것이다.

5. 역사적 아담은 우리에게 우리가 하나님 앞에서 의롭게 된다는 것을 확신시켜 준다.

칭의 교리를 살피는 경우에 아마도 우리는 우리의 가장 긴급한 인간 적 필요뿐 아니라 역사적 아담을 위한 가장 강력한 성서의 주장을 만나게 될 것이다. 진정한 아담에 의존하고 있는 것은 죄 교리뿐만이 아니다. 구 원 교리 역시 그러하다.

로마서 5:12-21에서 바울은 인간의 문제와 그에 대한 해결책을 제시 한다. 그 과정에서 그는 자신의 모든 주장을 아담과 그리스도의 연관성을 중심으로 펼쳐나간다. 얼핏 보면 그들이 지금까지 살았던 유일한 두 사람 인 것처럼 보인다. 즉 그 두 사람의 삶이 우리의 운명을 결정하는 것처럼 보인다. 우리가 하나님 앞에 서는 것은 그 두 사람 중 어느 하나와 혹은 두 사람 모두와 맺는 관계에 의해 결정된다. 한 사람 아담의 죄는 우리를 정죄하고, 하나님 앞에서 우리를 죄인으로 만들며, 우리의 죽음을 초래한 다. 대조적으로 다른 한 사람 그리스도의 순종은 우리에게 믿음을 통해 의를 제공하고, 우리를 하나님 앞에서 의롭게 만들어주며, 영원한 삶으로 이끌어간다. 우리는 아담 안에서 멸망하거나, 혹은 그리스도 안에서 구원 을 얻는다(참조. 고전 1:18).

아담과 그리스도의 연관성은 단순히 유비일 뿐 아니라 또한 역사적 사실이기도 하다. 바울은 그 두 사람의 행위를 묘사할 때 시간과 공간 안에서 실제로 발생한 일들을 언급한다. 아담은 죄를 지었고 그의 불순종으로 인해 죽음이 온 인류에게 퍼졌다. 만약 아담의 타락이 단순히 하나의 예시로 사용된 이야기에 불과했다면, 아마도 그것은 세계에 이러한 영향을 거의 미치지 못했을 것이다. 마찬가지로 그리스도는 순종했고 그의 의로 인해 많은 이들이 의롭게 되었다. 그리스도가 확보한 생명은 아담이 풀어놓은 죽음만큼이나 실제적이다. 그런데 이러한 논의가 성립하려면, 그리스도의 의는 어떻게든 아담이 실제로 행한 무언가의 결과로서 실제로 존재하는 문제를 다뤄야만 한다.

아담과 그리스도의 이와 같은 평행 관계는 그 둘 모두가 자신의 사람들을 위한 대표자의 역할을 한다는 것을 함축한다. 어떻게 단 하나의 범죄 혹은 의로운 행위가 온 인류를 정죄하거나 의롭게 할 수 있는가? 그것은 오직 죄를 범하거나 순종한 그 사람이 다른 이들을 대표해서 그렇게 할 경우에만 가능할 것이다. 오직 그런 경우에만 그 행위로 인한 죄책이나 혜택이 다른 이들의 도덕 계좌로 적절하게 이체될 수 있다. 로마서 5장에서 바울은 아담의 죄가 인류의 나머지에게 전가되듯(imputed), 그리스도의 의도 믿음을 통해 많은 이들의 것으로 여겨진다는(reckoned) 점을 가르치고 있다.

물론 이것은 그 범죄 혹은 순종의 행위가 실제로 일어났음을 전제한다. 창세기 3장과 마태복음 4장은 단순히 도덕적 주장을 하기 위해 선포된 이야기 그 이상이다. 그것들은 참된 역사적 사건들에 대한 신뢰할 만한 설명으로 간주해야 한다. 어쨌거나 우화(fable)를 통해서는 아무도 정죄되지 않으며, 허구(fiction)를 통해서는 아무도 의롭다 칭함 받지 못한다. 바울이 아담과 그리스도의 평행을 그런 식으로 발전시킨 것은, 그가 우리의 운명이 그것에 달려 있음을 알았기 때문이다. 그리스도에 대한 우리의 구원론적 연관성은 아담에 대한 우리의 인간학적 연관성에 근거한다. 만약 우리가 계속해서 아담 안에 남아 있다면, 그의 죄와 우리의 죄로 인한 죄책은 우리를 하나님의 진노 아래로 끌고 갈 것이다. 그러나 만약 우리가 그리스도께 나아간다면, 우리는 그분의 속죄 사역으로 인해 구원을 얻게 될 것이다. 두 사람 모두 실제 대표자들이며, 이 사실은 우리의 구원을 우리의 죄만큼이나 실재하는 것으로 만들어 준다.

6. 역사적 아담은 교회의 선교 사역을 진척시킨다.

대부분의 서구 기독교인들은 성서의 족보들을 성서에서 가장 적절치 않고 가장 흥미롭지 않은 구절들로 여긴다. 발음하기조차 힘든 이름들이 적혀 있는 긴 목록을 읽는 것이 도대체 무슨 소용이란 말인가?

그러나 세계의 다른 지역들에서 이에 대한 반응은 거의 정반대다. 어떤 선교사들이 발견했듯이, 인류 역사의 시초로까지 거슬러 올라가는 족보들은 성서가 신뢰할 만하며 참되다는 사실을 입증할 수 있는 한 가지 방법이다. 어떤 문화권에 속한 이들은 신구약 성서에 실려 있는 가족에 대한 기록들이 첫 번째 사람 아담까지 거슬러 올라간다는 것을 배울 때, 성서가 다른 누군가의 이야기가 아니라 그들 자신의 이야기를 하고 있음을 알게 된다. 이것은 역으로 복음의 신뢰성을 긍정하도록 돕는다. 아담 안에 있는 우리의 기원에 관한 진실을 전하는 이야기는 또한 그리스도 안에 있는 우리의 운명에 관한 진실을 전하는 이야기로 믿을 수 있다. 성서는 모든 부족에게 그들의 조상에 대해, 그리고 모든 씨족에게 그들의 구주에 대해 선포한다.

인류 족보의 시초에 있는 공통 조상에게서 정체성을 발견하고자 하는 우리의 본능이 우리만의 유일한 방식은 아니므로, 아담의 역사성에 대한 믿음은 교회의 선교 사역에 도움이 된다. 우리가 보았듯이, 아담의 역사성은 인간이 가진 죄의 보편성을 설명해 준다. 인간의 죄와 죄책은 문화적 조건화(cultural conditioning)를 통해 습득되지 않는다. 인간은 모두 우리의 공통 창조주께 반역했던 공통 조상이 있다. 이것은 선교사들과 복음 전도자들에게 그들이 만나는 모든 사람이 똑같은 사악한 본성을 갖고 있으며 그로 인해 똑같은 구원이 필요하다는 확신을 제공해준다. 어째서 우리가 모두 똑같이 악한지를 아는 것은 우리가 모든 문화권에 복음을 전해야 할 명확한 이유와 그런 일에 필요한 신념을 제공해준다. 우리가 공통으로 겪는 곤경은 사람들에게 복음을 전하기 위해 행하는 모든 대화를 위한 접촉점을 제공하는 공통 역사의 한 부분이다.

아담 안에서 우리의 단일성(unity)은 또한 모든 인간이 가진 독특하면서도 동등한 위엄을 인정한다. 그것은 기독교적 증언을 위한 또 다른 핵심 전제이기도 하다. 역사적 아담은 **다원발생설**(polygenism, 인간이 서로 다른 계통으로부터 왔으므로 잠재적으로 열등하거나 우월한 혈통을 갖고 있다는 주장)을 위한 여지를 남기지 않는다. 우리가 모두 한 가족에 속해 있으며 모든 인간이 동등하게 하나님의 형상을 따라 지음 받았다는 사실은 성서가 인종적 편견에 맞서 세워놓은 침범할 수 없는 벽의 일부분이다. **하나님의 형상**은 추상적인 개념이 아니다. 하나님의 형상은 역사 속에 그 견고한 토대가 있다. 하나님의 형상은 인간인 우리를 대표하는 첫 번째 남자와 첫 번째 여자인 아담과 하와에게 주어졌다(창 1:27). 따라서 그것은 우리가 모두 공유하고 있는 정체성이자 소명이다.

하나님은 "인류의 모든 족속을 한 혈통으로 만드사 온 땅에 살게" 하셨다(행 17:26). 이런 혈족관계는 우리에게 서로에 대한 자비심을 요구한다. 아담 안에서 일어나는 우리의 단일성은 이웃에 대한 사랑, 즉 우리가 무엇보다 예수에 대한 복음을 전함으로써 드러내는 사랑의 토대 일부가 된다. 아담 안에서 우리가 가족이라는 이 연관성은 우리가 사는 세계와 관련해 무엇이 잘못되었는지 설명해주는 것 이상의 역할을 한다. 그것은 우리가 모든 사촌들에게 복음을 선포함으로써 공통 운명에 관심을 보이는 방식으로 행동할 것을 요구한다.

7. 역사적 아담은 육체의 부활과 영생에 대한 우리의 소망을 안전하게 한다.

로마서 5장은 바울이 아담과 그리스도 사이의 논리적 연관성을 설명하는 유일한 본문이 아니다. 칭의 역시 그가 창세기 초기 역사에 근거해 주장하는 유일한 복음 교리가 아니다. 육체의 부활에 대한 그의 주장 역시 비슷하게 첫 번째 아담과 두 번째 아담의 평행에 그 기초를 두고 있다.

고린도전서 15장에서 바울의 목표는 그리스도를 믿는 자들도 언젠가는 예수가 장사한 지 사흘 만에 무덤에서 부활하셨을 때 성령께서 그분에게 주셨던 것과 같은 형태의 불멸하는 몸을 받게 되리라는 사실을 입증하는 것이었다. 이를 주장하기 위해 그는 하나님이 창조 시에 아담에게 주셨던 세상의 몸과 하나님이 예수가 부활하셨을 때 그분에게 주셨던 천상의 몸을 비교한다. 그는 아담을 보편적인 인물이 아니라 특별한 인물로 묘사하며, 하나의 상징이 아니라 이름으로 불리는 한 개인으로("첫 사람 아담"[고전 15:45]) 제시한다. 이어서 그는 이 사람의 형성을 서술하기 위해 창세기 이야기 한 부분에 호소한다. "첫 사람은 땅에서 났으니 흙에 속한 자이거니와"(고전 15:47).

물론 지금 사도는 생물학 강의를 하는 것이 아니다. 단지 그는 인간이 우리의 조상과 같은 재료로 지음을 받았다고 주장한다. 이것은 중요하다. 왜냐하면 우리가 이생에서 가진 몸이 다가올 생에서 갖게 될 몸을 구성하기 때문이다. "무릇 흙에 속한 자들은 저 흙에 속한 자와 같고 무릇 하늘에 속한 자들은 저 하늘에 속한 이와 같으니 우리가 흙에 속한 자의 형상을 입은 것 같이 또한 하늘에 속한 이의 형상을 입으리라"(고전 15:48-49).

우리는 마지막 아담인 그리스도와 연결되어 있기에, 마지막 날에는 우리의 몸 역시 부활하게 될 것이고, 우리는 하나님의 아들의 영원한 형상을 입게 될 것이다. 하지만 그렇게 되기 위해서는 먼저 우리가 흙으로 지음을 받은 첫 번째 아담의 형상을 입어야 한다. 썩지 아니할 것과 죽지 아니할 것을 입기 위해(고전 15:53) 먼저 우리가 "흙으로 창조된 사람"으로부터 물려받은 썩을 것과 죽을 것을 입어야 한다. 그러므로 부활에 관한 바울 복음의 출발점은 역사적 아담이다.

바울의 유비가 처음부터 끝까지 참된 것이 되기 위해서는, 또한 그렇기에 우리가 부활할 때 하나님이 우리에게 실재하는 몸을 주시리라고 확신하기 위해서는 아담의 몸이 갖는 실재성이 유지되어야 한다. 존재론은 종말론과 연결된다. 첫 번째 사람은 실제로 생존했었을까, 아니면 문학상에서만 존재했던 것일까? 그의 육체는 물리적인 것이었을까, 아니면 그저 허구에 지나지 않았던 것일까? 바울의 주장에서 물질적 아담을 제거해 보라. 그럴 경우 우리는 부활할 몸을 갖지 못하게 될 것이다.

앞서 우리는 역사적 아담을 부인하는 것은 구속사의 첫 장을 삭제하는 것이나 다름없다고 주장한 바 있다. 이제 여기서 우리는 이것이 구속사의 마지막 장에 끼치는 영향을 보게 된다. 아담의 역사성을 부인하는 것은 창세기의 앞 장들에 대해 본질상 영지주의적인(Gnostic) 관점을 취하는 것이며, 결국 그것은 창조를 역사의 완성으로부터 단절시키는 결과를 낳는다. 성서의 스토리라인은 육체의 창조로 시작해 육체의 부활로 끝나는 수미상관구조(inclusio)를 이루고 있다. 만약 우리가 성서의 앞 장들이 대개 상징적이며 창세기의 아담은 역사적 인물이 아니라 문학적 인물이라고 결론짓는다면, 그때 우리는 성서의 마지막 장들에서 약속되는 새 하늘과 새 땅 역시 동등하게 비현실적인 것으로 만드는 위험한 해석학을 채택하는 셈이다.

완전한 아담

아담과 밀접하게 연관된 성서 교리들에 대한 이 간략한 개요는 어떤 결론을 내리기 위한 것이라기보다는 뭔가를 시사하기 위한 것이다. 그것은 답을 주려 하는 만큼이나 여러 가지 질문을 불러일으킬 수 있다.

그러나 우리가 놓치지 말아야 할 것은, 역사적 아담을 옹호하거나 부인하는 것이 신앙과 실천의 여러 분야에 직접적인 의미가 있다는 점이다. 아담이라는 인물 자체는 기독교 신학에서 통합적인 기능을 갖고 있다. 아담의 역사성과 정체성은, 성서의 나머지 가르침으로부터 쉽게 고립되거나 혹은 전체를 아우르는 기독교 세계관에서 부수적이 되기보다는, 우리가 창조로부터 역사의 완성에 이르는 모든 것을 이해하도록 돕는다.

그에 못지않게 중요한 것은, 역사적 아담에 대한 믿음이 또한 우리가 복음 이야기를 성서에 기반을 두고 이해할 수 있도록 돕는다는 점이다. 우리는 혹시라도 아담이 회심에 방해될지도 모른다는 두려움 때문에 기독교 신앙을 옹호하는 데서 그를 배제하기보다는, 오히려 복음에 대한 온전한 진술 안에서 그가 적절한 위치를 차지하게 해야 한다. 벤자민 워필드(B. B. Warfield)에 따르면, 아담 안에서 인간의 단일성은 "죄와 구속에 관한 교리 등을 포함하는 성서의 모든 가르침의 선결 조건이다. 우리가 구원 교리로 알고 있는 모든 것을 포함해 성서의 교훈이 갖는 구조 전체가 그것에 의지하고 있고 또한 그것과 연관되어 있다."[3] 아담은 우리의 변증학과 전도에서 생략되어서는 안 되며, 오히려 바울이 아테네에서 그를 포함했던 것과 같은 방식으로 그 안에 포함되어야 한다(행 17:26).

3_ Benjamin Warfield, "On the Antiquity and the Unity of the Human Race," *Princeton Theological Review* 9.1 (1911): 19, 또한 in *Biblical and Theological Studies*, ed. Samuel. G. Craig (Philadelphia, Presbyterian and Reformed, 1968), 255.

주류 과학계의 주장 때문에 성서의 창조 기사에 대해 의심을 품고 있는 회의주의자들에게 다가간다는 목표는 칭찬할 만하다. 인간의 이야기를 일반 계시와 특별 계시, 즉 성서는 물론이고 과학을 통해서도 이해하려는 더욱 폭넓은 목표 역시 그러하다. 하지만 그런 목표들은 신학적 성실함을 견지하며 추구해야 한다. 아담의 존재를 부인하는 것은 여러 가지 면에서 기독교 정통과 일치하지 않아 보인다. 그러므로 그런 관점을 고수하는 이들은 과연 어떻게 그것이 죄와 죄책의 보편성, 칭의의 가능성, 부활에 대한 소망, 그리고 기독교 신앙의 다른 필수 교리들에 대한 복음주의적 헌신을 약화하기보다 오히려 강화하는지를 입증해야 할 부담이 있다고 할 수 있다.

▶ 인명 색인
▶

A

Abrahams, Israel 307n.9, 319n.41

Alexander, Denis (알렉산더, 데니스) 38, 92n.39, 196, 196n.70

Alexander, J. A. 247n.45

Allen, James P. 148n.20

Andersen, Francis I. 332n.68

Aquinas, Thomas (아퀴나스, 토마스) 266

Archer, Gleason I. 307n.9

Aristotle (아리스토텔레스) 104, 105, 226n.10, 254, 254n.55, 255, 256

Arnold, Bill T. (아놀드, 빌) 309n.15, 317n.34, 342, 342n.90

Ashley, J. Matthew 221n.3

Athanasius 221n.2

Aucker, W. Brian 262n.67

Augustine (아우구스티누스) 16, 16n.5, 82n.32, 159n.37, 220-21n.2, 399, 399n.10, 405, 414

Austin, Steven 29

Averbeck, Richard 190n.57, 229n.14

Ayala, Francisco 223n.6

B

Baker, David W. 229n.14, 320n.42

Barbour, Ian (바버, 이안) 24

Barentsen, Jack 324n.54

Barr, James 244n.40, 249n.47, 320n.42

Bartholomew, Craig G. 242n.37

Bastable, Oswald 380n.116

Bauckham, Richard 62n.11

Beale, Gregory 236n.25, 251n.51

Behe, Michael J. (비히, 마이클) 26, 31, 31n.33, 55n.5, 323n.51

Bergman, Jerry (버그먼, 제리) 29

Berlinkski, David 31n.34

Beyerlin, Walter 81n.28

Bishop, Robert 408n.1

Blocher, Henri (블로허, 헨리) 266, 266n.78

Bock, Darrell 408n.1

Boice, James Montgomery (보이스, 제임스) 204, 205n.79

Boyd, Gregory A. (보이드, 그레고리) 45, 389, 390n.2

Bradley, Walter (브래들리, 월터) 30

Briggs, Richard 198n.72

Brown, Walt (월트 브라운) 29

Bryan, William Jennings (브라이언, 윌리엄 제닝스) 22, 22n.22

Buswell, J. Oliver 260n.64, 261n.65

C

Calvin, Jean (칼뱅, 장) 16, 16nn.4,5, 119, 119nn.61,62, 120, 127, 127n.70, 128, 399, 405

Cameron, N. M. de S. 47n.49

Carr, David 232n.19

Carson, D. A. 47n.49, 121n.66, 408n.1

Cassuto, Umberto 307n.9, 319n.41, 323n.52

Chalmers, Thomas (찰머스, 토마스) 21

Chapell, Bryan 408n.1

Charles, J. Daryl 190n.57, 298n.98, 373n.105

Chesterton, G. K. (체스터튼) 256, 256n.57, 258n.61

Chien, Paul 31n.34

Chrysostom, John 221n.2

Clifford, R. J. 81n.26, 82n.29, 147nn.14,16,19, 151n.26, 168n.43

Clines, David J. A. 320n.42, 321n.46

Colet, John (콜릿, 존) 266

Collins, Francis (콜린스, 프랜시스) 25, 32, 33n.39, 34n.41, 91n.38, 223n.6, 296

Conrad, Edgar W. 229n.14

Cooke, G. A. 226n.11

Cooper, Bill 308n.14

Copernicus (코페르니쿠스) 16

Cormack, Lesley B. 310n.18,

Cotter, David W. (코터, 데이비드) 311, 311n.20

Cowley 195n.68

Craigen, Trevor 316n.32

Crouch, C. L. 330n.66

Cunningham, Adrian 305n.3

Cyprian 221n.2

D

Darwin, Charles (다윈, 찰스) 15-17, 21, 23-24, 30-31, 34, 60n.9, 264n.73

Dawkins, Richard (도킨스, 리처드) 24, 60, 60n.9, 399, 399n.9

Dembski, William A. (뎀스키, 윌리엄 A.) 31

Dennett, Daniel (데닛, 대니얼) 24

Dennis, Lane T. 242n.37

Denton, Michael 31n.32

DeRouchie, Jason S. 207n.83

DeWolf, David 31n.34

Dijk, Jacobus van 149n.24

Dixon, A. C. (딕슨, A. C.) 19, 19n.4

Driver, S. R. 239n.32, 317n.34, 320n.43

Dumbrell, William 238n.29

Duncan, J. Ligon III 316n.32

Dunn, James D. G. 250n.49

Duve, Christian de (드 뒤브, 크리스티앙) 24

E

Eigo, Francis A. 244n.40

Enns, Peter (엔즈, 피터) 34-35,
35n.42, 93, 222n.4, 225, 225n.9,
228n.13, 230n.15, 232n.20, 236n.26,
244n.40, 309, 309n.17, 310, 310n.19,
318n.35, 337n.77, 340, 340n.84, 343,
343nn.92,94, 344, 345n.98, 352, 361,
382, 403n.12

Ephraem the Syrian 221n.2

Eslinger, Lyle 240n.34

Eusebius 107n.50, 221n.2

F

Fairbanks, Daniel 91n.37

Falk, Darrel (포크, 대럴) 38, 92n.39

Feignberg, Paul D. (파인베르크, 폴)
306n.5, 373-74

Fitzmyer, Joseph A. 334n.72

Fredricks, Cathi, 230n.15, 308n.12

Freedman, David Noel 332n.68

Friedman, Richard Elliott 188n.56,
239nn.31,32

Fry, Euan McG. 317n.33, 319n.41

Frymer-Kensky, Tikva 229n.14

Fuller, Daniel P. 309n.16

G

Garner, Paul 79n.24

Garrett, Duane (게릿, 듀에인) 332,
332n.69

George, Andrew 141n.7

Gesenius 195n.68

Giberson, Karl W. (기버슨, 칼) 34, 34n.41,
53n.4

Goheen, Michael 242n.37

Goldingay, John (골딩게이, 존) 313,
313nn.25,26

Gonzalez, Guillermo 31n.34

Gould, Stephen Jay (굴드, 스티븐 제이) 24

Gowan, Donald E. 307n.9, 323n.50,
338n.81

Greenman, Jeff 408n.1

Greidanus, Sidney (그레이다누스, 시드니)
313, 313n.27

Grisanti, Michael A. 308n.10

H

Haarsma, Deborah (하스마, 데보라) 26

Haarsma, Loren (하스마, 로렌) 26

Hague, Dyson (헤이그, 다이슨) 19, 19n.14,
20n.15,

Hall, David W. 316n.32

Hallo, William W. (할로, 윌리엄) 231,
231n.17

Ham, Ken (햄, 켄) 29

Hamilton, James M., Jr. (해밀튼, 제임스)
327, 327n.60

Hamilton, Victor, P. (해밀튼, 빅터)
312n.24, 320n.42, 333, 333n.71, 335,
335n.74

Harlow, Daniel 220n.1, 235n.24, 244n.40,
249n.47

Hart, D. G. 14n.2

Hasel, Gerhard 316n.32

Haught, John 24

아담의 역사성 논쟁
아담의 역사성에 대한 네 가지 관점과 목회적 적용

Copyright ⓒ 새물결플러스 2015

1쇄발행_ 2015년 5월 25일
2쇄발행_ 2015년 9월 18일

지은이_ 데니스 O. 라무뤼·존 H. 월튼·C. 존 콜린스·윌리엄 D. 배릭
　　　　그레고리 A. 보이드·필립 G. 라이켄
옮긴이_ 김광남
펴낸이_ 김요한
펴낸곳_ 새물결플러스
편　집_ 왕희광·정인철·최율리·박규준·노재현·최정호·최경환·한바울·유진·권지성
디자인_ 이혜린·서린나·송미현
마케팅_ 이승용
총　무_ 김명화·최혜영
영　상_ 최정호

홈페이지 www.hwpbooks.com
이메일 hwpbooks@hwpbooks.com
출판등록 2008년 8월 21일 제2008-24호
주소 (우) 158-718 서울특별시 양천구 목동동로 233-1(목동) 현대드림타워 1401호
전화 02) 2652-3161
팩스 02) 2652-3191

ISBN 979-11-86409-12-1　93230

책값은 뒤표지에 있습니다.

이 도서의 국립중앙도서관 출판시도서목록(CIP)은 서지정보유통지원시스템 홈페이지
(http://seoji.nl.go.kr)와 국가자료공동목록시스템(http://www.nl.go.kr/kolisnet)에
서 이용하실 수 있습니다(CIP제어번호: CIP2015013561).